Ludwig Waas / Wolfgang Hamm

Englischunterricht in der Grundschule konkret

Auer Verlag GmbH

Gedruckt auf umweltbewusst gefertigtem, chlorfrei gebleichtem
und alterungsbeständigem Papier.

1. Auflage. 2004
Nach der Neuregelung der deutschen Rechtschreibung
© by Auer Verlag GmbH, Donauwörth
Alle Rechte vorbehalten
Das Werk und seine Teile sind urheberrechtlich geschützt. Jede Nutzung in anderen als den gesetzlich
zugelassenen Fällen bedarf der vorherigen schriftlichen Einwilligung des Verlages. Hinweis zu § 52 a UrhG:
Weder das Werk noch seine Teile dürfen ohne eine solche Einwilligung eingescannt und in ein Netzwerk
eingestellt werden. Dies gilt auch für Intranets von Schulen und sonstigen Bildungseinrichtungen.
Illustrationen: Rainer Thiele
Satz: Fotosatz H. Buck, Kumhausen
Druck und Bindung: Ludwig Auer GmbH, Donauwörth
ISBN 3-403-03753-3

Inhaltsverzeichnis

Vorwort 6

1. Ganzheitliches Lernen im Fremdsprachenunterricht der Grundschule 7
1.1 Natürliches Lernen 7
1.2 Lernen als verinnerlichtes Handeln 7
1.3 Fächerübergreifendes Lernen 7
1.4 Lernen mit allen Sinnen 8
1.5 Entspanntes Lernen: Elemente der Suggestopädie 10
➤ Unterrichtsbeispiel zu einem suggestopädischen Zirkel: *The Mullein* 14
1.6 Lernen im Spiel 21

2. Englischunterricht in der Grundschule 24
2.1 Ein Blick in die Vergangenheit 24
2.2 Didaktische Ansätze des Fremdsprachenunterrichts gestern und heute 25
2.3 Ziele und Voraussetzungen des Fremdsprachenunterrichts in der Grundschule . 29
2.4 Das Modell des „Entwicklungsgemäßen Fremdsprachenunterrichts" 29
2.5 Spracherwerb und Sprachenlernen 32

3. Sprachliche Ziele des Englischunterrichts in der Grundschule 37
3.1 **Die Einführung von neuem Wortschatz** 37
3.1.1 Integrierte Wortschatzeinführung 37
3.1.2 Einführung von entlastendem Wortschatz 39
3.1.3 Die Strukturierung von Unterrichtsphasen zur entlastenden Wortschatzeinführung 40
➤ Unterrichtsbeispiel: *Andrew's bike* 41
3.1.4 Längerfristige Maßnahmen zur Festigung des Wortschatzes: Lernspiele ... 45
• Übungen ohne Schriftbild 45
– *Three in a row* 45
– *Train your brain* 45
• Übungen mit Schriftbild 48
– *Bingo* 48
– *Domino* 48
– *Memory* 48
– *Does it fit?* 49
– *Throw and go* 49
– *What's on my back?* 50

3.2 **Die Anbahnung des Hörverstehens** 51
3.2.1 Ziele des Hörverstehens in der Grundschule 51
3.2.2 Die Verwendung von *classroom phrases* und englischen Vornamen 52
3.2.3 Der Einsatz und Umgang mit Handpuppen 53
3.2.4 *Storytelling*: Geschichten vorlesen oder Geschichten erzählen? 54
3.2.5 Anforderungen an Erzähl- und Vorlesetexte 54
3.2.6 Die Arbeit mit Hörkassetten und Videos 56
➤ Unterrichtsbeispiel zu einem Videoeinsatz: *Detective Little Bear* 56
3.2.7 Die Strukturierung von Unterrichtseinheiten mit dem Schwerpunkt Hörverstehen 63
➤ Unterrichtsbeispiel: *Sarah's pet* 66
3.2.8 Spielerische Aufgaben zum Hörverstehen 71

	– *Who is who?*	71
	– *Colour game*	71
	– *Go and fetch it (Commands)*	72
3.2.9	Autonomes Lernen: Höraufgaben für daheim	72

3.3 *Reading* in der Grundschule ... 74
3.3.1 Drei Gründe für die Verwendung von Schriftbildern ... 74
3.3.2 Übungen zum *Reading* ... 75
– Bilder und Wörter zuordnen ... 75
– Wörter in einem Wortgitter markieren ... 76
– Ergänzen und Wegstreichen von Gegenständen ... 76
– Bildern deutsche und englische Begriffe zuordnen ... 77
– Kreuzworträtsel ... 77
– Wörter ergänzen ... 77
– Lückenwörter vervollständigen ... 78
– Bildern Sätze und kurze Texte zuordnen ... 78
– Deutsche und englische Textstellen zuordnen ... 78
3.3.3 Hinführung zum autonomen Lernen: Stationenarbeit ... 78
➢ Unterrichtsbeispiel: *Shopping at a fruit shop* ... 80
3.3.4 Autonomes Lernen: Leseaufgaben für daheim ... 93

3.4 Vorkommunikatives und kommunikatives Sprechen ... 94
3.4.1 Die Arbeit mit Reimen, Rhythmen und Songs ... 95
– Lerntechnik: Auswendiglernen ... 97
3.4.2 Szenische Darstellung ... 98
➢ Unterrichtsphasen zur Einübung eines Sketches/einer kleinen Spielszene ... 100
3.4.3 Die Hinführung zum Dialog ... 103
➢ Unterrichtsbeispiel: *Let's go skating* ... 106
3.4.4 Die Hinführung zum Generieren von Sätzen ... 109
➢ Unterrichtsbeispiel: *Flowers in the garden* ... 116
3.4.5 Spielerische Aktivitäten zum kommunikativen Sprechen ... 118
– *Blind man (Blind woman)* ... 118
– *What are they doing?* ... 118
– *Lost family* ... 120
– *Whose thing is it?* ... 121
– *Holiday report* ... 121
– *Weather game* ... 121

4. Kulturelle Ziele des Englischunterrichts in der Grundschule ... 123

4.1 Landeskultur ... 125
4.1.1 In mündlicher Form mit anderen Menschen Kontakt aufnehmen ... 128
– *"You"* ... 128
– *Some standard/ritualized forms of greetings* ... 129
– *Apologizing* ... 129
– *"please"* ... 129
– *"thank you"* ... 129
– *Asking for something* ... 129
– *Leave-taking* ... 129
4.1.2 Freude an Lauten und Rhythmen ... 129
– *Finger plays/finger frolics* ... 131
➢ Unterrichtsbeispiel zur Erarbeitung eines Reims: *Five little squirrels* ... 132
– *Counting out rhymes, number rhymes, riddle rhymes, clapping rhymes* ... 134
– *Tongue twisters* ... 137
– *Crazy poetry (limericks)* ... 137
4.1.3 *Poems – rhyme stories – proverbs* ... 138
➢ *Working with a poem: The four seasons* ... 141
➢ Unterrichtsbeispiel für eine *rhyme story* im Unterricht: *Johnny Fife and Johnny's wife* ... 144

4.1.4	*Prayers and praise*	146
4.1.5	*Picture book stories/fairy tales/original videos for children/legends*	148
	➢ Unterrichtsbeispiel für eine *picture book story: Contrary Mary*	149
4.1.6	*A play for children*	157
	➢ Beispiel für erstes Theaterspielen: *Meg and the Stegosaurus*	158
4.1.7	*Traditional songs and chants*	161
	➢ Unterrichtsbeispiel für die Einbeziehung eines *song: My little white pony*	161
	➢ Unterrichtsbeispiel zur Einbeziehung eines *chant: The red umbrella*	169
4.1.8	*Dancing*	170
	➢ Beispiel für den Einsatz im Unterricht: *Shoo fly*	172
4.1.9	*Original pieces of art*	172
	– *Looking at an original English painting*	172
	➢ Unterrichtsbeispiel zu einem Bild: *Rain, Steam and Speed (by William Turner)*	173
	– *Listening to an original piece of music*	179
	➢ Drei Möglichkeiten der kreativen Umsetzung:	179
	Edward Elgar: *Pomp and Circumstance March No 1*	179
	Gustav Holst: *The Planets – Suite for Large Orchestra*	179
	Benjamin Britten: *Friday Afternoons; op. 7*	179

4.2 Landeskunde — 182

4.2.1	Landeskunde: Ein Widerspruch zum Heimat- und Sachunterricht?	182
4.2.2	Gründe für den Einsatz landeskundlicher Elemente in der Grundschule	182
4.2.3	Kennenlernen von Bräuchen im Jahreslauf	183
	– *Valentine's Day*	183
	– *St. Patrick's Day*	184
	– *Hallowe'en*	185
	– *Christmas in Great Britain*	187
4.2.4	Strukturgitter für Unterrichtseinheiten mit vorwiegend landeskundlichen Zielen	189
	➢ Unterrichtsbeispiel: *A penny for the guy*	190
4.2.5	Kennenlernen einiger grundlegender geografischer Aspekte	192
	– *Working with a dialogue frame – My home town/home village*	192
	– *Working with a puzzle – the map of the British Isles*	195
	– *Working with a photo quiz – some famous sights*	195
	– *Working with time zones – the world clock*	196
	– *Working with cultural products – stamps*	196
	➢ Unterrichtsbeispiel: *Flags*	197
4.2.6	Kennenlernen einiger Aspekte des Alltagslebens in Großbritannien und den USA	199
	– *Going through an English house*	199
	– *Having an English breakfast*	206
	– *A day at an English school*	208
	– *Clothes: boyswear/girlswear – school uniforms*	209
	– *American money → Scenes in a toy/sports shop*	209
	– *An English birthday party:* Umsetzung in drei Aktionseinheiten	211
	– *Schoolyard games*	212
	– Anregungen zum Lernen vor Ort – *learning on the spot*	213
4.2.7	In schriftlicher Form mit anderen Menschen Kontakt aufnehmen	214
	– *Writing a short invitation for a party*	215
	– *Writing a Christmas card*	215
	– *Writing an e-mail/letter*	215
	– *Writing a postcard from your home town/holiday resort*	216
4.2.8	Ein Schulprojekt organisieren: *Building bridges*	216
	– Vorschläge und Anregungen zur Gestaltung und Durchführung eines Großbritannien- oder USA-Tages	216

Abbildungsverzeichnis — 218
Stichwortverzeichnis — 219
Literaturverzeichnis — 222

Vorwort

Dieses Buch soll reflektierte Handlungshilfen für einen effektiven und freudvollen Englischunterricht in der Grundschule geben. In unsere Vorschläge fließen jahrelange persönliche Unterrichtserfahrungen ebenso ein wie wichtige Elemente aus der Fremdsprachendidaktik. Wir tradieren in dieser Arbeit bewährte Methoden, stellen aber auch einzelne didaktische Positionen auf den Prüfstand und bieten neue, teilweise auch unkonventionelle – immer aber in der Praxis erprobte – Wege an.

Die ausführlichen Unterrichtsbeispiele zu jedem Bereich stellen Anregungen dar, die individuell verändert und erweitert werden können.

Bei all unseren Überlegungen standen stets die Kinder mit ihren unterschiedlichen Voraussetzungen und Sprachbegabungen im Mittelpunkt. Sie sollen nicht nur einen motivierenden Englischunterricht in ihrer Grundschulzeit erleben, es soll vielmehr auch eine verlässliche sprachliche Basis für den weiterführenden Fremdsprachenunterricht gelegt werden. Wir als Verfasser dieses Buches fühlen uns über die Vermittlung von Wörtern und Strukturen, Einstellungen und Wissen über Land und Leute hinaus dazu verpflichtet, junge Menschen in die Lage zu versetzen, dass sie sich als Menschen verschiedener Sprachen direkt und unmittelbar verständigen können, also der Entwicklung der kommunikativen Kompetenz in ihrer engsten und weitesten Bedeutung.

In diesem Ziel wissen wir uns mit zahlreichen Lehrerinnen und Lehrern verbunden.

Ludwig Waas

Wolfgang Hamm

ist Leiter eines Studienseminars in München und Koordinator für die Ausbildung von Lehramtsanwärtern im Fachbereich Englisch Grundschule. Sein besonderes Interesse gilt der Weiterentwicklung der Englisch-Grundschuldidaktik und der Nutzbarmachung ganzheitlicher Unterrichtsformen (Suggestopädie) für das Sprachenlernen. Zu dieser Thematik hielt er zahlreiche Gastvorträge und Seminare im In- und Ausland.

ist als Referent in der Lehrerfortbildung sowie als Fachberater für Englisch an Grund- und Hauptschulen am Staatl. Schulamt Wunsiedel und der Regierung von Oberfranken tätig. Seit 1994 ist er ständiges Mitglied der Lehrplankommissionen am Staatsinstitut für Schulpädagogik und Bildungsforschung sowie am Kultusministerium in München. Unter seinem Namen sind diverse Veröffentlichungen zum Englischunterricht in der Sekundarstufe I erschienen.

1. Ganzheitliches Lernen im Fremdsprachenunterricht der Grundschule

1.1 Natürliches Lernen

Zunächst versteht man unter ganzheitlichem Lernen die Elementarbildung im Sinne **Pestalozzis** (1746–1827), der meint „... die Idee der Elementarbildung sey als die Idee der naturgemäßen Entfaltung und Ausbildung der Kräfte und Anlagen des menschlichen Herzens, des menschlichen Geistes und der menschlichen Kunst anzusehn." (Menck 1993, S. 124) Es ist also ein Lernen mit Kopf, Herz und Hand gemeint. Das heißt, dass an ein und denselben Lerngegenstand kognitiv, affektiv und handelnd herangegangen wird.

Auch von den Arbeitsschulpädagogen (um 1900) wurde ein ähnlicher Ansatz in der einen oder anderen Variante vorgestellt.

Für den Fremdsprachenunterricht bedeutet dies, jene handlungsorientierten Themen zu finden, die heutige Kinder interessieren und die zugleich auch fremdsprachlich und kulturell ergiebig sind. Dabei sind entwicklungspsychologische Aspekte der Altersstufe der 6- bis 10-Jährigen zu berücksichtigen, wobei hier durchaus schon geschlechtsspezifische Ausprägungen vorhanden sind. Solche Themen sind z. B. bei Mädchen Pferde, bei Jungen sind es eher technische Themen und Sport.

1.2 Lernen als verinnerlichtes Handeln

In Anlehnung an **Jean Piaget** (1896–1980), der sagte, dass Lernen durch verinnerlichtes Handeln geschieht, müssen wir veranlassen, dass die Schüler vor und beim Umgang mit Sprache zur rechten Zeit auch real handeln. Im Alter ab 7 Jahren „haben die Operationen noch ‚konkreten' Charakter. Sie beziehen sich auf Gegenstände, die das Kind wirklich sieht und auf Handlungen, die es ausführt oder zumindest in der Vorstellung ausführen kann (verinnerlichte Tätigkeiten). Bei abstrakteren Beziehungen versagt das Kind." (Oerter 1968, S. 298) Diese Erkenntnis setzte sich im naturwissenschaftlichen Unterricht längst durch, hat aber ihre Bedeutung auch im Fremdsprachenunterricht.

Dabei ist der Ausgang im Englischunterricht der Grundschule das Hören. Ziel ist das Sprechen, und zwar ein *kommunikatives* Sprechen. Dazwischen und vor allem vor und beim Sprechen spielt das Handeln der Schüler eine Rolle. Dazu schafft der Englischlehrer Situationen und stellt Aufgaben, die die Kinder zum Sprechhandeln motivieren.

1.3 Fächerübergreifendes Lernen

Ganzheitlichkeit bedeutet auch ein Lernen über Fachgrenzen hinweg. Der Lehrplan des Englischunterrichts wird sich also z. B. ganz wesentlich an den Inhalten des Heimat- und Sachunterrichts orientieren. Hier finden sich nämlich vor allem die Themen, die für die Schüler einer bestimmten Altersstufe interessant und die in ihrer Komplexität dem Fassungsvermögen dieser Schüler angemessen sind. Aber auch aus dem Bereich der musischen Fächer vermag der Englischunterricht Themen und Anregungen zu beziehen, die dann allerdings unter dem Blickpunkt des Fremdsprachenerwerbs und des Fremdsprachenlernens gleichermaßen betrachtet und behandelt werden sollten. Dies bedeutet, dass z. B. das Thema *fruit* im Mittelpunkt steht und der hierfür relevante Wortschatz und die in diesem Zusammenhang notwendigen Strukturen und Redemittel durch die Zubereitung eines Rezepts, das Singen eines Liedes oder das Sprechen eines Reims erarbeitet werden, um dann ganz fachspezifisch dieses „Rohmaterial" in einem Hörtext oder in einem Dialog anzuwenden. Obwohl wir Englischlehrer sind, dürfen wir nie vergessen, dass für das Kind stets die Sache, die Geschichte, die Person im Vordergrund steht (s. Abb. 1, S. 8).

Für das Gelingen eines freudvollen, den Schülern dieser Altersstufe angemessenen Unterrichts ist es wichtig, dass diese ein echtes Erfolgsgefühl erleben. Das kann zunächst ein englisches Lied sein, auf die Dauer ist es jedoch das Bewusstsein, dass man sich in der fremden Sprache verständigen kann. Das Ziel wird also letztlich stets in der kommunikativen Kompetenz liegen. Dazu ist es unabdingbar, dass der Englischunterricht in Lernsequenzen aufgebaut wird, die keineswegs mit Stundensequenzen gleichzusetzen sind. Die ersten Lernphasen werden zunächst das sprachliche Material (Wörter und Strukturen) zur Verfügung stellen, um dann über die rezeptiven kommunikativen Fähigkeiten, die im Grundschulunter-

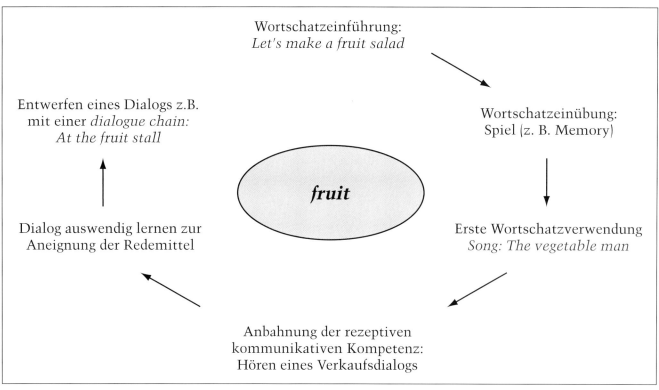

Abb. 1: Wortschatzeinführung und -anwendung

richt schwerpunktmäßig im Hörverstehen liegen, zu den produktiven Fähigkeiten, also zum Sprechen von kurzen Dialogen hinführen. Dabei ist zu betonen, dass zwar das Auswendiglernen von Dialogen nützlich für das Einprägen von Redemitteln ist, eigentliche Kommunikation aber erst in dem Augenblick stattfindet, in dem der Schüler kreativ wird und er selbst in einem Dialog richtig reagieren und (sprachlich) agieren kann.

Selbstverständlich sind auch facheigene Sachthemen des Englischunterrichts möglich, die ihren Ursprung vor allem in der Landeskunde und in der Kultur der Menschen haben, von denen gesprochen und gelernt wird. Wenngleich wohl heute in keinem Heimat- und Sachunterrichtslehrplan die Anbahnung gegenseitigen Verstehens und daraus resultierenden friedvollen Zusammenlebens fehlt, so ist dies doch auch ein wichtiges Lernziel des Fremdsprachenunterrichts in der Grundschule. Allerdings sollte man Erwartungen in solche Lernziele realistisch sehen. Ähnlichkeiten und Andersartigkeit von Gewohnheiten und Bräuchen, Einstellungen zum Leben von Menschen anderer Kulturkreise sind oft so komplex, dass sie die Intentionen eines doch vorwiegend sprachlich ausgerichteten Englischunterrichts sprengen würden bzw. dass der massive Einsatz der Muttersprache erforderlich wäre, um Andersartigkeiten zu erklären und Missverständnisse auszuräumen. Man könnte jedoch in Bezug auf den Englischunterricht sagen, dass hier anhand der angelsächsischen Kultur exemplarisch das Verständnis für Menschen angebahnt werden kann, die in jenem Kulturkreis leben. Am besten gelingt das bei Themen, bei denen die Kinder dieser Altersstufe eigene Erfahrungen einbringen können. Dies wird besonders bei solchen Sachverhalten der Fall sein, die sie aus eigener Anschauung kennen (s. Abb. 2, S. 9).

1.4 Lernen mit allen Sinnen

Moderner Unterricht nimmt für sich in Anspruch, ein Lernen mit allen Sinnen zu sein. Im ersten Augenblick denkt man hier an die fünf Sinne: Sehen, Hören, Riechen, Tasten, Schmecken. Sicherlich sind das wichtige Eingangskanäle für die Welt um uns. Neuere neurophysiologische Erkenntnisse legen nahe, dass die Sinne im Unterricht wohl überlegt eingesetzt und im Verbund mit anderen lernpsychologisch wirksamen Maßnahmen aktiviert werden. Dazu sind Erkenntnisse aus der Gehirn- und Gedächtnisforschung nützlich.

Das Gehirn setzt sich aus zwei Hälften zusammen. Die linke Hemisphäre gilt als der Sitz für das analytisch-logische Denken (u. a. die Sprachproduktion), die rechte Hemisphäre ist für die affektiven Bereiche (z. B. Gefühle, intuitives Erfassen, musische und künstlerische Fähigkeiten, Sprachrezeption) zuständig.

Dass es tatsächlich bestimmte Stellen im menschlichen Gehirn für bestimmte Fähigkeiten, z. B. das Wahrnehmen von Bildern, das Sprechen, die Beinbewegung usw. gibt, konnte man bei Gehirnverletzten eindeutig nachweisen. Anfang der 60er Jahre durchtrennten Roger Sperry und seine

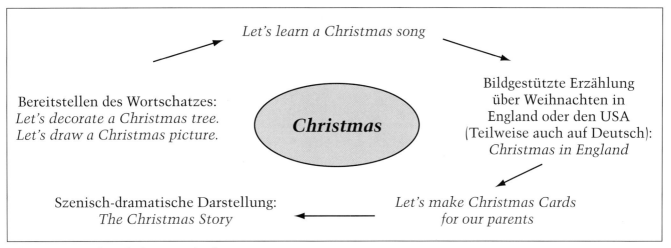

Abb. 2: Vermittlung kulturspezifischer Situationen

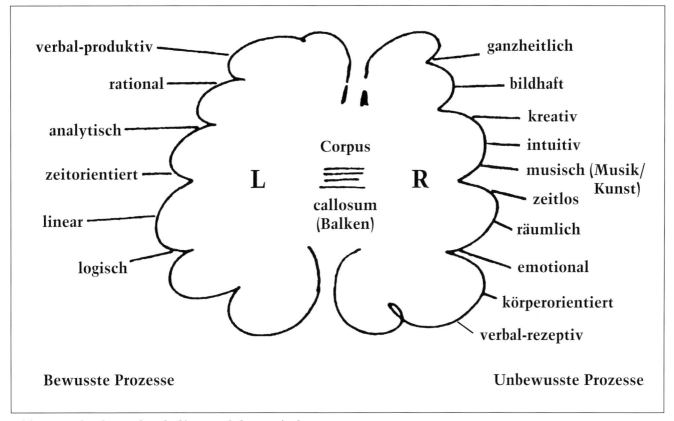

Abb. 3: Die beiden Gehirnhälften und ihre Aufgaben

Schüler das Verbindungsglied zwischen der linken und der rechten Gehirnhälfte (das sog. Corpus callosum) bei Epileptikern, um die Ausbreitung der Krankheit auf das ganze Gehirn zu verhindern. Sozusagen als „Nebenprodukt" fand man dabei heraus, dass die beiden Gehirnhälften unterschiedliche Aufgaben übernehmen können und dass ihre Arbeitsweisen sich wesentlich voneinander unterscheiden.

In der linken Gehirnhälfte befinden sich die Gehirnsegmente, die Sitz der Sprache, der Vernunft und des überlegten Denkens sind. Ohne diese könnten wir weder sprechen noch lesen und schreiben. Hier werden Details zur Kenntnis genommen, Schlussfolgerungen gezogen oder Ursachen und Wirkungen erkannt. Hier ist auch der Sitz der Abstraktion für Begriffe wie Freiheit, Gerechtigkeit oder Million. Die linke Gehirnhälfte kann nur Schritt für Schritt denken, also in streng zeitlicher Abfolge. Sie kann nicht mehrere Dinge gleichzeitig wahrnehmen, sich auf etwas Ganzes konzentrieren, sondern nur Details aneinander fügen. Probleme bewältigt sie, indem sie Schritt für Schritt vorgeht, wie Teile einer Mathematikaufgabe; zum Schluss ergibt sich aus diesen vielen einzelnen Schritten – hoffentlich – die Lösung.

Einen Gegenstand oder die meisten Tätigkeiten kann man sich gut vorstellen, das heißt man kann sich ein Bild davon machen. In der rechten Gehirnhälfte sind hierfür die Teile, die nicht in Worten und Begriffen denken, sondern in Bildern und sinnlichen Wahrnehmungen. Sie reagieren stark auf Sinneseindrücke wie Gerüche, Musik und visuelle Wahrnehmungen. Hier spielt sich also das ab, was wir glauben, dass die fünf Sinne für das Lernen zu leisten imstande sind. In Wirklichkeit ist dies jedoch nur ein Teil dessen, was unsere rechte Gehirnhälfte zu leisten vermag. Mit ihrer Hilfe können wir zum Beispiel Gesichter wieder erkennen, bildliche Eindrücke verarbeiten und Ähnlichkeiten zwischen bestimmten Formen oder Mustern feststellen. Und sie ist auch der Sitz unserer Gefühle, steuert weitgehend unser emotionales Verhalten. In der rechten Gehirnhälfte ist das Schöpferische im Menschen angesiedelt, seine Kreativität und Phantasie.

Auch die räumliche Wahrnehmung und Orientierung fällt in die rechte Hälfte unseres Gehirns. Mit ihr finden wir z. B. den Weg von zu Hause zu unserem Arbeitsplatz. Auch bei allen motorischen Abläufen, also bei der Koordination unserer Bewegungen, leistet uns die rechte Gehirnhälfte unschätzbare Dienste. Beim Ausschneiden und Basteln z. B. treten Teile unserer rechten Gehirnhälfte schwerpunktmäßig in Aktion.

Nachdem die beiden Gehirnhälften so völlig verschiedene „Sprachen" sprechen, ist es eigentlich kein Wunder, dass es gelegentlich zu Verständigungsschwierigkeiten kommt. Zwar sind die beiden Gehirnhälften durch das Corpus callosum miteinander verbunden und es findet auch durch Gehirnströme ein reger Informationsaustausch zwischen ihnen statt; doch komplexe Bilder, Bewegungsabläufe, Geruchswahrnehmungen oder Empfindungen lassen sich eben nicht immer so ohne weiteres in Worte übersetzen oder umgekehrt. Wenn man z. B. eine Gebrauchsanleitung liest, so kann man diese nicht unbedingt in einen Bewegungsablauf umsetzen, sodass man auch das Möbelstück aufbauen kann. Leichter wird es schon, wenn sich Bilder dabei finden.

Während die linke Gehirnhälfte „Schritt für Schritt" denkt, also die Dinge nur in zeitlicher oder logischer Abfolge erfassen kann, hat unsere rechte Hemisphäre die Eigenart, sich nicht so sehr auf Details, sondern mehr auf das Ganze zu konzentrieren. Sie arbeitet simultan, das heißt, sie erfasst mehrere verschiedene Dinge gleichzeitig, sozusagen „auf einen Blick" (Vgl. Geiselhart/Zerbst 1989, S. 26 f.).

Will man diese Erkenntnisse im Fremdsprachenunterricht umsetzen, so bedeutet dies, dass wir an ein und demselben Lerngegenstand möglichst solche Aktivitäten ausführen lassen, die Zentren in der rechten **und** linken Gehirnhälfte aktivieren. Wenn den Schülern z. B. eine Story, also ein Hörtext angeboten wird, so wird ihr Sinn in der rechten Gehirnhälfte entschlüsselt. Auch die Gestik und Mimik des Lehrers helfen bei der Entschlüsselung (r.Gh.) mit. Der Zuhörer macht sich ein Bild, wir sagen auch „eine Vorstellung" von dem, was er hört (r.Gh.). Bis hierher werden also vorwiegend Zentren der rechten Gehirnhälfte beim Schüler aufgerufen. Damit jedoch optimales Lernen stattfinden kann, müssen auch Aktivitäten für die linke Gehirnhälfte eingeplant werden. Das kann das gelegentliche Nachsprechen von Wörtern sein, passende Bilder oder Wörter in die richtige Reihenfolge bringen, das Bilden von Sätzen mit Hilfe von Stichwörtern, das Ergänzen von Sätzen (l.Gh.). Anschließend können die Schüler ein Bild ausmalen, ergänzen oder entwerfen, was vorwiegend die rechte Gehirnhälfte beansprucht. Außerdem können die Kinder passende Bewegungen zu dem gehörten Text finden (vorwiegend l.Gh.) oder die Geschichte spielen, während sie der Lehrer vorliest (vorwiegend r.Gh.). Es können z. B. wichtige Sätze aus der Geschichte ausgegliedert und von den Schülern vertont werden (r.Gh.). Wichtig ist aber, um dies noch einmal zu betonen: An **einem Lerngegenstand** werden in ständigem Wechsel von den Schülern Leistungen verlangt, die die **beiden Gehirnhälften** beanspruchen. Auf diese Weise wird die Kapazität unseres Gehirns wesentlich erweitert.

1.5 Entspanntes Lernen: Elemente der Suggestopädie

Als Gründer der Suggestologie gilt der bulgarische Arzt und Psychotherapeut **Georgi Lozanov.** Er hat Anfang der 60er Jahre in langen und intensiven Forschungen festgestellt, dass sich die Gedächtnisleistung eines Menschen durch bestimmte Verfahren wesentlich steigern lässt. Die Übertragung dieser Erkenntnisse auf den Unterricht führte zur Suggestopädie. Auf dem Umweg über Nordamerika kam die Suggestopädie gegen Ende der 70er Jahre nach Europa und damit auch in die Bundesrepublik. Sheila und Nancy Ostrander sowie Lynn Schroeder haben durch ihr Buch „Leichter lernen ohne Stress: Superlearning" (1982) diese Methode relativ bekannt gemacht. Zunächst wurde Superlearning vor allem in Form von sog. Crashkursen für Erwachsene mit großem Erfolg eingesetzt, die sich eine Fremdsprache z. B. aus beruflichen Gründen innerhalb kurzer Zeit aneignen wollten.

Vor allem wegen der Notwendigkeit der Zensurengebung und dem damit verbundenen Schreiben von Klassenarbeiten stieß diese Methode im Bereich des öffentlichen Schulwesens auf Grenzen, sodass nur Elemente daraus an bestimmten

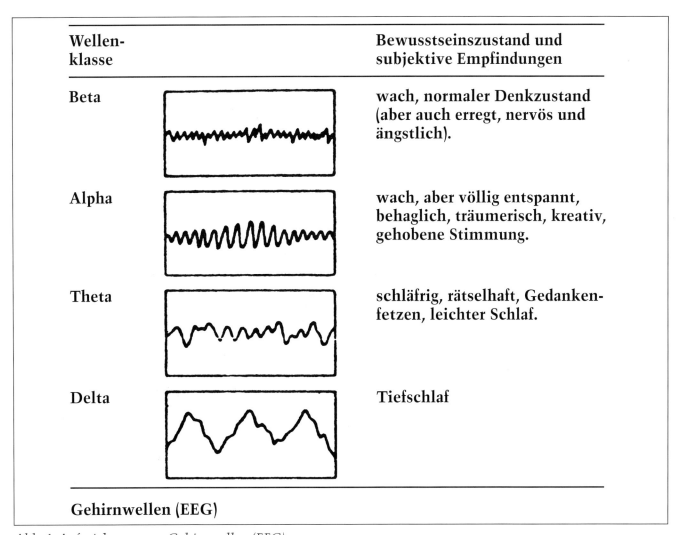

Abb. 4: Aufzeichnung von Gehirnwellen (EEG)

didaktischen Zeiten (z. B. unmittelbar vor den Ferien, wenn die Schüler wissen, dass alle Noten festgelegt sind) verwendet wurden, da ansonsten der Stress z. B. durch den Notendruck den Lernerfolg dieser Methode in Frage stellt. Nachdem jedoch eine Notengebung im Englischunterricht der Grundschule in vielen Bundesländern entfällt, bietet sich dieses Unterrichtsverfahren, wenn auch nicht ausschließlich, so doch an ausgewählten didaktischen Orten durchaus an. An dieser Stelle muss auch betont werden, dass es nicht *die* Superlearning-Methode gibt. Das unterrichtliche Vorgehen muss an den Entwicklungsstand der Lernenden angepasst sein. So können z. B. die Menge des Inputs, die Art der Spiele und die Musik nicht ohne weiteres von dem ursprünglich nach Lozanov entwickelten Verfahren einfach übernommen werden. Es können aber Prinzipien suggestopädischen Lehrens und Lernens auf den Unterricht mit Grundschülern sehr gut übertragen werden.

Ein wichtiges Element ganzheitlichen Lernens als Beitrag zu einer möglichst vollständigen Nutzung der Gehirnkapazität stellt der entspannte Zustand des Lernenden dar. Lernen ohne Stress ist die Voraussetzung für Wachheit und Konzentration, also für optimale Denkleistungen. Im EEG zeigen sich die Gehirnwellen der verschiedenen Bewusstseinszustände (Vgl.: Löffler/Schweitzer 1988, S. 13) wie folgt: s. Abb. 4, S. 11.

Wie kann man nun einen entspannten Zustand, also einen Alpha-Zustand bei den Schülern erreichen? Zunächst sollte der Lehrer möglichst angstfreies Lernen ermöglichen. Die radikalste Lösung wäre die Abschaffung der Noten. Dieser grundlegenden Forderung entspricht der Englischunterricht in der Grundschule in vielen Bundesländern, der auf eine Ziffern-Notengebung verzichtet. Damit berücksichtigen diese schon eine wichtige Voraussetzung, den Kindern Möglichkeiten sanktionsfreien Experimentierens mit Sprache zu gewähren und gehen somit auch optimal auf das Lerntempo der einzelnen Schüler ein. Unter Stress können Schüler aber auch geraten, wenn sie Angst vor dem Aufgerufen-werden haben, obwohl sie sich nicht gemeldet haben. Die Angst vor Blamage vor anderen Schülern bei falschen Antworten, bei einem Drängen des Lehrers auf Sprachproduktion, obwohl der Schüler noch nicht dazu bereit ist usw. sind stress-erzeugende Situationen, die von einem Lehrer oft unbedacht und ganz ohne böse Absicht geschaffen werden.

Als stressmindernd gelten **Entspannungsübungen** und bestimmte Arten von Musik, die wesentliche Elemente des passiven Konzerts in einem suggestopädischen Zyklus darstellen.

Mithilfe von sog. Fantasiereisen oder Imaginationstexten, die den Schülern vorgetragen werden, wird versucht, sie in den Alphazustand zu versetzen und die Konzentration ganz auf den Text zu lenken. Wichtig ist, dass der Text aus Bildern (=Fantasieanregungen) besteht, die die Schüler aus ihrer Umwelt kennen, die schön und wünschenswert sind. Wenn der Lehrer glaubt, dass die Konzentration auf den Imaginationstext erreicht ist, wird der Lerntext (z. B. ein Dialog in englischer Sprache) dargeboten.

Hilfreich ist eine angemessene Sitzhaltung. Dabei wird häufig empfohlen, Arme und Kopf auf die Bank zu legen und die Augen zu schließen. Grundsätzlich sollte jeder Mensch die Position selbst herausfinden, in der er ca. 15 Minuten still sitzen kann. Wir machten mit dem sog. Kutschersitz, bei dem der Kopf auf die Brust sinkt, ein bestimmter Punkt vor sich auf dem Boden mit den Augen fixiert wird (bzw. die Augen geschlossen werden), beide Beine fest auf dem Boden stehen und die Handflächen auf den Oberschenkeln ruhen, gute Erfahrungen. Manche Schüler bevorzugen es aber, wenn sie den Stuhl an die Wand rutschen, um den Kopf dort anlehnen zu können.

Diese beiden Sitzpositionen haben gegenüber der erstgenannten den Vorteil, dass die Atmung freier stattfindet und der Sauerstoff besser in das Gehirn strömen kann. Dabei sollte der Lehrer nicht vergessen, dass er den Raum vor der Entspannungsübung gut lüftet, die Lernenden nicht kühl sind (also notfalls Anorak und Schal anziehen lassen oder vorher eine kräftige Gymnastik durchführen), und dass der Text so vorgetragen wird, dass die Zuhörer ihre Bilder im Kopf generieren können.

Der beruhigende Effekt eines Imaginationstextes wird durch eine geeignete Musik unterstützt. Lozanov, der wohl als erster Anfang der 60er Jahre in Sofia suggestopädische Maßnahmen zur Kapazitätssteigerung des Gedächtnisses untersucht und bei Studenten im Fremdsprachenunterricht angewendet hat, benutzte bei seinen Lernsitzungen langsame Musik, die genau 60 Schläge pro Minute aufwies. Er ging davon aus, dass sich der Rhythmus der Musik auf den Herzschlag der Lernenden übertrug und sie in einen lerngünstigen Alphazustand brachte. Allerdings stellte sich im Verlauf der Entwicklung heraus, dass Barockmusik bei jüngeren Lernenden nicht besonders großen Anklang findet.

Besser geeignet scheint *New Age Music* für jüngere Schüler zu sein. Erfahrungen mit Superlearning, die wir in abgewandelter und verfeinerter Form mit Schülern im Alter zwischen 8 und 12 Jahren gewonnen haben, bestätigen diese Auf-

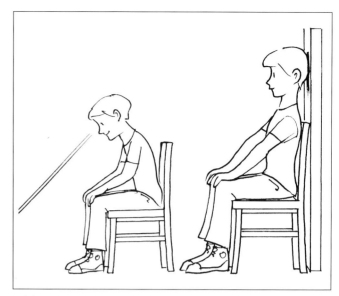

Abb. 5: Zwei günstige Sitzpositionen

fassung (Vgl.: Waas 1989, S. 113). Wichtig bei der Auswahl der Musik ist, dass die Musikstücke möglichst keine Synkopen aufweisen, weil diese den Herzrhythmus beschleunigen und damit der Alphazustand aufgehoben wird. In den Klassen, mit denen wir in den letzten 15 Jahren suggestopädisch gearbeitet haben, wurde die Musik stets uneingeschränkt begrüßt und die Lernleistung bei Vokabeln vergrößerte sich.

Ludger Schiffler hat die verschiedenen Parameter von Suggestopädie und Superlearning empirisch untersucht. Er kommt zu dem Ergebnis, dass „die Gruppen mit Musik in ihren Testwerten höhere Ergebnisse erzielten als die Gruppen ohne Musik. Dass diese Überlegenheit nicht zufällig ist, wurde auch durch die Signifikanzprüfung bestätigt." (Schiffler 1989, S. 113)

Im Wesentlichen sind es fünf Bereiche, auf denen suggestopädische Lernmethoden basieren (Vgl.: Dhority 1986, S. 26 ff):

1. Abbau schädlicher, Aufbau nützlicher Suggestionen

Die Einstellung zum Lernstoff und zum Lernen entscheidet wesentlich mit über das, was wir tatsächlich lernen können. Wichtig ist der Abbau, die Extinktion von negativen Lernerfahrungen oder Vorurteilen. Das können im Bereich der Grundschulkinder bereits Vorurteile gegenüber einer Sprache sein, wenn Eltern oder Verwandte z. B. sagen, Englisch sei schwer. Gewöhnlich haben wir jedoch in der Grundschule damit noch keine so großen Probleme wie in der Erwachsenenbildung.

2. Stressfreies Lernen

Angstbehaftete Situationen sind in der Schule häufiger, als uns Lehrern bewusst ist. Deshalb sollte, wo immer möglich, ganz bewusst auf stresserzeugende Situationen verzichtet werden. Darauf wurde weiter oben bereits genauer eingegangen.

3. Bewusstes und unbewusstes Lernen

Viele Dinge lernen Kinder, ohne dass es ihnen jemals ausdrücklich gelehrt wurde. Eigentlich lernen wir auf diese Weise viel mehr als durch bewusste Lernvorgänge. Am effektivsten ist Lernen jedoch mit Sicherheit, wenn beide Arten von Lernen möglichst Hand in Hand gehen. Die Suggestopädie benützt hier sog. Randstimuli, die dem Schüler ein mehr „zufälliges" Lernen ermöglichen oder aber „nur" einen Lernanreiz setzen. Hierher gehören z.B. Bild- und Wortkarten, die schon im Klassenzimmer hängen und zum Nachdenken anregen, bevor der eigentliche Unterricht beginnt.

4. Infantilität

Dieser Begriff Lozanovs wird oft missverstanden. Gemeint ist, dass der Lernende Vertrauen in den Lehrenden hat. Dieses kann der Lehrer durch Fachkompetenz, aber auch durch Hinwendung erreichen, die von einer Hilfe zur Selbsthilfe geprägt ist. Das Verhältnis zwischen Lehrer und Lerner sollte ein Meister-Schüler Verhältnis im positiven Sinne sein. Hierzu findet sich umfassende Literatur über die „Lehrerpersönlichkeit" in der klassischen und gegenwärtigen Pädagogik.

5. Erhöhter Input

Es scheint, dass das menschliche Gehirn viel leistungsfähiger ist, als bisher angenommen wurde. Deshalb kann und soll dem Lernenden auch wesentlich mehr Lernstoff angeboten werden, als er unmittelbar wiedergeben kann. Der angebotene Stoff (z.B. Fremdsprachentexte) muss immer im Anspruchsniveau leicht über dem gegenwärtigen Leistungsniveau des Lernenden liegen. So kann dieser, ohne dass er frustriert wird, sich das selbst aussuchen, was für ihn wichtig, leicht und merkenswert erscheint. Außerdem entspricht dieses Aneignen von Lerninhalten eher dem menschlichen Gehirn als das Schritt-für-Schritt-Lernen.
Es würde den Rahmen dieses Buches sprengen, wenn wir hier noch genauer auf Suggestopädie oder Superlearning eingehen würden. Sicher jedoch ist, dass es sich um keine Methode handelt, wie noch vor zehn Jahren gelegentlich zu lesen war, mit der man Menschen in Trance versetzen könne. Es ist eine relativ junge psychologisch und didaktisch wohl überlegte Methode, wie ganzheitlich an einen Lernstoff herangegangen werden kann, um die Gehirnkapazitäten eines jeden Menschen effektiver einzusetzen. Sie bedarf allerdings noch der genaueren Erschließung durch die Didaktiker – auch der Fremdsprachendidaktiker in der Grundschule.

Phasenablauf bei einem suggestopädischen Lernzyklus

1. Das Präludium (Kognitivierungsphase)

Zunächst bietet der Lehrer den neuen Lehrstoff (z.B. eine selbst erfundene Geschichte mit dem neuen Wortschatz) an. Hierbei ist es wichtig, dass die Schüler *nicht* sprachproduktiv werden. Und das ist auch der wesentliche Unterschied zu einem konventionellen Unterricht in dieser Phase. Die Schüler sollen sich auf die Erzählung und Aktivitäten des Lehrers konzentrieren können und genießen. Diese Phase dauert in der 3. und 4. Klasse ca. 10–15 Minuten.

2. Das aktive Konzert (Rezeptionsphase)

Der Text, den die Schüler soeben gehört haben, wird noch einmal vorgetragen. Diesmal jedoch werden die Schüler aufgefordert, am besten im Stehen oder im langsamen Gehen, den Text selbst mit Gestik und Mimik zu begleiten. Um die gewöhnliche Scheu zu nehmen, wird hier eine lebhafte Musik eingespielt. Die Schüler werden auch aufgefordert, mit dem Lehrer mitzusprechen (Verfolgungssprechen). Vor allem Ausrufe und emotional gefärbte Sätze eignen sich für das unbefangene Mitsprechen. Hier geht es in der Regel recht unbefangen und lustig zu, jeder Schüler probiert eine Gestik oder Mimik aus oder imitiert diejenige des Lehrers. Wichtig ist hier, dass Körper und Verstand beteiligt sind. Damit die Schüler nicht meinen, hier sei ein Ort des bloßen Klamauks und Unsinnmachens, sollte der Lehrer vorher schon den Schülern kurz und in kindgemäßer Weise etwas über ganzheitliches Lernen, über die Funktion der beiden Gehirnhälften etc. erzählt haben.

3. Das passive Konzert

Das ist die Phase, die weiter oben bereits genauer beschrieben wurde und vor allem entspannend und erholsam wirkt. Wir gehen deshalb nicht näher darauf ein.

4. Aktivierungsphase

Den größten Teil der Zeit nehmen Aktivitäten ein, die aus Spielen und Tätigkeiten ohne Sieger und Verlierer bestehen, künstlerische Aktivitäten wie z.B. das Erfinden von kurzen Reimen, Bilder zum Text oder zu einzelnen Wörtern malen, ein passendes Lied singen, einen kleinen Tanz einstudieren usw.

Desuggestion und Suggestion	Stressfreies Lernen	Unbewusstes und bewusstes Lernen	Infantilität	Erhöhter Input
Aufbau positiver Einstellungen	Entspannung durch Musik	Anbieten von Randstimuli	Autorität	Schüler wählt selbst mit aus
Aufbau positiver Gefühle	Spiele ohne Sieger	Angenehmer Lernrahmen	Gute Lehrer-Schüler-Beziehung	Warten auf die Sprechbereitschaft eines jeden Lerners
Abbau negativer Gefühle	Kleine Lern-Gruppen			
evtl. Identitätswechsel	Keine Noten			

Abb. 6: Fünf Prinzipien der Suggestopädie nach Georgi Lozanov

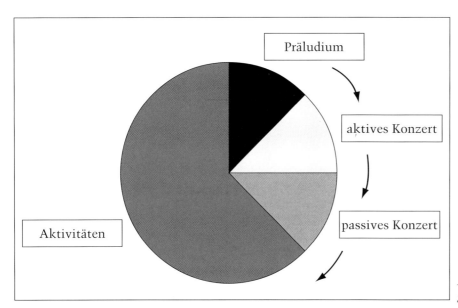

Abb. 7: Phasenfolge bei einem suggestopädischen Lernzyklus

➤ **Unterrichtsbeispiel zu einem suggestopädischen Zirkel:**

The Mullein ['mʌlǀɪn]

Lernziele

Die Schüler sollen:

... sich 12 Wörter in Aussprache und Bedeutung merken können

... diese 12 Wörter in ihrer Funktion in einem Text erleben

... eine Lehr- und Lernmethode kennen lernen, die entspanntes Lernen favorisiert

Medien

– Bildfolie zu *The Mullein*
– Worksheet der Bildfolie mit zugeordneten Schriftbildern
– Wortkarten der zu lernenden Wörter auf Englisch und auf Deutsch: *hand, flowerpot, flower, excavator, shovel, balcony, dig out, dry, rubble, basement, weeds, lorry*
– Bildkarten zu einigen der neu zu lernenden Wörter
– Textvorlage

Randstimuli

An der Tafel befinden sich die deutschen Wortkarten.

Auf dem Boden verstreut liegen die (laminierten) Bildkarten, sodass die Schüler diese beim Betreten des Klassenzimmers sofort sehen.

Der OHP ist angeschaltet mit einer Folie *The Mullein*, wobei die Königskerze und der Blumentopf koloriert sind.

Der Raum ist leicht abgedunkelt, damit das Bild gut zu sehen ist.

Stundenverlauf

Artikulation	Stundenablauf	Medien/ Unterrichtsformen
Kognitivierungsphase	L. gibt kurze Einführung in die Stunde: „Heute hörst du eine Geschichte über dieses Mädchen und diese Blume. Das englische Wort für diese Blume ist *mullein*. Bei uns gibt es diese Blume auch, wir nennen sie ‚Königskerze'." Evtl. kurzes Unterrichtsgespräch, ob schon ein Schüler eine Königskerze gesehen hat.	Unterrichtsgespräch KV 1
	„Ihr habt schon auf dem Boden die Bilder liegen sehen. Diese Gegenstände haben etwas mit unserer Geschichte zu tun. Suche dir ein Bild aus und hefte es an einen schönen und passenden Platz in unserem Klassenzimmer." (Einige Schüler können die Bilder evtl. schon den Wörtern an der Tafel zuordnen, L. greift jedoch nicht ein.)	Schüler-Aktivität
	L. wendet sich dem Folienbild zu und deutet entsprechend. L.: *"Look, this is Regina. And here is a mullein. The mullein grows in a plot on a heap of rubble. And Regina has a flowerpot in her hand. Oh, look, there's an excavator and a lorry. They want to dig out the ground. Regina lives in that block of flats. The balcony with the geraniums is Regina's flat. And there is a lorry driver with a shovel on his shoulder."* L. wiederholt noch einmal die wichtigen Wörter: *a mullein – rubble – excavator – lorry – lorry driver – balcony – shovel – flowerpot*	
Textpräsentation	L. trägt nun möglichst frei die Geschichte vor. Alle Formen der mimischen und gestischen Unterstützung, sowie Übersetzungen von einzelnen Wörtern helfen beim Verständnis.	Lehrervortrag KV 2
Rezeptive Phase	L. teilt den englisch/deutschen Text aus und gibt den Schülern Zeit zum Lesen. Sie werden in der Regel (auch) den deutschen Text lesen – aber das macht nichts!	Einzelarbeit/ Partnerarbeit KV 2
aktives Konzert	L. schaltet eine etwas lebhafte Musik ein, bittet die Schüler aufzustehen und sich im Raum zu bewegen. L. liest den englischen Text ein 2. Mal vor, Sch. imitieren die Mimik und Gestik des Lehrers und versuchen laut den Text mitzusprechen (Verfolgungssprechen). L. teilt nun das (Folien)bild mit den Lückenwörtern aus. L: *"Fill in the missing letters, please."* Sch. setzen die fehlenden Buchstaben ein. (Das Textblatt hilft dabei!)	KV 3
Vorbereitung zum passiven Konzert	L.: „Setze dich nun bequem auf deinen Stuhl. Versuche ganz ruhig zu werden. Lausche zunächst der schönen, beruhigenden Musik, die ich dir mitgebracht habe. Lass alle Gedanken hinter dir. Konzentriere dich nur auf deinen Atem und auf dich selbst. Vergiss alles, was um dich herum ist."	CD-Player, leise anlaufende Musik,
passives Konzert	L. stellt New Age Music (z.B. *The best of Kitaro*) leise an. Wenn alle Schüler ruhig geworden sind, beginnt er ganz langsam, den Imaginationstext vorzutragen, in den der Lehrtext eingebunden ist. Ein Auswendiglernen ist hier unnötig. Vorhänge öffnen	KV 4
Aktivierungsphase 1	Zunächst heftet L. alle deutschen Wortkarten an die Tafel. Dann verteilt er die Hälfte der englischen Wortkarten an Sch. und spricht die Wörter jeweils deutlich vor. L.: „Von nun an bist du für dein Wort, das ich dir jetzt gebe, verantwortlich. Du bist sozusagen der Pate (*godfather*) für das Wort. Dieses Wort sollen möglichst alle	Wortkarten (s. Medien)

Artikulation	Stundenablauf	Medien/ Unterrichtsformen
	Mitschüler aussprechen können und die deutsche Bedeutung kennen." Sch. gehen an die Tafel und fixieren die englischen Karten auf den deutschen Karten an der Tafel (Magnete). L. (zu den noch sitzenden Sch.): „Suche dir ein Wort oder mehrere aus, die du noch nicht kennst. Komm nach vorne und lass sie dir erklären. Der Wortpate darf mit allen Mitteln sein Wort erklären (Zeichnung, Gestik, usw.), nur darf er es **nicht auf Deutsch** aussprechen oder die englische Wortkarte wegnehmen." Anschließend setzen sich alle Schüler wieder hin und die zweite Hälfte der Wörter wird an die zweite Hälfte der Sch. ausgeteilt. Anschließend gleiches Vorgehen.	
Aktivierungsphase 2	In der nächsten Englischstunde wird *Guess my word* gespielt. Mit Wäscheklammern wird jedem Sch. eine Wortkarte auf den Rücken geheftet, sodass er sie selbst nicht sieht. Er muss nun erraten, wie sein Wort lautet. (Die deutschen Wörter sollten an der Tafel gut sichtbar sein!) Auf seine Fragen darf immer nur mit „ja" oder „nein" geantwortet werden. Lautet die Antwort „nein", muss der Sch. zu einem anderen Spieler gehen, um zu fragen. Hat ein Schüler sein Wort erraten, so hängt er es neben das deutsche Wort an die Tafel. Anschließend wird gemeinsam das Werk betrachtet.	Wortkarten
Reproduktion	Abschließend liest L. den Text vor, wobei er einige Wörter auslässt. Nachdem Sch. den ganzen Satz gehört haben, ergänzen sie das Wort. (Dieses Vorlesen kann auch schon im Anschluss an das Spiel 1 stattfinden.)	Lehrervortrag

KV 1

Name: _____ Class: _____ Date: _____

balcony   flower   shovel   excavator   lorry

   mullein   flowerpot   hand   rubble

Balkon   Blume   Schaufel   Bagger   Lastwagen

   Königskerze   Blumentopf   Hand   Schutt

Ludwig Waas/Wolfgang Hamm: Englischunterricht in der Grundschule konkret
© Auer Verlag GmbH, Donauwörth · Als Kopiervorlage freigegeben

The Mullein

Regina lived in a block of flats. From her **balcony** she could see directly onto a place that was full of **rubble** and refuse. Her parents always said: "Our acre of weeds." Regina, however, loved the "weed**flowers**".

Last year a big yellow **flower** grew in the middle of a heap of **rubble**. Every day the girl looked at her **flower** with great pleasure. Sometimes, when it had been dry for a long time, she brought it a jug full of water. One day Regina even found a picture of the **flower** and the name under it was **mullein**.

On one Monday morning in the Whitsun holidays, a big **excavator** was standing in the overgrown plot and was starting to load soil onto al **lorry**. Regina thought at once of her **mullein**. This year it already had a lot of blossoms. What would become of it if a house was built there? She didn't think about it very long.

She ran quickly down to the basement and came back with a big **flowerpot**. Then she ran across the street and began to dig out the **mullein** with her **hands**. But the earth was so hard, however, that it was very difficult. The **lorry**-driver got out and came over to her with a pick and a **shovel**. "Shall I help you to save this flower from the excavator?" he asked. "Oh yes, please," answered Regina. Then, because of the root, the man dug deeply into the earth and, with the **shovel**, carefully lifted the **flower** into the **flowerpot**. Regina smiled and thanked him.

There were geraniums planted on Regina's **balcony**, but Regina and her parents agreed that the mullein was the most beautiful **flower** there.

Die Königskerze

Regina wohnte in einem Wohnblock. Von ihrem **Balkon** aus sah sie direkt auf einen Platz, der voll **Schutt** und Unrat war. Ihre Eltern sagten immer: „Unser Unkrautacker." Aber Regina gefielen die „Unkraut**blumen**".

Letztes Jahr aber wuchs eine große gelbe **Blume** mitten auf einem **Schutt**haufen. Jeden Tag betrachtete nun das Mädchen ihre **Blume** mit großer Freude. Manchmal, wenn es sehr lange trocken war, brachte sie ihr auch eine Kanne voll Wasser. Eines Tages fand Regina sogar ein Bild von dieser **Blume**, und der Name darunter war **Königskerze**.

An einem Montagmorgen in den Pfingstferien stand ein großer **Bagger** auf dem verwilderten Grundstück und fing an, Erde auf einen **Lastwagen** zu laden. Regina dachte sofort an ihre **Königskerze**. In diesem Jahr hatte sie schon viele Blüten. Was sollte aus ihr werden, wenn dort ein Haus gebaut wurde? Sie dachte nicht lange nach.

Schnell lief sie in den Keller und kam mit einem großen **Blumentopf** zurück. Sie lief über die Straße und fing an, ihre **Königskerze** mit den **Händen** auszugraben. Der Boden war aber so hart, dass sie damit große Schwierigkeiten hatte. Da stieg der **Lastwagen**fahrer aus und kam mit einer Spitzhacke und einer **Schaufel** auf sie zu. „Soll ich dir helfen, diese Blume vor dem Bagger zu retten?", fragte er. „Oh ja, bitte", antwortete Regina. Da hackte der Mann tief in den Boden, wegen der Wurzel, und hob die **Blume** ganz vorsichtig mit der **Schaufel** in den **Blumentopf**. Regina lächelte und dankte ihm.

Auf Reginas **Balkon** waren Geranien angepflanzt. Aber Regina und ihre Eltern waren sich einig, dass die Königskerze die schönste **Blume** dort war.

Imaginationstext zu "The Mullein"

Stell dir vor, du liegst auf einem Balkon. Rings um dich herum ist es ganz ruhig. Nur ein paar Vögel hörst du zwitschern. Dein Blick fällt auf den Neubau gegenüber deinem Haus. Es ist ein ganz neuer Wohnblock, strahlend weiß mit großen, hellen Fenstern und freundlichen Balkonen. Dir gefällt dieses neue Haus.
Du atmest ganz ruhig und gleichmäßig.

Du hast einen schönen Blick auf die Anlage rund um das neue Haus und den großen, grünen Baum, der frisch gepflanzt wurde.
Du hörst die Bienen summen.
Du atmest tief die warme frische Luft ein.
Du spürst, wie die Wärme durch deinen ganzen Körper strömt — in die Schultern, in die Arme und in die Hände, bis in die Fingerspitzen.
Du spürst, wie die Wärme in deinen Hals, in deine Brust, in deinen Bauch, in deine Oberschenkel und tief hinab in die Füße und Zehen zieht.
Du genießt den schönen Tag.

Deine Gedanken gehen zurück zu der Zeit, als dort drüben noch kein Neubau stand. Viel Unkraut wuchs auf dem Grundstück und Schutt und Abfall lagen herum.
Du erinnerst dich auch an Regina, die ab und zu die Unkrautblumen goss, wenn es lange Zeit trocken war.

Teil 1:
Regina lived in a block of flats. From her balcony she could see directly onto a place that was full of rubble and refuse. Her parents always said: "Our acre of weeds." Regina, however, loved the "weed flowers".

Last year a big yellow flower grew in the middle of a heap of rubble. Every day the girl looked at her flower with great pleasure. Sometimes, when it had been dry for a long time, she brought it a jug full of water. One day Regina even found a picture of the flower and the name under it was mullein.

Doch letztes Jahr, eines Montagmorgens in den Pfingstferien, rückten ein Bagger und ein Lastwagen an. Und du hast die kleine Geschichte mit Regina und ihrer Königskerze ganz genau mitbekommen.

Teil 2:
On one Monday morning in the Whitsun holidays, a big excavator was standing in the overgrown plot and was starting to load soil onto a lorry. Regina thought at once of her mullein. This year it already had a lot of blossoms. What would become of it if a house was built there? She didn't think about it very long.

She ran quickly down to the basement and came back with a big flowerpot. Then she ran across the street and began to dig out the mullein with her hands. But the earth was so hard, however, that it was very difficult. The lorry-driver got out and came over to her with a pick and a shovel. "Shall I help you to save this flower from the excavator?" he asked. "Oh yes, please" answered Regina. Then, because of the root, the man dug deeply into the earth and, with the shovel, carefully lifted the flower into the flowerpot. Regina smiled and thanked him.

Du siehst Regina manchmal noch auf dem Schulweg und ihr sprecht über alles Mögliche. Ihre Königskerze hat noch sehr lange auf ihrem Balkon geblüht.

Plötzlich fliegt eine Amsel auf das Balkongeländer. Da fällt dir ein, dass das alles nur schöne Erinnerungen sind.
Nun wird es langsam Zeit, aufzuwachen.
Ich zähle bis fünf und dann öffnest du ganz langsam die Augen, bleibst aber noch eine Weile ruhig sitzen und streckst dich.

1.6 Lernen im Spiel

Lernen und Spielen gehen in der Grundschule Hand in Hand. Eigentlich kann man beides gar nicht voneinander trennen. Spielende Kinder vergessen alles um sich herum und gehen ganz im Spiel auf. Diese Eigenschaften des Spielens nützen wir in der Schule, indem wir solche Arrangements gestalten, bei denen sich die Lernziele des Faches einerseits und die Motivationskraft des Spielens andererseits verbinden. „Nicht praktisch-bequeme ‚Lückenfüller', auch nicht lediglich motivierendes ‚Extra mit Belohnungscharakter' sollen sie sein, sondern ein in die Lernprogression und die Arbeitssituation ‚integrierbares Lernangebot', das von seiner Eigenstruktur her diejenigen Seiten der Spieler anspricht, die in einem vorwiegend kognitiv ausgerichteten Lernprozess vielfach ausgeklammert bleiben:

- Im Spiel kann der Spieler Gefühle wahrnehmen, zulassen und auch nonverbal oder verbal ausdrücken.
- Die Körperwahrnehmung in Motorik, Gestik und Mimik kann beim Handeln im Spiel viel Raum einnehmen.
- Phantasie, Kreativität und Einfallsreichtum sind gefragt.
- Andere als die üblichen Verhaltensweisen können im Schonraum des Spiels erprobt werden.

Dabei entdeckt der Spielende neue Seiten an sich und an den Mitspielern. Selbst- und Fremdwahrnehmung entwickeln und erweitern sich. Man kann sich messen im spannenden Wettbewerb, findet aber im Rhythmus des Spiels zu ausgleichender Lösung und Entspannung. Insgesamt also spricht das Spiel auch im Fremdsprachenunterricht die Spieler *ganzheitlich* an." (Bloom/Blaich/Löffler 1986, S. 6)

Grundsätzlich können wir Spiele nach der Interaktionsform unterscheiden. Es gibt solche, die man allein, mit einem Partner, in Gruppen und der Lehrer mit der ganzen Klasse spielen kann.

Für die **Einführung eines Spiels** in Gruppen geben Wright/Betteridge/Buckby (1986, S. 13f) folgende Empfehlungen:

- Das Spiel wird der Klasse vom Lehrer erklärt.
- Teile des Spiels werden vom Lehrer zusammen mit einem oder zwei Schülern vorgeführt.
- Wichtige sprachliche Wendungen bzw. Spielregeln werden an die Tafel geschrieben (oder eine vorbereitete Folie wird mit dem Tageslichtprojektor projiziert).
- Eine Schülergruppe probiert das Spiel vor der Klasse aus.
- Die Gruppen versuchen einen ersten Spieldurchgang.
- Der Tafelanschrieb wird ausgewischt (oder man klappt die Tafel zu bzw. schaltet den Tageslichtprojektor aus).

Manchmal ist ein Spiel für den Fremdsprachenunterricht zunächst **zu** gut. Das mag paradox klingen. Die Schüler sind aber oft so begeistert vom Spielablauf, dass sie das Spiel auf Deutsch und nicht auf Englisch spielen. Wir empfehlen, dass der Lehrer dies zunächst duldet, um die Spielfreude nicht unnötig zu bremsen, dass aber im Anschluss daran dies besprochen wird und die nötigen Redemittel (noch einmal) für ein späteres Spiel bereitgestellt werden. Bei schwächeren Gruppen könnte der Lehrer in der Gruppe mitspielen und helfend eingreifen.

Im weiteren Verlauf werden immer wieder verschiedene Formen des spielerischen Umgangs mit der Fremdsprache Englisch vorgestellt werden. Wir unterscheiden hierbei **fünf Hauptgruppen von Spielen:**

1. Lernspiele
2. *New games*
3. *Street and school yard games*
4. Szenische Darstellung: Personen- und Puppentheater
5. *Finger plays and counting out rhymes*

1. Lernspiele

Lernspiele bieten den Schülern Gelegenheit, ihre fremdsprachlichen Kenntnisse in Situationen, in denen sie aktiv beteiligt und an denen sie persönlich interessiert sind, anzuwenden und damit einzuüben und zu vertiefen (vgl. Wright/Betteridge/Buckby 1986, S. 9). Sie benutzen häufig bekannte Spielstrukturen, wie z. B. Memory und Domino, um Lernziele damit anzupeilen. Der große Vorteil hierbei ist, dass beim Spielen der Lehrstoff zum Lernstoff wird. Die Anzahl der Lernspiele ist immens. Sie werden teilweise unter erheblichem Zeitaufwand von den Lehrern selbst hergestellt, sie werden oft unter erheblichem finanziellem Aufwand gekauft. Der Arbeitsaufwand und der finanzielle Aufwand lohnen sich allemal – sofern die Spiele gut sind. Wann aber sind Spiele „gut"?

Ein Lernspiel sollte den Schülern Spaß machen und effektiv sein.

Welche Kriterien gelten nun für Lernspiele, die beiden Ansprüchen gerecht werden?

1. Ein Lernspiel sollte möglichst alle Schüler gleichzeitig beschäftigen.
2. Ein Lernspiel sollte möglichst leicht verständlich sein, also einfache Regeln besitzen.
3. Ein Lernspiel sollte möglichst niemanden bloß stellen, wenn er verliert. Dies ist vor allem dann der Fall, wenn der Verlierer öffentlich gemacht wird.
4. Bei einem Lernspiel sollte für ein gutes Abschneiden sowohl (sprachliches) Wissen als auch Glück nötig sein.
5. Das gleiche Lernspiel sollte nicht zu oft ge-

spielt werden. (In einer Unterrichtsstunde nicht öfter als zweimal.)
6. Ein Lernspiel sollte nicht länger als etwa 5 Minuten dauern.
7. Die Grundstruktur eines Lernspiels sollte auf verschiedene Lerninhalte übertragen werden können.
8. Wenn es einen Sieger gibt, sollte der Lehrer darauf achten, dass Schummeln ausgeschlossen ist.
9. Es sollte niemals nur **einen** Verlierer geben. Wenn schon, dann sollten es mehrere sein – denn geteiltes Leid ist halbes Leid.

2. *New games*

Als der Erfinder der *new games* gilt der Amerikaner Stewart Brand. Ein Motto der *new games* lautet: *Playing for the fun of it*. „Zwar gehört zu einigen Spielen auch der Wettkampf, aber niemand nimmt es wichtig, wer gewinnt oder verliert. Es gibt keinen Druck zu gewinnen und also auch keine Angst zu verlieren. Wir spielen miteinander, nicht gegeneinander. Niemand wird aus dem Spiel ausgeschieden, man wechselt einfach die Rollen und spielt weiter. Der Gewinner wird nicht herausgehoben. ‚Du bist als letzter übrig? Prima, fang das nächste Spiel an.'" (LeFevre 1985, S. 24)

Wir haben zwei solcher Spiele bereits im Unterrichtsbeispiel *The mullein* kennen gelernt. Um einen genaueren Eindruck vom Wesen dieser Spiele zu erhalten, sollen hier noch zwei weitere vorgestellt werden:

1. The hot balloon

Es werden Gruppen mit jeweils 8–10 Schülern gebildet. Jede Gruppe steht im Kreis und schubst sich drei verschiedenfarbige Luftballons, z.B. mit den Aufschriften *fruit, vegetables, sweets* zu. Der Lehrer gibt in der Anleitung an, dass diese Ballons sehr heiß seien und nur ganz kurz in den Händen gehalten werden dürfen. Sobald ein Schüler einen Ballon zugeschubst bekommt, fängt er ihn, ruft ein zur Aufschrift des Ballons passendes Wort, z.B. *plum*, und schubst den Ballon möglichst schnell weiter. Im entstehenden (geregelten) Chaos achtet niemand auf die Rufe der anderen Mitspieler, sondern ist im Wesentlichen mit sich selbst beschäftigt.

2. Soap bubble game

Ein Schüler stellt sich auf einen Stuhl oder im Pausenhof auf eine Bank, einen Baumstumpf oder was sich sonst noch als Podest eignet und bläst immer wieder viele Seifenblasen in die Luft. Die einzige Aufgabe der Mitschüler besteht darin, die Seifenblasen zwischen ihren Händen zu zerklatschen und dazu jeweils ein englisches Wort zu rufen. Vor jedem neuen Blasen kann der Lehrer oder ein Schüler einen Buchstaben rufen, der der Anfangsbuchstabe der Wörter in der nächsten Runde sein soll. (Vgl. Bartl 2000, S. 65)

Charakteristisch für diese Art der Spiele ist die Heiterkeit der Mitspieler, die Angstfreiheit vor Blamage und die Bewegung, was Grundschulkindern sehr entgegen kommt. „Das Spielen beruht auf kooperativem Verhalten. Da es egal ist, wer gewinnt und es zum Wesen der Spiele gehört, dass Rollen und Teams ständig wechseln, können sich Animositäten kaum entwickeln. (...) Und – wenn es beim Spiel keine Verlierer gibt, kann sich das Selbstwertgefühl erhöhen und ein positiveres Selbstbild entwickeln." (LeFevre 1985, S. 25) Der besondere Wert dieser Art von Spielen ist, dass sie offen sind für Ideen der Mitspieler – Kreativität ist also gefragt. Dazu sollten die Kinder eindringlich ermuntert werden.

3. Street and school yard games

Eine gewisse Ähnlichkeit mit *new games* besitzen die *street and school yard games*, jedoch mit einem landeskulturellen Touch. Es geht hier um kind- und altersgemäße Spiele, wie sie im englischsprachigen Raum auf der Straße oder auf dem Pausenhof gespielt werden. Solche Spiele können auch im Rahmen des Englischunterrichts in der Turnhalle oder im Schulhof gespielt werden. Ihr Wert besteht nicht zuletzt in der Möglichkeit, dass während des Laufens, Springens und Werfens englische Worte und Ausdrücke mit einbezogen werden. Vereinzelt geben solche Spiele, wenn sie so auch im englischsprachigen Raum gespielt werden, Einblick in ein Kulturgut eines Landes.

Der Lehrer sollte jedoch nicht zögern, solche Spiele für seine Bedürfnisse abzuwandeln – oder noch besser – von den Schülern abwandeln zu lassen. Die Spiele können zunächst durchaus auf Deutsch gespielt werden, um schließlich die deutschen Rufe und Befehle allmählich, zuerst vom Lehrer, später dann auch von einzelnen Schülern, durch englische Ausdrücke zu ersetzen.

4. Szenische Darstellung: Personen- und Puppentheater

Wenn ein Kind eine Rolle übernimmt – und sei sie auch noch so unbedeutend – so identifiziert es sich meist mit dieser Person oder Figur bzw. mit der Puppe. Auf diese Weise werden oft Sprechhemmungen abgebaut, die sonst nicht so leicht zu überwinden sind (s. 3.2.3 und 3.4.2).

5. *Finger plays and counting out rhymes*

Ursprünglich sind *finger plays* Spiele, die Eltern, Großeltern oder andere nahe Bezugspersonen mit Kleinkindern spielen. Charakteristisch hierfür ist, dass sehr individuell vor- und nachgesprochen wird und dass die Finger des Kindes oder des Erwachsenen Repräsentanten von Personen oder Tieren sind. Der wohl bekannteste *Toe and Finger Rhyme* ist folgender:

This little pig went to market,
This little pig stayed at home,
This little pig had roast beef,
This little pig had none,
And this little pig cried, "Wee-wee-wee-wee-wee,
I can't find my way home."
(Aus: Opie 1954, S. 349)

In abgewandelter Form können solche Fingerreime auch in der Grundschule noch hin und wieder eingesetzt werden, wenn sie thematisch passen, allerdings muss der Lehrer darauf achten, dass er seine Schüler entwicklungspsychologisch nicht unterfordert.

2. Englischunterricht in der Grundschule

2.1 Ein Blick in die Vergangenheit

Im Vergleich zu anderen Lernbereichen und Fächern blickt der Englischunterricht auf eine recht kurze Geschichte in den Grundschulen der Bundesrepublik Deutschland zurück. Während bevölkerungsmäßig kleinere europäische Länder wie z. B. Schweden (seit 1972) und Österreich (seit 1983) schon relativ früh den Fremdsprachenunterricht in ihren Grundschulen nach intensiven Modellversuchen ab Klasse 3 verpflichtend einführten, wuchs zwar das Interesse am früher als in der Sekundarstufe beginnenden Fremdsprachenunterricht auch in der BRD, führte jedoch nicht zu einer Einführung. Das bedeutet jedoch nicht, dass Fremdsprachenunterricht nicht schon vorher in den Grundschulen einiger Bundesländer angeboten wurde. Dabei handelte es sich in erster Linie um Französisch, das in grenznahen Gebieten wie z.B. Baden und dem Saarland bereits in der Grundschule unterrichtet wurde. Auch in Bayern bestand seit dem deutsch-französischen Kulturabkommen seit dem Jahr 1968 in München und Nürnberg die Möglichkeit, bereits im Kindergarten und später dann in der gesamten Grundschulzeit mit 4 Wochenstunden Französisch zu lernen. Nicht zu vergessen sind auch die 142 Waldorfschulen, die ab der 1. Jahrgangsstufe bereits Englisch und Französisch unterrichteten. „Diese Fächer werden jeweils dreistündig unterrichtet. Die ersten drei Jahre läuft der Unterricht rein mündlich ab. Erst am Ende der 3. Jahrgangsstufe bzw. zu Beginn der 4. begegnen die Schüler dem Schriftbild. Allmählich baut sich somit eine zweite oder dritte Sprache auf, die Kinder hören sich ein, sprechen im Chor, in Gruppen oder einzeln; sie agieren unbefangen in ihrer Klasse." (Hamm 1993, S. 121)

Während die Modellversuche in Schweden und Österreich in die Einführung des verpflichtenden Englischunterrichts an den Grundschulen dieser Staaten führten, verliefen die breit angelegten Schulversuche in einzelnen Bundesländern wie z. B. in Niedersachsen das von Peter Doyé und Dieter Lüttge und mit Hilfe der Volkswagenstiftung durchgeführte Braunschweiger Forschungsprojekt FEU (Frühbeginn des Englischunterrichts) im Sande. Dieses Forschungsprojekt, das 1970 – 1975 durchgeführt wurde, ist vor allem deshalb interessant, weil es

a) die Effektivität des Englischunterrichts von Frühbeginnern und Normalbeginnern vergleicht,
b) die Einstellung von Eltern und Schülern von Frühbeginnern zum Englischunterricht untersucht, also Aussagen zu seiner Akzeptanz sozusagen beim Konsumenten macht.

Der Versuch umfasste etwa 1150 Schüler, 676 Schüler mit Frühbeginn Englisch und 474 Schüler als Kontrollgruppe, die an keinem Englischunterricht in den Klassen 3 und 4 teilnahmen.

Doyé/Lüttge (1977, S. 109 f) fassen die sehr sorgfältig empirisch gewonnenen Ergebnisse folgendermaßen zusammen:

– Die Englischleistungen der Schüler, die im 3. Schuljahr mit dem Englischunterricht begonnen haben, unterscheiden sich am Ende des 5., 6. und 7. Schuljahrs hoch signifikant von denen der Schüler, die im 5. Schuljahr mit dem Englischunterricht begonnen haben.
– Signifikante Unterschiede ergeben sich – bis auf zwei Ausnahmen – auch bei den nach Schularten getrennten Vergleichen der Englischleistungen der Schüler, die im 3. Schuljahr mit dem Englischunterricht begonnen haben, mit denen der Schüler, die im 5. Schuljahr mit dem Englischunterricht begonnen haben.
– Dagegen unterscheiden sich die Deutsch- und Rechenleistungen der Schüler, die im 3. Schuljahr mit dem Englischunterricht begonnen haben, und die der Schüler, die im 5. Schuljahr mit dem Englischunterricht begonnen haben, nicht signifikant voneinander.
– Die Schüler, die vom 3. Schuljahr Englischunterricht erhalten haben, sind am Ende des 7. Schuljahres mit sehr großer Mehrheit der Auffassung, dass der Frühbeginn für sie ein Gewinn war.
– Mit ebenso großer Mehrheit sprechen sich die Eltern der Schüler, die im 3. Schuljahr mit dem Englischunterricht begonnen haben, für diesen früheren Beginn aus. Bei den Eltern der Schüler, die im 5. Schuljahr mit dem Englischunterricht begonnen haben, ist die Mehrheit der Befürworter zwar geringer, beträgt aber immer noch zwei Drittel aller Befragten.
– Die Lehrer, die Englischunterricht in der Grundschule erteilt oder diesen Unterricht auf der Sekundarstufe fortgeführt haben, sprachen sich fast geschlossen für den Frühbeginn aus. Bei den Lehrern, die bisher keinen solchen Unterricht erteilt bzw. fortgeführt haben, sind zwei Drittel dafür.
– Die den früheren Beginn befürwortenden Lehrer knüpfen ihre Befürwortung an die Erfüllung einer Reihe von Bedingungen.

Doyé/Lüttge untersuchten auch die Leistungen der Schüler am Ende des 3. und 4. Schuljahrs, wobei jedoch in den beiden Grundschuljahren andere Lernziele als in den drei Schuljahren der weiterführenden Schulen (HS, RS, Gym) verfolgt wurden. In der Grundschule standen vor allem der Zweck der Förderung und Motivierung der

Schüler im Vordergrund, in den weiterführenden Schulen die sprachliche Kompetenz.

Interessant ist bei dieser Gelegenheit ein Leistungsvergleich der Klassen mit den „Frühbeginn-Schülern". „Hier variierten die Durchschnittswerte und Streuungen beträchtlich. Obwohl alle 36 Grundschulklassen unter ähnlichen Bedingungen lernten, obwohl die Ziele und Inhalte weitgehend festgelegt waren und für die Methoden und Medien klare Richtlinien bestanden und obwohl das durchschnittliche Intelligenzniveau der verschiedenen Klassen nur sehr geringfügig voneinander abwich, waren die Unterschiede in den Ergebnissen von Klasse zu Klasse zum Teil erheblich. Es gab Klassen, deren schlechtester Schüler in seinen Englischleistungen noch über dem arithmetischen Mittel der gesamten Stichprobe lag, und andere, in denen nicht einmal der beste Schüler dieses Mittel erreichte." (Doyé/Lüttge 1977, S. 88)

Doyé/Lüttge vermuten, dass die Ursache für diesen Tatbestand in der Qualität des erteilten Unterrichts und damit beim Lehrer zu suchen ist. Eine Untersuchung dieser Annahme konnten sie jedoch im Rahmen der Untersuchung nicht durchführen. Betrachtet man jedoch die verschiedenen didaktischen Ansätze des Englischunterrichts in der Grundschule, so wird die Vermutung von Doyé/Lüttge außerordentlich plausibel.

2.2 Didaktische Ansätze des Fremdsprachenunterrichts gestern und heute

Es sind im Wesentlichen drei didaktische Konzepte, auf die sich Fremdsprachenunterricht in der Grundschule bisher berief.

Zunächst ist hier die **Immersion** zu nennen, die nicht nur die Fremdsprache als Lerngegenstand sieht, sondern wo z.B. ein ganzes Fach in der Fremdsprache möglichst von einem *native speaker* unterrichtet wird. Dieser Ansatz wird vor allem in den Ländern favorisiert, in denen genügend *native speaker* zur Verfügung stehen. Das ist in Ländern der Fall, in denen ohnehin zwei und mehr Sprachen gesprochen werden, wie z.B. in Luxemburg, der Schweiz, Kanada, den Niederlanden und wo ohnehin viele Kinder bilingual aufwachsen. In anderen Ländern stößt dieses Konzept auf organisatorische Schwierigkeiten, weil vor allem nicht die Anzahl der vorgebildeten Fremdsprachenlehrer vorhanden ist, um den Unterricht flächendeckend einzuführen. So findet man heute vor allem an Gymnasien Klassen mit Immersionsunterricht in bestimmten Fächern (z.B. Geschichte, Erdkunde), in der Grundschule treten aber auch lernpsychologische Bedenken hinzu. So werden hier facheigene Arbeitsweisen eingeführt und eingeübt, die genau erklärt werden müssen, was in der Fremdsprache nicht immer ohne weiteres möglich ist. Hier besteht auch die Gefahr, dass vor allem intellektuell schwächere Schüler einfach überfordert werden.

Einen anderen Ansatz stellt die **Begegnung mit anderen Sprachen** dar. Dieses Konzept wurde vor allem vom Landesinstitut für Schule und Weiterbildung (Soest) in Nordrhein-Westfalen entwickelt und vorgestellt. „Die Begegnung mit einer Fremdsprache bedeutet kein weiteres Fach, auch keinen weiteren Lehrbereich im Unterricht der Grundschule, sondern steht unter dem pädagogischen Leitmotiv des ‚Gelegenheitsunterrichts'. In kurzen, nach Inhalten, Wortschatz und Redemitteln beschreibbaren Sprech-, Spiel- und Singphasen wird die fremde Sprache in den Unterricht einbezogen. Begegnungen mit einer Fremdsprache können an bestimmte Lernbereiche (z.B. Sprache, Sport, Musik, Sachunterricht) angebunden werden. Sie können aber auch in einer lernbereichsübergreifenden Unterrichtsgestaltung (z.B. im Unterricht nach einem Wochenplan, während der freien Arbeit oder in Arbeitsgemeinschaften) verwirklicht werden." (Landesinstitut für Schule und Weiterbildung 1985, S. 7)

Dies ist ein extrem kindorientierter Ansatz, der den einzelnen Grundschulen auch die Möglichkeit bietet, nicht nur eine der klassischen europäischen Sprachen als Fremdsprache anzubieten, sondern auch Sprachen, mit denen Kinder aufgrund industrieller Ballungsgebiete in Kontakt kommen. Es wird auch nicht von einem „Unterricht" gesprochen, sondern von „Begegnungsphasen", nicht von einer „Fremdsprache", sondern von einer „Begegnungssprache". So ist es nicht verwunderlich, wenn diese Veranstaltungen nicht einer systematischen Fremdsprachenvermittlung und seiner vorzeitigen Entlastung dienen sollen. „Es ist auch nicht Ziel solcher Begegnungsphasen, Sprachkenntnisse und sprachliche Fertigkeiten und Fähigkeiten im Sinne eines systematischen fremdsprachlichen Lehrgangs zu vermitteln. Vielmehr sollen fremdsprachliche Phänomene der Lebensumwelt aufgegriffen und im spielerischen Umgang mit Reimen, Zungenbrechern, Rätseln, Liedern, kurzen Dialogen, Sing-, Bewegungs- und Rollenspielen erweitert und bewusst gemacht werden." (Landesinstitut für Schule und Weiterbildung 1985, S. 8) Welche Lernziele setzt nun aber ein solcher Unterricht?

Im Umgang mit einer Fremdsprache sollen Schüler:

- mögliche Vorurteile gegenüber Sprechern anderer Sprachen abbauen bzw. solche und ethnozentrische Sicht- und Denkweisen nicht erst aufkommen lassen;
- aufmerksam gegenüber sprachlichen Erscheinungen und sprachlichem Verhalten in ihrer Umwelt werden und ihre eigenen sprachlichen Fähigkeiten ausweiten und vertiefen;

- sich Lernfreude und Motivation bewahren;
- sozial-integrative Verhaltensweisen annehmen und erweitern;
- Selbstwertgefühl entwickeln und vertiefen.

Es ist unschwer zu erkennen, dass hier über weite Strecken Ziele angesprochen sind, die mit dem Erwerb einer Fremdsprache nichts oder nicht viel zu tun haben, ja, die besser in einem anderen Fach, wie z. B. in sozialkundlich orientierten Themenbereichen des Sachunterrichts aufgehoben wären, weil hier die sprachlichen Voraussetzungen besser sind. Außerdem ist das Konzept, bei dem praktisch alle Sprachen Unterrichtsziel sein können, nur schwer praktizierbar. Englisch ist nun mal heute auf der Welt die Weltsprache Nummer eins. Es besteht die Gefahr, dass kein geringer Zeitaufwand auf Sprachen verwendet wird, die später in weiterführenden Schulen aus organisatorischen Gründen zunächst nicht fortgeführt werden können. Und es erhebt sich die Frage, weshalb der Grundschul-Fremdsprachenunterricht den Fremdsprachenunterricht günstigerweise nicht vorentlasten sollte. Das Begegnungskonzept nützt in der Tat nicht die imitativen Fähigkeiten jüngerer Kinder, um z. B. das |θ|, |ð|, das |v| oder das |w| im Englischen zu formen. Es trifft ja nicht zu, dass man diese im Deutschen nicht existierenden Phoneme leichter erlernen kann, wenn man zum Beispiel in der Grundschule die Nasallaute des Französischen beherrschen gelernt hat. Der an sich gute Gedanke des Völkerverbindenden beim Erlernen fremder Sprachen hat seine Grenzen in der schulischen Realität und der multilingualen Sprachkompetenz der Lehrer. Auch wohl aus diesem Grunde wurde in Nordrhein-Westfalen dieses Konzept wieder fallen gelassen. Trotz dieser Realitätsferne strahlte es auf einige Grundschullehrpläne, wie z. B. den bayerischen, aus. Inzwischen liegt jedoch ein Konzept für einen Englischunterricht in der Grundschule für das 3./4. Schuljahr vor, das dieses Begegnungskonzept nicht weiter verfolgt. Darauf werden wir später noch genauer eingehen.

In Bayern wurde von 1990–1994 ein Konzept erprobt, das sehr stark vom Begegnungskonzept beeinflusst war, jedoch den Unterricht in zweimal 45 Minuten auswies, der aber in tägliche Einheiten aufgeteilt werden konnte. Die Ergebnisse wurden vom Staatsinstitut für Schulpädagogik und Bildungsforschung (ISB) München veröffentlicht. „Der Fremdsprachenunterricht in der Grundschule erweist sich als sehr erfolgreich in der Vermittlung von Freude und Interesse an der Begegnung mit einer fremden Sprache und Kultur ... Der Verbesserung der Einstellungen gegenüber dem Ausland und „dem Fremden" wurde wenig Unterrichtsraum gegeben. Ein Ergebnis der Untersuchungen war, dass Kinder dieses Alters noch über wenig differenzierte, mitunter extreme und rasch wandelbare Einstellungen zum Fremden verfügen. In den zwei Jahren werden diese Einstellungen toleranter und moderater, was möglicherweise auch vom Fremdsprachenunterricht beeinflusst wurde. „Die Lernerfolge in der Zielsprache zeigten gute Leistungen in der Aussprache und Prosodik, wenn auch der schulische Lerneffekt nur in den romanischen Sprachen nachweisbar war. Für die englische Sprache scheint die internationale angloamerikanische Kinderkultur auch für Kinder ohne speziellen Fremdsprachenunterricht in der Grundschule hinreichende Sprechmodelle bereitzustellen. Deutlich zeigt sich aber der schulische Einfluss bei den guten Leistungen im (sinnentnehmenden) Hörverstehen, besonders beeindruckend im Englischen. Im Sprechen einfacher Antworten oder spontaner Beiträge sind die Leistungen deutlich geringer, nur einfachste – allerdings für die Alltagskommunikation oft hinreichende – Einwortsätze werden in der Regel produziert. Der passive Wortschatz war erstaunlich groß, aktiv wurden vor allem Nomen aus den behandelten (und nicht für alle Klassen gleichen) Inhaltsbereichen eingesetzt. Durch das Überwiegen von Einwortsätzen waren kaum Lernerfolge zur Verwendung von Sprachstrukturen zu verzeichnen. Allerdings zeigt das gute Hörverstehen, dass sehr wohl auch strukturell anspruchsvollere Sprachbeiträge verstanden werden." (Andreas 1998, S. 96ff)

So erfreulich die Ergebnisse im rezeptiven Bereich sind, so ernüchternd sind sie im produktiven. Wenn man bedenkt, dass die Schüler etwa 80 bzw. 160 Stunden Unterricht erhalten hatten und dass es in den Klassen Schüler gibt, die in der Lage sind, drei, vier und mehr Seiten lange Aufsätze in der Muttersprache zu schreiben, so liegen die beschriebenen Leistungen dieser Schüler weit unter den Möglichkeiten eines Teils der Schüler. Der Lehrplan begnügt sich jedoch auch weiterhin mit „elementarem Sprechen" als einzigem Lernziel im kommunikativen Bereich. Offensichtlich waren auch die Lehrer auf die rezeptiven Aufgaben recht gut vorbereitet, nicht jedoch für die produktiven. Gleichermaßen offenbart sich hier die Notwendigkeit, den Lehrern didaktische Hilfen vor allem für diesen Bereich anzubieten. (vgl. 3.4)

Auch in Bayern wird derzeit (2001) an einem neuen Konzept des Grundschullehrplans für Fremdsprachen gearbeitet, das vor allem einen Beginn in der 1. Jahrgangsstufe berücksichtigen soll.

Ein weiteres Konzept des Englischunterrichts in der Grundschule ist der **Fremdsprachen-Frühbeginn.** Im Anschluss an einen Schulversuch in Hamburg in den Jahren 1991–1993, der in 3. und 4., sowie 5. und 6. Klassen durchgeführt wurde, kommt Kahl (1996, S. 126) zu folgenden, wesentlichen Punkten:

1. Der Fremdsprachenunterricht muss sich als integraler Bestandteil in das Curriculum der Grundschule einfügen. Er darf in seiner didak-

tischen Ausrichtung nicht hinter den in dieser Schulart erreichten pädagogischen Stand zurückfallen. Eine grundschulgemäße Arbeitsweise ist wichtigstes Gebot.
2. Grundschulenglisch darf nicht eine bloße Vorverlegung des Anfangsunterrichts an weiterführenden Schulen, seiner Inhalte und Methoden sein, sondern sollte konsequent schülerorientiert vorgehen.
3. Allerdings darf sich ein pädagogisch und lernpsychologisch orientierter Unterricht nicht in mehr oder minder unverbindlichen Begegnungen mit fremden Sprachen erschöpfen, sondern muss eine konkrete Kommunikation mit und in der Fremdsprache zum Ziel haben. Die Kinder sollen etwas Handfestes lernen. Sie möchten zu vorzeigbaren Lernergebnissen kommen. Sie sollten wir ihnen nicht vorenthalten.

Kahl fasst in folgenden 6 Punkten wichtige Ziele des Fremdsprachen-Frühbeginns zusammen:

- die Vermittlung einer positiven Einstellung zur Fremdsprache und zum Fremdsprachenlernen allgemein,
- die Förderung von Aufgeschlossenheit und Toleranz gegenüber anderen Nationen und Kulturen,
- die Anbahnung eines besseren Verständnisses für ausländische Mitschülerinnen und Mitschüler durch die persönliche Erfahrung, was es heißt, sich mit Menschen zu verständigen, die eine andere Sprache sprechen,
- die Einübung von Kooperation durch soziales Lernen,
- die Befähigung, einfache Äußerungen in der fremden Sprache zu verstehen und einfache Hörtexte über Medien zu erfassen, soweit sie thematisch an Bekanntes anschließen,
- die Fähigkeit, einfache Sprechabsichten umzusetzen, Informationen über den persönlichen Bereich zu geben und über Gefühle zu reden.

Im vorläufigen Rahmenlehrplan Englisch für die Klassen 3 und 4 der Grundschule werden Unterrichtsprinzipien aufgestellt, die die sozialen Komponenten des Unterrichts nicht übersehen, jedoch einen didaktisch realistischen Schwerpunkt auf die sprachlichen Ziele legen.

1. Verständigungsmittel ist die Zielsprache. Wesentlich ist nicht, dass die Sprache explizit gelehrt, sondern, dass mit ihr umgegangen, dass in ihr gearbeitet, gespielt und gelernt wird.
2. Sprechanlässe ergeben sich aus der realen Situation der Kinder. Daher geht es weniger um ein „So-tun-als-ob", sondern um die authentische Lebenswelt der 8- bis 10-Jährigen.
3. Abwechslungsreiches, kurzschrittiges Üben und stufengemäßes Lernen durch den konkreten Umgang mit der Sprache im Rahmen von Spiel-, Arbeits- und Lernsituationen sollen vor allem den Erwerbsaspekt betonen (vgl. Krashen 1987).
4. Dabei stehen Hören und Sprechen im Mittelpunkt. Den unterschiedlichen Lernbedürfnissen entsprechend kann (und sollte) dabei das Schriftbild als Lernhilfe herangezogen werden.
5. Der Unterricht ist themen- und situationsorientiert. Nicht die Systematik der Sprache, sondern das Leben in der Klasse bildet die didaktische Richtschnur für den Aufbau des Lehrgangs.
6. Wichtig ist die Einbeziehung von Liedern, Reimen, rhythmischem Sprechen, Tanz und Bewegung, um den Kindern gerecht zu werden, die den Zugang zu der fremden Sprache eher über das Musische finden.
7. Das Prinzip des ganzheitlichen Lernens ist seit Jahrzehnten wesentlicher Pfeiler des Grundschulunterrichts. In Bezug auf den Fremdsprachenunterricht hat es besondere Bedeutung, weil es eine andere Auffassung von Sprache und Sprachaneignung bedingt, als sie im weiterführenden Unterricht vorherrscht.
8. Das in der Lern- und Motivationspsychologie altbekannte Prinzip der optimalen Passung (...) ist bestimmend für das Anforderungsniveau.
9. Um die Kinder ihren individuellen Fähigkeiten entsprechend zu fördern, bedarf es einer konsequenten Schülerorientierung des Unterrichts.

In diesem Konzept werden wichtige Prinzipien eines modernen Englischunterrichts in Übereinstimmung gebracht mit den Anforderungen einer gemeinsamen, kindgemäßen Grundschule. Auf diesen praxisnahen Forderungen lässt sich ein ergebnisorientierter und Freude bereitender Englischunterricht in der Grundschule aufbauen. Beides schließt sich nicht aus, sondern ergänzt sich vielmehr.

Das weiter oben erwähnte neue Konzept des Landes Nordrhein-Westfalen trägt den Titel „Orientierung für den Englischunterricht" und stellt ebenfalls ein tragfähiges Fundament für einen Englischunterricht in der Grundschule dar, da es eine radikale Abkehr vom Begegnungskonzept aufzeigt.

In acht Punkten werden **Prinzipien für einen grundschulgemäßen Englischunterricht** angeführt:

1. Handlungsorientierung
2. Themen und Situationsorientierung
3. Kreativität
4. Authentische Erfahrung
5. Multimediale Unterstützung
6. Lernkompetenz
7. Entdeckender und experimentierender Umgang mit Sprache
8. Interkulturelles Lernen

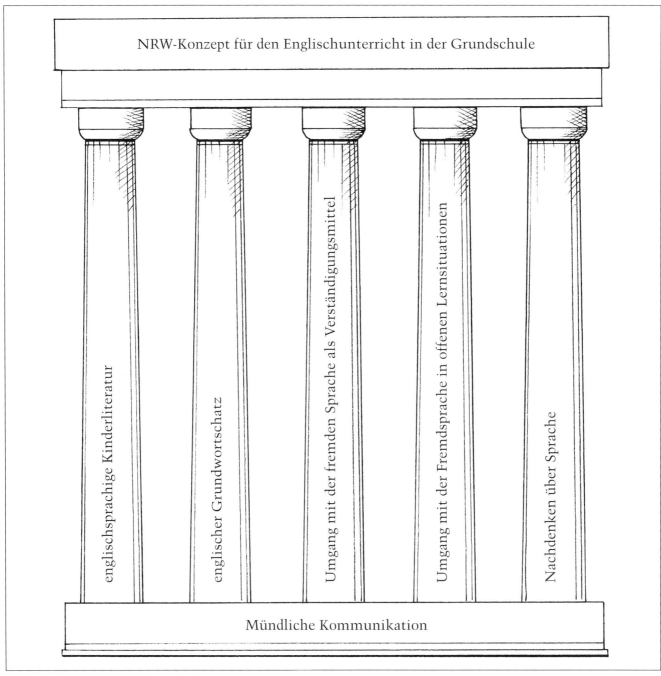

Abb. 8: Fünf Säulen der mündlichen Kommunikativität

Die Aussagen zur Planung und Gestaltung des Englischunterrichts lassen klar erkennen, dass kommunikative Ziele im Vordergrund stehen und das Nachdenken über die Sprache eine wichtige Funktion einnimmt. „Das Sprachenlernen ist ein aktiver Prozess, in dem die Kinder nicht einfach nur reaktiv sprachliche Strukturen, die sie hören oder die sie umgeben, auswendig lernen (...) Die Kinder bilden von Anfang an Hypothesen über die fremde Sprache, deren Tragfähigkeit sie in neuen Interaktionen erproben und, wenn sie sich als tauglich erweisen, in ihr Handlungsrepertoire aufnehmen." (Kultusministerium NRW 2001, S. 11) Dabei unterscheidet das Konzept zu Recht ein sog. *item learning*, bei dem Wörter, Ausdrücke und Sprachmuster erworben werden und dem sog. *system learning*, bei dem über sprachliche Phänomene nachgedacht und diese besprochen werden. Das Konzept stellt den Englischunterricht in der Grundschule auf **fünf Säulen**, die auf dem Fundament der mündlichen Kommunikativität stehen.

Die Schüler sollen „Grundlagen im Hören und Verstehen, im Sprechen, im Lesen und Verstehen, im Schreiben, im Nachdenken über Sprache und beim Erwerb und Anwendung von Lerntechniken erwerben." (Kultusministerium NRW 2001, S. 11) Durch vorgegebene sechs Erfahrungsfelder und -bereiche (Zu Hause hier und dort/Jeden Tag und jedes Jahr/Lernen, arbeiten, freie Zeit/Durch die Zeiten/Eine Welt für alle/Auf den Flügeln der Fantasie) wird ein abschätzbarer Wortschatz verlangt. „Weiterführende Schulen müssen sich für die Gestaltung des Englischunterrichts in den

Klassen 5 und 6 darauf verlassen können, dass die Kinder über einen den Erfahrungsfeldern und -bereichen zugehörigen Wortschatz sowie über ein Repertoire an einschlägigen Redemitteln verfügen." (Kultusministerium NRW 2001, S. 11)

2.3 Ziele und Voraussetzungen des Fremdsprachenunterrichts in der Grundschule

Der Englischunterricht kann nicht allgemein anerkannte Ziele und Aufgaben der Grundschule ignorieren. Die Grundschule ist die gemeinsame Schule aller Kinder – zumindest für vier Jahre. Sie orientiert sich an den geistigen, physischen und psychischen Bedürfnissen der Kinder dieser Altersstufe. Deshalb seien einige Charakteristika der 6- bis 10-Jährigen herausgestellt, auf denen der Englischunterricht aufbauen kann, die er aber andererseits auch zu berücksichtigen hat. Zu beachten ist, dass sich die entwicklungspsychologische und lernpsychologische Situation der Schulanfänger wesentlich von der der Schüler in den Jahrgangsstufen 3 und 4 unterscheidet.

1. Wenn Kinder eine Sprache im 1. Schuljahr bereits erwerben sollen, so verfügen sie noch nicht über das Hilfsmittel „Schrift".
2. In den beiden ersten Schuljahren lernen die Schüler das Lesen und Schreiben in der Muttersprache. Sie können von da an die Schrift immer besser als Merkhilfe nutzen und in unterschiedlichem Maße Sinn aus Geschriebenem entnehmen. Sie setzen, ob wir wollen oder nicht, diese Fähigkeiten im Englischunterricht ein.
3. Die Schüler verfügen über sehr unterschiedliche sprachliche Fähigkeiten, nachdem alle Schüler diese Schule besuchen. Die Wissens- und Fähigkeitsschere geht immer stärker auseinander, trotz oder gerade wegen innerer Differenzierungsmaßnahmen. Wir können den unterschiedlichen Begabungstypen im Englischunterricht vor allem dadurch gerecht werden, dass wir von sprachlich weniger Begabten vor allem Leistungen in rezeptiven Bereichen verlangen, an die sprachlich Begabteren aber durchaus auch produktive und vielleicht sogar kreative Leistungsanforderungen stellen.
4. Obwohl 8- bis 10-jährige Schüler noch sehr gerne Märchen hören, fangen sie immer intensiver an, sich mit ihrer Umwelt zu beschäftigen, wollen Erklärungen für Phänomene, die ihnen aus der Welt der Erwachsenen begegnen. Hierzu gehören auch ausländische Wörter und Lebensgewohnheiten.
5. Die Fähigkeit, sich über das Gehör etwas zu merken, nimmt mit der Benützung der Schrift ab. Das Kind vertraut stärker dem geschriebenen Wortbild als gehörten Aussagen.
6. Das Kind hat im Deutschunterricht gelernt, dass ein bestimmtes Phonem einem Graphem zuzuordnen ist. Dabei hat es bereits bestimmte Regeln ohne oder mit Hilfe der Schule internalisiert (z. B. Lautzeichen ʃ = sch). Im Englischunterricht muss das Kind lernen, dass die gleiche Zuordnung nicht mehr für die Fremdsprache gilt. Darüber hinaus müssen didaktische Maßnahmen ergriffen werden, dass es sich neue Regeln für die Zuordnung von Phonem und Graphem bilden kann.
7. Das Kind hat Gesetzmäßigkeiten der Sprache erkannt. Dazu benötigte es zahlreiche Sprachbeispiele, die ihm im Alltag und in der Schule begegneten. Diese Sprachbeispiele muss der Englischunterricht liefern, indem er dem Lernenden einen hohen Input anbietet. Weitgehende Einsprachigkeit in realen Situationen und vor allem im Bereich der *classroom phrases* ist hier eine große Hilfe.
8. Mit zunehmendem Alter entwickelt sich das Abstraktionsvermögen der Kinder. Dieses wird auch im Deutschunterricht gefordert und gefördert. So werden die Schüler auch in der Fremdsprache in die Lage versetzt, Gesetzmäßigkeiten (Regelmäßigkeiten) in der Fremdsprache zu erkennen. Dies ist vor allem für die Sprachproduktion von unschätzbarem Wert, wenn dem Kind altersgemäß hierbei geholfen wird. Hilfen benötigt das Kind vor allem beim Umgang mit grammatikalischen Ausnahmen, die es bei der eigenständigen Regelbildung verunsichern.

Der Fremdsprachenunterricht sollte Erkenntnisse der Fremdsprachenpsychologie berücksichtigen und darauf aufbauen. Wir stellen deshalb ein Modell vor, das die sprachlichen Entwicklungsstufen der Lernenden während ihrer gesamten Schulzeit berücksichtigt.

2.4 Das Modell des „Entwicklungsgemäßen Fremdsprachenunterrichts"

Häufig werden in der Didaktik lernpsychologische Erkenntnisse zu undifferenziert gesehen, verallgemeinert und auf Lerngruppen übertragen, die den entsprechenden Voraussetzungen nicht entsprechen. Determinanten, die im Fremdsprachenunterricht oft übersehen werden, sind das Alter der Lernenden, ihre intellektuellen Voraussetzungen, die persönliche Lernerfahrung und das Lernumfeld. Es gilt deshalb, möglichst genau die entwicklungsbedingten Charakteristika der Zielgruppe, d.h. in unserem Falle der Grundschüler im Alter von 6–10 Jahren zu betrachten, also zu einer Zeit, in der sich Englischunterricht in der Grundschule abspielt. Es gilt also festzustellen und zu betonen, dass Grundschüler, sobald der muttersprachliche Leselernprozess abgeschlossen ist, andere Lernvoraussetzungen besitzen als des Lesens und Schreibens unkundige Kindergartenkinder oder andererseits Schüler in der Sekundarstufe oder gar Erwachsene. Und dies muss auch Auswirkungen auf die Gestaltung des Englischunterrichts in der Grundschule in der 1./2. Jahrgangsstufe und selbstverständlich auch in der 3./4. Jahrgangsstufe haben.

Die in den meisten deutschen Bundesländern anzutreffende Einteilung in eine Grundschule (1.–4. Jahrgangsstufe) sowie Sekundarstufe I (5.–10. Jahrgangsstufe) würde, auf den Fremdsprachenunterricht übertragen, einen unlogischen, abrupten Bruch ergeben, verweilten Grundschüler in der 3. und 4. Jahrgangsstufe nur in Begegnungsphasen und würden dann mit einem systematischen Fremdsprachenunterricht konfrontiert. Dabei würden diese zwei Konzepte nacheinander folgen, ohne jeden Bezug, was zu Frustrationen der Lehrer und Schüler führt, denen nach zwei Jahren intensiven Bemühens vorgeworfen würde, „was nun eigentlich gelernt" wurde, da die implizit angelegten – rezeptiven – Fertigkeiten nicht sofort überprüfbar sind. Nein, nicht die nach einer bestimmten Zeit abgeschlossenen Konzepte bringen den Fremdsprachenunterricht weiter, sondern die Übergänge, die weich, fließend und so vielfältig wie möglich sein sollten. Erika Werlen fordert eine aufbauende Sprachausbildung, die „durch die Schulstufen und Schultypen hindurch kohäsiv gelehrt und gelernt wird: die Grundschule legt die Fundamente für das Sprachenlernen, die weiterführenden Schulen nehmen das Erworbene auf, führen es weiter und legen ihrerseits Fundamente für das berufliche und das lebenslange Lernen." Werlen bezeichnet dies als „Vertikale Kohäsion". „In den ersten vier Schuljahren wird so die Grundlage für das weitere Sprachenlernen – Muttersprache und Fremdsprachen – gelegt." (Werlen 2001, 8.3)

Auch Otfried Börner (in: Bleyhl 2000, S. 103) ist deshalb uneingeschränkt zuzustimmen, wenn er schreibt: „Einhelligkeit dürfte bestehen in der Auffassung, dass in der Grundschule kein vorgezogener linearer Fremdsprachenlehrgang stattfinden kann, sondern ein altersgemäßer Spracherwerb mit einem klar definierten Stufenprofil, mit Verbindlichkeiten und vor allem der Gewähr eines reibungslosen Übergangs von einer Schulstufe in die andere organisiert wird."

Die Ausführungen, Anregungen und Unterrichtsbeispiele in diesem Buch sind deshalb so konzipiert, dass sie eine konkrete Umsetzung in diesen ersten beiden Phasen für die Grundschule erlauben.

Im 1./2. Schuljahr schließt sich der Englischunterricht an Themen des Gesamtunterrichts an, der keine Aufgliederung nach Fächern kennt. Im 3./4. Schuljahr orientiert sich der Englischunterricht ebenfalls an Themen des übrigen Unterrichts, es wird jedoch hin und wieder auch an diesen Themen fremdsprachlich gelernt und kleine Inseln von sprachlicher Systematik geschaffen. Ab der 5. Jahrgangsstufe werden in zunehmendem Maße Inhalte unter sprachlichen Aspekten ausgewählt, z.B. um eine sprachliche Progression sicherzustellen.

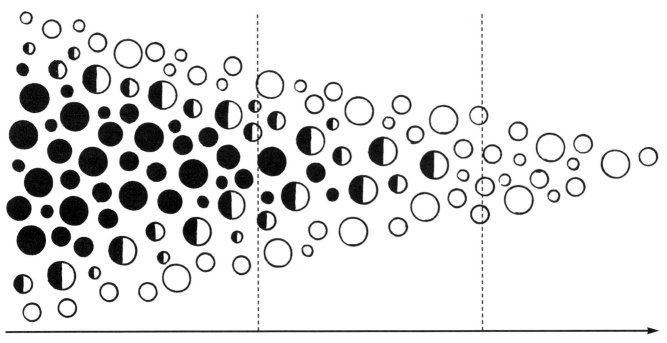

Kindergarten
1. und 2. Schuljahr   *3. und 4. Schuljahr*   *ab 5. Schuljahr*

● inhaltsorientierter Unterricht   ○ sprachorientierter Unterricht

Abb. 9: Entwicklungsgemäßer Fremdsprachenunterricht

Das Konzept des **Entwicklungsgemäßen Fremdsprachenunterrichts** teilt die Schulzeit bzw. die organisierte, lebenslange Beschäftigung mit einer Fremdsprache in drei große Phasen ein:

1. Phase:

Diese Stufe, in der der Schüler noch nicht oder nur sehr beschränkt über das Schriftbild verfügt, erstreckt sich auf den Kindergartenbereich und den Schulbeginn. Hier werden wir in der Schule Unterrichtsstoffe zum Anlass nehmen, um dazu auch fremdsprachliche Lieder, Reime und Texte an die Schüler heranzubringen bzw. sie motivieren, sich zu äußern. Hier ist auch Raum zur Klärung von Fragen der Schüler im Hinblick auf fremde Kulturen und fremde Länder und Menschen. Der Schüler begegnet Fremdsprache und ihrer Landeskultur mit landeskundlichem Hintergrund noch mehr oder minder geplant oder zufällig. Der muttersprachlich durchgeführte Unterricht wird also bereichert durch Lerninhalte der Fremdsprache, wo sich dies anbietet. Das unterrichtliche Vorgehen in der 1. und 2. Jahrgangsstufe wird sehr stark dem Konzept der Begegnungsphasen folgen, wobei die einzelnen Kapseln von unterschiedlicher Intensität und zeitlicher Länge sein sollten. In diesen ersten zwei Jahren ist es durchaus denkbar, dass noch keine einschränkende Festlegung auf **eine** bestimmte Sprache erfolgt. Für Schüler ist es höchst aufregend, z.B. einmal „Bruder Jakob" in fünf Sprachen zu singen. Multikulturelle Klassen machen es geradezu erforderlich, auch diesen Kindern ihre Muttersprache „zu Gehör" zu bringen und sie in die Klassengemeinschaft einzubeziehen. Die Integration von deren Sprachen bedeutet auch deren Integration selbst. Es wäre allerdings eine weltfremde Forderung, von jedem Grundschullehrer perfekte Sprachkompetenzen in fünf Sprachen einzufordern, um eine gleichgewichtige Verteilung zu erreichen. In den meisten Fällen wird sich nach einiger Zeit eine „Schwerpunktsprache" herauskristallisieren, die dann weitergeführt werden kann. Gerade in grenznahen Gebieten, z.B. zu Frankreich, wo eine tatsächliche Begegnung mit den Sprechern der französischen Sprache tagtäglich möglich ist, werden die ersten Begegnungsphasen wohl überwiegend in Französisch ablaufen. Gleiches wäre für die polnische, tschechische, dänische oder holländische Sprache wünschenswert.

2. Phase:

In der 3./4. Jahrgangsstufe sind Schüler immer noch sehr an der Sache orientiert. Sie verfügen jedoch schon über die Fähigkeit, über Sprache(n) nachzudenken, einfache Gesetzmäßigkeiten zu erkennen und zu transferieren. Dies wird nicht zuletzt durch die Kenntnis des Schriftbildes und die dadurch gegebenen Notationshilfen gefördert. Es existiert aber auch ein Unterstützungseffekt aufgrund des Deutschunterrichts, wo die Fähigkeit zur Regelerkennung und -bildung allgemein stark gefördert wird. Daher nennen wir diese Phase den Bereich des „Selektiv strukturierten Fremdsprachenunterrichts". Hier selektiert der Lehrer (Lehrplan) sprachliche Bereiche, die sich situativ an eine Sache oder Situation anschließen, um sie in kindgemäßer Form sprachlich zu durchleuchten. Auch in dieser Phase orientiert sich also der Englischunterricht primär an den Interessen der Schüler, er betrachtet jedoch die einzelnen Bereiche auch unter dem englischsprachigen Aspekt: Welche englischen Wörter und wie viele sind für die Schüler aufnehmbar und nützlich? Welche sprachlichen Gesetzmäßigkeiten (Regeln) sind für ein deutsches Kind dieses Alters fassbar, kurz gesagt – einfach erlernbar. Neben altersgemäßen Texten, Reimen und Liedern wird ein Lehrplan auch unverzichtbare sprachliche Themen aufgreifen. Er wird also auch sprachliche Strukturen auswählen, die das Sprechen in der Fremdsprache erleichtern. Für das Englische könnte das z.B. sein:

1. Die Pluralbildung (-s/-es)
2. Vermutungen ausdrücken (*I think ...*)
3. Personalpronomen (*he, she*) und Possessivpronomen (*my, your, his ...*)
4. Befehle, Aufforderungen und Anweisungen (*Let's ..., Don't. ...*)
5. Fragen mit Modalverben (*Can I ..., Have you got ...*)
6. Präteritum mit *to be* und *to have* (*was, were* und *had*)
usw.

Dabei ist es unnötig, dass alle Schüler diese Strukturen hernach auch anwenden. Es genügt zunächst, wenn sie rezeptiv die Strukturen verstehen bzw. unbewusst anwenden. Im Gegensatz zu einem systematischen Grammatikunterricht ist es auch nicht notwendig, dass z.B. alle persönlichen Fürwörter behandelt werden. Es genügt, wenn z.B. *he* und *she* im Zusammenhang mit einer bestimmten Situation geklärt und bewusst gemacht werden. Eine **grammatische** Progression im engeren Sinn ist also nicht nötig. *Language awareness* in der Grundschule bedeutet in der Mehrzahl aller Fälle, bestimmte lexikalische Erscheinungen bewusst zu machen, auch Parallelen zur Muttersprache aufzuzeigen, in Einzelfällen auch einmal die Herkunft eines Wortes zu erklären. Wir verzichten jedoch auf weitergehende Bewusstmachung vom Typ: Wie bildet man das *simple past*? Für die Phase des selektiv strukturierten Fremdsprachenunterrichts genügt z.B. der Hinweis, dass die Geschichte in der Vergangenheit spielte. Nachdem die Schüler in dieser Phase relativ sicher über das Schriftbild im Deutschen verfügen, wird nun auch das englische Schriftbild zur Unterstützung des Gedächtnisses zur Verfügung gestellt. Sozusagen als Nebenprodukt werden die Schüler dadurch in die Lage versetzt, Wörter, einfache Sätze und kurze Texte (z.B. auch *rhymes* und *songs*) zu lesen. Sehr vorsichtig und didaktisch umsichtig können die Schüler gegen Ende dieser Phase auch zu Schreibaufgaben hingeführt werden, die das Augenmerk automatisch auf den rechtschriftlichen Aspekt eines Wortes lenken, was für die weiterführenden Schulen von großer Bedeutung ist.

3. Phase:

Ab der 5. Jahrgangsstufe werden die Schüler in steigendem Maße in der Lage sein, sprachliche Phänomene auch systematischer zu betrachten, obgleich immer noch viele Schüler, besonders lernschwächere, dankbar für Inhalte sind, die sich an ihren individuellen Interessen und Fähigkeiten orientieren. Der typische Unterschied zwischen Systematischem Fremdsprachenunterricht und dem Selektiv Strukturierten Fremdsprachenunterricht besteht darin, dass bei ersterem die Lerninhalte sprachlich, bei letzterem weitgehend sachlich orientiert sind (vgl. Abb. 10). Im Systematischen Englischunterricht wird z.B. die Verwendung des *simple past* umfassend gelehrt und gelernt, im Selektiv Strukturierten Englischunterricht wird gelehrt und gelernt, wie man über eine bestimmte, ausgewählte Situation, die in der Vergangenheit stattfand, reden kann.

Selbstverständlich sind die Übergänge zwischen den einzelnen Phasen fließend und so vielfältig, wie Kinder in einer Klasse sitzen.
Den Leitgedanken und das übergeordnete Ziel für alle drei Phasen des Entwicklungsgemäßen Fremdsprachunterrichts bildet die *intercultural communicative competence*. Meist implizit, an ausgesuchten, didaktisch begründeten Orten auch explizit, haben Kultur- und Landeskunde eine Berechtigung, ja sogar eine wichtige kommunikative Funktion zu erfüllen.
Das Konzept des Entwicklungsgemäßen Fremdsprachenunterrichts ermöglicht eine umfassende Betrachtungsweise des Englischunterrichts vom Kindergarten bis hin zur Universität und zum post-schulischen Fremdsprachenlernen. Es beruht wesentlich auf dem Zusammenspiel von Fremdsprachenerwerb und Fremdsprachenlernen. Deshalb gehen wir an dieser Stelle darauf etwas näher ein.

2.5 Spracherwerb und Sprachenlernen

Unumstritten in der Fremdsprachendidaktik ist die Erkenntnis, dass erwachsene Lernende in der Regel wesentlich schneller Gemeinsamkeiten von Strukturen erkennen und auf neue sprachliche Phänomene (z.B. Sätze) übertragen können als Kinder. Grammatikalische Lerninhalte können also umso leichter vermittelt werden, je älter die Lernenden sind, weil sie schon Erfahrungen aus der Muttersprache mitbringen und diese Techniken natürlich auch im Fremdsprachenunterricht nutzen können. Dies gilt vor allem für jene Lernenden, die Unterricht in der Muttersprache erhalten haben. Andererseits haben Erwachsene grundsätzlich größere Schwierigkeiten bei der Aussprache und Intonation als junge Lernende, die darauf angewiesen sind, Laute möglichst genau aufzunehmen und wiederzugeben, ohne z.B. über eine schriftliche Unterstützung zu verfügen. Vielfach wird auch behauptet, dass es für die Aussprache eine plastische Phase gibt, die von der Geburt bis zum Eintritt ins Schulalter reicht, in der der Mensch besonders leicht und genau Aussprache und Intonation einer Sprache aufnimmt. Richtig ist auf jeden Fall, dass einem Kind alle Laute sozusagen in die Wiege gelegt werden, von denen es diejenigen, die es hört und benötigt, auswählt und mit seinen Sprechwerkzeugen übt – und die anderen vergisst. Dieses Bilden von Lauten geschieht zunächst unbewusst durch Imitation. Man könnte es als eine Fertigkeit bezeichnen wie z.B. das Radfahren oder das Schwimmen, das man ein Leben lang beherrscht und nicht mehr vergisst (Abb. 10).
An diesem Schaubild wird deutlich, dass beim Umgang mit einer Sprache, ganz gleich ob bei der Muttersprache oder Fremdsprache, bewusste und unbewusste Prozesse eine Rolle spielen. Je jünger

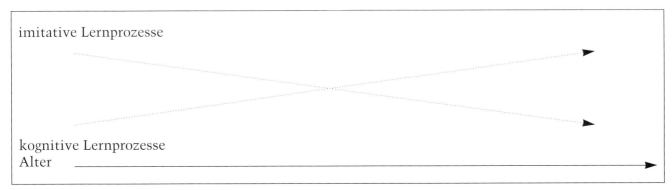

Abb. 10: Imitative und kognitive Lernprozesse

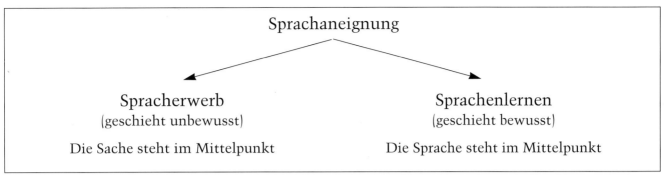

Abb. 11: Spracherwerb und Sprachenlernen

ein Lernender ist, eine umso größere Rolle spielen unbewusste Vorgänge bei der Aneignung einer Sprache. Man nennt diesen unbewussten Vorgang auch „Spracherwerb". Während also die Behavioristen (Skinner, Thorndike, Hull, Watson) annahmen, dass der Spracherwerb ein stimulus-kontrolliertes verbales Verhalten sei, äußerte Chomsky die Ansicht, dass es sich bei Spracherwerb und Sprachtätigkeit nicht um einen imitativen, sondern um einen kreativen Prozess handelt. Beide Positionen werden im sog. kognitiven Spracherwerbsmodell von A. Digeser berücksichtigt, „dessen Spracherwerbsmodell im Wesentlichen kognitive Züge trägt ... Er geht davon aus, dass die Erwachsenensprache als Input Impulse liefert, die aber beim Spracherwerber nicht – wie von der S-R-Theorie angenommen – jeweils eine Reaktion auslösen. Vielmehr setzen diese Impulse – einzeln oder in Gruppen – einen originären Lernprozess in Gang, bei dem sie mit Hilfe der kognitiven Strukturen verarbeitet werden. Sobald das Kind eine Gesetzmäßigkeit zu erkennen glaubt, beginnt das Regellernen." (Maier 1991, S. 77)

Kritisch anzumerken ist bei all diesen Spracherwerbsmodellen, dass der Unterschied zwischen der Gewinnung von Sprech- und Sprachfertigkeiten, z.B. von Lauten und der Gewinnung von kommunikativen Fähigkeiten, zu wenig berücksichtigt wird. Natürlich können beide Bereiche von imitativen bzw. kognitiven Prozessen unterstützt werden, sonst wäre es unmöglich, in höherem Alter eine Sprache zu erlernen. Es bleibt jedoch unbestritten, dass bei jemandem, der als Erwachsener eine Sprache neu erlernt, vor allem im Bereich der Intonation und der Aussprache häufiger Defizite auftreten als bei Kindern. Umgekehrt weisen einige Kinder ausländischer Arbeitnehmer grammatikalische Unsicherheiten in ihrer Muttersprache auf, in der sie keinen Unterricht erhalten und somit nicht durch systematisches Nachdenken über ihre Sprache unterstützt werden.

Man unterscheidet heute zwei grundsätzlich verschiedene Arten von Sprachaneignung, den eher unbewussten Spracherwerb und das weitgehend bewusste Sprachenlernen. Eine Unterscheidung der beiden Formen der Sprachaneignung ist für den Englischunterricht in der Grundschule nützlich, weil die meisten Schüler zwischen den beiden Phasen der Imitation und Kognition entwicklungspsychologisch stehen.

Betrachten wir zunächst Charakteristika des Spracherwerbs. Hierfür ist eine genauere Betrachtung des Muttersprachenwerbs vor dem Eintritt in die Schule sehr nützlich und aufschlussreich (Vgl. Waas 1996, S. 313).

1. Die Kinder sind noch sehr jung (2–6 Jahre) und verfügen nur über sehr beschränkte Erfahrungen mit ihrer Umwelt.
2. Der Kontakt, der ihnen in der Umwelt angeboten wird, bezieht sich auf Gegenstände, Tiere und Menschen, die sie anfassen können und mit denen sie agieren.
3. Der Kontakt ist stark emotional geprägt, in der Regel besteht eine subjektive Wahrnehmung.
4. Die Quantität der rezeptiv aufgenommen Sprache übertrifft bei weitem die vom Kind produzierte Sprache, wobei die Diskrepanz von *Input* und *Output* langsam abnimmt.
5. Das Kind ist zunächst ausschließlich daran interessiert, die Äußerungen seiner Mitmenschen zu verstehen und selbst verstanden zu werden.
6. Die Zeitspanne zwischen dem Verstehen und Sich-ausdrücken kann sehr beachtlich sein, oft sogar Monate und Jahre betragen.
7. Kinder im Vorschulalter zeigen meist Unsicherheiten bei der Verwendung der richtigen grammatischen Formen und Regeln.
8. Manche Kinder suchen und finden auch gelegentlich Gesetzmäßigkeiten der Sprache. Manche wenden sich dabei an Erwachsene um Hilfe.
9. Kinder dieser Altersstufe reproduzieren Laute und Geräusche mit großer Begeisterung. Dies geschieht jedoch weitgehend unbewusst und spontan.
10. Ein Kind lernt sprachliche Phänomene nicht systematisch kennen. Schwierige Satzmuster (z. B. Passivformen, Nebensätze) begegnen ihm genauso wie einfache (z. B. Einwortsätze bei Antworten). Es muss nicht sofort beweisen, ob es sie verstanden hat und wählt sich

selbst aus, welche es für seine Bedürfnisse zunächst benützen möchte, d.h. welche ihm leicht fallen.

Maier stellt in seinem Buch „Fremdsprachen in der Grundschule" auch das sequenzielle Spracherwerbsmodell als ein besonders für die Zweitsprachenaneignung geeignetes Modell vor. „Das Besondere an diesem Spracherwerbsmodell ist, dass es eine universelle und unabänderliche Sequenzialität des Spracherwerbs für erwiesen hält, die nicht nur den Ablauf des Erstspracherwerbs, sondern auch den des natürlichen Zweitspracherwerbs und die methodisch-didaktisch gesteuerte Aneignung einer Fremdsprache so stark steuert, dass der Versuch einer Außensteuerung ganz oder teilweise scheitern muss." (Maier 1991, S.79) Nachdem Maier die Grundzüge imitativer, kreativer (Chomsky), kognitiver (Digeser) und sequenzieller Spracherwerbsmodelle (Felix und Wode) vorgestellt hat, kommt er zu folgender Zusammenfassung: „Aus dem Vergleich der oben beschriebenen Spracherwerbstheorien ergibt sich, dass dem Sprachmodell (dem sprachlichen *Input*) eine entscheidende Bedeutung zukommt, und zwar gleichgültig, ob man von imitativen oder kreativen oder kognitiven oder sequenziellen Spracherwerbsprozessen ausgeht. Mit an Sicherheit grenzender Wahrscheinlichkeit gilt darüber hinaus, dass der Spracherwerber aus dem Sprachmodell Hypothesen über die Zielsprache ableitet und aus diesen in aufeinanderfolgenden Schritten seine Kompetenz aufbaut." (Maier 1991, S.79)

Im Gegensatz zum Muttersprachenerwerb, bei dem der sprachliche *Input* sehr hoch ist, ist dieser beim Erlernen einer Fremdsprache auf wenige Stunden beschränkt.

Das Kind beginnt mit dem Nachdenken über Sprache bereits im vor- und außerschulischen Bereich, z.B. wenn es im täglichen Sprachgebrauch Regeln für sich aufstellt, die dann von seiner Umwelt bestätigt bzw. verbessert werden. Diese Phase der Anfänge des Sprachenlernens ist gekennzeichnet von Versuch und Irrtum. Typisch ist aber auch, dass das Kind über einen Fundus sprachlichen Materials (Wörter und Begriffe) und sprachlicher Grundvoraussetzungen (Lautbildungstechniken) verfügt, um über Sprachgesetzmäßigkeiten nachzudenken.

Sobald die Kinder die Schule besuchen, wird besonderer Wert auf die Sprache selbst gelegt. Sie müssen nicht nur Gesetzmäßigkeiten erkennen, sondern sich z.B. bei der Beantwortung von Fragen auf ganze Sätze konzentrieren. Sie lernen, wie man bestimmte Sprechakte verschieden verbalisieren kann. Sie beschäftigen sich bewusst mit Sprache und ihren Möglichkeiten, die Welt differenzierter zu verstehen und darzustellen und gelangen zu mehr Sicherheit aufgrund von Metaunterricht, sich der Sprache zu bedienen. Sie denken über die richtige Schreibweise von Sprache nach und ordnen Klang- und Schriftbild richtig zu. Dieser bewusste Umgang mit Sprache wird durch die Fähigkeit, geschriebene Sprache zu benutzen, noch erhöht. Diese und noch viele andere Tätigkeiten in der Schule sind typisch für das Sprachenlernen. Diese frühen Erfahrungen prägen einen Menschen ganz entscheidend im Hinblick auf sein Verhalten gegenüber Mutter- und Fremdsprache.

Spracherwerb und Sprachenlernen spielen auch im Fremdsprachenunterricht eine grundlegende und sich gegenseitig stützende Rolle. Dieselbe Ansicht vertritt auch Tracy Terrell. „In der Praxis nimmt Terrell eine gemäßigtere und stärker integrative Haltung ein als Krashen mit seinen radikalen Hypothesen. Terrell gesteht dem Sprachlernen eine wichtigere Rolle zu, als Krashen dies tut. Während Krashen ausschließlich auf den unbewussten Erwerbsprozess abzielt, versucht Terrell bewusste Lern- und unbewusste Erwerbsstrategien zu verbinden." (Dhority 1986, S.52)

Der Fremdsprachenunterricht in den weiterführenden Schulen bedient sich heute vor allem der Methoden des Sprachen**lernens.** Das dürfte zwei Hauptursachen haben. Erstens orientierte sich der Fremdsprachenunterricht der modernen Sprachen lange Zeit sehr stark am Unterricht der alten Sprachen (Latein und Griechisch), wo Endungen einen besonderen Wert auch für die Bedeutung besitzen, diese also besonders „gelernt" werden müssen und keine Stütze durch das Hören und Sprechen erfahren können. Zweitens setzte der Fremdsprachenunterricht bisher relativ spät ein (mit 10 Jahren), also zu einem Zeitpunkt, an dem die Abstraktionsfähigkeit bei vielen Menschen sich schon recht gut zu entwickeln beginnt und die Erkenntnis einer Regelhaftigkeit den Lernprozess zumindest augenscheinlich abzukürzen vermag.

Zweifellos versuchen auch heute schon didaktisch fortschrittliche Lehrpläne und Lehrwerke für die Sekundarstufe dem Fremdsprachen**erwerb** größeres Gewicht beizumessen. Die Interessen der Schüler werden in Hör- und Lesetexten, bei Spielen und musischen Aktivitäten stärker berücksichtigt. Verstärkt in diese Richtung müssen Lehrpläne und Lehrwerke (nicht Lehr**bücher**) der Grundschule gehen. Dennoch besteht die Gefahr, dass in Ermangelung eines entsprechenden didaktischen Konzepts das bewusste Eingehen auf Gesetzmäßigkeiten der Fremdsprache Oberhand gewinnt. Um Missverständnissen vorzubeugen: Es soll hier dem Schaffen von sprachlicher Ordnung und dem Sensibilisieren für Gesetzmäßigkeiten in der Fremdsprache nicht widersprochen werden. Jedoch soll ein Impuls gesetzt werden, Elemente des Fremdsprachenerwerbs stärker in die Praxis der englischen Grundschuldidaktik einfließen zu lassen. Grammatik darf nicht das Rückgrat des

Fremdsprachenunterrichts in der Grundschule bilden. Es kann allenfalls dort hinzutreten, wo die Schüler danach verlangen.

Einen Weg, wie Spracherwerb funktionieren kann, zeigt **Stephen D. Krashen** mit seiner Input-Hypothese. (Krashen 1987, S. 62 ff) Unter *input* versteht Krashen die Menge des rezeptiv aufgenommenen Sprachmaterials. Krashen stellt vier Forderungen für optimalen *input* auf.

1. Optimaler *input* muss verständlich sein

Das ist wohl die wichtigste Forderung an optimalen *input*. Wenn das, was der Fremdsprachenlerner hört, nicht verstanden wird, handelt es sich lediglich um „Geräusche". Außer bei einer sehr verwandten Sprache (z. B. deutsch-niederländisch) ist es unmöglich, durch Radiohören oder auch durch Fernsehen allein eine Sprache zu erwerben. Erfahrungen in Deutschland und Amerika zeigen, dass selbst der Erfolg von Fernsehsendungen zum Fremdsprachenlernen vor allem bei Sprachanfängern äußerst gering war. Krashen führt dies darauf zurück, dass die Inhalte dieser Sendungen von den Kindern einfach nicht verstanden wurden. Er betont, dass nicht allein die Tatsache, dass jemand ein *Native Speaker* ist, ihn zu einem guten Fremdsprachenlehrer macht und damit auch, dass nicht allein das Hören von einer bzw. das Eintauchen in eine Fremdsprache zu ihrer Aneignung führt. Es müssen schon didaktische Überlegungen und Prinzipien hinzutreten, um auch die Erwerbstheorie effektiv zu machen. Nun stellt sich die Frage, wie *input* verständlich gemacht werden kann. Krashen führt hierzu vier Maßnahmen an, die ein guter Fremdsprachenlehrer berücksichtigen sollte. (Krashen 1987, S. 64)

a) Im Vergleich zur Sprachkompetenz des Lernenden sollte der *input* stets leicht über diesem liegen. Krashen drückt dies mit „i + 1" (= *input plus one*) aus. Ein penibel abgestimmter *input*, bei dem kein unbekanntes Wort vorkommt, führt also ebenso wenig zum optimalen Erfolg wie ein Text mit zu vielen unbekannten Wörtern. Der *input* sollte also weder „i + 0" noch „i + 2" betragen, wenn ein optimaler Lernerfolg erreicht werden soll. Es gibt allerdings keine festen Kriterien, sondern es kommt auf das Fingerspitzengefühl des Lehrers an.

b) Im Vergleich zur Alltagssprache sollte das Sprechtempo reduziert und auf eine klare Aussprache Wert gelegt werden. Damit können Wortgrenzen verdeutlicht und die Verarbeitungszeit erhöht werden.

c) Im Vergleich zur Alltagssprache sollte der Wortschatz nach Häufigkeit ausgewählt, weniger umgangssprachliche Ausdrücke und weniger Redewendungen verwendet werden.

d) Im Vergleich zur Umgangssprache sollten syntaktisch vereinfachte und kürzere Sätze verwendet werden.

Diese Forderungen dürfen jedoch nicht dazu führen, dass die Sprache unnatürlich wirkt. Es kann sich lediglich um Maßnahmen bei der Erstbegegnung mit Sprachganzen handeln. Besonders wichtig für die Verständlichkeit von Sprache und damit eine Hauptaufgabe des Lehrers besteht darin, dem Lernenden auch nichtlinguale Hilfen anzubieten, mit denen das Textverständnis unterstützt wird. Gemeint sind hier reale Gegenstände, Bilder, Gestik und Mimik. Gute Lehrer nutzen auch das Vorwissen ihrer Schüler und verwenden Sprachmaterial, das diesen nicht völlig fremd ist. Es ist offensichtlich, dass diese Forderungen von audiovisuellen Medien allein nicht erfüllbar sind und deshalb der Lehrer als Sprachvermittler unersetzbar ist. Außerdem darf Englischunterricht in der Grundschule nicht die Verständlichkeit auf Kosten der Authentizität vernachlässigen. Es liegt uns fern, jegliches authentisches Material von vornherein abzulehnen, genauso wie es verkehrt wäre, authentische Texte als die einzig richtige Textsorte zu betrachten. Es bedarf allerdings besonderer methodischer Maßnahmen, um authentische Texte gewinnbringend einzubringen (s. 3.2.5).

2. Optimaler *Input* muss interessant und/oder für den Schüler von Bedeutung sein

Der Schwerpunkt bei der Vermittlung von sprachlichen *inputs* liegt nicht auf sprachlichen Regeln und Formen, sondern auf dem Inhalt. Der ideale *input* sollte so interessant für den Schüler sein, dass dieser „vergisst", dass es sich um eine Fremdsprache handelt. Große Bedeutung kommt deshalb der richtigen Auswahl von Texten für eine bestimmte Altersstufe zu, wobei auch hier natürlich nur ein „Durchschnittsinteresse" angenommen werden kann.

3. Optimaler *Input* wird nicht logisch geordnet angeboten

Unstrukturierter aber natürlicher *input*, so wird angenommen, enthält eine große Bandbreite von Strukturen. Im Gegensatz zu einem logisch geordneten Unterricht bietet *input*-orientiertes Material gewisse Strukturen wiederholt an.

Ob diese mehr oder minder zufällige Begegnung allerdings genügt, um eine bestimmte grammatikalische Struktur nicht nur semantisch zu verstehen, sondern auch in einem vernünftigen Zeitraum für den Schüler verfügbar zu machen, sei jedoch dahingestellt.

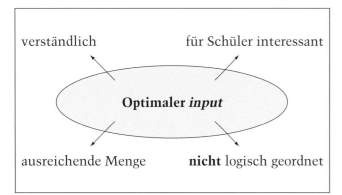

Abb. 12: Kriterien für optimalen input (nach Stephen Krashen)

Genau hier an dieser Stelle setzt Terrells und auch unsere Kritik an. Sollte man nicht gerade dort den Schülern auch in der Grundschule helfen, wo besondere Schwierigkeiten zu erwarten sind?

4. Optimaler *input* muss in ausreichender Menge angeboten werden

Krashen (1987, S. 71) glaubt, dass eine ausreichende Menge an Input sozusagen automatisch zum Ende der *silent period* führen würde. Er beruft sich dabei auf die Erkenntnisse von Asher und seiner *Total Physical Response* (TPR) Methode. Die Erfahrungen damit ergeben, dass die Sprachanfänger etwa nach zehn Stunden mit dem Sprechen beginnen. Krashen selbst relativiert diese Aussage bezüglich fortgeschrittener Lernenden. Hier dürfte die Rolle des bewussten Lernens von größerer Bedeutung sein und den Lernprozess abkürzen.

Stephen Krashen erwähnt weitere Determinanten für einen optimalen Fremdsprachenerwerb. So sollte der Lernende nicht in die Defensive gedrängt werden. Damit ist gemeint, dass dem Schüler bewusst gemacht werden soll, was er bereits beherrscht. Außerdem sollte dem Abbau von Angstfaktoren gehörige Beachtung geschenkt werden. Je angstfreier die Lernatmosphäre ist, desto leichter gelingt der Erwerb von Sprache – ja das Aneignen von Wissen überhaupt. Einer dieser Angstfaktoren ist eine zu frühe Forderung von Sprachproduktion beim Schüler. Jedem einzelnen Schüler sollte ausreichend Zeit gelassen werden, bis er sich sprachlich äußern will. Zu frühe Forderungen nach einer mündlichen oder gar schriftlichen Sprachproduktion bewirken meist das Gegenteil: Das Kind, selbst erschrocken von seiner vom Lehrer korrigierten sprachlichen Leistung, zieht sich in ein Schneckenhaus des Schweigens zurück. Rezeptive Elemente, die ja keineswegs passiv sind, sollten im Primarbereich ein deutliches Übergewicht zum Produktiven haben.

Es ist nicht empfehlenswert, sich an **eine** didaktische Theorie zu klammern. Stattdessen sollte man versuchen, die positiven Ansätze der Theorien im eigenen Unterricht zu verwirklichen. So halten wir es auch mit Krashens *Input*-Theorie. Diese bietet dem Lehrer z. B. Hilfen an, einen kognitiv dominierten Unterricht durch einen kindgemäßen, am natürlichen Spracherwerbsprozess orientierten Unterricht zu ersetzen.

Zusammenfassend lassen sich Spracherwerb und Sprachenlernen mit zwei gegenüberliegenden Ufern eines Flusses vergleichen, die durch eine Brücke miteinander verbunden sind.

Abb. 13: Sprachaneignung

3. Sprachliche Ziele des Englischunterrichts in der Grundschule

In einem Unterricht, der sich mit Fremdsprache beschäftigt, steht dessen kommunikativer Aspekt im Mittelpunkt aller didaktischen Bemühungen. Schüler (und Eltern) erwarten von einem Fremdsprachenunterricht in der Schule, dass sie lernen, das sagen zu können, was sie sagen möchten. Wenn diese Forderung von einem Englischunterricht in der Grundschule nicht erfüllt werden kann oder gar nicht angestrebt wird, so wird er sehr bald die Akzeptanz der Schüler und die der Öffentlichkeit verlieren. So entstehen Äußerungen wie die folgende: „Vokabeln, die es gar nicht gibt – In vielen Bundesländern sollen Grundschüler eine Fremdsprache lernen, doch die Erfolge dürften eher gering ausfallen (...) Doch wer sagt, dass die angestrebten Konzepte, die unter dem merkwürdigen Begriff „Begegnungssprache" zusammengefasst werden können, wirklich Erfolg versprechend sind? – Wie viel Englisch oder Französisch muss ein Erst- oder Drittklässler lernen/hören/sprechen/singen, um **Sprachkompetenz** zu erlangen?" (Brinck, in: SZ 2001) Solche Stimmen sind ernst zu nehmen. Auch in der Grundschule kann man sich also nicht bloß mit dem Auswendiglernen und Aufsagen von Kindergedichten zufrieden geben – und auch nicht mit dem Singen von mehr oder minder altersangemessenen Kinderliedern.

Natürlich ist jede Sprache eingebettet in die Kultur des betreffenden Volkes, und manchmal sind für das Verständnis landeskundliche Kenntnisse erforderlich. Kulturkundliche Inhalte werden in der Grundschule wohl überwiegend immanent vermittelt werden, landeskundliche Inhalte können aber auch als Lerngegenstand per se an die Schüler herangebracht werden. Aus der großen Auswahl der historischen, kulturellen, biologischen, politischen und geografischen Themenbereiche hat der Fremdsprachenlehrer die Aufgabe und Möglichkeit, jene auszuwählen, die bereits in der Grundschule weitgehend in der Zielsprache vermittelt werden können.

3.1 Die Einführung von neuem Wortschatz

Grundsätzlich ist anzumerken, dass eine explizite, systematische und für die Sekundarstufe sinnvolle Wortschatzvermittlung für einen begegnungsorientierten bzw. selektiv strukturierten Fremdsprachunterricht der Grundschule wenig angemessen erscheint. Wörter und Wortschatzvermittlung haben hier ebenso wie die Bewusstmachung von Strukturen in erster Linie zunächst helfende Funktion. Die Wörter, die hier den Schülern in Phasen der Wortschatzvermittlung begegnen, sind eng vernetzt mit einem Hörtext, einem Dialog oder einer Aktivität. Das bedeutet jedoch keinesfalls, dass der Art und Weise der Wortpräsentation und dem Umgang von Lehrern und Schülern mit dem neuen Wortschatz im Anschluss an seine Erstverwendung nicht größte Bedeutung zukäme.

In der Grundschule bestehen grundsätzlich zwei Möglichkeiten der Wortschatzvermittlung. Die Anwendung der einen oder anderen Möglichkeit hängt weitgehend von dem Text oder der Aktivität ab, für den bzw. für die die Wörter benötigt werden.

3.1.1 Integrierte Wortschatzeinführung

Bei einfachen Reimen, *songs* und *chants* bietet sich die integrierte Wortschatzeinführung an. Hier wird der Text so ausdrucksstark vorgetragen, dass das Verständnis der wichtigsten Wörter vor allem erreicht wird durch:

- expressive Gestik und Mimik,
- Bewegung,
- Geräuschimitationen,
- reale Anschauungsgegenstände,
- grafische Visualisierungshilfen,
- und durch die Übersetzung des einen oder anderen Wortes.

Die Schüler sollten ermuntert werden, die Bewegungen und den Text zu imitieren, da sich die Sprache auf diese Weise besser einprägt.

Bei der integrierten Wortschatzvermittlung wird auf Dekodierungsfähigkeiten zurückgegriffen, die das Kind bereits im Vorschulalter immer wieder benutzt und geübt hat. Diese Fähigkeit spielt beim Verstehen und Sprechen einer Fremdsprache und beim Umgang mit Sprechern anderer Sprachen eine sehr wichtige Rolle und sollte deshalb beim Fremdsprachenerwerb sorgsam gepflegt werden.

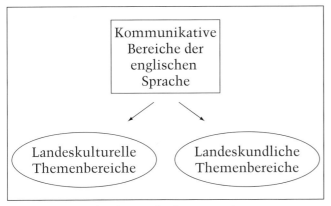

Abb. 14: Bereiche der englischen Sprache

Beispiel:

Walking through the raindrops,	Durch das Klassenzimmer gehen, mit den Fingern auf den Tisch klopfen.
What did I see?	Hand über die Augen halten, mit der anderen Hand auf den Boden zeigen.
A wet little puppy dog	Stoffhund hochhalten.
Coming towards me.	Stoffhund auf sich zubewegen.

Aus: Matterson 1991, S. 139

1. Wortschatzarbeit ohne Schriftbild

Dem Schüler ist ein englisches Wort semantisch und phonetisch verständlich, er erkennt, dass ihm namentlich bekannte Gegenstände aus seiner Umwelt in einem anderen Sprachraum ähnlich (*book* – Buch) oder völlig anders (*chair* – Stuhl) benannt werden. Erst nachdem er die Bedeutung des Wortes – d. h. die Lautfolge – kennt, wird er sich um eine möglichst dem Vorbild nahe Aussprachen-Imitation bemühen. In der 1. und 2. Jahrgangsstufe kann der Fremdsprachenunterricht dreiphasig ablaufen: Begegnung – Wahrnehmung – Imitation.

Auch in seiner Muttersprache hat sich das Kind die Sprache auf diese Weise angeeignet – es hatte ausreichend Gelegenheiten, „Fehler" zu machen, die von seinen Gesprächspartnern berichtet wurden. Durch die ständigen Imitationen und Wiederholungen – ohne jedes Schriftbild – hat das Kleinkind einen großen Vorrat an Wörtern, Wendungen und Strukturen in seinem Sprachspeicher angelegt. Vieles davon wird „nur" rezeptiv verfügbar sein, aber genau darum geht es auch in den ersten (Begegnungs-)Phasen des Englischunterrichts: In den sich allmählich zeitlich und inhaltlich ausweitenden Begegnungsphasen (vgl. Abb. 9) wird den Schülern sprachliches Material angeboten, welches sie mit Hilfe des Lehrers zu verstehen lernen und zu imitieren beginnen.

Es ist unvermeidbar, dass hier auch Wörter von Schülern fehlerhaft produziert werden. Sowohl bei fehlerhaft als auch bei zu leise und ungenau wiedergegebenen Wörtern wiederholt der Lehrer (richtig und deutlich) das Wort in der Art des sog. Lehrerechos, wobei dieses nicht unbedingt von dem betreffenden Schüler wiederholt werden muss. Auf diese Weise wird bei dem betreffenden Schüler schnell und natürlich die Aussprache korrigiert, den übrigen Schülern gibt dieses Verfahren Hilfe und Sicherheit bei der Aussprache. Auf keinen Fall darf eine behutsame und dennoch deutliche Fehlerkorrektur fehlen.

Folgende Maßnahmen sind notwendig, damit die gehörten und imitierten Wörter nicht sofort wieder vergessen werden:

– Geduldiges Vorsprechen;
– Sensible Korrektur;
– Rituelle Wiederholungen (z. B. „Stundenanfangsrituale");
– Gebrauch der Wörter in *classroom phrases*;
– Gebrauch der Wörter in einem Reim oder Lied;
– Gebrauch der Wörter in *dialogues/scenes/sketches* etc.;
– Gedächtnistraining: *Train your brain*.

2. Wortschatzarbeit mit Schriftbild

Vor allem die Beherrschung der Schrift in Gemeinschaft mit Bildern, Zeichnungen und Skizzen ermöglicht es dem selektiv strukturierten Englischunterricht der Grundschule, die entlastende Wortschatzvermittlung durchzuführen. Sie eignet sich besonders gut für längere Texte. Es ist allerdings nie ihr Ziel, alle Wörter eines Textes, z. B. eines Märchens oder einer Geschichte, zu klären. Sie hilft jedoch, eine gedächtnismäßige Überforderung der Kinder zu vermeiden. Eine vorentlastete Geschichte ermöglicht es, dass die Schüler den Faden nicht verlieren, weil sie immer wieder ein Wort zur Bedeutungsklärung im Text antreffen. Die entlastende Wortschatzvermittlung findet also noch vor der Textpräsentation statt. Am besten eignet sich hier ein zum Text oder zu einem Textabschnitt passendes Bild, mit Hilfe dessen wichtige Wörter, sog. *keywords*, den Schülern präsentiert werden. Der Vorteil bei der Vorentlastung besteht vor allem darin, dass die Schüler Zeit haben, sich Gedanken zu den Wörtern und zum zu erwartenden Text zu machen. Durch die entlastende Wortschatzpräsentation wird sozusagen eine inhaltliche (Bild) und sprachliche (Wortbilder bzw. *brickwords*) Motivation und Zielangabe erreicht.

Bei der Einführung entlastenden Wortschatzes sind wichtige methodische Grundsätze unerlässlich, auf die wir im nächsten Abschnitt genauer eingehen möchten.

3.1.2 Einführung von entlastendem Wortschatz

Bei der Wortschatzpräsentation, also bei der Übergabe der Wörter an die Schüler, spielt der Lehrer eine wichtige und dominierende Rolle. Er muss die drei Komponenten eines Wortes berücksichtigen: Die semantische, die phonologische und die orthografische.

Abb. 15: Die drei Komponenten eines Wortes

Man sollte sich immer bewusst sein, dass diese drei Komponenten bei jedem Wort und in jeder Altersstufe verschieden schwierig zu vermitteln und folglich auch unterschiedlich intensiv bei ein und demselben Wort zu berücksichtigen sind. So stellt z. B. die Aussprache des Wortes *shoe* keinerlei Probleme dar, auch nicht die Bedeutung bei einer auditiven Erstbegegnung, wohl aber die Schreibweise.

Bei der Vermittlung von Wortschatz ist es nicht damit getan, dass den Schülern lediglich die Wörter angeboten werden und ihnen geholfen wird, diese im Kurzzeitgedächtnis zu speichern. Die Vermittlung von Wörtern hat nur Wert, wenn diese auch längerfristig gespeichert werden können. Wenn Erwachsene Angst haben, dass sie sich etwas nicht merken können, so notieren sie sich das. Genauso handeln Kinder, die des Schreibens mächtig sind. Nach zwei Schuljahren haben viele Kinder erkannt, dass das gedruckte Wort sehr nützlich als Merkhilfe ist. Und genau dieses Verfahren – ob der Lehrer es möchte oder nicht – wendet ein Kind im Englischunterricht der 3. und 4. Klasse auch an: Es notiert sich die Wörter in der Form, in der sie ihm begegnen, also in der mündlichen bzw. gehörten Form, so dass es sie später nachsehen kann. Nun glauben manche Lehrer, es sei von besonderem Vorteil, wenn das Schriftbild eines neuen Wortes den Kindern (möglichst lang) vorenthalten wird, damit es keine Interferenz mit dem Klangbild verursacht. Dies ist für die Aussprache sicherlich richtig, bewirkt jedoch für die Schreibung des Wortes und für den weiterführenden Unterricht verheerende Folgen. In den meisten Fällen prägt sich das Kind seine eigene Schreibweise ein und ist später kaum mehr entscheidend zu beeinflussen. (Vgl.: Waas 1994, S. 1)

Die entscheidende didaktische Frage lautet also: Wie kann ein neues Wort so präsentiert werden, dass ein Kind es dauerhaft in der richtigen Aussprache und Schreibweise behalten kann, ohne dass auch nur ein Aspekt davon vernachlässigt wird?

Die Lösung des Problems ist eigentlich gar nicht so schwierig, wie es auf den ersten Blick erscheint. Wir sollten uns bewusst machen, dass bei den meisten englischen Wörtern nur ein Teil des Schriftbildes von der Aussprache abweicht. Die Arbeit mit sog. *brickwords* kann die Aneignung des Wortschatzes wesentlich vereinfachen. *Brickwords* sind solche Lückenwörter, bei denen die in Aussprache und Schrift sich unterscheidenden Stellen (zunächst) weggelassen werden.

Bei den folgenden Wörtern korrespondieren die fett gedruckten Grapheme mit den Phonemen:

u**mbrella – **k**noc**k** – left – **k**ni**f**e – **l**a**t**e – **pl**ay

Die fett gedruckten Teile des Schriftbildes können also unbedenklich den Schülern sofort zur Gedächtnisunterstützung anhand von *brickwords* angeboten werden, ohne dass eine negative Interferenz mit dem Klangbild zu befürchten ist.

_mbrella _nock left _n_f_ l_t_ pl_ _

Sobald durch Vor- und Nachsprechen das Klangbild eines jeden einzelnen Wortes gefestigt ist, werden die Lücken in den Wörtern vom Lehrer vervollständigt. Unmittelbar danach wird vor allem bei den Wörtern, die eine dem Deutschen sehr ähnliche Aussprache haben oder einen Laut aufweisen, den es im Deutschen nicht gibt (z. B. θ), Aussprache und Schriftbild verglichen.

Man kann die englischen Wörter entsprechend der Interferenzgefahr von Schriftbild und Klangbild in fünf Kategorien einteilen (Vgl.: Waas/Hagmann-Beimes 2000, S. 92):

Kategorie 1: **Wörter mit lautgetreuer Aussprache**
Diese Wörter stimmen in der englisch-deutschen Aussprache überein und können daher als normales Schriftbild gezeigt werden. Bei diesen Wörtern brauchen keine Lücken gelassen zu werden. Sie müssen höchstens einmal oder aber auch gar nicht vor- und nachgesprochen werden.
Beispiele: *left, trip, desk, cross*

Kategorie 2: **Wörter, die nur an einer Stelle eine deutliche Abweichung von der Aussprache aufweisen**
Das Schriftbild wird den Schülern zunächst in Form von *brickwords* präsentiert, wobei nur die Buchstaben gezeigt werden, die in Schriftbild und Klangbild übereinstimmen. Dabei können wir uns darauf verlassen, dass deutsche Aussprachegewohnheiten im Englischen beibehalten werden, also z. B. für numb**er**, [ˈnʌmbə] gesprochen wird, nicht etwa [ˈnʌmbɛr].
Beispiele: *n**u**mber, like, he, heart, cool, count, Monday*

Kategorie 3: **Wörter mit ähnlicher Aussprache wie im Deutschen**
Es besteht die Gefahr, dass die Schüler Ausspracheunterschiede zum Deutschen nicht wahrnehmen. Deshalb werden diese Wörter intensiv vor- und nachgesprochen, bevor die *brickwords* ergänzt werden.
Beispiele: *toast, poster, skates* (Die Schüler hören subjektiv falsch und sprechen [oː] statt [əʊ], [ɛ] statt [eɪ].).

Kategorie 4: **Wörter mit Phonemen, die es im Deutschen nicht gibt**.
Das sind die Laute [θ, w, ɜː, ʌ, ð, eɪ, ɪə]
Anfangs wird das Schriftbild als *brickword* dargeboten, später wird das gefährdete Graphem farbig markiert.
Beispiele: **th**ink, **v**an, **w**ord, **h**ere, **j**ungle, **ch**ange

Kategorie 5: **Wörter mit Buchstabenfolgen, die in dieser Kombination im Deutschen nicht vorkommen**
Es werden *brickwords* angeboten oder überhaupt noch kein Schriftbild gegeben.
Beispiele: **s**ausage, **d**angerous, **l**ovely, **h**ealthy

3.1.3 Die Strukturierung von Unterrichtsphasen zur entlastenden Wortschatzeinführung

Diese Phasen sind jeweils integrativer Bestandteil anderer Stundentypen, z. B. bei der Darbietung einer *story*, einer *activity* oder eines *songs*. Die Grundsätze für die Darbietung und die Sicherung des Wortschatzes verlaufen hierbei weitgehend analog, wenn der Lehrer einen gewissen Nachdruck auf den Wortschatzerwerb legt.

1. Die sachlich orientierte Phase:

Die Vermittlung von Wortschatz geschieht im günstigsten Fall an konkreten Gegenständen und/oder in konkreten Situationen. Hier kann am leichtesten anschaulich und handlungsorientiert gearbeitet werden. Der Lehrer müsste also z. B. einen echten Kuchen mitbringen. Durchaus akzeptabel wäre aber auch eine braune Scheibe in der Größe eines Kuchens aus Tonpapier, also ein sog. Substitut. Weniger motivierend, aber doch auch häufig seinen Zweck erfüllend, wird eine einprägsame Zeichnung an der Tafel sein, Flanellelemente oder vom Lehrer selbst gestaltete Figurinen. Die Motivation kann erhöht werden, wenn der Lehrer den Gegenstand in Bezug zu einer Person bringt. Natürlich kann hier auch eine Handpuppe eingesetzt werden. Bei der didaktischen Gestaltung sind dem Lehrer keine Grenzen gesetzt. Zunächst wird den Schülern das Tafelbild gezeigt. Im Verlaufe des Unterrichtsgespräches werden die **neuen Wörter** eingeführt.

Tafelbild

L.: *Look, here is a **birthday cake**.*
*It's Lilian's **birthday** today.*

L.: *There are eight **candles** on the **cake**.*
*Look: One **candle**, two **candles**, three **candles** usw.* (L. zeigt die Kerzen jeweils)
*There are eight **candles** on the cake.* (L. ergänzt die Kerzen auf dem Kuchen)
*It's Lilian's eighth **birthday**. She is eight years old today.*

Es ist günstig, wenn die neuen Wörter möglichst häufig vorgesprochen werden. Die Schüler sollen die Wörter zu Beginn noch nicht nachsprechen, sondern sich voll auf die Semantisierung der neuen Wörter, auf die Zuordnung von Sache und Sprache konzentrieren.

2. Die sprachlich orientierte Phase

In einem zweiten Durchgang zeichnet der Lehrer zunächst eine Skizze von dem Kuchen, sofern dies nicht schon vor dem Unterricht bzw. in der sachlich orientierten Phase geschehen ist, an die Tafel. Während er noch einmal den Text vorspricht, werden die (vorher vorbereiteten) *brickwords* an die Tafel geheftet bzw. an die Tafel geschrieben.
Sofern Wortkarten verwendet werden, sollten einige Grundsätze beachtet werden:

– Die Wortkarten sollten etwa DIN A5-Größe haben.
– Auf dunkelrotes, dunkelgrünes, violettes, schwarzes oder dunkelblaues Papier sollte mit weißer (Öl)kreide geschrieben werden. Für weiße, gelbe, hellblaue, hellrote, orange und hellgrüne Wortkarten eignen sich zur Beschriftung am besten dicke Filzschreiber.

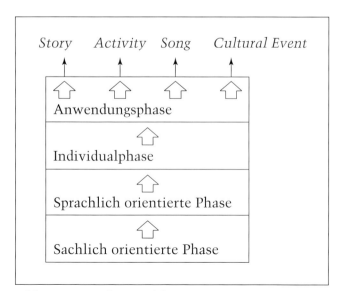

Abb. 16: Wortschatzeinführung

– Die Schrift muss gut lesbar sein. Wenn mit dem Computer geschrieben wird, so sollte keine kleinere Schriftgröße als 120 pt verwendet werden. Gut eignet sich die Schriftart „Arial Narrow".

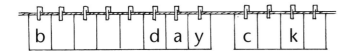

Eine reizvolle methodische Variante stellt der sog. *letterstick* bzw. das *letterrope* dar.

Die Schüler hören das neue Wort: z.B. *birthday cake* und sprechen es mehrmals nach. Der Lehrer zeigt das Wort, indem er die einzelnen Buchstaben an einem stick/rope aufgehängt hat; zunächst bleiben aber die problematischen Buchstaben noch weiß, d.h. der Lehrer zeigt die Rückseite dieser Zettel.

Nun „lesen" und ergänzen die Schüler den Rest aus dem Gedächtnis. Bei fortgeschritteneren Lerngruppen können dann die Lücken auch orthographisch ergänzt werden.

Das Vor- und Nachsprechen ist eine wichtige Lehrtechnik, die die volle Konzentration des Lehrers und der Schüler benötigt. Es läuft in folgenden Phasen ab:

1. Der Lehrer gibt ein Zeichen (z.B. Handfläche zeigen), dass das nun folgende Wort nachgesprochen werden soll.
2. Der Lehrer spricht das Wort langsam vor.
3. Der Lehrer formt das Wort lautlos (ca. 3 Sek.)
4. Der Lehrer gibt das Zeichen (z.B. auf die Klasse deuten) zum Nachsprechen.
5. Die Klasse spricht das Wort in natürlichem Sprechton nach.

Die nachfolgende Übersicht soll einen kurzen Überblick über häufige didaktische Fehler geben, durch die der Lernerfolg bei den Schülern vermindert wird:

1. Fehler: Der Lehrer gibt den Einsatz nicht präzise, so dass die Schüler nicht gemeinsam zu sprechen beginnen. Dadurch wird das Klangbild verwischt.
2. Fehler: Die Schüler wiederholen unmittelbar nach dem Vorsprechen das Wort. Der *time lag* zwischen Vor- und Nachsprechen, der sehr nützlich und effektiv ist, wird nicht eingehalten.
3. Fehler: Meist zusammen mit dem vorhergehenden Fehler lässt der Lehrer aus Angst, dass die Schüler das Wort vergessen, zu häufig nachsprechen. In der Regel genügt es, wenn ein Wort der Kategorie 2 und 3 ein- bis zweimal, ein

Abb. 17: *Vor- und Nachsprechen mit time lag*

Wort der Kategorie 4 drei- bis viermal nachgesprochen wird. Gelegentlich kann es vorkommen, dass verhältnismäßig viele Wörter in dieser Phase nachgesprochen werden müssen. Dadurch besteht die Gefahr, dass gewisse Längen entstehen, in denen die Schülerkonzentration nachlässt. Dies kann der Lehrer dadurch mindern, dass er die Wörter in unterschiedlicher Lautstärke vorspricht: laut, leise, flüsternd; dass er nur Teile der Klasse nachsprechen lässt; dass er die Stimmführung verändert: neutral, freundlich, streng, triumphierend, unsicher.

3. Die Individualphase

Nun sollte den Schülern Gelegenheit gegeben werden, sich allein oder in Partnerarbeit mit den neuen Wörtern zu beschäftigen. Am günstigsten geschieht dies mit einem Arbeitsblatt, auf dem sich u. a. auch spielerische Aufgaben befinden. Zunächst aber sollte das Tafelbild in einer mehr oder minder unterschiedlichen Form übertragen werden, sodass die Schüler schwarz auf weiß besitzen, was sie an diesem Tag neu gelernt haben. Hier kann es zusätzlich Zuordnungsaufgaben geben, in denen deutsche und englische Wörter einander zugeordnet werden sollen.

---

1. Fülle die fehlenden Buchstaben ein.
2. Verbinde die Gegenstände mit den richtigen Wörtern.

   1. candl_
   2. candl_s

   3. cak_
   4. b_ _ _ _ day c_ke

3. Schreibe die Nummern zu den deutschen Wörtern:

   Geburtstagskuchen   Kuchen
   Kerze   Kerzen

---

4. Die Anwendungsphase

In dieser Phase wird der Wortschatz in vielfältiger, spielerischer Weise angewendet.
Eine Möglichkeit, bei der die neuen Wörter in bekannten Strukturen verwendet werden, sind Reihensätze.
Der Lehrer nimmt die Wortkarten in die Hand und die Schüler teilen ihm mit, welche der Karten sie gerne haben möchten: *Can I have the candles, please./Can I have the birthday cake, please.*
Anschließend teilt der Lehrer kleine vorbereitete Wortkarten oder Bildkarten mit dem neuen Wortschatz aus. Die Schüler gehen umher und stellen sich gegenseitig Fragen:

– *Have you got the candles?/Have you got the birthday cake?*
– *No, sorry, (I haven't)./Yes, I have.*

Kann die Frage des Schülers positiv beantwortet werden, erhält dieser die Karte. Nach etwa fünf Minuten wird das Spiel unterbrochen und die Karten, die jeder Schüler besitzt, gezählt. Wer die meisten Karten hat, ist Sieger.

➢ Unterrichtsbeispiel: *Andrew's bike*

Lernziele

Die Schüler sollen …

… folgende Wörter verstehen und phonetisch einwandfrei aussprechen können:
bike, reflector, front reflector, back reflector, lock, bell, back brake, front brake, saddle, front light, back light, frame, front wheel, back wheel, to ride a bike, carrier, gears, safe

… die englischen Wörter der deutschen Bedeutung zuordnen können

… die englischen Wörter in einer bekannten Satzstruktur (*My bike has got, … hasn't got …*) verwenden

Medien

Fahrrad, Handpuppe,
Wortkarten mit *brickwords*,
Wortkarten mit Stichwörtern,
2 Arbeitsblätter

Stundenverlauf

Artikulation	Stundenablauf	Medien/Unterrichtsformen
Sachlich orientierte Phase	L. bringt sein Fahrrad mit ins Klassenzimmer und stellt es einer Handpuppe (HP) vor. L: *Look, Harry, here is my bike. Do you like it?* HP: *Well, I don't know. It's quite old. How many gears has it got?* L: *Three. It has got three gears. And it has got a nice bell.* (L. klingelt). HP: *That's true. Is your bike safe?* L: *Yes, of course. Look, my bike has got yellow reflectors. It has got a yellow front reflector, a red back reflector and reflectors in the wheels.* L. zählt die Strahler: *One reflector at the front, one reflector at the back, one, two, three reflectors in the front wheel and one, two, three reflectors in the back wheel.* HP: *All right, all right. What about the front light and the back light? Are they okay?* L.: *Yes, of course.* L. zeigt, dass das Vorder- und das Rücklicht funktionieren. HP: *Okay, the front light and the back light are okay. What about the brakes. Are the front brakes and the back brakes okay?* L.: *Yes, they are okay. Look.* L. führt die Wirkungsweise der Vorder- und der Hinterradbremse vor. HP: *Oh yes, wonderful. Everything works on your bike. What about the saddle? Is it soft?* L: *No, it's hard. I like hard saddles.* HP lacht: *Oh, you like a hard saddle. I don't like hard saddles, I like soft saddles.* *What's that?* (HP deutet auf das Fahrradschloss) L.: *It's a lock. Nobody can steal* (Gestik) *my bike if it is locked.* HP: *You don't need a lock. Nobody wants to steal your bike.* L. übersetzt für die Klasse: Harry meint, dass niemand mein Fahrrad stehlen will. L.: *Why do you think, nobody will steal my bike?* HP: *Because it's old and terrible and blue. I don't like blue bikes.* L.: *What colour do you like?* HP: *Red. My bike has a red frame. I like red bikes. My bike is red and it's a new bike. I like it.* L.: *Okay, okay, okay. Now let's ask the children about their bikes.* Nun fragt L. einzelne Schüler nach ihrem Fahrrad: *Tom, have you got a bike?* Sch.: *Yes.* *What colour is your bike?* Sch.: *Green, silver and black.*	Lehrer-Aktivität: Dialog mit Handpuppe Unterrichtsgespräch
Sprachlich orientierte Phase	*What colour is the frame of your bike?* (L. deutet auf den Rahmen des Fahrrads) Sch: *Green.* L. gibt Sch. die zu Hause vorbereitete Wortkarte mit dem *brickword* fr _ m_ und spricht das Wort deutlich vor. L.: *Mary, have you got a bike?* Sch: *Yes.* L.: *Has it got good front brakes?* (L deutet auf die Vorderradbremse) Sch.: *Yes.*	Vor- und Nachsprechen, erste Begegnung mit den *brickwords*

Artikulation	Stundenablauf	Medien/Unterrichtsformen
	L. gibt Sch. das *brickword* |fr _ nt br _ k_s| usw.	
	L. öffnet die Tafel mit einem Bild von einem Mädchen und einem Fahrrad. (Siehe KV 1) L.: *That's Lilian and her bike. Let's have a look at her bike. Lilian's bike is green. The frame of Lilians bike is green. Come on, fix your wordcard to the frame.* Sch. heftet die Wortkarte an die Tafel. Nun deutet L. auf die einzelnen Bestandteile des Fahrrades an der Tafel. Der Schüler mit der entsprechenden Karte heftet sie an die entsprechende Stelle. Tafelbild:	KV 1 Zuordnen von Gegenständen und Wortkarten (*brickwords*)
	Hier merkt schon der Lehrer im Verlauf des Unterrichts, ob einzelne Schüler die Sätze selbst sagen möchten. Das ist natürlich erlaubt. Dazu gezwungen sollten sie hier jedoch nicht werden. Der Lehrer ist jederzeit bereit einzuspringen.	
	Nun spricht L. die Wörter entsprechend der fünf Kategorien vor, Schüler sprechen die Wörter nach und L. vervollständigt die Wörter auf den Wortkarten.	Vor- und Nachsprechen mit *time lag*
Individualisierende Phase	Die Schüler erhalten nun ein Arbeitsblatt mit einem Fahrrad zum Ausmalen. Sie können auch fehlende Teile hinzufügen. L.: *Here's a worksheet with a bike. It's quite an ordinary bike. But you should colour the bike, so that it'll be a funny, very colourful bike.* L. übersetzt den Arbeitsauftrag und ergänzt: Wenn du mit dem Anmalen fertig bist, setzt du in die Wörter die fehlenden Buchstaben ein und verbindest sie mit Pfeilen mit den Fahrradteilen. Während die Schüler sich mit dem Arbeitsblatt beschäftigen, geht L. umher und spricht über ihre Fahrräder. L.: *Ah, I see, your bike is orange and the saddle is green. That's really funny.* L.: *No, Tom, the word „front" is not correct. It's spelt with an „o". Look at the board, please.*	*brickwords* vervollständigen KV 2 Einzelarbeit KV 2
Verwendung der Wörter	Sobald die Schüler fertig sind, stellen sie ihre (gezeichneten) Fahrräder einander vor. Zunächst sollten aber zwei oder drei Beispiele gemeinsam mit der Klasse u. U. unter Zuhilfenahme eines Satzmusters gesprochen werden. Sch. 1: *My bike is green. It has a red saddle and a blue back reflector.* Sch. 2: *My bike is orange. It has a yellow front light and a brown lock.* Tafelanschrieb: *My bike is _____. It has a _____ and _____.*	Individuelle Korrektur Partnergespräch Visuelle Hilfe

Artikulation	Stundenablauf	Medien/Unterrichtsformen
	Die Schüler verlassen bei dieser Übung ihre Plätze und gehen zu ihren Klassenkameraden. Im Laufe der Übung sollte L. die Tafel zuklappen. Wer dennoch die Hilfe braucht, darf zur Tafel gehen und nachsehen.	
	Die nun folgenden Phasen gehören eigentlich nach unserem Strukturmodell nicht mehr zu den Wortschatzvermittlungsphasen. Sie gehören vielmehr zu der Unterrichtseinheit "That's my bike", bei dem die Schüler über ihr echtes Fahrrad etwas berichten sollen. Sie seien hier nur kurz skizziert. Genaueres findet sich in 3.4.3. Die Schüler interviewen sich gegenseitig über ihr Fahrrad: S1: *How old is your bike? What colour is it? What colour is the saddle?* usw. S2: *My bike is ... It has ... It hasn't got ...* Solche echt kommunikativen Sätze sind das eigentliche Ziel jeglichen Sprachunterrichts. Sie fallen vielen Schülern schwer, sollten aber dennoch immer wieder angestrebt werden.	

3.1.4 Längerfristige Maßnahmen zur Festigung des Wortschatzes: Lernspiele

a) Übungen ohne Schriftbild

- *Three in a row*

Die Klasse wird in 3 Teams aufgeteilt. Die Mitspieler jeder Gruppe werden durchnummeriert.
Auf eine Schnur wird zunächst eine Bildkarte (z.B. der Mond) gehängt. Der erste Spieler des ersten Teams nennt den Begriff. Ist dieser richtig, erhält sein Team einen Punkt, andernfalls wird die Aufgabe an die nächste Gruppe weitergegeben. Nun wird eine zweite Bildkarte (z.B. eine Blume) an die Schnur gehängt. Der erste Spieler des zweiten Teams nennt nun beide Begriffe. Dasselbe geschieht mit einer dritten Bildkarte (z.B. ein Auto).
Um die Schüler nicht zu überfordern, beginnt nach der dritten Karte ein neuer Durchgang.

- *Train your brain*

Die Klasse wird in zwei Teams aufgeteilt.
Der Lehrer fertigt eine Collage aus den Begriffen an, die als neue Wörter in den vergangenen Begegnungseinheiten vorkamen und stellt diese als Folienkopie vor.
L.: *Look at all these things. Do you remember their English names?*
Schüler oder Lehrer nennen einige Wörter.
L.: *Now look at the pictures for one minute.* (Dabei kann Entspannungsmusik gespielt werden.)
L.: *Stop!* (L. schaltet OHP aus) *Which pictures did you see?*
Der Lehrer ruft nun abwechselnd die sich meldenden Schüler aus den beiden Teams auf (aus Gründen der Gerechtigkeit am besten in der Reihenfolge a b b a a b etc.). Nennt ein Schüler ein richtiges Wort, darf er nach vorne kommen. Wenn ein Schüler ein Wort falsch sagt, wird ein sich meldender Spieler der anderen Mannschaft aufgeru-

Name: _____ Class: _____ Date: _____

KV 1

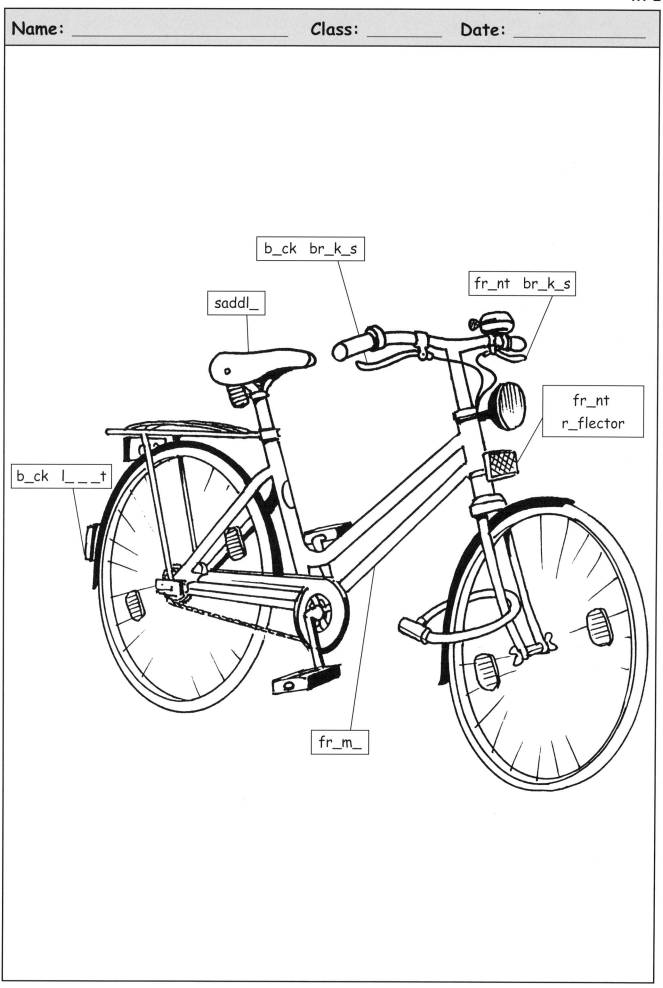

fen. Meldet sich kein Schüler mehr, werden die Kinder jeder Mannschaft, die vorne stehen, gezählt. Die Mannschaft mit den meisten Spielern an der Tafel gewinnt.

Bevor die Spieler an ihren Platz zurückkehren, schaltet der Lehrer den OHP wieder an und jeder Spieler deutet mit dem Zeigestab auf seinen Gegenstand und sagt einen kurzen Satz:
Sch.: *My word was "house"./I remembered the word "chimney"*.

b) Übungen mit Schriftbild

Aus der Vielzahl von existierenden Lernspielen seien hier nun einige vorgestellt, die viele der unter Kapitel 1.6 genannten Kriterien erfüllen.

- ***Bingo***

Zu den wohl bekanntesten und beliebtesten Spielen zählt Bingo in seinen vielfältigen Ausprägungen. Es dient in den Schulen vor allem der Einübung von Zahlen. Aber jeder beliebige Wortschatz kann ebenfalls geübt werden.

Spielteilnehmer: Schüler der ganzen Klasse und ein Spielleiter (anfangs Lehrer)
Spielmaterial: Ein in sechs Felder aufgeteiltes Spielfeld mit Wörtern, die jeder Schüler unmittelbar vor dem Spielbeginn selbst einträgt
Spielverlauf: Der Spielleiter zeigt der Klasse auf Folie (die) Wörter eines Wortfeldes (hier *bike*)

> *bell, frame, lock, ride a bike, back brakes, saddle, front brakes, back light, front light, front reflector, wheel reflector*

Jeder Schüler wählt sechs Wörter aus. Nun wird der OHP ausgeschaltet. Der Spielleiter (Lehrer) liest jetzt die Wörter vor und streicht, für die Klasse unsichtbar, die vorgelesenen Wörter aus. Wenn ein Mitspieler das Wort auf seinem Zettel stehen hat, streicht er es durch. Sobald er alle sechs Wörter durchgestrichen hat, ruft er „Bingo!" Es zählt immer nur der erste Rufer, auch wenn mehrere nach einem Wort „Bingo" rufen. *King of Bingo (Queen of Bingo)* ist der Spieler erst dann, wenn der Spielleiter die Wörter und die richtige Schreibung kontrolliert hat. Ansonsten geht das Spiel weiter. Der Sieger darf als nächstes die Wörter ausrufen.

Etwas erschwert kann das Spiel werden, wenn die Wörter auf Englisch aufgeschrieben werden, der Spielleiter die Wörter aber auf Deutsch ausruft.

Hier wird sowohl der semantische, phonologische und orthographische Aspekt berücksichtigt.

- ***Domino***

Spielteilnehmer: drei (oder vier)
Spielmaterial: 12 oder 24 (die Zahl muss durch drei oder vier ohne Rest teilbar sein) Karten mit beliebigen deutsch/englischen Wörtern aus dem entsprechenden Wortschatz.
Spielverlauf: Jeder Spieler erhält gleich viele Karten. Der Spieler mit „Start" auf seiner Karte darf beginnen. Nun versucht jeder Spieler im Uhrzeigersinn eine Karte anzulegen. Wer nicht anlegen kann, sagt *"I can't"* und der nächste Spieler ist an der Reihe. Wer als erstes keine Karten mehr besitzt, ist der Sieger.

Motivierender für die Kinder ist natürlich eine Zuordnung von Bild und englischem Wort. Dies verlangt aber einen gewissen Aufwand (Computerbilder) oder gute gestalterische Fähigkeiten des Lehrers, weil diese Zeichnungen eindeutig sein müssen. Sehr schnell stößt man hier überhaupt an Grenzen, wenn es um die Darstellung von Adjektiven und Verben geht.

- ***Memory***

Sehr bekannt, beliebt und für den Englischunterricht nützlich ist Memory.

Spielteilnehmer: 3–4 Mitspieler
Spielmaterial: Etwa jeweils 15 Kärtchen mit englischen Wörtern und 15 Kärtchen mit entsprechenden deutschen Übersetzungen.
Spielverlauf:
Die 30 Kärtchen werden gut gemischt und verdeckt auf dem Tisch verteilt. Der jüngste Mitspieler darf mit dem Aufdecken beginnen. Er liest das aufgedeckte Wort und legt es aufgedeckt an dieselbe Stelle, wo es vorher (verdeckt) lag. Dann deckt er eine zweite Karte auf und liest sie ebenfalls vor. Ist es die Übersetzung der ersten, gehört ihm das Kartenpaar nun. Er darf noch zwei Karten aufdecken. Wenn die zweite Karte nicht die Übersetzung der ersten ist, so muss er die beiden Karten wieder umdrehen und der nächste Mitspieler ist an der Reihe. Sieger ist, wer am Schluss am meisten Kartenpaare besitzt.
Tipp: Die 30 Kärtchen werden so auf dem Tisch verteilt, dass auf der einen Hälfte nur die deutschen und auf der anderen Tischhälfte nur die englischen Begriffe liegen. So wird vermieden, dass die Schüler in einem Durchgang zwei deutsche bzw. zwei englische Begriffe aufdecken.

 | house | Haus

Auch bei dem Spiel Memory wäre natürlich die Zuordnung von Bild und englischem Wort eine wünschenswerte Variante.

Eine Alternative stellt das Spiel „Trio" dar. Die Schüler spielen mit 30 Kärtchen d. h. 10 Trios. Es werden jeweils drei aufgedeckt. Ansonsten gelten die gleichen Spielregeln wie für Memory. Trio ist ein Zuordnungsspiel, das zu zweit, aber auch von einem Schüler allein gespielt werden kann, da es mit Selbstkontrolle ist.

- *Does it fit?*

Spielteilnehmer: 1–2

Spielmaterial: Spielkärtchen mit jeweils etwa 12 deutschen und 12 entsprechenden englischen Wörtern; auf der Rückseite befinden sich – auseinandergeschnitten – Figuren. Jede Figur kommt zweimal vor.

Spielverlauf: Im Vorfeld des Spiels müssen die Spielkarten von der Lehrperson ausgeschnitten und so zusammengeklebt werden, dass die Paare auf der Rückseite eine Figur aufweisen. Auf diese Weise entsteht eine Selbstkontrollmöglichkeit für die Kinder.

Die Spielregel ist einfach: Die Karten werden mit der Schrift nach oben gemischt. Der Spieler soll jeweils eine englische Bedeutung einem deutschen Begriff zuordnen. Fügen sich die Figurfragmente auf den zwei Rückseiten zu einem sinnvollen Ganzen zusammen, so darf der Spieler das Pärchen selbst behalten. Dann kommt der Partner an die Reihe.

- *Throw and go*

Spielteilnehmer: 2 Spieler und ein Spielleiter

Spielmaterial: Spielplan (*game board*), ein Würfel (*a dice*), 2 Spielsteine (*two markers*), eine wordlist

Vorderseite

Rückseite

front wheel	Vorderrad
back reflector	Rückstrahler
saddle	Sattel
front light	Vorderlicht
lock	Schloss
back light	Rücklicht
wheel reflector	Radreflektor
ride a bike	Rad fahren

Wordlist (Bsp.)

2	*bike*	Fahrrad
4	*soft*	weich
6	*hard*	hart
8	*front light*	Vorderlicht
10	*back light*	Schlusslicht
12	*frame*	Rahmen
14	*saddle*	Sattel
16	*front reflector*	vorderer Reflektor

Spielplan

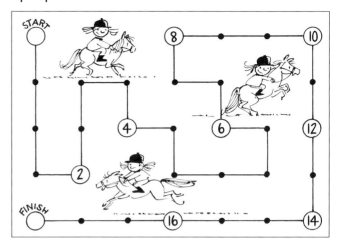

Spielverlauf:
Ziel für die beiden Spieler ist, mit ihrem Spielstein möglichst schnell vom „Start" zum „Finish" zu gelangen. Auf dem Spielplan sind Ereignisfelder und normale Felder. Landet der Spieler auf einem Ereignisfeld, fragt ihn der Spielleiter nach der Übersetzung eines der Wörter aus der *wordlist*. Weiß der Spieler die richtige Antwort, so darf er ein Feld weiter rücken, weiß er sie nicht, so muss er seinen Spielstein ein Feld zurücksetzen und der Spielleiter sagt ihm die richtige Lösung. Beide Spieler dürfen mit ihren Spielsteinen das gleiche Feld besetzen. Am Schluss muss die Anzahl der Augen **nicht** genau passen, um das Ziel zu passieren.
Tipp: Bei der Erstellung der Spielpläne, die sich gut aus alten Kalenderblättern herstellen lassen, ist darauf zu achten, dass die Ereignisfelder immer die gleichen Nummern tragen. Dann brauchen bei den *wordlists* nur die Wörter ausgetauscht zu werden.

- **What's on my back?**

Spielteilnehmer: Klassenverband
Spielmaterial: Wortkarten mit ganzen Begriffen und mit *brickwords*, Wäscheklammern
Spielverlauf:
Die zu übenden Wörter werden vor Spielbeginn auf Deutsch an die Tafel geschrieben. Gemeinsam werden die englischen Begriffe dazu kurz wiederholt. Jeder Schüler erhält anschließend entweder ein vollständiges oder ein *brickword* auf einer Wortkarte mit einer Wäscheklammer auf den Rücken geheftet. Nun muss er sein Wort erraten, indem er seinen Mitschülern Fragen stellt: *Is a reflector on my back?* Erhält er eine verneinende Antwort, muss er zu einem anderen Mitspieler gehen und diesen fragen. Das geht so lange, bis er sein Wort auf dem Rücken erraten hat. Dieses heftet er an die Tafel neben das deutsche Wort. Das *brickword* wird von dem betreffenden Schüler ergänzt und auch dazu geheftet.
Anmerkung: Sollten die Schüler im Spiel die Frage auf Deutsch stellen, so ist das unseres Erach-

| Vorderradbremse | *front brakes* | *fr_nt br_kes* |
| Sattel | usw. | |

tens auch kein Beinbruch. So schön das Englische wäre, aber es ist nur sehr schwer zu erreichen! Durch ein Beharren auf Einsprachigkeit sollte hier die Freude am Spiel nicht gestört werden.
Sicherlich trifft jeder Lehrer auf weitere Lernspiele. Er sollte jedoch stets überprüfen, ob sich die Anfertigung oder der Kauf in Hinsicht auf das Lernergebnis und die Motivation der Schüler lohnt.

3.2 Die Anbahnung des Hörverstehens

Hörverstehen gehört wie das Leseverstehen zu den rezeptiven Fähigkeiten. Untersuchungen der Entwicklungspsychologie haben ebenso wie solche der Fremdsprachendidaktik ergeben, dass rezeptive Fähigkeiten mit produktiven Fähigkeiten (Sprechen und Schreiben) korrespondieren. Hörverstehen geht immer der Sprachproduktion voraus, und zwar nicht nur eine Viertelstunde, sondern einige Wochen oder Monate. Diese Feststellung gilt sowohl für den Erwerb der Muttersprache beim Kleinkind als auch für den Erwerb der Fremdsprache in der Schule. Jede Mutter und jeder Vater weiß aus eigener Erfahrung, dass ein Kleinkind längst viele Wörter und Sätze versteht, bevor es zuerst einige Wörter nachzusprechen versucht und selbst verwendet. Im Fremdsprachenunterricht besteht die große Gefahr und Versuchung, zu schnell von jedem Kind die Imitation, ja sogar die Verwendung gehörter Sprache zu verlangen. „Wir dürfen uns als fertige Muttersprachler und Fremdsprachler nicht den Blick auf die Schwierigkeiten des Anfängers verstellen lassen. Der Anfänger muss auf ganz besondere Weise hinhören. Warum? Weil wir normalerweise gar nicht mehr Laut für Laut säuberlich nacheinander registrieren, sondern uns auf unser lexikalisches und grammatikalisches Wissen und unser Gefühl für die Wahrscheinlichkeitsstrukturen der Muttersprache stützen und damit das eigentliche Hören antizipierend ergänzen" (Butzkamm 1993, S. 174). Und genau dieses Sprachwissen, das bei jüngeren Kindern weitgehend durch Spracherfahrungen erworben wird, müssen wir im Fremdsprachenunterricht der Grundschule erst bereitstellen. Dies kann am besten durch möglichst viele, z.B. nach den Prinzipien von Krashens *Input*-Hypothese ausgewählte *Inputs* geschehen. Solche didaktischen Bemühungen können durchaus schon im 1. und 2. Schuljahr stattfinden, wo im Rahmen des Gesamtunterrichts auch Englisch berücksichtigt werden kann. Gut vorstellbar wäre hier ein Gelegenheitsunterricht im Sinne des Begegnungsmodells, wo ein englisches Lied oder ein zu einem Sachthema passender Reim kurz in den allgemeinen Unterrichtsfortgang integriert wird.

Wir haben aber bisher nur einen Teil der Bedeutung des Hörverstehens genauer betrachtet, nämlich Hörverstehen als Voraussetzung für die Sprachproduktion. Hörverstehen per se ist aber auch kommunikativ von großer Bedeutung. Ein nicht geringer Teil der Kommunikation läuft auf Seiten des Adressaten (Hörers) nonverbal ab. Er hört einen Text und muss eigentlich nur richtig reagieren. So hört ein Tourist in England nur den Wetterbericht, um zu entscheiden, ob er einen Regenschirm mitnehmen sollte. Ein Taxifahrer hört sich den Verkehrsbericht an, um zu wissen, ob auf seiner vorgesehenen Fahrtroute ein Verkehrsstau ist und ob er besser einen Umweg fährt. Lautsprecherdurchsagen auf Bahnhöfen und Flughäfen gehören ebenso zu solch indirekter Kommunikation wie Sendungen im Fernsehen, wo man noch nicht einmal durch Handlungen zu reagieren braucht.

3.2.1 Ziele des Hörverstehens in der Grundschule

Ziel für das Hörverstehen in den ersten beiden Jahrgangsstufen der Grundschule wird es sein, dass sich die Schüler in die fremde Sprache „einhören" können. Dieses *listening in* wird gleichberechtigt begleitet vom *tuning in*, d.h. dem „Einstimmen". Damit wird das Hörverstehen durch das musische Element ergänzt, welches durch *rhymes, poems, finger plays, songs* (oft begleitet und unterstützt durch Orff-Instrumente) transportiert wird.

Aufgrund der entwicklungspsychologischen Voraussetzungen **kann** in der 3. und 4. Jahrgangsstufe schon gezielteres Hörverstehen angestrebt werden. So authentisch die im obigen Abschnitt aufgezählten Beispiele für Hörverstehen im Alltag auch sein mögen, so sehr wird wohl auch klar sein, dass sie sich als Unterrichtsgegenstand für die Grundschule kaum eignen.

Neben der *classroom language* wird es sich vor allem um kurze Alltagsgespräche, um Märchen, um Erzählungen, die an die Lebenserfahrungen der Kinder anknüpfen, um anschauliche Hörspiele sowie um Antworten auf Interviewfragen handeln. Ziele und Aufgaben, die im Englischunterricht der Grundschule gestellt werden, müssen in erster Linie elementare Fähigkeiten fördern und fordern.

Ziel des Hörverstehens auch in der Grundschule ist das möglichst genaue Verständnis eines Texts. Bildhaft kann man den Hörverstehensprozess mit einem Netz vergleichen. Je enger die Maschen sind, umso mehr Knoten weist das Netz auf und umso effektiver ist es. Die Knoten entsprechen den Wörtern einer *story*, die ein Lernender versteht. Bei einer Geschichte sind das zunächst die Wörter, die in der Vorentlastung semantisiert wurden. Hinzu kommen diejenigen Wörter und Strukturen, die schon bekannt sind und die während der story presentation durch die Körpersprache des Lehrers, durch den Kontext, Bilder und linguistische Ähnlichkeiten mit dem Deutschen erschlossen werden können. In einem überzeugenden Versuch hat Ludger Schiffler die Überlegenheit eines methodischen Vorgehens bei 14–15jährigen Schülern festgestellt, bei dem zu einer einsprachigen Einführung einer Lektion für den Lehrer „auch noch pantomimisches, schauspielerisches und, wenn er die Schüler mit einbezieht, dramaturgisches Geschick" hinzukommen. „Wenn nach einer solchen einsprachigen Einführung ein Verfahren mit bilingual-kontextuellen Vokabeln folgt, werden Defizite hinsichtlich der semantischen Klarheit ausgeglichen und die neuen Vokabeln behaltenswirksamer gelernt." (Schiffler 2002, S. 160)

Körpersprache bei der Storydarbietung ist eine Grundforderung der Grundschuldidaktik und ist allgemein anerkannt. Wir dürfen uns allerdings nicht darüber hinwegtäuschen, dass bei vielen Schülern ein oft nur vages Verständnis einzelner Wörter vorhanden ist, wenngleich das Globalverständnis einzelner Schüler sehr hoch sein kann. Um im Anschluss an eine nach allen Regeln der Kunst dargebotenen Geschichte das Verständnis von Wörtern zu erweitern und zu festigen, empfehlen sich also auch in der Gundschule Übungen zur klaren Semantisierung einzelner, wichtiger Wörter. Die eindeutigste und sicherste Semantisierung, die Bild, Körpersprache und Kontext weit übertrifft, ist die Übersetzung einzelner Wörter. Deshalb sind solche Übungen im Rahmen von Hörverstehensstunden nicht nur wünschenswert, sondern in hohem Maße lerneffektiv und nützlich. Hier darf ein an sich richtiges Prinzip, nämlich die Einsprachigkeit, nicht zur Behinderung effektiven Lernens führen. Ebenso wenig wie Schiffler reden wir damit der Übersetzung ganzer *stories* das Wort – ganz im Gegenteil!

3.2.2 Die Verwendung von *classroom phrases* und englischen Vornamen

Die Schüler sollten in erster Linie in der Lage sein, die Unterrichtssprache zu verstehen. *Classroom phrases* und deren automatisierte Beherrschung durch den Lehrer sind die Voraussetzung für das hörende Verstehen durch die Schüler. Hierher gehört die Forderung nach englischen Anweisungen, wie z. B. *"Open the window, please"*, oder *"There was a knock on the door. Please, John, open the door"*. Hierher gehört, dass der Besucher an der Klassenzimmertür mit *"Good morning"* begrüßt wird. Hierher gehört auch, dass der Lehrer „nebensächliche" Anweisungen auf Englisch gibt: *"Jenny, please move the overhead projector aside so that everybody can look at the board."* Es ist in hohem Maße unnatürlich, wenn ein englischer Märchentext vorgetragen und daran gearbeitet wird, wenn aber in der schulischen Wirklichkeit so getan wird, als gäbe es keine entsprechenden englischen Ausdrücke für die Unterrichtssprache. Es sollten sogar ganz bewusst Situationen während der Stunde geplant bzw. genutzt werden, wo *classroom phrases* zum Einsatz kommen können. So knipst eben nicht der Lehrer selbst das Licht aus oder an, sondern gibt jeweils den Befehl an einen Schüler. Die Zeit, die hierauf verwendet wird, ist nicht verloren! Die Anweisung zum Tafelwischen wird nicht nach Unterrichtsschluss gegeben, sondern in der Fremdsprache gegen Ende der Stunde so, dass sie alle Schüler hören.

Man muss jedoch feststellen, dass manche Schüler ziemlich lange brauchen, bis sie einzelne *classroom phrases* verstehen und auch von sich aus benützen, ohne dass didaktische Maßnahmen unterstützend hinzutreten. Relativ einfach ist es, wenn die Bedeutung des Satzes aus der Situation selbst oder durch überlegt eingesetzte Mimik und Gestik erschließbar ist. *"It's cold in here"*, (L. fröstelt). *"Tom, close the window, please"* (L. führt die Geste des Fensterschließens aus). Schwieriger wird es, wenn Gestik und Mimik nicht eingesetzt werden können: *"Bob isn't here today. Is he ill?"* Hier ist es sinnvoll und rational, wenn dieser kurze Satz übersetzt und dann noch einmal auf Englisch wiederholt wird. Diese Hilfen, seien sie verbaler oder nonverbaler Art, werden im Laufe der Zeit abgebaut, bis die *classroom phrases* auch ohne Schwierigkeiten verstanden werden.

Das Verstehen von *classroom phrases* und das richtige nonverbale und verbale Reagieren durch die Schüler ist jedoch nur ein erster Schritt. Fast ganz automatisch werden auch die Schüler versuchen, Englisch als Unterrichtssprache zu verwenden. Solche Sätze können auf ein Poster geschrieben werden, sodass sie im Klassenzimmer stets zur Verfügung stehen.

Classroom phrases sind oft leicht übertragbar auf Situationen außerhalb des Klassenzimmers. „*Can I open the window*" ist z. B. eine Frage, der man im Zug, im Auto oder in einem Wartezimmer immer wieder begegnet und die deshalb auch in den aktiven Wortschatz übergeführt werden sollte. So sind *classroom phrases* doppelt wertvoll.

Die Verwendung englischer Vornamen für die Schüler in der Englischstunde fördert schon sehr früh die Sensibilität für englische Laute. Hunderte von Malen hören die Schüler im Unterricht auf diese Weise z. B. das stimmhafte |z| bei *Liz* und das |θ| bei *Keith*. Außerdem kann der Lehrer die englische Artikulationsbasis beibehalten und es kann eine fremdsprachliche Situation bei Spielen leichter geschaffen werden. Ein wesentlicher Vorteil dieser Maßnahme zeigt sich bereits deutlich in der ersten Englischstunde, wo sofort kommunikativ gearbeitet werden kann, wenn sich die Schüler gegenseitig fragen: „*What's your (English) name?*". Bei deutschen Namen, mit denen sich die Kinder seit der ersten Klasse ansprechen, ist eine solche kommunikative Situation nicht erzeugbar.

Hier sind einige derzeit beliebte englische Vornamen:

Girls' Names:
Amy – Barbara – Brenda – Carol – Christine – Denise – Diana – Elaine – Emma – Fiona – Hazel – Heather – Jane – Janet – Katherine – Kelly – Laura – Leslie – Mandy – Margaret – Nicola – Pamela – Patricia – Rebecca – Sandra – Sharon – Tonya – Victoria – Wendy
---

Boys' Names:
Adrian – Barry – Ben – Calvin – Charles – Damian – Darren – Edward – Eric – Frank – Gary – George – Harry – Ian – Jack – Keith – Ken – Larry – Mark – Nathan – Oliver – Paul – Peter – Ralph – Richard – Sam – Sean – Terry – Thomas – Wayne – William

3.2.3 Der Einsatz und Umgang mit Handpuppen

Kinder lieben Handpuppen und Lehrer sollten das auch tun. Schon in ihrer frühesten Kindheit begegnen Kinder Handpuppen in der einen oder anderen Form, meist jedoch im Puppentheater. Handpuppen sind also mit positiven emotionalen Valenzen behaftet, wenn Kinder in die Schule kommen. In manchen Erstleselehrgängen begegnen sie einer Handpuppe, sei es ein Vogel, eine Maus oder ein Kind. Durch die Benützung einer Handpuppe schafft sich der Lehrer einen Partner oder eine Partnerin, mit dem oder der er sich unterhalten kann. Wir müssen uns allerdings vor Augen halten, dass die meisten Kinder in der 3. und 4. Jahrgangsstufe zwar noch gerne in der Welt der Fantasie und der Magie leben, sich aber immer stärker für die Realität und der kognitiven Eroberung der Umwelt interessieren. Es gilt also, die Funktion einer Handpuppe für dieses Alter im Allgemeinen und für den Fremdsprachenunterricht im Besonderen zu bedenken.

Günstig ist es natürlich, wenn die Figur einen englischen Namen besitzt oder vielleicht sogar einen landeskundlichen Bezug zu einem englischsprachigen Land hat (z.B. Sherlock Holmes – Flipper – Spot – Hedwig – Nessie – Micky Mouse). Allerdings besteht hier eine gewisse Gefahr, nämlich dass der Charakter, sollten die Schüler die Figuren aus Film oder Fernsehen bereits kennen, zu stark festgelegt ist. Deshalb spricht also durchaus einiges für eine z.B. in einem Lehrwerk neu erfundene Figur, wie z.B. Bumble Bee oder Kooky. Diese helfen mit, eine englischsprachige Atmosphäre zu schaffen. Geradezu kontraproduktiv wären jedoch Figuren, die bereits im Erstunterricht Verwendung fanden. Originell und liebenswert können vom Lehrer selbst gebastelte Figuren sein.

Sie finden hier eine Bastelanleitung für ein **Monster**, das Sie leicht selbst herstellen können:

Material:
- Eine Baumwollsocke (sie bleibt sowieso immer beim Waschen übrig)
- Ein Stück nicht zu dicken Kartons für das Maul (ca. 15 cm x 7 cm)
- Roter Stoff, am besten Filz (ca. 15 cm x 7 cm)
- Rosa oder blauer Stoff (Filz) (ca. 10 cm x 2 cm)
- Zwei nicht zu kleine, farbige Knöpfe als Augen
- Wollfäden für die Haare
- Nadel und Faden zum Nähen
- Klebstoff, Schere

Bastelanleitung:
- Den Karton und den roten Filz zu einer (gleichen) Ellipse zuschneiden
  Das wird später das Maul.
- Karton und roten Filz in der Mitte knicken.
- Den Socken an der Fußspitze etwa 10–12 cm aufschneiden.
- Den (geknickten, ellipsenförmigen) Karton in den aufgeschnittenen Socken schieben.
- Mit Nadel und Faden den aufgeschnittenen Sockenrand festnähen.
- Den Sockenrand und den Karton (zusätzlich) miteinander festkleben.
  Nun können Sie schon mal mit der Hand in den Socken schlüpfen und das Maul auf- und zuklappen.
  Ihr Monster braucht noch zwei Augen.
- Nähen Sie die Knöpfe an die richtigen Stellen nur am Socken fest. (Nicht am Karton)
- Die (geknickte) Elipse aus rotem Filz genau auf den Karton kleben, dass man den Karton nicht mehr sieht.
  Jetzt ist das Maul schon fast fertig.
- Aus dem rosa (oder blauen) Filz eine Zunge schneiden, die etwas aus dem Maul hervorschaut.
- Zunge ins Maul kleben.

Nun braucht Ihr Monster noch Haare.
- Schneiden Sie die Wollfäden in etwa 10 cm lange Stücke.
- Nähen Sie diese auf der „Kopfhaut" fest.
- Machen Sie jeweils einen Knoten, damit sie fest sitzen.

Grundsätzlich sollten nicht zu viele Handpuppen eingesetzt werden – am besten nur eine oder höchstens zwei. Diese sollten dann aber den Englischunterricht durchgehend begleiten. Der Lehrer weist ihnen einen bestimmten Charakter und ganz bestimmte Aufgaben zu. Auf diese Weise können sich die Schüler besser in die Tätigkeiten und Reaktionen der Figur hineinversetzen. So kann eine solche Figur grundsätzlich als Freund der Kinder auftreten, der ihnen immer hilft, wenn es schwierig wird. Sie kann bestimmte Nahrungsmittel, Getränke und Hobbys lieben, wodurch sich die Kinder leichter mit ihr identifizieren können. Sie spielt gelegentlich den Kindern oder auch dem Lehrer Streiche, sie zeigt im Umgang mit Kindern große Geduld und stellt sich manchmal dümmer an, als es die Polizei erlaubt.

Die Handpuppe sollte allerdings nicht zu häufig eingesetzt werden, sonst nützt sie sich ab. In der dritten Klasse kann sie in der Regel noch öfter als in der vierten auftreten. Besonders wichtig ist zu bedenken, dass die Handpuppe (leider) nicht Deutsch versteht. Die Schüler müssen ihr alles auf Englisch erzählen, der Lehrer kann höchstens ein paar Wörter übersetzen. Grundsätzlich sollte nur der Lehrer die Handpuppe benützen. Wenn den Kindern (z. B. in der Pause) erlaubt würde, mit der Handpuppe zu spielen, verlöre sie ihren Zauber und ihren speziell für den Englischunterricht aufgebauten Charakter. (Die Kinder lassen die Puppe Deutsch sprechen und gewöhnlich agiert und reagiert sie aggressiv.)

Vor allem in den ersten Stunden des Englischunterrichts vermag eine solche Handpuppe besonders gute Dienste für scheue Schüler zu leisten. Sie vergessen in der Regel, dass der Lehrer durch die Puppe mit ihnen spricht, sie reagieren auf die Puppe viel unbefangener. Man könnte sagen: Handpuppen vermögen Stress abzubauen – was für den Spracherwerb von größter Bedeutung ist, wie wir bereits wissen.

Ein professioneller Puppenspieler bedarf einer langjährigen Ausbildung. Für uns Lehrer genügt es, wenn wir einige **grundlegende Prinzipien für den Einsatz von Handpuppen** beachten. Besonders gut eignen sich Puppen mit einem beweglichen Mund, Maul oder Schnabel. Dieser Mund sollte dann, und nur dann bewegt werden, wenn die Puppe spricht. Auch die anderen Gliedmaßen sollten in Bewegung sein, wenn die Puppe selbst spricht. Damit wird für die Zuhörer klar, wer gerade spricht. Die Stimme, die der Lehrer der Puppe gibt, sollte zu ihr passen. So wäre also eine tiefe Stimme für eine Maus nicht optimal. Die Stimme sollte jedoch nicht so stark verzerrt werden, dass der Lehrer diese Stimme nicht ohne weiteres über einen etwas längeren Dialog durchhalten kann. Vor allem laufen Aussprache und Intonation z. B. bei einem Krächzen oder Piepsen Gefahr, dass sie nicht mehr Englisch sind, ja die Sprache sogar schwer verständlich wird.

3.2.4 *Storytelling:* Geschichten vorlesen **oder** Geschichten erzählen?

Sollen originale Geschichten aus englischsprachigen Bilderbüchern, sollen Märchen, Legenden usw. vorgelesen oder frei erzählt werden? Die Frage wird kontrovers diskutiert. Die Aufstellung auf S. 55 stellt die Vorzüge den Nachteilen gegenüber. Grundsätzlich gilt:

Beide Formen haben ihre Berechtigung, ihren Platz im Englischunterricht der Grundschule.
Der Unterrichtende muss je nach Jahrgangsstufe und Textsorte selbst entscheiden, welche Form er wählt. Es ist natürlich nicht von der Hand zu weisen, dass der freie Vortrag größere – weil eigenständigere – Varianten erlaubt und auf diese Weise viele sprachlich sehr anspruchsvolle Textvorlagen, die ursprünglich ja für das muttersprachliche Kind und nicht für den Englischunterricht an deutschen Grundschulen geschrieben wurden, in angemessener Reduktion an die Kinder herangetragen werden können, ohne dass dabei der Geist eines authentischen Textes aus den Augen verloren geht (Vgl. 4.1.5). Auch ist es durchaus denkbar, eine Geschichte zunächst frei und mit Gestik und mimischer Unterstützung zu erzählen, dann das Verständnis zu überprüfen, um anschließend in einer weiteren Unterrichtsstunde den Originaltext vorzulesen.

Da sich die strikte Trennung in der Unterrichtspraxis als kaum praktikabel erweist, hat sich die Mischform aus beiden als erfolgsversprechender erwiesen. Wir fassen sie unter dem Begriff *storypresentation* zusammen.

Bei einer Kombination der beiden Präsentationsformen kann der Erzähler ruhig den gedruckten Text zu Hilfe nehmen, wenn er immer wieder Blickkontakt zu den Kindern hält. Dies gelingt ihm aber nur in genügendem Maße, wenn er die Geschichte so gut kennt, dass er einige wichtige Sätze auswendig sprechen kann. Dann kennt er auch die Stellen, die er variieren möchte, weil er dies inhaltlich oder sprachlich für nötig findet. „Geschichtenerzähler haben schon immer ihre Geschichten der Situation, den Zuhörern und ihren eigenen Zwecken angepasst." (Klippel 2000, S. 160)

3.2.5 Anforderungen an Erzähl- und Vorlesetexte

Ideal wäre es, wenn wir Texte, die englische Kinder dieses Alters gerne als Geschichten hören, auch unseren deutschen Kindern erzählen könnten. Damit könnten wir den Anspruch der Authentizität vollständig erfüllen. Man denkt da zunächst an Märchen und auch an Bücher mit *bedtime stories*. Bei genauer Betrachtung solcher Texte bleiben nur wenige Geschichten übrig, die den Anforderungen eines grundschulgemäßen Fremdsprachenunterrichts genügen. Es handelt sich hier teilweise um Übersetzungen von Grimms Märchen, teilweise um Inhalte, die 8–10-jährige Kinder nur (mehr) wenig interessieren. Teilweise sind die Geschichten zu kurz, teilweise zu lang, teilweise handelt es sich um Fortsetzungsgeschichten, die in sich nicht abgeschlossen sind. Es werden ausgefallene Wörter und antiquierte Strukturen benutzt, die oft durch Synonyme ersetzt werden können. Aber wo bleibt die Authentizität, wenn der Lehrer daran herumbastelt? Ein Problem stellt häufig auch der anglo-

Reading out a story		*Storytelling*	
Vorzüge	Gefahren	Vorzüge	Gefahren
Die meist farbigen, ansprechenden Illustrationen begleiten das Vorlesen und unterstützen so das Verständnis. Der Text bleibt unverändert, auch nach mehrmaligem Vorlesen. Der Text enthält keine sprachlichen Fehler; er ist sprachlich authentisch. **Hinweis**: Das Vorlesen sollte immer mit einem Blickkontakt zu den im Kreis sitzenden Sch. erfolgen; ein spontanes Wiederholen sowie die festgelegten Zäsuren/ggf. Zwischenfragen usw. können das Textverständnis wesentlich stärken.	Die Textvorlage bleibt oftmals unverständlich, weil zu schnell und unbetont gelesen wird. Eine Unterstützung durch begleitende Gestik ist nur sehr schwer zu realisieren. Die Textvorlage bleibt oft ein „starrer Block", der über die Köpfe der Sch. hinweggeht.	Die Geschichte kann adaptiert werden: – **sprachlich** (z. B. durch Vereinfachungen, Kürzungen, den Gebrauch synonymer Bedeutungen usw.) – **inhaltlich** (angepasst, wenn z. B. bestimmte Charakterzüge der handelnden Personen dem Erzähler nicht gefallen) Gestik und Mimik verstärken die Lebendigkeit der Erzählung Eine Interaktion zwischen dem Erzähler/der Erzählerin und den Sch. ist besser möglich. Es entsteht eine entspannte, aber auch gespannte Atmosphäre, die die Neugierde weckt.	Für den noch ungeübten L. ist es oft zu schwer, eine fremdsprachige Geschichte „frei" vor der Klasse zu erzählen. Es ist für den L. durchaus eine zeitaufwändige Angelegenheit, eine Geschichte vorher „einzuüben".
Storypresentation			

phile Hintergrund dar, den die Kinder kennen müssten oder der ihnen erst langwierig auf Deutsch erklärt werden muss, um eine Story wirklich zu verstehen. Bei Geschichten wird ein oft gehöriges Maß an kultur- und landeskundlichem Wissen vorausgesetzt, das zwar die englischen Kinder ohne weiteres besitzen, nicht aber deutsche Schüler dieses Alters. Wir möchten hier nicht bestreiten, dass sich Geschichten aus englischen oder amerikanischen Bilder- und Kinderbüchern auch für den Englischunterricht eignen. Sie müssen jedoch auch dem Kriterium der Altersgemäßheit und den Interessen der Altersgruppe entsprechen. (Beispiele s. 4.1.5).

Grundsätzlich sollten Geschichten, die im Englischunterricht eingesetzt werden, folgenden **Kriterien** entsprechen:

1. Eine Geschichte sollte den **Erfahrungen und Interessen der Kinder** entsprechen.
   Diese sind vor allem
   – Erlebnisse mit Tieren,
   – kleine Missgeschicke, die die Kinder selbst erlebt haben könnten,
   – Glück und Unglück in Anknüpfung an das magische Denken der Kinder dieses Alters,
   – sach- und kindgemäße Erklärungen ihrer Umwelt, und
   – bei Mädchen meist Geschichten über Tiere, bei Jungen über Sport, Technik und Dinosaurier.

Allgemein kann man sagen, dass die Geschichten immer in irgendeiner Form Bezug zur Lebenswelt der Kinder haben sollten, sodass diese sagen können: „Das habe ich selbst schon so oder ähnlich erlebt." Die Kinder sind an der Lösung einer Situation interessiert, sie vergleichen sie mit ihren eigenen Erfahrungen und Wünschen.

2. Eine *story* sollte **nicht zu lang**, aber auch **nicht zu kurz** sein. Nicht so lang wie z. B. manche Märchen, weil sonst die Handlung entweder zu komplex oder langweilig ist, nicht zu kurz, weil sonst die Gefahr besteht, dass die natürliche sprachliche Redundanz fehlt. Als Faustregel könnte man sagen, dass eine englische Geschichte getippt **etwa** eine DIN A 5 Seite umfassen sollte.

3. Während *stories* in der Regel vom Lehrer dargeboten werden, werden *szenes* sinnvollerweise meistens von einem Tonträger vorgespielt oder als Video angesehen. Es hängt sicherlich in erster Linie von der Textsorte ab, welches **Medium** wir benutzen. Beide Darbietungsformen haben ihre Berechtigung im Unterricht. Man sollte sich jedoch ihrer Vor- und Nachteile bewusst sein.

Auf einem Tonträger können wir die Schüler mit verschiedenen Stimmen und Aussprachevarianten und auch charakteristischen Geräuschen konfrontieren. Dadurch wird die Situation lebendig und wirklichkeitsnäher. Bei einem Video wird dieser Effekt noch erhöht. Als Nachteil muss jedoch erwähnt werden, dass der Text und die Sprechgeschwindigkeit nicht verändert werden können, was bei der Darbietung durch den Lehrer, sei es durch Vorlesen oder freies Erzählen, möglich ist. Der Inhalt kann durch die begleitende Demonstration von Bildern bzw. Gestik und Mimik erleichtert werden. Auf den Lernstand und auf die sprachlichen sowie emotionalen Voraussetzungen bei den Schülern kann der Lehrer hier leichter eingehen.

3.2.6 Die Arbeit mit Hörkassetten und Videos

Der Fortschritt bei den elektronischen Medien bietet uns die Möglichkeit, im Unterricht nicht nur Tonkassetten und Videobänder, sondern auch CDs, DVDs und CD-ROMs einzusetzen, die in zunehmendem Maße genutzt werden. Die hohe Tonqualität und die unbeschränkte Wiederholbarkeit ermöglichen uns, Sprache und Kultur des Ziellandes in die Schule zu holen. Dabei sind wir jedoch nicht der Ansicht, diese seien einer guten Lehrererzählung in jeder Hinsicht überlegen. Sie bieten jedoch, mediengerecht gestaltet und eingesetzt, eine sinnvolle Ergänzung und Abwechslung zum *storytelling*. Neben Tonkassetten sind besonders Videos für den Englischunterricht der Grundschule geeignet. Folgende **Kriterien** sind bei der Auswahl und beim Einsatz von Bedeutung: Videos sollten:

– möglichst authentisch sein. Das bedeutet, dass sie nicht speziell für den Unterricht konzipiert wurden. Sie sollten didaktische Maßnahmen dem Lehrer überlassen.
– möglichst Spielszenen und Dialoge anbieten. Erzählende Texte sollten sie lieber dem Lehrer und dem Storybook überlassen.
– altersgemäß und damit auf lange Sicht motivierend sein. Das Augenmerk darf nicht ausschließlich auf die Einfachheit der Sprache und des Inhalts gelegt werden. Videos dürfen auf keinen Fall Inhalte vermitteln, die allenfalls für Vorschulkinder interessant sind.

Das Angebot von Videos, die diese Kriterien weitgehend erfüllen, ist nicht sehr groß. Derzeit wird der Lehrer nicht umhin können, Kompromisse einzugehen. Wir sind jedoch überzeugt, dass in der Zukunft sicherlich das Angebot wachsen wird. Hier sind einige **Beispiele** von Videos, die derzeit gerne im Unterricht der Grundschule eingesetzt werden und zumindest einige wichtige oben genannte Kriterien erfüllen.

Winnie the Witch – Oxford University Press
"*Winnie the Witch is an English language teaching video adaption of the award winning children's book about a witch and her black cat Wilbur.*" (Schubertext)

Kommentar: Ein partiell durch Schriftbild didaktisierter Film.

Wizadora – Schulfernsehen SÜDWEST
"*Wizadora is a young wizard. She hasn't mastered her magic spells, and her magic often goes wrong.*"
Kommentar: Ein Medienverbund, bestehend aus Videokassette, Activity Book, Video Guide und CD-ROM

Little Bear Series – Nickelodeon
"*One of the most cherished characters in all of children's literature, comes to life in Nic Jr.'s animated series. Produced by Maurice Sendak, the Caldecott-winning illustrator of the Little Bear books, these stories are brimming with the warmth, humor and touch of mischief that have made Little Bear and his friends a favourite of preschoolers and parents for more than 40 years.*"
Kommentar: Eine Reihe von Videos mit jeweils vier Episoden von Little Bear (z. B. Winter Tales, Meet Little Bear, Little Artist, Parties and Picnics, Little Sherlock Bear). Echt authentisch, weil diese Geschichten für amerikanische Vorschulkinder konzipiert sind. Sie sind jedoch für 8–10-jährige deutsche Fremdsprachenlerner auch inhaltlich voll akzeptabel. Bisher (August 2002) jedoch sind die Videos nur in Amerika zu bestellen und nur auf Videorecordern in Europa abspielbar, die auch das amerikanische NTSC System wiedergeben können.

Besonders wertvoll sind Videos im Vergleich etwa zu Tonkassetten durch die Tatsache, dass die Handlung das Bild mit der Sprache verknüpft. Auf diese Weise lernen die Schüler aus den Aktivitäten der Personen Schlüsse zu ziehen, also nonverbale Hilfen gezielt zum Verstehen der Handlung zu nutzen. Das ist eine äußerst wichtige Fähigkeit für das Verstehen kommunikativ relevanter Situationen und Handlungen in einer Fremdsprache. Diese Fähigkeit sollte auf jeden Fall durch den didaktisch entsprechenden Einsatz von Videos entwickelt werden. Deshalb ist es durchaus sinnvoll, wenn kurze Teile eines Videos ohne Ton angeboten werden und die Schüler danach raten, worum es hier ging.
Hörszenen und Stories können auch Ausgangspunkt für spätere unterrichtliche Aktivitäten sein, wie z. B. einfache Übungen zum (sinnentnehmenden) Lesen oder für Zuordnungsübungen verschiedenster Art.

➢ **Unterrichtsbeispiel für den Einsatz eines Videos:** *Detective Little Bear*

Sachanalyse

Little Bear und *Grandfather Bear* sind auf Entdeckungsreise unterwegs. Plötzlich stellt *Grand-*

father Bear fest, dass seine Taschenuhr weg ist. *Little Bear* findet das rätselhaft (*mysterious*) und schlägt vor, sie zu suchen. Sie suchen an allen Stellen, wo *Grandfather Bear* zuvor war. Dabei stoßen sie auf Spuren (*clues*) eines Zwerges. Im Briefkasten finden sie ein Paar Zwergenschuhe (*goblin shoes*), im Garten finden sie einen kleinen Wanderstock (*little walking stick*) und auf der Hängematte (*hammock*) eine Zwergenmütze (*goblin hat*). *Little Bear* meint nun, das sei der Beweis, dass ein Zwerg die Taschenuhr gefunden und mitgenommen hat. Sie gehen zu einer Zwergenhöhle (*cave*) in einem Baumstamm und legen die Fundstücke hinein. Sie bitten den Zwerg, dafür die Taschenuhr zurückzugeben. Dann gehen *Little Bear* und *Grandfather Bear* zurück zum Haus, um zu Mittag zu essen. *Grandmother Bear* holt gerade Brot aus dem Ofen und stellt es auf den Tisch. Plötzlich hört *Little Bear* ein Ticken und weiß zunächst nicht, woher es kommt. Er sucht überall: unter dem Tisch, in der Tasse usw. Plötzlich vermutet er, dass das Geräusch aus dem Brot kommt und bittet *Grandfather Bear* um ein Stück Brot. Als *Grandfather Bear* das Brot anschneidet, kommt die Uhr zum Vorschein. Die Taschenuhr war *Grandfather Bear* in den Teig (*dough*) gefallen, als er beim Teigkneten geholfen hat.

Lernziele

Die Schüler sollen ...

... einige Schlüsselwörter, die zum Verständnis des Textes wichtig sind, verstehen und aussprechen können: *goblin, a pair of goblin shoes, goblin hat, a little walking stick, mailbox (am.), hammock, cave, bread, pocket watch*

... die Gegenstände und Wörter auf einem Arbeitsblatt zuordnen können

... den Film in groben Zügen verstehen und auf Deutsch Fragen zum Verständnis beantworten können

... selbstständig Fundorte und Fundgegenstände (auf dem Worksheet) zuordnen können

... die Textstelle, in der *Grandfather Bear* entdeckt, dass seine Taschenuhr weg ist, zunächst im Mitleseverfahren sprechen

... diese Textstelle szenisch-dramatisch darstellen können

... mit einem Domino den neuen wichtigen Wortschatz spielerisch wiederholen

Materialien

Worksheet (Kopiervorlage = Folie) mit Lösungen
Kopiervorlage: *Domino Game* und *Memory: Detective Little Bear*
Wichtige Textstellen auf Folie kopiert

Stundenverlauf

Artikulation	Stundenablauf	Medien/Unterrichtsformen
Introduction of the situation (Einführung von Personennamen und *Key Words*)	L. zeigt Bilder im oberen Teil der Folie (= Anlage 1) L.: *This is Grandfather Bear. He says: „My pocket watch is missing. Where can it be?"* (L. deutet auf Grandfather Bear auf der Folie) *And this is Grandfather Bear's **pocket watch**.* *Little bear found a **little walking stick** – a **goblin hat** and a **pair of goblin shoes**. And here you can see a **goblin**.* *They came to a **mail-box**, to a **hammock** and to a **goblin cave**.* *And this is a loaf of **bread**. The **bread** made Grandmother Bear.*	KV 1 Lehrervortrag
	Während L. auf die Gegenstände deutet, spricht er die im Text unterstrichenen Wörter deutlich vor – Sch. sprechen nach.	Vor- und Nachsprechen (*Timelag!*)
	Anschließend tragen die Sch. die richtigen Nummern auf dem Worksheet ein. Vergleich auf Folie.	Einzelarbeit KV 1 Unterrichtsgespräch
Presentation of the video (1)	Das ganze Video wird ohne Unterbrechung angesehen. Die Sch. konzentrieren sich auf den Film.	Videorekorder, Videokassette
Check of comprehension *1. Content centred comprehension*	Kurze Phase (ca. 1 Min.), in der sich die Sch. in PA über den Film unterhalten können. L.: Weißt du noch, wo *Little Bear* die Zwergenmütze fand? Sch.: Auf der Hängematte. L.: *You're right: On the hammock.* Weißt du noch ... – was er im Briefkasten fand? *In the mail box?* – was er im Garten fand? *In the garden?* – wo der Zwerg auftauchte? *Where was the goblin?*	Partnerarbeit Unterrichtsgespräch

Artikulation	Stundenablauf	Medien/Unterrichtsformen
2. *Language centred comprehension (1)*	– wo die Taschenuhr war? *Where was the pocket watch?* – was sie in die Zwergenhöhle legten? *What did they put into the goblin cave?* Sch. verbinden auf dem unteren Teil des *Worksheets* die Wörter, nachdem L diese noch einmal vorgelesen hat. **Ein** Beispiel gemeinsam bearbeiten! Zunächst wird die Aufmerksamkeit der Sch. auf häufig wiederkehrende Ausdrücke gelenkt: L.: *Do you remember these sentences?* *That's elementary* – Das ist (doch) einfach! *How mysterious!* – Wie rätselhaft! *a mystery* – ein Rätsel *It looks like ...* – Es sieht aus wie ... *a clue* – eine Spur	Einzelarbeit Unterrichtsgespräch Hier können die Wörter zunächst als *brickwords* gegeben werden
Presentation of the video (2)	Während des 2. Ansehens des Videos kann L. einzelne Wörter oder kürzere Passagen übersetzen. Das kann mit oder ohne Anhalten des Videos geschehen. Alternative: Sch. heben die Hand, wenn sie einen Ausdruck, der an der Tafel steht, hören – L. hält dann das Band an und wiederholt den Satz.	Videorekorder/Monitor
Language centred comprehension (2)	L.: *Here is a short dialogue between Little Bear and Grandfather Bear.* L. liest den Dialog vor, Sch. lesen mit. Einüben des Dialogs in Partnerarbeit: L. deckt von rechts nach links in 4er-Schritten (s. 3.4.1) den Dialog mit einem Blatt ab, bis nur noch das erste Wort in jeder Zeile zu sehen ist. Sch. sprechen den Dialog. Evtl. den entsprechenden Videoausschnitt anschließend vorspielen.	KV 2 (als Folie für OHP)
Topic centred activity: Playing a game	Sollte am Schluss der Stunde noch Zeit bleiben, kann das Memory oder Domino Game zur Vertiefung des Wortschatzes gespielt werden. Ansonsten in (der) folgenden Stunde(n)!	Gruppenarbeit KV 3 und 4

KV 1

Name: _____ Class: _____ Date: _____

Detective Little Bear

1) Schreibe die Nummern, die bei den Bildern stehen, zu den passenden Wörtern.

Grandfather Bear

○ a mail-box   ○ a goblin   ○ a goblin hat

○ a pair of goblin shoes   ○ a little walking stick   ○ bread

○ a hammock   ○ a pocket watch   ○ a goblin cave

2) Wo wurden die Gegenstände gefunden? Verbinde die Wörter!

a goblin hat   ○   ○   garden

goblin shoes   ○   ○   mail-box

little walking stick   ○   ○   bread

pocket watch   ○   ○   hammock

Ludwig Waas/Wolfgang Hamm: Englischunterricht in der Grundschule konkret
© Auer Verlag GmbH, Donauwörth · Als Kopiervorlage freigegeben

| Name: | Class: | Date: |

Grandfather Bear:	That's strange.
Little Bear:	What's strange?
Grandfather Bear:	My pocket watch is missing.
	Now, where can it be?
Little Bear:	A missing pocket watch.
	How mysterious!
Grandfather Bear:	It's a mystery all right.
Little Bear:	A mystery for detective Little Bear.
Grandfather Bear:	You're the best little bear for the job.

KV 3

Name: _____ Class: _____ Date: _____

Memory game

🖼️	**mail-box**	🖼️	**goblin**
🖼️	**goblin shoes**	🖼️	**walking stick**
🖼️	**bread**	🖼️	**ham-mock**
🖼️	**pocket watch**	🖼️	**goblin cave**
🖼️	**goblin hat**		

Ludwig Waas/Wolfgang Hamm: Englischunterricht in der Grundschule konkret
© Auer Verlag GmbH, Donauwörth · Als Kopiervorlage freigegeben

Name: _____ Class: _____ Date: _____

Domino

Word	Picture
mail-box	tree
goblin shoes	mailbox
hammock	shoes
goblin	hammock
walking stick	goblin
pocket watch	stick
goblin hat	pocket watch
bread	hat
goblin cave	bread

3.2.7 Die Strukturierung von Unterrichtseinheiten mit dem Schwerpunkt Hörverstehen

1. *Introduction of the situation*

Man muss sich im Klaren sein, dass die Aufgabe, die Schülern in einem Klassenzimmer beim unvorbereiteten Hören z.B. eines Dialoges gestellt wird, nicht schwieriger zu sein braucht als eine Situation in der Wirklichkeit. Dort kann man sich geistig darauf einstellen, welcher Wortschatz und welche Redemittel auf einen zukommen werden, weil man sich in den allermeisten Fällen am Ort des Geschehens befindet und die daran teilnehmenden Personen kennt – da man sie sieht. So ist es nicht wirklichkeitsnah, wenn im Anschluss an das Hören eines Textes nach der Anzahl der Personen oder auch nach den Namen der Personen gefragt wird. Auch die Frage nach dem Ort des Geschehens (*Where are the people?*) ist eigentlich eine Frage, die nur in der Schule auftaucht. In der Wirklichkeit weiß man dies bereits vorher. Andererseits erschwert das Fehlen dieser Kenntnis das Verstehen eines Hörtextes. Deshalb müssen solche Fakten bereits vor dem ersten Vorspielen oder Vortragen des Hörtextes den Schülern gegeben werden.

Trotz des Bemühens, Texte vom Wortschatz und von den Strukturen her so einfach wie möglich zu halten, wird es in der Regel immer noch einige Wörter, sog. *keywords*, geben, die aufgrund des Inhalts nicht vermieden werden können und die unbedingt semantisiert werden sollten, damit „*the gist of the story*" verstanden wird. Eine gewisse Vorentlastung durch das Semantisieren einiger Wörter aus der Geschichte ist in der Regel notwendig. Trotzdem wird das *skillful guessing*, das beim Hörverstehen in der Lebensrealität immer eine gewisse Rolle spielen wird, sicherlich genügend geschult.

2. *Presentation of the text*

Aus falsch verstandenem Streben nach Vereinfachung der Hörverstehensanforderung werden Texte beim ersten Hören gelegentlich stückweise vorgetragen bzw. die CD immer wieder gestoppt und die Geschichte bzw. die Hörszene unterbrochen. Dieses Vorgehen ist jedoch dem eigentlichen Verstehen eher hinderlich als hilfreich. Jedes Zuhören bedarf auch eines Einhörens. Ein ständiger Wechsel von einer kurzzeitigen sprachaufnehmenden Haltung zu einer produktiven Anforderung ist nicht förderlich. Es geht den Schülern dadurch leicht der Faden der *story* bzw. des Dialogs verloren, und *clues* aus späteren Textstellen stehen noch nicht zur Verfügung. Es ist auch gar nicht nötig, dass schon beim ersten Hören der Text gänzlich verstanden wird. Ja, es ist sogar wünschenswert, wenn wir auf diese Weise einen Anlass finden, den gesamten Text noch einmal, vielleicht sogar immer wieder, zu hören. Hilfreich kann es allerdings sein, wenn nach dem ersten Hören des ganzen Textes ein Überblick über das geschaffen wird, was einzelne Schüler verstanden haben. Insgesamt ergibt sich daraus meist ein erstes Grobverständnis des Gehörten. Bei einem wiederholten Vorlesen bzw. Erzählen kann dann durchaus das Sprechtempo etwas erhöht und die nonverbalen Hilfen zurückgenommen werden. Ein und derselbe Text sollte mindestens zweimal, möglichst unter verschiedenen Aspekten, gehört werden.

3. *Check of comprehension*

Das Hörverstehen begann bereits in der vorhergehenden Phase bei jedem einzelnen Schüler. In der Nacharbeit richtet sich der Fokus sowohl auf den **Inhalt** (*content centred*) als auch auf die **Sprache** (*language centred*). Es sind also grundsätzlich diese beiden Aspekte zu berücksichtigen.

Zunächst liegt der Schwerpunkt der Textverständnisarbeit auf dem Inhalt. Dabei geht es in erster Linie um ein Feedback für jeden einzelnen Schüler für das, was er verstanden hat und erst in zweiter Linie um das, was er nicht verstanden hat.

Im zweiten Durchgang wird dann das Augenmerk der Schüler auch auf die Sprache gelenkt. Dies führt in der Regel zu einem etwas detaillierteren Verständnis. Allerdings ist eine strenge Trennung von inhalts- und sprachorientiertem Hörverstehen nicht möglich und in der Unterrichtspraxis nicht nötig.

Grundsätzlich sollten die Schüler nicht während des Hörens an den Hörverstehensaufgaben arbeiten. Erst nachher sollte dazu genügend Zeit gegeben werden. Je kürzer ein Text ist, desto genauer kann man ihn auf das Verständnis hin abtasten, also umso stärker vom Grobverständnis zum Detailverständnis schreiten. Das ist jedoch beim Hörverstehen ohnehin in den meisten Fällen weder erstrebenswert noch wirklichkeitsnah.

Eine Überprüfung des Gehörten kann auf Deutsch erfolgen, da wir in dieser Phase nicht zusätzlich eine Sprachproduktion in der Fremdsprache einfordern wollen. Wegen der geringen produktiven Sprachkompetenz sind die Übungsmöglichkeiten auf Englisch stark eingeschränkt. Welche Möglichkeiten bleiben uns also? Es sind in erster Linie rezeptive Aufgaben, bei denen ein Schreiben, vor allem englischer Wörter und Sätze, weitgehend fehlt.

Die unten angeführten Möglichkeiten beziehen sich auf folgenden Erzähltext:

The baby donkey

One cold night farmer Jack heard his donkey cry. So he went out and brought her into the cosy dry stable.
Next morning, Fred, one of the farmer's three children, went to visit the donkey. He rushed back, shouting, "Come and see! Donkey has had a baby!" They all went to look at the baby donkey. It was small, with a soft, grey coat, big brown eyes, long ears and four long legs. When he grew bigger, the little donkey played with the children. His favourite trick was to roll on his back, waving his hooves.
"Let's call him Roly!" said Fred.
"Hee! Haw!" laughed Roly, and rolled on his back.

(aus: Cathay Books 1984, S. 54)

	right	wrong
Bauer Jack hatte drei Kinder.		
Es war warm, als Bauer Jack eines Nachts die Eselin schreien hörte.		
Die Eselin hatte ein Junges geboren.		
Als das Eseljunge größer wurde, spielte es mit dem Bauern.		
Das Eseljunge konnte sich auf dem Rücken wälzen und mit den Hufen winken.		
Fred schlug vor, das Junge Roly zu nennen.		

1. ***Right – wrong*** **– Antworten durch Heben der rechten** *(right)* **bzw. linken** *(wrong)* **Hand.**

Der Lehrer sollte darauf achten, dass die Schüler, nachdem sie die Aussage gehört haben, die Augen schließen und bei einem vereinbarten Zeichen die entsprechende Hand heben. Die *statements* können auf Englisch oder auf Deutsch gegeben werden.
L.: *Farmer Jack had three children. Right or wrong – right or left?*
Close your eyes.
Raise your hands.

2. Ankreuzaufgaben mit richtigen und falschen Aussagen bzw. Ein-Wort-Antworten **auf Deutsch:**

3. Alternativfragen mit zwei Wörtern zur Auswahl. Der Schüler unterstreicht das richtige Wort bzw. streicht das falsche durch.

1. *Did farmer Jack have two or three children?* two – three
2. *Was the night warm or cold when farmer Jack heard his donkey cry?* warm – cold
3. *Did the donkey or the cow have the baby?* donkey – cow
4. *Did the baby donkey often play with the farmer or with the children?* farmer – children
5. *Could the baby donkey wave with his ears or with his hoofs?* ears – hoofs
6. *Did Fred or his father say, "Let's call him Roly!"?* Fred – his father

4. Ankreuzen von Bildern. Die Schüler kreuzen die Gegenstände, Tiere und Personen an, die in der Geschichte vorkommen. Das hat zwar den Nachteil, dass nur mit Substantiven gearbeitet werden kann, für die Grundschule genügt das jedoch meist.

5. Bilder zur Geschichte in die **richtige Reihenfolge** bringen

6. Wer sagte bzw. tat was? Die Personennamen werden an der Tafel vorgegeben. Der Lehrer liest/spricht verschiedene Aussagen vor, die Schüler geben die entsprechende Person aus der Geschichte an.
Tafelanschrieb:
Farmer Jack   Fred   the baby donkey

1. *He brought the donkey into the stable. (Farmer Jack)*
2. *He said, "Let's call the donkey baby 'Roly'". (Fred)*
3. *…*

7. Bilder, die nicht zur Geschichte gehören, **wegstreichen**

8. Wichtige Wörter oder Satzteile aus der Geschichte **in der richtigen Reihenfolge nummerieren**, während der Lehrer die Geschichte noch einmal vorliest oder erzählt.

☐ *visit the donkey*   ☐ *cold night*   ☐ *played*   ☐ *trick*

☐ *long ears*   ☐ *roll on his back* ☐ *baby*   ☐ *stable*

Anschließend können die Schüler versuchen, die deutschen Wörter den englischen zuzuordnen, indem sie die entsprechenden Ziffern eintragen.

☐ Baby ☐ lange Ohren ☐ spielten ☐ Stall ☐ Kunststück

☐ die Eselin besuchen ☐ sich auf dem Rücken wälzen ☐ kalte Nacht

➢ Unterrichtsbeispiel: *Sarah's pet*

Lernziele:

Die Schüler sollen ...

... die Schlüsselwörter *goldfish, dog, preserving jar, doll's pram, water, street* verstehen und aussprechen können
... auf Deutsch sagen können, was sie von der Geschichte verstanden haben
... durch wiederholtes Hören der Geschichte immer mehr von der Handlung verstehen
... folgende Wörter und Redewendungen aus dem Text heraushören und dem Schriftbild zuordnen können: *small flat, you can have, watched, sad, fetched, net, downstairs, slowly, adults, nowadays*

... erkennen, dass durch Ähnlichkeiten und Identitäten die Zuordnung von Phonemen und Graphemen gelingt
... durch das Hören der deutschen Geschichte erkennen, was sie verstanden haben
... durch das Hören der Geschichte auf deutsch die nicht verstandenen Teile der Geschichte aufklären

Medien

1. Bildfolie und Schülerarbeitsblatt *"Sarah's pet"*
2. *Wordboard* mit Wörtern aus dem Häufigkeitswortschatz
3. Text zum Vorlesen *"Sarah's pet – Sarahs Haustier"* auf Englisch und Deutsch (aus: Waas 1995, S. 9)

Stundenverlauf

Artikulation	Stundenablauf	Medien/Unterrichtsformen
Introduction of the situation	L.: *First I'd like to show you a picture of a girl and her pet.* L. zeigt nur das Folienbild. Die Wörter am oberen und am unteren Ende sind verdeckt. L.: *Here you can see Sarah and her **goldfish**.* L. zeigt deutlich auf die jeweiligen Stellen des Bildes. *The **goldfish** is in a **preserving jar** filled with **water**.* *And the **preserving jar** with the **goldfish** and the **water** is in Sarah's **doll's pram**.* *The name of the **goldfish** is Jonathan.* *Sarah called her **goldfish** Jonathan.* *Sarah and her **goldfish** are in the street, they are not at home.* *Look at the adults in the street. They are waiting for the bus.* *One man has got a **dog**.* *Look, here are some children. They are looking at Sarah's pet.* *They are smiling at her **goldfish**.*	OHP: Folie von Sarah mit ihrem Puppenwagen (KV 1)
Wortschatz-Vorentlastung	L. spricht nun noch einmal die Sätze deutlich vor und wiederholt die *keywords*. S. sprechen nur die *keywords* nach. L.: *Here is Sarah with her goldfish. – goldfish* S.: *goldfish* L.: *The goldfish is in a preserving jar. – preserving jar* S.: *preserving jar* usw.	
Zuordnung von Schriftbild und Klangbild	Nun deckt L. die Wörter am oberen Bildrand auf, spricht die Wörter vor und die Sch. sprechen die Wörter nach. Anschließend fordert L. die S. auf, die Nummern in den Kreisen an die richtige Stelle im Bild auf die Folie zu schreiben. Dazu sagen die S. kleine Sätze: S.: *The preserving jar is number 3.* S. erhält einen Folienstift und schreibt die Zahl 3 auf die Folie zum *preserving jar*. usw.	OHP, Folie KV 1 Hier werden die *brickwords* vervollständigt. Vor- und Nachsprechen!

Artikulation	Stundenablauf	Medien/Unterrichtsformen
First presentation of the text	L. liest den S. den Text vor. Dabei achtet er auf ausdrucksstarkes Lesen, das durch Gestik, Mimik, teilweise auch durch das Übersetzen von Wörtern und Satzteilen unterstützt werden kann. Wenn der OHP angeschaltet bleibt, kann L. auch auf einzelne Bildstellen zeigen.	KV 1 + 3
Check of comprehension	Nach der 1. Darbietung gibt L. der Klasse die Gelegenheit zu zeigen, was sie verstanden hat. L.: Was hast du von der Geschichte verstanden? S.: Ich habe verstanden, dass Sarah einen Goldfisch hat. S.: Sarah hat auch ein Aquarium. S.: Der Goldfisch heißt Jonathan. usw. Jeder Schüler sagt möglichst einen Satz.	
Second presentation of the text	Nun erhalten die S. das Arbeitsblatt. Bei ausgeschaltetem OHP tragen sie die Nummern ins Bild ein und schreiben diese auch zu den entsprechenden deutschen Wörtern. Kontrolle anschließend am OHP: S.: *In German the name for dog is* Hund. *It's number 2.* S. schreibt die Zahl 2 auf die Folie zum deutschen Wort.	KV 1
Word-word-connection	L. trägt anschließend den Text in einem etwas schnelleren Tempo vor.	Nur noch wenige Semantisierungshilfen

Jeder Lehrer sollte nun selbst entscheiden, ob er in der gleichen Stunde noch Teile der nun folgenden Phasen behandeln möchte oder diese in die nächste Stunde verschieben möchte. Dies wird von den Begabungen, dem Leistungsstand und dem Alter der Schüler abhängen.

Artikulation	Stundenablauf	Medien/Unterrichtsformen
Language centred comprehension	L. teilt das *wordboard* mit Wörtern, die in der Geschichte vorkommen, aus. Der untere Teil mit den deutschen Wörtern ist zunächst nach hinten umgeknickt, sodass die S. nur die englischen Wörter sehen.	KV 2
	L. liest die einzelnen Wörter deutlich vor, S. lesen mit.	Vorlesen-mitlesen
	L. liest anschließend die ganze Geschichte noch einmal vor. Die S. nummerieren auf ihrem *wordboard* die englischen Wörter in der Reihenfolge, in der sie in der Geschichte vorkommen. L.: *Give the words the right number.* Das erste Mal sollte L. die Arbeitsanweisung auf Deutsch geben, später kann dies auch auf Englisch geschehen.	L-Vortrag Partnerarbeit
	Anschließend werden die Lösungen am OHP verglichen: Sofern sich L. entschließt, seinen S. auch Aussprachehilfen zur Verfügung zu stellen, können diese nun den richtigen Wörtern zugeordnet werden.	OHP, Folie Unterrichtsgespräch
Überprüfung des Textverständnisses	Hier kann sich noch ein kurzer *yes-no-test* anschließen. Jeder S. erhält ein grünes und ein rotes Kärtchen. L. spricht einige Sätze vor, die S. heben entsprechend ihrer Meinung die Karten hoch.	Unterrichtsgespräch Grüne *yes*-Karten rote *no*-Karten
The story in German	L. liest zum Abschluss der Unterrichtseinheit die Geschichte auf Deutsch vor. S. können, jeder für sich selbst, ihr Textverständnis bestätigen, korrigieren oder ergänzen.	Vorlesen (KV 3)

KV 1

Name: _____ Class: _____ Date: _____

① goldfish　　　② dog　　　③ preserving jar

④ doll's pram　　　⑤ water　　　⑥ street

○ Hund　　　○ Einweckglas　　　○ Wasser

○ Puppenwagen　　　○ Straße　　　○ Goldfisch

| Name: _____ | Class: _____ | Date: _____ |

Sarah's pet – Sarahs Haustier

watched	small flat
you can have	downstairs
slowly	sad
adults	for a long time
net	fetched

- ☐ du kannst haben
- ☐ beobachten
- ☐ holte
- ☐ lange Zeit
- ☐ Netz

- ☐ die Treppe hinunter
- ☐ traurig
- ☐ kleine Wohnung
- ☐ Erwachsene
- ☐ langsam

Name:	Class:	Date:

Sarah's pet

Sarah's dearest wish was to have a **dog** as a pet. Her mother, however, always said: „No, we can't have a **dog** in our small flat on the first floor." Last week, however, she added another sentence: „At the most, you can have a **goldfish** or a bird."

Sarah now sat happily in front of the aquarium and watched her young **goldfish** as it swam there up and down. Sarah had called it Jonathan. Suddenly Jonathan stopped and looked at the girl for a long time. Sarah thought that the fish looked sad and that he was bored, perhaps.

That shouldn't happen, and so Sarah had an idea. She fetched the biggest **preserving jar** that she could find in the flat and filled it with **water**. With a net she very carefully took Jonathan out of the aquarium and put him in the jar. Carefully she carried the fish downstairs and put the **preserving jar** in the **doll's pram**.

Slowly she pushed her **goldfish** along the **street**. Some children she met went along with her and Jonathan. Some adults smiled, others shook their heads and murmured: „Well I never, a fish in a **doll's pram**! What ideas children have nowadays!"

Sarahs Haustier

Es war schon immer Sarahs sehnlichster Wunsch gewesen, einen **Hund** als Haustier zu haben. Ihre Mutter aber sagte immer: „Nein, einen **Hund** können wir in unserer kleinen Wohnung im ersten Stock nicht halten!" Letzte Woche jedoch hatte sie dann noch einen Satz hinzugefügt: „Du kannst höchstens einen **Goldfisch** oder einen Vogel haben."

Und nun saß Sarah glücklich vor dem Aquarium und sah ihrem jungen **Goldfisch** zu, wie er langsam hin- und her schwamm, auf und ab. Sarah hatte ihn Jonathan genannt. Plötzlich hielt Jonathan an und sah das Mädchen lange an. Sarah glaubte, dass der Fisch traurig schaute und dass ihm vielleicht langweilig war.

Das durfte nicht sein, und Sarah hatte auch eine Idee. Sie holte das größte **Einweckglas**, das sie in der Wohnung finden konnte, und füllte es mit Wasser. Mit einem Kescher holte sie Jonathan ganz vorsichtig aus dem Aquarium und setzte ihn in das Glas. Vorsichtig trug sie den Fisch die Treppe hinunter und stellte das **Einweckglas** in den **Puppenwagen**.

Langsam schob sie ihren **Goldfisch** die **Straße** entlang. Manche Kinder, denen sie begegnete, begleiteten sie und Jonathan. Manche Erwachsene schmunzelten, einige schüttelten den Kopf und murmelten: „Na so was, ein Fisch im **Puppenwagen**! Auf was Kinder heutzutage alles kommen!"

3.2.8 Spielerische Aufgaben zum Hörverstehen

Gelegentlich ist es nötig, in ersten einfachen Aufgaben den Wortschatz zu wiederholen. Dies kann mit einfachen Hörverstehensaufgaben verbunden werden. Drei Beispiele sollen typische Aufgaben zur Schulung des Hörverstehens und zur Wiederholung eines kürzlich eingeführten Wortschatzes vorstellen.

- **Who is who?**

Charakteristisch für diese Art von Spielen ist, dass Personen, Tiere oder Gegenstände aufgrund der englischen Beschreibung benannt werden. In diesem konkreten Fall wird das Wortfeld Wintersportgeräte wiederholt.

Die Schüler erhalten ein Arbeitsblatt mit einem Bild, auf dem Kinder mit verschiedenen Tätigkeiten und Gegenständen zu sehen sind.

Der Lehrer zeigt der Klasse ein Folienbild (= Kopiervorlage) und deutet während der Textpräsentation auf den Hügel und auf den See.

L.: *There has been a lot of snow since yesterday. And it has been rather cold for the last ten days. The fields are covered with snow and the hill* (auf dem Bild zeigen) *is covered with snow, too. The lake* (auf dem Bild zeigen) *is frozen. You can skate there.*
You can see some children (auf dem Bild zeigen) *in the picture: Pamela, Betty, Kim, Alan and Alec* (die einzelnen Kinder **nicht** auf dem Bild zeigen). *Can you find out their names? Who is who?*

Alan is going to the hill. He is pulling a sledge. His little sister Kim is sitting on it. She is four years old and she doesn't like walking.
Pamela is going to the lake. She is carrying her new skates. She wants to go skating on the lake. Betty is already there. She is very good at skating. She has been skating on the lake for about 30 minutes.
Alec is carrying his new pair of skis on his shoulders. He is going to the hill. He likes downhill skiing very much.

Die Schüler sollen den Text auf jeden Fall zweimal hören. Nach dem ersten Hören dürfen sie beginnen, die Namen der Kinder zuzuordnen. Nach dem zweiten Hören sollten die meisten Kinder die Aufgabe abschließen, obwohl natürlich auch ein weiteres Hören notwendig sein kann. Die Kinder sollten immer wieder gefragt werden: *Do you want to hear the story once more?*

Abschließend wird zur Kontrolle der Arbeitsblätter das Folienbild durch das Schriftbild ergänzt.

- **Colour game**

Bei dem hier beschriebenen Spiel handelt es sich um eine Kombination von *Who is who* und einem *Colour game* zur Wiederholung des Wortfeldes *toys*.

Jeder Schüler erhält ein Arbeitsblatt. Den Text hören die Schüler mindestens zweimal, wenn nötig öfter. Nach dem ersten Mal schreiben die Schüler die Namen in die Kästchen, nach dem zweiten Mal malen sie die Spielsachen in der angegebenen Farbe an.

L.: *Last week was Christmas. Santa Claus has brought some toys to these children. Here you can see them with*

their toys: Jill, Helen, Ann, Elizabeth, Harold, Fred. (Vor- und Nachsprechen der Namen)
Elizabeth has got a doll's pram. She is very happy because she needed a doll's pram for her doll called Susie. The doll's pram is in her favourite colour green.
Fred has got a gameboy. He thinks it's a nice gift. His new gameboy is red.

Jill is 15 years old. She has got a blue mobile phone. Now she can phone her friends whenever she wants to.
Can you see Harold? He has got two matchbox cars. The car in his left hand (linke Hand zeigen) *is orange, the car in his right hand* (rechte Hand zeigen) *is yellow.*
Ann has got a big teddy bear. It's brown. She has already got a small teddy. His name is Georgey. But he's old. He was brown, too, when he was new, but now he is grey. Little Georgey is grey.
Helen is the youngest of the children. She is three. She has got a big ball. It is red, green and yellow.

- **Go and fetch it**

Dieser Spieletyp basiert auf der von J.J. Asher stammenden didaktischen Idee des *Total Physical Response* (TPR). Der Lehrer gibt Befehle (*commands*), ein bzw. alle Schüler reagieren und führen den Befehl aus.

Der Lehrer legt zur Wiederholung eines bestimmten Wortschatzes die Gegenstände (Realien, Bilder, Haftelemente) irgendwo im Klassenzimmer aus. Je nach Leistungsstand der Klasse sind die gegebenen Befehle mehr oder minder komplex. Grundsätzlich sollte den Schülern eine Minute Zeit gegeben werden, damit sie sich zuvor die herumliegenden Gegenstände oder Bilder anschauen und sich evtl. die englischen Begriffe ins Gedächtnis rufen können.

Dieses Spiel eignet sich besonders gut zur Wiederholung von Körperteilen, Kleidungs- oder Möbelstücken und Farben.

Mögliche Befehle wären dann z.B.:

– *John, please fetch the green pencil.*
– *Mike, please fetch the green pencil. Put it under my desk.*
– *Hanna, please fetch the green pencil. It's on the window sill. Put it under my desk. Sit down on Peter's seat.*

Eine leichte Abwandlung erfährt dieses Spiel, wenn sich die Schüler zu einer nicht zu aufregenden Musik durch das Klassenzimmer bewegen. Sobald die Musik aufhört, ruft der Lehrer einen Befehl:

– *Touch your nose with your left hand.*
– *Touch both your ears/eyes/arms.*
– *Shake your head/body/right foot.*

3.2.9 Autonomes Lernen: Höraufgaben für daheim

Grundsätzlich eignet sich jede Art von Tonträgern, CDs oder Kassetten mit Hörtexten wie z.B. Märchen, Legenden und kindgerechte Hörspiele zur häuslichen Übung. Natürlich eignen sich auch ausgewählte Videos, weil hier sogar das bewegte

Bild Sprache und Bedeutung unterstützt. Ideal wäre es, wenn in der Schule eine kleine Audio- bzw. Videothek bestünde, wo Materialien angeboten werden, die thematisch zum Unterrichtsstoff passen, sodass die Texte von Wortschatz und Strukturen her bereits vorentlastet sind. Viele Verlage bieten heute Schüler-CDs mit den Texten und Liedern zu einem Lehrwerk an. Solches Begleitmaterial ist außerordentlich wertvoll für einen früh beginnenden Englischunterricht, weil es die relativ geringe Zeit, die die Schüler in der Schule mit der gesprochenen englischen Sprache verbringen können, nach Belieben des Lerners erweitert.

Eine weitere Möglichkeit stellt die Arbeit mit Computerprogrammen (Lernsoftware) dar, die auf verschiedenen Kapiteln eines Lehrwerks basieren. Hier sind die stoffliche Wiederholung und ein Transfer besonders leicht zu erreichen.

Voraussetzung für ein effektives Arbeiten mit einer solchen Software ist allerdings, dass der Computer mit einer Soundkarte und Lautsprechern ausgestattet ist. Steht ein Computer mit einem Mikrofon zur Verfügung, kann der Schüler bei Sprechübungen Sätze und Wörter, die ihm vorgesprochen werden, nachsprechen und anschließend wiedergeben, um einen Vergleich mit dem Original zu erhalten.

Selbstverständlich eignet sich eine solche Software auch für die Arbeit in der Klasse. Allerdings empfiehlt sich da statt der Lautsprecher die Benützung von Kopfhörern, damit die anderen Schüler nicht gestört werden.

3.3 *Reading* in der Grundschule

Der Begriff *reading* ist ebenso wie der entsprechende deutsche Begriff „Lesen" zweideutig. Einerseits versteht man darunter die Lesetechnik, die *connection of print and sound*, also das Umsetzen von geschriebener bzw. gedruckter Sprache (Grapheme) in ein entsprechendes Klangbild (Phoneme), andererseits ist damit die Sinnentnahme aus einem vorgegebenen Text, die *comprehension*, gemeint. Je nachdem, ob wir es mit einem geübten Leser oder einem Leseanfänger, mit lautem oder leisem Lesen zu tun haben, wird daher der eine oder andere Aspekt auch in der Schule stärker zu berücksichtigen sein.

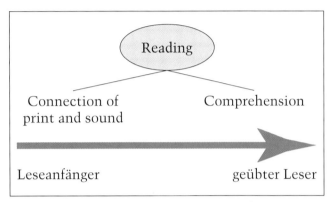

Abb. 18: Die zwei Bedeutungen des Begriffes „Lesen"

Bis zu einem gewissen Grad sind hier Parallelen zum muttersprachlichen Leselernprozess festzustellen – aber, wie gesagt, nur bis zu einem gewissen Grad! Für die 1. und 2. Jahrgangsstufe, in der die Begegnung mit der Fremdsprache im Mittelpunkt steht, spielt das Lesen kaum eine Rolle. Zu Beginn des Englischunterrichts im 3. Schuljahr bringen die Kinder jedoch die nötigen Kenntnisse über Schriftzeichen bereits mit. Das ist eine große Hilfe. Allerdings werden mit diesen bekannten Schriftzeichen und Buchstabenkombinationen teilweise Laute dargestellt, die es im Deutschen gar nicht gibt: th [θ], [ð] bzw. die man im Deutschen anders aussprechen würde: ou, oo, oa, z. Wenngleich wir auch im Englischunterricht der Grundschule als ultimatives Ziel den kommunikativen Aspekt des *reading*, also die *comprehension* stets als Ziel vor Auge haben, werden wir anfänglich mehr, später weniger an der *connection of print and sound*, also am Schriftbild selbst arbeiten müssen, um bestimmte Grundlagen zu schaffen und Vorurteile aus dem muttersprachlichen Bereich abzubauen. Hier wird die Progression vom Wort hin zur Darstellung des gedruckten (geschriebenen) Satzes führen.

3.3.1 Drei Gründe für die Verwendung von Schriftbildern

1. Frühzeitige Gewöhnung an das englische Schriftbild

Wie bereits erwähnt, beginnen die Schüler in der 3. Klasse nicht als Analphabeten mit dem Englischunterricht in der Grundschule. Für die meisten von ihnen ist der muttersprachliche Leselernprozess mehr oder minder am Ende der 2. Jahrgangsstufe abgeschlossen. Sie haben gelernt, dass man Laute mit bestimmten Buchstaben (z. B. s) oder Buchstabenkombinationen (z. B. sch) darstellen kann. Sie haben auch gewisse Gesetzmäßigkeiten und Ausnahmen kennen gelernt (z. B. sch = [ʃ]; sp = [ʃp]; t oder tt aber immer = [t]). Solche gelernten oder erworbenen Regeln werden automatisch auf die Fremdsprache übertragen. Dies geschieht vor allem deshalb so effektiv, weil die deutsche und englische Sprache in Aussprache und Schrift große Ähnlichkeiten aufweisen. Dies führt jedoch zu Trugschlüssen bei den Anfängern, wie z. B. die Annahme, dass die Verschriftung englischer Laute deutschen Gesetzmäßigkeiten folge – und diesen Trugschlüssen muss so früh wie möglich, das heißt von Anfang an, vorgebeugt werden. Das kann nicht dadurch geschehen, dass das englische Schriftbild den Schülern möglichst lange vorenthalten wird, sondern dass es vielmehr am richtigen didaktischen Ort und in der richtigen didaktischen Weise, nicht zu früh und nicht zu spät, angeboten wird. (Vgl. 3.1) Der erste Grund für die Darbietung des Wortbildes liegt also im Ziel, die Schüler mit typisch englischen Buchstabenkollokationen (Buchstabenfolgen) und ihrer phonetische Realisierung (Aussprache) vertraut zu machen.

2. Das Schriftbild als Merkhilfe

Einen zweiten Grund sehen wir in der Tatsache, dass sich Kinder, sobald sie des Lesens mächtig sind, ein Wort durch das zugehörige Wortbild leichter merken können. Es würde dem allseits anerkannten Prinzip des ganzheitlichen Lernens von Grundschulkindern widersprechen, wenn wir dem Kind nur den auditiven Zugang zum Wort (also das Klangbild eines Wortes) und nicht auch den visuellen (also sein Schriftbild) zum Behalten eines Wortes darbieten wollten. Am deutlichsten erkennt jeder Lehrer die Problematik einer solchen Forderung am vehementen Verlangen der Schüler nach dem Wortbild, das sie sich sogar selbst beschaffen, indem sie mehr oder weniger lauttreu die englischen Wörter (notfalls sogar insgeheim) aufschreiben, um sie nicht zu vergessen.

3. Vorbeugung von Rechtschreibfehlern

Jeder sensible Lehrer kann sich ausmalen, wie verheerend ein schriftbildloses Unterrichten für die Rechtschreibung in den Klassen 3 und 4 wäre. Das sozusagen selbst erarbeitete Schriftbild eines Wortes wird besonders gut gespeichert und später reproduziert. Es ist ungemein schwierig, derartige Fehler wieder zu korrigieren.

Es darf nun aber nicht angenommen werden, dass allein durch eine einmalige Vermittlung des Schriftbildes all diese wichtigen Ziele der *connection of print and sound* geleistet werden können. Vielmehr werden vielfältige, möglichst abwechslungsreiche Übungen notwendig. Zudem ist es nicht möglich und didaktisch sinnvoll, die beiden Aspekte von *reading*, die *connection of print and sound* und die *comprehension,* fein säuberlich zu trennen. Beides wird letztlich gleichzeitig geübt, da für die Schüler zunächst nur die Bedeutung eines Wortes die hauptsächliche Rolle spielt. Deshalb ist es auch nicht sinnvoll und notwendig, bei den folgenden Übungen die beiden Aspekte des Reading voneinander gesondert darzustellen.

3.3.2 Übungen zum *Reading*

Der Zugang zum Schriftbild geschieht am besten über *brickwords*, die im Verlaufe der Wortschatzeinführungsphasen vervollständigt wurden und schließlich gelesen werden können. Grundsätzlich sollten Wörter und vor allem kurze Texte, die von den Schülern lesend bearbeitet werden, phonetisch gefestigt sein. Eine besonders gute Methode zur zusätzlichen Festigung von Lautbildern ist das Mitlesen. Den Leseprozess unterstützt die eindeutige Zuordnung von gesprochenem und gelesenem Wort außerordentlich. Der Lehrer zeigt also auf die Wörter an der Tafel oder auf der Folie, wenn er sie vorspricht (= vorliest) und die Schüler mitsprechen (= mitlesen). Bereits 1986 hat Butzkamm die Überlegenheit dieses Verfahrens nachgewiesen. „In didaktischen Experimenten wurde nachgewiesen, dass eine bestimmte Art der Simultandarbietung von Wort und Schrift im Fremdsprachenunterricht einer schriftfreien Anfangsphase überlegen ist. Es gelang den Schülern, bei der mündlichen Erarbeitung der Texte die Schriftbilder als Lernhilfe zu benutzen, sie aber im weiteren Verlauf der Einübung wie eine überflüssige Krücke wieder abzulegen. Also auch hier wieder das Phänomen des Fortfalls anfänglich stützender, vermittelnder Zwischenglieder." (Butzkamm 1993, S. 85)

Im Grundschulunterricht hat das Mitleseverfahren vor allem dann seinen Platz, wenn das Klangbild der Wörter gefestigt ist. Der Zeitpunkt hierfür hängt von der Schwierigkeit der Aussprache ab. So sollten Wörter bzw. Texte auf einem Arbeitsblatt stets vom Lehrer vorgelesen und zugleich von den Schülern murmelnd mitgelesen werden. Dadurch werden Phoneme und Grapheme miteinander verbunden. Mitleseübungen können dadurch an Reiz gewinnen, dass der Lehrer die Kinder auffordert, sich beim Mitlesen auf den Boden zu knien, auf den Stuhl zu stellen, im Gehen mitzulesen usw. Auch Partnerarbeit eignet sich gut für Mitleseübungen, indem ein begabterer Schüler einem weniger begabten vorliest.

Mitleseübungen gehen auch dem Auswendiglernen von Gedichten und Liedern voraus, worauf wir noch in Punkt 3.4.1 genauer eingehen werden.

- **Bilder und Wörter zuordnen**

Es hängt von der Leistungsfähigkeit der Schüler ab, ob man die an der Seite vorgegebenen Wörter zu den Tieren schreiben lässt. Dabei haben schwächere Schüler Schwierigkeiten.

Einfacher ist die Zuordnung von Nummern bzw. die Verbindung der Wörter und Bilder durch Striche, die die Schüler ziehen.

Der Lehrer liest die einzelnen Wörter vor, die Schüler lesen mit und ziehen Striche zu den entsprechenden Bildern. (Die Wörter sind aus dem vorhergehenden Unterricht bekannt.)

Schwieriger wird es, wenn der Lehrer den Schülern die Wörter nicht vorliest.

- **Wörter in einem Wortgitter markieren (anmalen, einkreisen)**

Findest du die versteckten Wörter?
Suche waagrecht und senkrecht.

c	d	a	f	b	a	n	a	n	a	s	h
g	o	r	a	n	g	e	s	k	r	o	i
l	p	t	c	h	e	r	r	i	e	s	f
s	t	r	a	w	b	e	r	r	i	e	s
g	h	o	p	r	s	d	n	o	k	z	v
w	a	e	p	l	d	p	f	s	r	p	t
h	o	f	l	e	m	o	n	s	a	l	p
d	b	c	e	i	z	x	f	p	l	u	m
o	n	d	s	e	n	u	t	s	k	m	a
x	o	v	z	a	l	i	m	p	s	s	t

Erdbeeren – _____   Orangen – _____
Pflaumen – _____   Äpfel   – _____
Zitronen – _____   Kirschen – _____
Nüsse   – _____   Bananen – *bananas*

Wichtig ist, dass das Buchstabengitter nur kleine Buchstaben beinhaltet! Sonst neigen viele Schüler dazu, die Wörter mit großen Anfangsbuchstaben zu schreiben.
Während es den Kindern relativ leicht gelingt, die waagerecht versteckten Wörter zu finden, fällt ihnen dies bei den senkrechten Wörtern schon etwas schwerer.

Eine Weiterführung der Aufgabe mit erhöhten Ansprüchen stellt die Zuordnung der versteckten Wörter zu den deutschen Bedeutungen dar.

- **Ergänzen und Wegstreichen von Gegenständen**

Überprüfe die angegebene Anzahl mit dem Bild.
Streiche die Gegenstände *weg*, die zu viel auf dem Christbaum hängen.
Zeichne Gegenstände *dazu*, wo zu wenig angegeben wurden.

Am besten werden immer solche Gegenstände dazugezeichnet, die für die Kinder einfach zu zeichnen sind. Sonst kann eine solche Übung recht zeitaufwändig werden.

- **Bildern deutsche und englische Wörter zuordnen**

Verbinde die deutschen und die englischen Wörter durch Linien mit den richtigen Körperteilen bzw. Gegenständen.

Our snowman

Augen — buttons
Zylinder — scarf
Karotte — eyes
Arme — broom
Schal — top hat
Knöpfe — carrot

Hier geschieht die Zuordnung von deutschen und englischen Wörtern über das Bild. Das ist vor allem bei ausländischen Kindern wertvoll, weil sie vor allem bei ausgefalleneren Begriffen (z. B. Zylinder) oft auch den deutschen Begriff nicht kennen.

- **Kreuzworträtsel**

Schreibe die Zahlwörter in die Kästchen. Wähle aus!

one
two
three
four
five
six
seven
eight
nine
ten
eleven
twelve

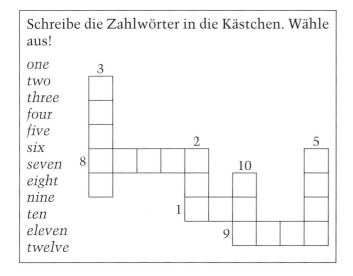

Echte Kreuzworträtsel mit einem bestimmten Wortschatz sind vom Lehrer nicht ganz einfach zu erstellen. Sie sind in der Regel mit Aufgaben zum Abschreiben verbunden.

Schreibe senkrecht die Farbe auf, die der Gegenstand gewöhnlich hat. Wähle aus!

red
green
yellow
brown
purple
blue
orange

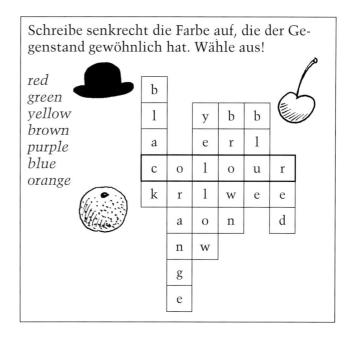

Leichter gelingt die Erstellung von Rätseln, die lediglich ein Lösungswort senkrecht verlangen. Man beginnt mit dem Lösungswort und sucht dazu passende Wörter aus dem Wortschatz.

- **Wörter ergänzen**

Leider ist immer nur die obere Hälfte des Wortes zu sehen.
Schreibe die vollständigen Wörter und zeichne die Gegenstände hinein.

father

mother

daughter

Die Wörter können senkrecht nur halb gesehen werden. Die Schüler ergänzen die Wörter und zeichnen die Figuren (Vater, Mutter, Tochter) dazu.

- **Lückenwörter vervollständigen**

Leider sind auf Miriams Einkaufszettel Regentropfen gefallen, die die Schrift verwischt haben.
Weißt du trotzdem, was sie holen sollte?
Ergänze die Wörter.

Hier wird das auswendige Schreiben in bescheidenem Umfang mit ins Spiel gebracht.

- **Bildern Sätze und kurze Texte zuordnen**

Hier erzählt jedes Kind, was es zu Weihnachten bekommen hat.
Schreibe den Namen des Kindes zu jedem Gegenstand.

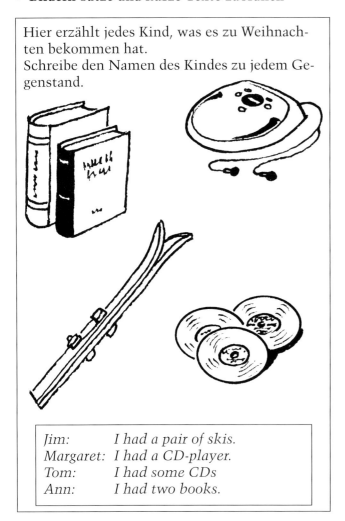

Jim:	*I had a pair of skis.*
Margaret:	*I had a CD-player.*
Tom:	*I had some CDs*
Ann:	*I had two books.*

Hier vollziehen die Schüler den ersten Schritt zum sinnentnehmenden Lesen bei Texten. Besonders wertvoll sind diese Lesetexte, weil die Schüler Gelegenheit erhalten, den Aufbau wichtiger Strukturen kennenzulernen und darüber nachzudenken. Dies ist bei gesprochenen Sätzen nicht so leicht möglich.

Die hier vorgestellten Beispiele sind nur ein kleiner Ausschnitt vielfältiger Möglichkeiten zum Üben sinnentnehmenden Lesens.

- **Deutsche und englische Texte zuordnen**

Wie schon in 3.3.2 erwähnt, sollten Reime und Lieder vor dem Auswendiglernen durch Mitlesen gefestigt werden. Das Behalten gelingt leichter, wenn die Bedeutung des Textes so weit wie möglich klar ist. Zunächst wird dies wohl durch Bildunterstützung versucht werden. Man kann jedoch auch die Zuordnung von englischen und deutschen Textzeilen anregen. Dies bietet sich besonders an, wenn die Semantisierung etwas schwieriger ist.

1 *I hear them, I hear them*
2 *I hear them on the roof.*
3 *The reindeer are coming*
4 *I hear each prancing hoof.*
5 *With a jingle, jingle bell,*
6 *and a clop, clop, clop*
7 *and a clatter, clatter, clatter*
8 *at the chimney top*

☐ ich hör jeden stampfenden Huf.
☐ und einem Klopf, Klopf, Klopf
☐ am Kamin oben
☐ Ich hör sie, ich hör sie
☐ Die Rentiere kommen
☐ mit einer Bimmel-, Bimmelglocke
☐ ich hör sie auf dem Dach.
☐ und einem Klappern, Klappern, Klappern

In diesem Fall bekommen die Schüler die Aufgabe, die deutsche Entsprechung in die richtige Reihenfolge zu bringen. Denkbar wäre natürlich auch die umgekehrte Aufgabenstellung.

3.3.3 Hinführung zum autonomen Lernen: Stationenarbeit

Von Zeit zu Zeit ist es notwendig, den Wortschatz zu wiederholen, aufzufrischen und zu festigen. Hier handelt es sich vorwiegend um Aufgaben, die mehr oder minder schwerpunktmäßig die Fähigkeit des Lesens voraussetzen, und zwar in der Fremdsprache ebenso wie in der Muttersprache. Vor allem, wenn mehrere Wortfelder bearbeitet wurden, werden gewöhnlich von jedem Schüler ganz individuell Wörter vergessen. Stationenarbeit kann als erster Schritt zu einem autonomen Lernen betrachtet werden, bei der der Lehrer zwar einen gewissen inhaltlichen Rahmen durch die Aufgaben an den Stationen (auf den Stationenkarten) vorgibt, der Schüler aber das auswählt, was ihm wichtig erscheint, was ihn interessiert oder wo er sich noch unsicher fühlt. Wir sehen im Bereich der Grundschule die didaktische Funktion des Stationenlernens vor allem im Üben von rezeptiver Semantik.

Vorbereitung

Der Lehrer bereitet vier Elemente vor:

1. Die Nummernkarten für die Stationen
2. Die Stationenkarten mit den Arbeitsaufträgen. Auf ihnen wird den Schülern erklärt, wie sie die Aufgaben bearbeiten sollen. Außerdem müssen evtl. zugehörige Arbeitsmittel (Wortkärtchen usw.) hergestellt werden.
3. Die *Rally Cards*. Das sind für alle Schüler gleiche Laufzettel, auf die jeder seine Lösungen einträgt.
4. Die Lösungsblätter, mit deren Hilfe jeder Schüler seine Ergebnisse selbst überprüfen kann.

Ablauf

Noch vor Unterrichtsbeginn legt der Lehrer alle benötigten Materialien übersichtlich im Klassenzimmer auf der sog. Stationentheke (Fensterbrett, Bänke etc.) aus. Jeder Schüler erhält eine *Rally Card*, die er während der gesamten Stationenarbeit mit sich führt und in die er seine Ergebnisse einträgt. Die Lösungen zu den Stationenkarten hängen z. B. an der Tafel. Die Farbe der Lösungskarten und der Stationenkarten sollten identisch sein, sodass den Schülern die Zuordnung erleichtert wird.

Nach jeder beendeten Aufgabe geht der Schüler zu dem betreffenden Lösungsblatt, verbessert mit einem Rotstift seine Fehler, bringt das Stationenblatt und die Arbeitsmittel zur Stationentheke zurück und wählt sich eine neue Stationenkarte aus.

Grundsätze für die Gestaltung der Arbeitsmaterialien

Da die Schüler allein arbeiten, ist eine eindeutige Aufgabenstellung (gewöhnlich auf Deutsch) von großer Bedeutung. Jeder Arbeitsschritt sollte unbedingt in einem eigenen, einfachen Satz angegeben sein.

Negativ-Beispiel: Umkreise die in diesem Wortgitter senkrecht und waagrecht versteckten Wörter und schreibe sie zu den deutschen Wörtern auf deine *Rally Card*.

Positiv-Beispiel: In diesem Wortgitter sind Wörter versteckt.
Suche senkrecht und waagrecht.
Umkreise die Wörter.
Schreibe die gefundenen Wörter zu den deutschen Wörtern auf deiner *Rally Card*.

Die Aufgaben sollten für einen Schüler mit einem durchschnittlichen Arbeitstempo in etwa fünf Minuten zu schaffen sein. Das bedeutet aber nicht, dass ein Zeitlimit vorgegeben wird, denn jeder Schüler sollte in seinem individuellen Arbeitstempo arbeiten dürfen. Besonders gerne bearbeiten Schüler Aufgaben, die mit praktischen Tätigkeiten verbunden sind, also Legen, Zusammenfügen, Umdrehen usw.

Es reichen etwa 7 verschiedene Stationen für eine Klasse mit 24 Schülern. An jeder Station liegen vier gleiche Aufgaben, sodass insgesamt also 28 Übungsmöglichkeiten angeboten werden. Es sollte etwa 30 % mehr Übungsmöglichkeiten geben als es Kinder sind, damit jedes Kind eine gewisse Auswahl besitzt, auch wenn es schon zwei oder drei Aufgaben erledigt hat.

Manche Lehrer machen den Schwierigkeitsgrad der Aufgaben dadurch kenntlich, dass sie schwierigere Aufgaben mit dunkleren Farben kennzeichnen (also dunkelgelb, dunkelrot usw.). Dadurch wird der Entscheidungsspielraum der Schüler etwas gesteuert. Günstig ist es deshalb, wenn sich die Schüler, bevor sie sich für eine Aufgabe entschließen, etwas Zeit zum Betrachten der Aufgaben nehmen, um diejenige auszuwählen, die ihnen auch vom Schwierigkeitsgrad her zusagt. Um die Selbstständigkeit beim Lösen von Aufgaben optimal zu fördern, sollte der Lehrer keine Hilfen für die Lösung von Aufgaben geben, allenfalls Tipps für die Bearbeitung (z. B.: „Lies den Arbeitsauftrag sorgfältig durch." Oder: „Es steht alles auf der *Rally Card*.") Eine Hauptaufgabe des Lehrers während der Stationenarbeit ist die Beobachtung des Sozial- und Arbeitsverhaltens der Schüler, wozu ansonsten nur selten Gelegenheit in diesem Umfang ist. „Die Lehrerin oder der Lehrer verlässt die bisher überwiegende, zentrale Anweisungs- oder Vermittlungsrolle. Stattdessen sollen sich die Kinder möglichst direkt mit den Unterrichtsinhalten auseinandersetzen … Die Lehrerin, der Lehrer wird sichtbar weniger aktiv sein, ist eher passiv, damit Kinder aktiv sein können, lässt Kinder sich frei bewegen, hilft Kindern in diese Bewegung Ordnung zu bringen und Rücksicht zu üben." (Bauer 1997, S. 130 f)

Der Lehrer wird allerdings auch feststellen, dass es in jeder Klasse Schüler gibt, die ihre Resultate mit den Lösungen nur sehr oberflächlich überprüfen. Hier sollte er behutsam eingreifen und zum sorgfältigen Vergleichen auffordern.

Grundsätze für die Gestaltung des Übens an Stationen

Nachdem während der Arbeit an Stationen größtmögliche Stille herrscht, wird den Schülern und dem Lehrer vor und nach der eigentlichen Arbeit Gelegenheit zum Gespräch bzw. zur Aussprache gegeben. In den fünf Minuten vorher sollten einige wichtige Grundsätze und Verhaltensregeln besprochen und auf ein Poster geschrieben werden. Im Nachgespräch können sich die Schüler zu den einzelnen Stationen äußern, was sie während der Arbeit gestört hat und was man noch auf dem Poster festhalten könnte. So entsteht nach und nach eine Zusammenstellung von Verhaltensregeln für die Stationenarbeit, die von den Schülern weitgehend selbst entwickelt wurden. Schließlich könnte ein solches Poster etwa folgendermaßen aussehen:

So macht Stationenarbeit Spaß

➢ Wir lesen die Arbeitsanweisungen ganz genau.
➢ Wir vergleichen unsere Lösungen sehr sorgfältig.
➢ Wir verbessern mit einem Rotstift.
➢ Wir reden, wenn überhaupt, bloß im Flüsterton.
➢ Wir schreiben nicht vom Nachbarn ab.
➢ Wir schreiben nicht einfach vom Lösungsblatt ab.
➢ Wir bringen die Materialien wieder zur Station zurück.
➢ Wir kontrollieren **nach jeder** Aufgabe unsere Lösungen.

Beim Nachgespräch und der Kontrolle der *Rally Cards* sieht der Lehrer, bei welchen Aufgaben der Schüler Schwierigkeiten hatte und welche Aufgaben er nicht geschafft hat. In einer der folgenden Stunden sollte nun den Schülern noch einmal Gelegenheit gegeben werden, an den Stationen zu arbeiten. Diesmal jedoch dürfen sich schwächere Schüler einen sog. Paten auswählen, der ihnen eine Aufgabe erklärt oder mit ihnen gemeinsam löst. Auf diese Weise wird der Übergang zur Freiarbeit angebahnt. Stationenarbeit stellt gewöhnlich ein Highlight des Unterrichts bei den Schülern dar. Allerdings sind die Vorbereitungsarbeiten sehr zeit- und materialaufwändig. Eine Zusammenarbeit von Lehrern in parallelen Lerngruppen ist deshalb besonders empfehlenswert. Dies ist vor allem auch deshalb relativ leicht möglich, weil die Aufgaben weitgehend unabhängig vom Lehrer lösbar sind.

➢ **Unterrichtsbeispiel:** *Shopping at a fruit shop*

Lernziele:

Die Schüler sollen

... sich die Situation beim Einkaufen von Obst und Gemüse in Erinnerung rufen
... die Begriffe einiger Obst- und Gemüsesorten in einem Wortgitter finden und der deutschen Bedeutung richtig zuordnen (Station 1 und 7)
... aus Purzelwörtern sinnvolle englische Begriffe bilden (Station 2)
... Bildkarten den richtigen Textkarten zuordnen (Station 3 und 4)
... einen kurzen Lesetext verstehen und Bilder entsprechend anmalen (Station 5)
... ein kurzes Einkaufsgespräch in die richtige Reihenfolge bringen (Station 6)

Medien

Folienbild: *Mr Bloom's fruit shop*
Stationenkarten, *Rally Cards*, Lösungsblätter, Nummernkärtchen für die Stationen
Domino: Obstsorten (vierfach) und Gemüsesorten (vierfach)

Stundenverlauf

Artikulation	Stundenablauf	Medien/Unterrichtsformen
Vergegenwärtigung der Situation	L. zeigt ein Bild, das den Schülern bereits aus dem Unterricht bekannt ist und das sie an die Einführung des Wortschatzes oder eines Einkaufsdialogs erinnert. Sch. äußern sich zu dem Bild: *That's Mr Bloom.* *He has a fruit shop.* *He sells apples (pears, oranges, ...)* (L. deutet jeweils auf die entsprechende Stelle auf dem Bild) Notfalls deutet L. auf Obst- und Gemüsesorten, die Sch. nicht erwähnen, und spricht die Wörter deutlich vor.	OHP/KV 1 (als Folie) Unterrichtsgespräch
Lernziele der Stunde	L. gibt eine kurze Erklärung über den Ablauf der Stunde. L: Ihr wisst schon, wenn ihr euch im Klassenzimmer umschaut, was wir heute machen. S1: Wir üben an Stationen. S2: Wir wiederholen die Wörter, die wir in der letzten Zeit gelernt haben. L. deutet ggf. auf das Bild am OHP. S3: Die Wörter haben etwas mit dem Obstverkäufer zu tun. OHP ausschalten.	
Wiederholung der Regeln	L. und Sch. wiederholen die Regeln für die Stationenarbeit. Sch. verbalisieren z.B.: S: Wir fragen nicht gleich den Lehrer, wenn wir eine Aufgabe nicht können, sondern überlegen erst selbst. usw. Gegebenenfalls wird die eine oder andere Schüleräußerung auf ein Poster geschrieben und, wenn nötig, während der Stationenarbeit darauf gedeutet. L.: Schaut euch nun die Aufgaben an den Stationen zunächst an und wählt dann, wenn ich die Musik am CD-Player einschalte, eine Aufgabe aus und beginnt zu arbeiten.	CD-Player mit ruhiger, leiser Musik
Arbeit an Stationen	Sch. nehmen sich von der Stationentheke eine Stationenkarte und das dazugehörige Material. Sie gehen damit an ihren Platz und lösen selbstständig die Aufgabe. Wenn sie fertig sind, vergleichen sie ihre Antworten mit den Lösungen an der Tafel (= Lösungsblätter). L. beobachtet die Sch. vor allem bei der Überprüfung ihrer Antworten. Gegebenenfalls hält er sie zu sorgfältigem Vergleichen und Korrigieren an. Ansonsten hält sich L. im Hintergrund, macht sich evtl. Notizen zum Arbeits- oder Sozialverhalten. (Der L. darf hier auch einmal ruhigen Gewissens etwas ausspannen, nachdem er die äußerst aufwändige Vorbereitungsarbeit für die Stationenarbeit geleistet hat.) Sobald die Sch. mit der Arbeit begonnen haben, wird die leise Musik ausgeschaltet. L: Wenn ich die Musik wieder einschalte, so bedeutet das, dass du deine Arbeit beenden und hier in den Sitzkreis kommen sollst.	Einzelarbeit im individuellen Arbeitstempo Stationskarten, *Rally Card*, Lösungsblätter, Übungsmaterial (KV 2–10)
Beenden der Arbeit an Stationen	L. schaltet den CD-Player an. L.: Beende noch die Aufgabe, an der du gerade arbeitest, vergleiche deine Lösungen und lege das Material wieder auf die Stationentheke zurück. Hole dir keine neue Aufgabe mehr. Komm dann bitte zum Sitzkreis. Sch. beenden die Arbeit, räumen die Materialien auf, kontrollieren ihre letzte Aufgabe und kommen mit ihrer *Rally Card* in den Sitzkreis.	CD-Player mit ruhiger Musik

Artikulation	Stundenablauf	Medien/Unterrichtsformen
Schlussreflexion	L. vermindert die Lautstärke der Musik vom Kassettenrekorder, und stellt sie schließlich ganz ab. L. bespricht mit Sch. die Stunde, die Aufgaben, Probleme etc. Mögliche Fragestellungen des Lehrers wären z. B.: – Welche Aufgabe hat dir besonders gut gefallen? – Welche Aufgabe ist dir schwer gefallen? – Bei welcher Aufgabe hattest du keinen Fehler, als du verglichen hast? – Wie war es heute mit der Konzentration? Konntest du dich gut konzentrieren? – Was möchtest du dir besonders gut über die Früchte und Gemüsesorten merken? – Suche dir einen Partner, mit dem du in der nächsten Englischstunde noch die eine oder andere Aufgabe gemeinsam lösen möchtest. Besprecht euch, was ihr machen möchtet.	Unterrichtsgespräch im Sitzkreis

KV 1

Name: _____ Class: _____ Date: _____

KV 2

Name: _____ Class: _____ Date: _____

Rally Card: Fruit and vegetables

Station 1

Rahme die Früchte (auf Englisch) in dem Wortgitter ein.
Schreibe die englischen Wörter auf. Schreibe sie auf Deutsch daneben.

x	a	t	s	b	c	k	f	g	k
s	t	r	a	w	b	e	r	r	y
w	c	u	v	b	a	m	m	l	j
y	l	e	m	o	n	d	e	n	i
d	i	h	a	a	a	z	m	o	h
l	x	o	r	a	n	g	e	m	g
y	p	v	w	j	a	o	l	m	n
e	l	u	k	s	r	l	o	q	p
z	u	b	t	r	p	q	n	o	n
f	m	g	h	c	i	d	j	e	f

s t r a w b e r r y – Erdbeere
b _ _ _ _ _ _   – B _ _ _ _ _
o _ _ _ _ _   – O _ _ _ _ _
p _ _ _   – P _ _ _ _ _
l _ _ _ _   – Z _ _ _ _ _ _
m _ _ _ _   – M _ _ _ _ _

Station 2

Was kaufen sie?
Setze die Purzelwörter richtig ein.

Alfred: _____   Jill: _____

Alan: _____   Christine: _____

Station 3

Mr Bloom heißt mit Vornamen _____

Station 4

Mrs Bloom heißt mit Vornamen _____

Name: _____ Class: _____ Date: _____

Station 5

Male die Früchte und Gemüse richtig an!

Station 6

Was sagt Ann?
Schreibe in die Kreise die Buchstaben.

Mr Bloom: Good morning Ann.
- Ann: ⓘ
Mr Bloom: What can I do for you?
- Ann: ⓔ
Mr. Bloom: A kilo of apples.
           Here you are.
- Ann: ⓣ
Mr Bloom: £ 1.20, please.
- Ann: ⓗ
Mr Bloom: That's right. Thank you, Ann.
          Good bye, Ann.
- Ann: ⓖ

○ A kilo of apples, please.
○ Good morning, Mr. Bloom.
○ Good bye, Mr. Bloom.
○ 1 pound 20 pence. Here you are.
○ How much is that?

Ann has _____ brothers and sisters.

Station 7

Suche die Gemüsesorten (auf Englisch).
Rahme sie ein.
Schreibe sie auf und daneben die deutsche Übersetzung

lettuce   - Kopfs _ _ _ _
o _ _ _ _   - Z _ _ _ _ _ _
p _ _ _ _ _   - K _ _ _ _ _ _ _ _
b _ _ _ s   - B _ _ _ _ n
t _ _ _ _ _ _ - T _ _ _ _ _

b	a	p	q	j	d	e
o	t	o	m	a	t	o
c	n	t	i	k	w	f
b	e	a	n	s	h	g
l	e	t	t	u	c	e
l	m	o	n	i	o	n

Stationskarten

Station 1

- **Auf deiner Rally Card** findest du ein Wortgitter mit Früchten auf Englisch.
- Suche diese Früchte **waagrecht und senkrecht**.
- **Rahme** diese Wörter **ein**.
- Schreibe sie neben das Wortgitter.
- Schreibe daneben die deutsche Übersetzung.

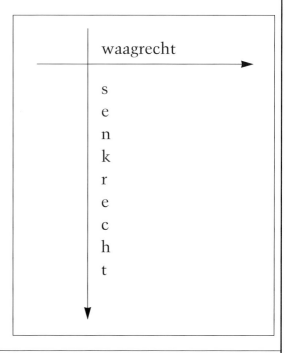

Station 2

- Hier sind vier Personen beim Einkaufen in einem Obst- und Gemüsegeschäft. Was kaufen sie?
- Schreibe auf deine Rally Card.

Alfred: Can I have a kilo of | o g / n e / r a | , please.

Alan: I'd like three | a n s / b n a / a | , please.

Jill: Can I have 5 kilos of | t t a / o e / s p o | , please.

Christine: I'd like a big | i e p n / p l / a p e | , please.

Station 3

- Lege die Karten so, dass immer ein Bild neben dem passenden Wort liegt.

- Drehe anschließend die Karten um. Du findest **auf der Rückseite** Buchstaben.

- Lies **von hinten nach vorne.**
  ←

Du erfährst so den Vornamen von Herrn Bloom, dem Besitzer des Obst- und Gemüsegeschäfts.

- Schreibe seinen Vornamen auf deine Rally Card.

Station 4

- Lege die Karten so, dass immer ein Bild neben dem passenden Wort liegt.

- Drehe anschließend die Karten um. Du findest **auf der Rückseite** Buchstaben.

- Lies **von hinten nach vorne.**
  ←

Du erfährst so den Vornamen von Frau Bloom, der Frau vom Besitzer des Obst- und Gemüsegeschäfts.

- Schreibe ihren Vornamen auf deine Rally Card.

Station 5

- Lies aufmerksam den folgenden Text. Er sagt dir, welche Farbe das Obst und Gemüse hat.

- Male es entsprechend auf deiner Rally Card an.

> The lemon is yellow. The potato is brown. The grapes are purple. The melon is red and green. The big cherries are red, the small cherry is green. The carrot is orange and green.

Station 6

Hier siehst du Ann beim Einkaufen in Mr. Blooms Obst- und Gemüseladen.

- Du findest **auf deiner Rally Card** zunächst nur, was Mr. Bloom sagt.
- Rechts im Rahmen findest du, was Ann sagt.
- Trage die Buchstaben links im Dialog dort ein, wohin Anns Sätze gehören.
- Möchtest du wissen, wie viele Geschwister Ann hat?
  Lies die Buchstaben von oben nach unten.

Station 7

- **Auf deiner Rally Card** findest du ein **Wortgitter** mit Gemüsesorten auf Englisch.

- Suche diese Gemüsesorten **waagrecht und senkrecht**.

- **Rahme** diese Wörter **ein**.

- Schreibe sie neben das Wortgitter.

- Schreibe daneben die deutsche Übersetzung.

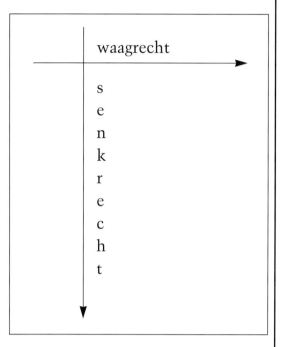

Lösungen zu den Stationskarten

Station 1

strawberry – Erdbeere
banana – Banane
orange – Orange
plum – Pflaume
lemon – Zitrone
melon – Melone

x	a	t	s	b	c	k	f	g	k
s	t	r	a	w	b	e	r	r	y
w	c	u	v	b	a	m	m	l	j
y	l	e	m	o	n	d	e	n	i
d	i	h	a	a	z	m	o	h	
l	x	o	r	a	n	g	e	m	g
y	p	v	w	j	a	o	l	m	n
e	l	u	k	s	r	l	o	q	p
z	u	b	t	r	p	q	n	o	n
f	m	g	h	c	i	d	j	e	f

Station 2

Was kaufen sie?

Alfred: oranges
Alan: bananas
Jill: tomatoes
Christine: pineapple

Station 3

Mr. Bloom heißt mit Vornamen: Alexander

Station 4

Mrs Bloom heißt mit Vornamen: Margaret

Station 5

 gelb
 violett
 rot
 orange und grün

 braun
 rot und grün
 grün

Station 6

Anns Antworten kommen in folgender Reihenfolge:

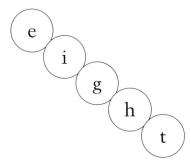

Ann hat **acht** Geschwister (Ganz schön viele!!)

Station 7

b	a	p	q	j	d	e
o	t	o	m	a	t	o
c	n	t	i	k	w	f
b	e	a	n	s	h	g
l	e	t	t	u	c	e
l	m	o	n	i	o	n

lettuce — Kopfsalat —

onion — Zwiebel —

potato — Kartoffel —

beans — Bohnen —

tomato — Tomate —

KV 10

Die Buchstaben müssen von der Lehrkraft auf die Rückseite der Dominokärtchen geschrieben werden: rednaxelA (Alexander)

Domino fruit (Station 3)

| START | | apple | | pear | | orange | |

| lemon | | melon | | pine-apple | | straw-berry | |

| cherry | FINISH |

Domino vegetables (Station 4)

Rückseite: teragraM (Margaret)

| START | | cucum-ber | | tomato | | potato | |

| carrot | | onion | | lettuce | | beans | FINISH |

3.3.4 Autonomes Lernen: Leseaufgaben für daheim

Langsam, aber sicher finden Lernhilfen für den Englischunterricht an Grundschulen als Printmedien ihren Platz in den Regalen der Buchhandlungen. Obgleich kein unmittelbarer Notendruck besteht, so gibt es doch Schüler (und Eltern), die sich aus Freude an der fremden Sprache noch zusätzlich oder lehrwerksbegleitend mit Englisch beschäftigen wollen. Grundsätzlich ist es natürlich begrüßenswert, wenn Kinder auch außerhalb der Schule lernen. Hier jedoch besteht die Gefahr, dass bei unsachgemäßem Umgang mit dem Lernmaterial mehr Schaden als Nutzen angerichtet wird. Voraussetzung wäre eigentlich, dass die Aussprache aller Wörter, die in gedruckten Lernhilfen von den Schülern geübt werden, auch gesichert ist. Das ist schon dann nicht der Fall, wenn sich die Lernhilfe nicht genau an den Unterricht in der Schule anschließt. Das ist auch nicht der Fall, wenn sich der Unterricht nicht an einem Lehrwerk orientiert. Aber genau dann ist der Wunsch bei den Eltern und Schülern besonders groß, weil in der Regel das Schriftbild bei einem solchen Unterricht stark in den Hintergrund tritt. Der Lehrer sollte also Eltern und Schüler darauf aufmerksam machen, dass auf solche Materialien weitgehend nur im Anschluss an schulisches Lernen zurückgegriffen werden sollte – außer die Eltern verfügen selbst über eine hinreichende Sprachkompetenz.

Der Gefahr, dass das Schriftbild die nicht gefestigte Aussprache negativ beeinflusst, wirken manche Lernhilfen dadurch entgegen, dass sie den Schülern (und Eltern) sog. Aussprachehilfen anbieten. Dieses Verfahren wird seit eh und je für Touristen bei Reiseführern angewendet, die dies dankbar akzeptieren. Grundsätzlich besteht bei einem solchen Vorgehen aber wiederum die Gefahr, dass sich die Aussprachehilfe als Schriftbild einprägt. Diesem Problem versuchen die Lernhilfen dadurch entgegenzuwirken, dass die Aussprachehilfen viel schwächer und unauffälliger (kleiner) gedruckt sind als das „richtige" Schriftbild. Außerdem werden die Schriftbilder eng an die entsprechenden Bilder gekoppelt, während Aussprachehilfen grundsätzlich etwas abseits angegeben werden (am Rand oder ganz unten auf der Seite).

Abb. 19: Beispiel für eine „Aussprachehilfe" auf einem australischen Naturlehrpfad

So ungewohnt und für einen Anglisten vielleicht sogar *shocking* z.B. die Aussprachehilfe „schugga" sein mag, für den noch ausspracheunsicheren Grundschüler, der ja nicht über die Kenntnis der phonetischen Umschrift verfügt, kann sie eine Hilfe darstellen.

Gedruckte Lernhilfen für die Grundschule geben in erster Linie Gelegenheit, Wörter und Strukturen lesend zu wiederholen. Manchmal wird jedoch auch das Schreiben von Wörtern verlangt. Wenn dies der Fall ist, dann sollte mit Platzhaltern (Kästchen, Strichen) gearbeitet werden, sodass die richtige Schreibweise erleichtert wird. Denn stehen Fehler erst einmal auf dem Blatt, finden Kinder sie selbstständig kaum mehr. Hilfreich für den Schüler ist auch ein deutsch-englisches Wörterverzeichnis mit allen in der Lernhilfe angebotenen Wörtern.

3.4 Vorkommunikatives und kommunikatives Sprechen

Unter kommunikativem Sprechen verstehen wir die Fähigkeit eines Menschen, das zu sagen, was er sagen möchte. Insofern ist nicht jedes Sprechen im Unterricht als kommunikativ zu bezeichnen. So kann ein und derselbe Satz (z. B. *I've got a dog at home*), den zwei Schüler sagen, bei dem einen kommunikativ sein – sofern er wirklich einen Hund zu Hause hat –, beim zweiten Schüler jedoch nicht kommunikativ sein, wenn er den Satz nur sagt, weil dies der Lehrer so möchte. Wenngleich wir stets das kommunikative Sprechen anstreben, so wird es durchaus legitime unterrichtliche Arrangements geben, in denen vorkommunikatives Sprechen seinen Platz und seine Berechtigung hat. Wir sind uns dabei aber stets bewusst, dass es sich hier nur um eine Durchgangssituation handeln kann. Das höchste und erstrebenswerteste Ziel jeglichen Sprachunterrichts, übrigens nicht nur in der Grundschule, ist die Kommunikationsfähigkeit.

Die Voraussetzungen für das Sprechen sind vielfältig und somit auch die Gründe für das Schweigen. Woran kann es aber liegen, dass Schüler zwar rezeptiv aufmerksam dem Unterrichtsgeschehen folgen, sich aber nicht produktiv daran beteiligen? Es kann sein, dass

1. das Kind noch zu ängstlich ist, um sprachproduktiv zu werden,
2. einem Kind die artikulatorischen Mittel fehlen, d. h. dass es noch nicht über eine genaue Vorstellung, wie Laute gebildet werden, verfügt,
3. der Schüler den vorausgegangenen Sprechakt nicht verstanden hat,
4. der Schüler nicht weiß, wie er die sprachlichen Bausteine (Wörter und Strukturen) zusammensetzen soll. Solche Schüler erkennt man daran, dass sie in einer kommunikativen Situation nur mit Einwortsätzen antworten (wie Kleinkinder in der Muttersprache),
5. die Situation für den Schüler so uninteressant ist, dass die Motivation zum Sprechen nicht ausreicht. (Vgl. Abb. 19)

Sobald nur **eine** dieser fünf Ursachen für schweigende Schüler vorliegt, gelingt einem Kind das Sprechen nur schwer oder gar nicht. Oft fehlen auch mehrere Voraussetzungen. Wie beim frühen Muttersprachererwerb gelingt dem einen Kind das Sprechen früher, dem anderen später, und zwar dann, wenn die organischen Voraussetzungen (Sprechwerkzeuge) und die Hördiskriminierung ausgebildet sind, wenn kognitive Situations- und Regelkenntnis entwickelt sind und wenn das Kommunikationsbedürfnis (Sprechmotivation) vorhanden ist. Dieser Prozess spielt sich weitgehend im vorschulischen Bereich ab, aber es finden sich auch bei Schulanfängern nicht selten Erscheinungen, die erkennen lassen, dass in der Lautdiskrimination und in der Lautartikulation noch Nachholbedarf besteht. Solche Defizite können relativ leicht durch geeignete logopädische oder didaktische Maßnahmen behoben werden.

Es ist also beim Fremdsprachenerwerb eine gewisse Analogie zum Muttersprachererwerb feststellbar, und dies vor allem in der Grundschule. Auch hier haben wir es mit Kindern zu tun, die schneller und weniger schnell bereit (bzw. in der Lage) sind,

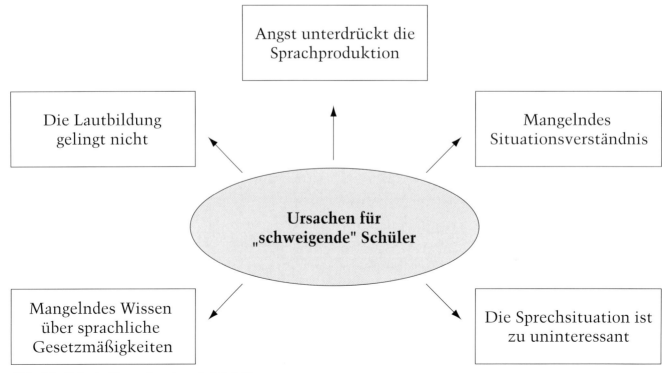

Abb. 20: Gründe für „schweigende" Schüler

sich in kurzen Sprachganzen zu äußern. Es nützt wenig, wenn der Lehrer die zögerlichen Schüler zu sprachlichen Äußerungen mehr oder minder zwingt, etwa durch intensive Vor- und Nachsprechübungen. Andererseits rechtfertigt diese Tatsache einen Lehrer nicht, der sich einfach mit rezeptiven Übungen begnügt und der Klasse keine Hilfen zum Sprechen gibt.

Hilfen zum Sprechen stellen folgende Maßnahmen dar:

1. Wir sorgen dafür, dass sich das Kind in der Englischklasse wohl fühlt. Wir loben es, wo immer möglich, und drängen es nie zur Sprachproduktion, solange es nicht von sich aus dazu bereit ist. Wir vermitteln ihm auf diese Weise subjektive **Sicherheit** und schenken ihm **Selbstvertrauen**.
2. Wir bieten **einfache Sprachganze** an, mit denen das Kind seine Sprechwerkzeuge an die fremdsprachlichen Laute und die Intonation gewöhnen kann. Hierbei wird es sicherlich schwerpunktmäßig um inhaltlich einfache Reime, Lieder und *chants* handeln.
3. Wir bieten möglichst zahlreiche dialogische **Hörtexte und Höraufgaben** an, die didaktisch aufbereitet sind und einen Baustein für das Sprechen darstellen.
4. Wir bieten **ausgewählte Satzstrukturen** an, womit Schüler Gesetzmäßigkeiten selbst oder mit Hilfe des Lehrers erkennen können. Hier spielt das Schriftbild eine wesentliche Rolle. Zum Nachdenken über Sprache, die Voraussetzung für das Bilden von Sätzen ist, stellt das Schriftbild (hier: Satzbild) eine unverzichtbare Hilfe dar.
5. Wir bieten kindgemäße, für die Altersgruppe **interessante Situationen** an, die zum kommunikativen Sprechen motivieren. Bis zu einem gewissen Grad genügen Märchen und Bilderbuchgeschichten diesem Anspruch. Sicherlich stellt das Nachspielen, die szenisch-dramatische Darstellung, von solchen Texten eine Möglichkeit zum Sprechanreiz dar. Man muss jedoch auch bedenken, dass Kinder der dritten und vierten Klasse ihre Umwelt erobern wollen. Und dazu gehört auch die sprachliche Beherrschung von Situationen, wie z. B. einkaufen, sich mit Freunden unterhalten, Fragen stellen, sich nach etwas erkundigen und Vermutungen und Meinungen ausdrücken. Dies kann u. a. durch einen Musterdialog geschehen, in dem der Schüler gewisse Elemente selbst ergänzen kann. Die Schüler können aber auch von Sprechakt zu Sprechakt geführt werden, sodass sie das im Alltag so wichtige und kommunikativ höchst relevante Umsetzen von Sprechakten in Redemittel einüben können. (Vgl. Abb. 20)

3.4.1 Die Arbeit mit Reimen, Rhythmen und Songs

Reime und Lieder sind aus einem ganzheitlich orientierten Englischunterricht in der Grundschule nicht wegzudenken. Sie sprechen, sofern sie altersgemäß ausgewählt werden, vor allem den emotionalen Bereich an. In der Regel wird ein *song* oder ein kleines Gedicht Element einer Aktionseinheit sein und zeitlich nicht länger als 15–20 Minuten zur Einführung beanspruchen, wobei sich dann natürlich beliebig viele Wieder-

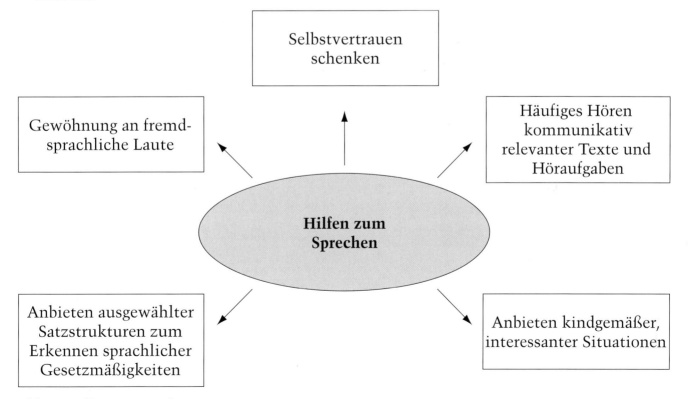

Abb. 21: Hilfen zum Sprechen

holungen in späteren Stunden anschließen werden. Zusammen mit affektiven Inhalten eignen sie sich gut, eine angemessene Artikulationsbasis des Englischen zu schaffen, die bei kurzen Einwortäußerungen nicht erreicht werden kann. Anhand von kurzen Reimen und Liedern können die typische Intonation von Sätzen und die richtige Aussprache von Wörtern und Satzteilen (z. B. Kurzformen) vermittelt werden. Das alles sind Fähigkeiten, die nur sehr schwer über die bewusste Schiene zu erreichen sind.

Besonders gerne werden solche Texte von Grundschulkindern imitiert, gesprochen und gesungen, die sich reimen. Zusammen mit Melodie und Rhythmus können die Kinder sie ganzheitlich erfassen. Selbstverständlich werden *songs* und *rhymes* durch eine entsprechende Gestik und Mimik begleitet, die bei der ersten Textbegegnung dem Lehrer helfen, bei der Semantisierung des Gehörten Hilfestellung zu geben. Dabei helfen auch Skizzen und Zeichnungen.

Beispiel

Tafelskizze

Arabella Miller

L.: *This is Arabella Miller* (L. skizziert)
And that's a caterpillar (L. zeichnet)
It's a woolly caterpillar (L. ergänzt die Behaarung)

Nachdem der Lehrer Arabella Miller und den *woolly caterpillar* vorgestellt hat und die Schüler die Wörter nachgesprochen haben, bietet der Lehrer den gesamten Reim dar.

Little Arabella Miller
Found a woolly caterpillar, (L. bückt sich und hebt eine imaginäre oder eine Raupe aus Pappkarton auf)

First it crawled upon her mother, (Finger der linken Hand krabbeln den rechten Arm hoch und runter)

Then upon her baby brother, (Finger der rechten Hand krabbeln den linken Arm hoch und runter)

All said, „Arabella Miller, (Drohgebärde mit Zeigefinger)

Take away that caterpillar." (Daumen und Zeigefinger nehmen die Raupe vorsichtig weg)
(aus: Matterson 1991, S. 269)

Schon beim 2. und 3. Lehrervortrag werden einige Schüler leise mitsprechen und mitagieren, was der Lehrer nicht nur dulden, sondern wozu er die Schüler ausdrücklich ermuntern sollte.

Das so genannte Verfolgungssprechen, bei dem die Schüler den Lehrer beim Sprechen einzuholen versuchen, ist eine beliebte Einübungsform für Aussprache und Intonation, weil das Lehrervorbild weitgehend unbewusst imitiert wird.

Vor allem bei Schülern im 1. Schuljahr, denen das Schriftbild noch nicht zur Verfügung steht, wird es nötig sein, das Sprechen der Schüler, das in erster Linie ein Mitsprechen mit dem Lehrer sein wird, möglichst abwechslungsreich zu gestalten und möglichst durch Bewegungen zu unterstützen.

Dies kann auf vielfältige Art geschehen:

- Die Schüler stehen im Kreis und sprechen das Gedicht
- Sie schließen während des Sprechens die Augen
- Sie stehen auf einem Stuhl, sitzen im Schneidersitz auf dem Boden oder knien auf den Stühlen
- Sie geben sich die Hände und bewegen sich einmal im, dann entgegen dem Uhrzeigersinn
- Sie klatschen, stampfen oder schnalzen mit den Fingern an passenden Stellen
- Sie begleiten die einzelnen Zeilen mit passenden Orff-Instrumenten
- Die einzelnen Zeilen spricht nur ein Teil der Klasse (z. B. Jungen – Mädchen)
- Der Reim wird einmal laut gesprochen, dann wieder geheimnisvoll geflüstert

Bei allen Mitsprechübungen ist es von größter Bedeutung, dass sehr deutlich vorgesprochen wird und die Schüler sich voll auf die Mundbewegungen des Lehrers konzentrieren. Von der gleichen Bedeutung ist die Korrektur der Schüleraussprache durch den Lehrer. Hier darf auf keinen Fall die Aussprache [ˈmʌsə] oder [ˈbrʌsə] oder [sæt] akzeptiert werden. Hierzu eignet sich wohl am besten eine unauffällige Korrektur durch ein korrigierendes „Lehrerecho". Ist dieses auch in anderen Fächern verpönt, im Englischunterricht ist es die beste Methode, unaufdringlich Unsicherheiten und Fehler in Aussprache und Intonation zu beheben. Sehr viel hängt auch von der richtigen Artikulationsbasis des Englischlehrers ab, da gerade bei der Sprachimitation die Artikulationsbasis noch weitgehend unbewusst von Schülern dieser Altersgruppe leicht und ziemlich originalgetreu übernommen wird. Unsere besondere Aufmerksamkeit bedürfen Laute, die es im Deutschen nicht gibt [|ð|, |θ|, |æ|, |əʊ|] sowie Laute, die in der Regel von Engländern anders gebildet werden als von Deutschen [|l|, |r|, |v|, |w|].

Hier können Handzeichen, ähnlich wie die beim Schriftspracherwerb in der Muttersprache, hilfreich sein, mit denen der Lehrer die richtige Aussprache eines Lautes (z. B. des |θ| in Abb. 22) signalisiert und die auch die Schüler verwenden. Allerdings muss dazu vorher diese Aussprache bewusst gemacht worden sein.

Hoch willkommen sind solche Reime, die zu einer einfachen Melodie passen. Aber auch hier sollte die richtige Aussprache bei der Einübung des Liedes einen hohen Stellenwert einnehmen. Nach mehrmaligem Vor- und Mitsprechen des Textes kann der *song* dann auch öfters vor- und mitgesungen werden.

Beispiel: Arabella Miller

Abb. 22: Handzeichen als Aussprachhilfe für [θ]

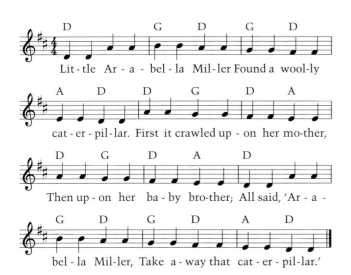

(aus: Matterson 1991, S. 269)

Sowohl in der Einführungsstunde als auch in späteren Stunden sollte nicht nur der *song* gesungen, sondern immer wieder auch der Text ohne die Melodie gesprochen werden. Ansonsten besteht die Gefahr, dass der wünschenswerte Transfereffekt auf andere Texte und Situationen später erschwert wird, da Text und Melodie eines Liedes eine Ganzheit bilden. (Oft kann ein Mensch, der als Kind ein Lied auswendig singen gelernt hat, den Text nur dann auswendig, wenn er ihn singt). Der Grad der Beherrschung eines Textes variiert von Kind zu Kind, vor allem dann, wenn keine visuellen Hilfen zur Verfügung gestellt werden. Während wir uns in der 1. Klasse durchaus damit begnügen, wenn die Schüler im Chor einen Reim oder einen *song* mitsingen, so sollte in den folgenden Klassen zumindest das Ziel ins Auge gefasst werden, dass ein Schüler einen kurzen Text allein auswendig vortragen kann. Das auswendige Sprechen zusammenhängender Texte ist eine ausgezeichnete Vorübung für das freie Artikulieren und Sprechen von eigenen, kommunikativen Sätzen.

Lerntechniken zum Auswendiglernen

1. Die Figurinenmethode

Diese Methode benützt kleine Zeichnungen, die als Erinnerungshilfen dienen. Sobald die Schüler einige Buchstaben beherrschen, können sehr bald auch einfache Wörter darüber hinaus ergänzt werden.

Bei unserem „Arabella Miller-Reim" könnte dies folgendermaßen aussehen:

Hätten Sie Lust, zu folgendem Reim Erinnerungshilfen zu entwerfen?

I have a little mouse
And I'm very fond of it.
It climbs onto my shoulder,
That's where it likes to sit.
It becomes a little bolder
And crawls up to my head
I take it by its tail
And put it in Jenny's bed.

2. Die Abdeckmethode

Hier wird der Text mit Hilfe eines leeren Blattes von rechts nach links, Schritt für Schritt, abgedeckt, bis nur noch die ersten Wörter (oder Buchstaben) einer jeden Zeile zu sehen sind. Das Schriftbild des Reims wird als Merkhilfe benutzt. Nach einem intensiven Hören und Mitsprechen – zunächst ohne Schriftbild – bietet der Lehrer einen Lückentext an, in dem die nicht lauttreuen Stellen der einzelnen Wörter durch Striche ersetzt sind (vgl. 3.1.1)
Der Text wird den Schülern am OHP oder an der Tafel angeboten.

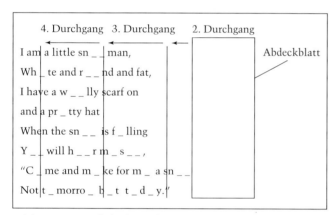

Abb. 23: Die Abdeckmethode

Nachdem der Text einmal im Chor und einmal in Partnerarbeit gesprochen wurde, liest der Lehrer den Text vor und fügt die fehlenden Buchstaben ein. Hier sollten die Schüler das Wort unmittelbar nachsprechen, sodass sich das Schriftbild (die Grapheme) möglichst fest mit dem Klangbild (den Phonemen) vereinigt.
Dann deckt der Lehrer in mehreren Durchgängen mit einem leeren Blatt Papier von rechts nach links allmählich den Text ab (vgl. Abb. 22).
Es ist empfehlenswert, zwischen jedem Durchgang den ganzen Reim den Schülern kurz zu zeigen, damit sowohl Unsicherheiten als auch Erinnerungslücken beseitigt werden können und die Schüler stressfrei lernen.
Diese Abdeckmethode ist, so einfach sie auch anzuwenden ist, eine sehr effektive Lerntechnik zum Auswendiglernen nicht nur von Gedichten und Liedern, sondern auch von kurzen Dialogen und Rollentexten. Die Schüler entwickeln eine beachtliche Fertigkeit, diese Methode zu benutzen, und es ist erstaunlich, wie schnell sie einen Text auswendig lernen können, wenn sie diese Methode im individuellen Arbeitstempo bei sich im Buch oder auf einem Arbeitsblatt nachvollziehen können.
Die sprachliche Intention des Auswendiglernens von Reimen ist die Gewöhnung an die englische Sprache und die selbstständige Benutzung der Sprache in längeren Einheiten als nur in Einwortantworten. Der Lehrer muss also nicht darauf bestehen, dass ein Schüler einen Reim ganz auswendig aufsagt. Die ersten Wörter einer jeden Zeile sollte ein Schüler ohne weiteres auch in der Endform des sprachlichen Ziels als Merkhilfe verwenden dürfen. Er sollte lieber flüssig und intonatorisch richtig mit Stichwörtern als Merkhilfe sprechen als stockend und unsicher ohne diese.
Abschließend sei darauf hingewiesen, dass in diesem Kapitel weitgehend nur der sprachliche Wert der Arbeit mit Reimen und *songs* genauer betrachtet wurde. Der landes- und kulturkundliche Aspekt epischer und literarischer Kleinformen wurde hier ausgeklammert. Er findet in Kapitel 4 seinen angemessenen Platz.

3.4.2 Szenische Darstellung

Unter szenisch-dramatischer oder szenischer Darstellung verstehen wir das Darstellen von kurzen oder auch längeren Texten – meistens Dialogen oder dialogischen Teilen eines Textes. Manchmal findet sich in der fremdsprachlichen Literatur hierfür auch der Begriff Rollenspiel. Dieser ist allerdings bereits von Psychologie und Soziologie besetzt und bedeutet das Spielen von Problemsituationen und deren Lösungen, die anschließend diskutiert und bewertet werden. Vor allem im Englischunterricht der Grundschule geht es uns nicht um diesen Aspekt, sondern in erster Linie um sprachliche und motivationale Aspekte. Wenn wir kleine Ausschnitte aus einem Märchen, kurze Szenen (Sketche) oder auch ein Theaterstück (wie z.B. ein Weihnachtsstück) spielen lassen, so tun wir dies,

– weil die Schüler an der Umsetzung von Schrift in gesprochene Handlung große Freude haben,
– weil vor allem sprachbegabtere Schüler dadurch die Möglichkeit erhalten, längere Sprachganze (Sätze) frei zu sprechen,
– weil häufig mit solchen Texten, noch dazu wenn sie vom Lehrer geschickt ausgewählt werden, Redemittel eingeübt werden können, die auch im wirklichen Leben sehr nützlich sind.

Im Zusammenhang mit szenisch-dramatischen Darstellungen besteht allerdings die Gefahr, dass die Schüler ihre sprachlichen Fähigkeiten oft überschätzen. Deshalb ist es wichtig, dass der

Lehrer didaktisch sinnvoll und zielstrebig Hilfen anbietet, die zunächst wohl immer über die intensive Schulung der rezeptiven Fähigkeiten an einem Text zur Sprachproduktion hinführt.

Eine gute Möglichkeit bieten von Anfang an Märchen, vor allem solche, bei denen bestimmte Sätze im Verlauf der Handlung immer wieder genauso oder sehr ähnlich vorkommen.

Als Beispiel für die Arbeit in einem 3. Schülerjahrgang sei die Arbeit mit dem Märchen "The Gingerbread Man" (KV 1 und 2 S. 101/102) kurz vorgestellt. (aus: Ladybird Books 1978)

Der Lehrer erzählt in einem ersten Durchgang nach den didaktischen Prinzipien des storytelling (Vgl. 3.2.4) die Geschichte von zwei Kindern, die auf einen Bauernhof kamen, um dort zu helfen. Die Bäuerin (Großmutter) backt für die beiden Kinder einen Lebkuchenmann, der sich jedoch nicht aufessen lassen will, sondern davonrennt. Er trifft auf seiner Flucht verschiedene Personen und Tiere, die jeweils den Lebkuchenmann verspeisen wollen. Da sind der Bauer, die beiden Kinder, ein Pferd, eine Kuh, ein Hund und eine Katze. Jedes Mal lehnt der Lebkuchenmann ab, verspeist zu werden und rennt weiter. Schließlich gelangt er an einen Bachlauf und kommt alleine nicht hinüber. Ein Fuchs, der gerade des Weges kommt, hilft ihm über den Fluss und frisst ihn anschließend auf.

Der Lehrer übernimmt die Rolle des Erzählers. Die einzelnen Rollen werden an die Kinder verteilt, wobei einige kleine Utensilien zum Verkleiden (eine Schürze, ein alter Hut, ein umgehängtes Pferdebild etc.) die Spielfreude der Kinder steigern. Die Schüler, die keine Einzelrolle erhalten haben, sprechen den Part des Lebkuchenmannes zusammen. Dabei sollte man sich auf keinen Fall mit emotionslosem Sprechen begnügen, sondern die Schüler anhalten, der Situation entsprechend laut zu rufen, ängstlich oder trotzig zu antworten und die Worte mit deutlicher Gestik und Mimik zu begleiten. Werden die Ansprüche in dieser Beziehung von Mal zu Mal gesteigert, wird die Klasse jeweils mit Begeisterung mitarbeiten. Nach der Einführung werden jeweils 10 Minuten zur Wiederholung verwendet. Selbstverständlich kann der Lehrer anfangs auch einflüstern, im Laufe der Zeit sollten die Schüler die Sätze jedoch immer selbstständiger sprechen.

Als Abschluss einer solchen Übungsreihe kann dann das Märchen entweder auf Hörkassette oder Video aufgenommen und diese(s) am Elternnachmittag vorgespielt werden. Auch im Rahmen des Unterrichts in den 1. und 2. Schülerjahrgängen können solche Aufnahmen das Interesse am Fremdsprachenunterricht wecken, fördern und zur Nachahmung anregen. In diesem Zusammenhang kann das Märchen auch im Deutschunterricht behandelt werden. Auch die Zuordnung von deutschen Sätzen und Wörtern zu den immer wiederkehrenden Redewendungen im Märchen wäre bereits im 1. und 2. Schuljahr eine reizvolle und durchaus angemessene Aufgabe.

Während die szenisch-dramatische Darstellung eines ausgewählten Märchens bereits im dritten Schuljahr möglich ist, dürften die sprachlichen Voraussetzungen zur Dramatisierung von kleinen Sketchen in der Regel erst im 4. Schuljahr, also in einem fortgeschrittenerem Stadium, gewinnbringend sein.

Der didaktische Wert von Sketchen

Sketche stellen grundsätzlich **keine** kommunikative Fähigkeit dar, denn mit ihrer Hilfe kann man nicht ausdrücken, was man selbst sagen möchte. Man spricht das, was in der Rolle vorgegeben ist und hält sich möglichst genau an den Text.

Sketche stellen jedoch eine wertvolle Vorform dar, da ...

- das Satzmuster und die Aussprache intensiv eingeprägt werden.
- beim Spielen Gestik und Mimik einerseits und Sprache andererseits in Einklang gebracht werden müssen. Das ist eine wichtige Fähigkeit auch für die echte Kommunikation.
- die Schüler bei der Erarbeitung weitgehend eigenverantwortlich üben und kreativ werden können.

An Sketche für den Englischunterricht im Anfangsunterricht sollten deshalb folgende **Ansprüche** gestellt werden, damit sie den Schülern auf Dauer Freude machen und diese sie inhaltlich und sprachlich meistern können.

Sketche sollten ...

- nur die nötigsten, am besten gar keine ausgefallenen Wörter und Strukturen beinhalten.
- einfache, alltägliche Redemittel benutzen.
- Situationen darstellen, die von den Schülern nachvollziehbar sind, d.h. die sie selbst schon so oder ähnlich erlebt oder davon gehört haben.
- möglichst einen kleinen, kindgemäßen Gag beinhalten.

- Die einzelnen Rollen sollten möglichst unterschiedliches Anspruchsniveau besitzen, damit sich für jeden Schüler eine passende Rolle (nicht zu leicht und nicht zu schwer) findet.

Unterrichtsphasen zur Einübung eines Sketches

Vorbemerkung: Es handelt sich hier um die Beschreibung eines relativ offenen unterrichtlichen Vorgehens. Es werden, im Hinblick auf eine Aufführung vor einer anderen Klasse oder an einem Elternnachmittag, mehrere Sketche eingeübt.

Beispiel: Love of animals (aus: Waas/Worm 1999, S. 2)

Teacher:	*Do you know an example when the love between people and pets goes **too far**?*	zu weit
Pamela:	*Our **neighbour** has a cat. The cat always sleeps on his **pillow** next to him*	Nachbar Kopfkissen
Teacher:	*Is that true?*	
Pamela:	*Yes, and the cat **stays** there for the whole night.*	bleibt
Teacher:	*That's very **unhealthy** indeed.*	ungesund
Mark:	*My aunt had a dog. And she kissed him on his nose.*	
Teacher:	*Oh dear, that's **disgusting**, indeed. And it's very unhealthy.*	ekelhaft
Mark:	*That's exactly what I always said to her. And it **was** very unhealthy.*	war
Teacher:	*Did your aunt **become** ill?*	werden
Mark:	*My aunt? No, not her! But the dog **died** a few days later.*	starb

Zunächst arbeiten jedoch die Schüler noch nicht mit dem englischen Text, sondern mit dem deutschen Äquivalent:

Tierliebe

Lehrerin: Kennt ihr ein Beispiel, wann die Liebe zwischen Menschen und Tieren zu weit geht?
Pamela: Unser Nachbar hat eine Katze. Die Katze schläft immer auf seinem Kopfkissen neben ihm.
Lehrerin: Wirklich?
Pamela: Ja, und die Katze bleibt dort die ganze Nacht.
Lehrerin: Das ist sehr ungesund.
Mark: Meine Tante hatte einen Hund. Und sie küsste ihn auf die Nase.
Lehrerin: Du meine Güte, das ist wirklich ekelhaft. Und äußerst ungesund.
Mark: Das ist genau das, was ich ihr auch immer gesagt habe. Und es war wirklich ungesund.
Lehrerin: Ist deine Tante krank geworden?
Mark: Meine Tante? Nein, sie nicht! Aber ihr Hund starb ein paar Tage später.

1. An der Tafel wird die Anzahl der Spieler einer jeden Gruppe für einen bestimmten Sketch und dessen Titel (auf Englisch und Deutsch) bekannt gegeben.

Love of animals – Tierliebe 3 actors	**Wrong food** – Das falsche Futter 2 actors
Idiots – Idioten 3 actors	**Too far** – Zu weit 5 actors

2. Die Klasse teilt sich in Spielgruppen auf, diese entscheiden sich für einen Sketch. Sie erhalten jeweils die deutsche Version mit dem Situationsbild.
   Nun lesen die Schüler den Sketch auf Deutsch und versuchen ihn so weit wie möglich auswendig zu lernen.
   Sie spielen dem Lehrer einzeln vor. Dieser gibt Regietipps, stellt einfache Requisiten (z. B. Stofftier) zur Verfügung bzw. bespricht, wer etwas mitbringen kann.
3. Die Schüler spielen der Klasse vor.
4. Sobald eine Spielgruppe ihren deutschen Text flüssig sprechen (lesen) kann, bekommt jeder Schüler den englischen Text.
   Der Lehrer übt zusammen mit der Spielgruppe durch Vor- und Nachsprechen oder durch Verfolgungssprechen bzw. durch Mitsprechen den Text ein. Zu Beginn werden die Schüler nicht mit dem englischen Text allein gelassen! Anschließend üben die Schüler in Gruppen.
5. Schon relativ bald (damit evtl. Aussprachefehler nicht eingeschliffen werden) liest jede Gruppe dem Lehrer den Text mit verteilten Rollen vor. Der Lehrer verbessert, streicht für den individuellen Schüler zu schwierige Passagen oder vereinfacht sie.
6. Die Gruppe übt die Neufassung ein.
7. Jede Gruppe spielt dem Lehrer vor. Dieser gibt Regietipps und korrigiert die Aussprache.
8. Gegen Ende jeder Einheit spielen die Gruppen vor den anderen Kindern vor. Dadurch motivieren sich die Gruppen gegenseitig, helfen bei der Beschaffung von Requisiten und machen Vorschläge für Verkleidungen.

Die Arbeit mit den Sketchen beansprucht einen Zeitraum von ca. 10 Stunden. Das sind aber, mit Ausnahme von vielleicht 2–3 Stunden, keine 45-Minuten Einheiten, sondern jeweils nur etwa 10–12 Minuten. Die Textblätter sollten den Schülern beim Spielen so lange belassen werden,

The Gingerbread Man

Grandma: Stop, stop, the children want to have you for tea.
GM: No, they won't.
No one will have me for tea.
And no one can catch me.

Storyteller: And off he ran out of the house. The old farmer was at work on the farm. He saw the gingerbread man and shouted:
Farmer: Stop, little gingerbread man.
The children want to have you for tea.
GM: No, they won't.
No one will have me for tea.
And no one can catch me.

Storyteller: The gingerbread man ran on. In the fields he met the two children.
Children: Stop, little gingerbread man. We want to have you for tea.
GM: No, no, I will not stop for you.
No one will have me for tea.
And no one can catch me.

Storyteller: On his way through the village the gingerbread man met a horse. The horse shouted.
Horse: Stop, little gingerbread man, let me have you for my tea.
GM: No, no, ...
No one will have me for tea.
And no one can catch me.

Storyteller: Then the little gingerbread man came to a river. He couldn't cross the river because he didn't like to become wet. So he thought for a long time:

| Name: _____ | Class: _____ | Date: _____ |

Let me...

Fox: 'What can I do?' The old woman, the old man, the two children, the horse and the cow, the dog and the cat they all are after me and want to catch me. They all want to have me for tea! – Suddenly a fox came up.
Let me help you. I can swim in the water with you sitting on my tail.

Storyteller: So the fox swam in the river. But suddenly the gingerbread man shouted.
GM: Please help me. My feet are in the water.
Fox: Then get on my back.

Storyteller: The gingerbread man jumped on the fox's back, and the fox swam on. Soon the gingerbread man's feet were in the water again.
GM: Please, help me. My feet are in the water.
Fox: Then jump on my head.

Storyteller: And the gingerbread man jumped on the fox's head. But after a while the gingerbread man shouted again.
GM: Please, help me. My feet are in the water.
Fox: Then jump on my nose.

Storyteller: Now the gingerbread man thought he was safe. But – snap! With one big gulp the fox swallowed the nice little gingerbread man. And the nice little gingerbread man wasn't there any longer.
There was no gingerbread man for the cat or the dog or the cow or the horse or the children. And they all were very sad.

wie diese sie benötigen. Der Lehrer oder ein Schüler kann auch soufflieren, um den Akteuren mehr Sicherheit zu verleihen. Erfahrungsgemäß verzichten die Schüler von selbst auf ihren gedruckten Text, sodass sie beim Spielen freier werden. Bevor den Eltern vorgespielt wird, sind andere Klassen dankbare und begeisterte Zuschauer. Die Sketche sollten zuerst auf Englisch, dann erst auf Deutsch vorgespielt werden. Die Aufmerksamkeit der zuschauenden Schüler ist dann größer, weil sie wissen möchten, was sie vom englischen Sketch verstanden haben.

Manchem Lehrer mag der Zeit- und Arbeitsaufwand, der Lärmpegel und das Durcheinander für eine solche Aktion als zu groß erscheinen. Wenn man jedoch die Begeisterung der Spieler und den Beifall, den sie von den Zuschauern bekommen, betrachtet, so lohnt sich der Einsatz allemal.

Neben dem Motivationsschub für den Englischunterricht, der die Folge dieser Arbeit ist, bietet sich hier auch die Gelegenheit, die Lerntechnik des Auswendiglernens durch die Abdeckmethode anzuwenden (Vgl. 3.4.1). Hier laufen soziale und kognitive Lernprozesse gleichermaßen ab – es wird im wahrsten Sinne des Wortes ganzheitlich gelernt.

3.4.3 Die Hinführung zum Dialog

Nur wenn die Schüler über den individuellen Wortschatz verfügen, den sie zum Sprechen benötigen, werden sie befähigt, das auszudrücken, was sie äußern möchten. Dies gilt vor allem für den Wortschatz, aber auch für Strukturen. Der Wortschatz muss über die Sprachrezeption, also über das Verstehen und Speichern, systematisch bis zu seiner produktiven Verwendung in kommunikativen Situationen aufgebaut werden.

Es ist deshalb empfehlenswert, ungefähr eine Woche vor der Durchführung einer bestimmten Aktionseinheit oder eines Themenbereiches, eine kleine schriftliche Schülerbefragung (mit Namen) durchzuführen, durch die die unmittelbaren Vorerfahrungen, Vorlieben und auch Abneigungen einzelner Schüler ergründet werden können. Hier einige Beispiele:

Beabsichtigtes Thema	Fragen an die Schüler (eine Woche vorher)
family	Wer wohnt alles in eurer Familie? Wen magst du von euren Verwandten besonders gern?
numbers	Welches ist eure Telefonnummer? Nenne zwei Telefonnummern von Freunden/Freundinnen!
school	Was hast du in deinem Federmäppchen? Schreibe drei Dinge auf, die du immer in deiner Schultasche hast.
toys	Welches ist dein Lieblingsspielzeug? Womit beschäftigst du dich besonders gerne am Wochenende?
pets	Welches Tier möchtest du gerne haben? Welches Tier hast du zu Hause?
winter	Welchen Wintersport übst du aus? Was ziehst du an, wenn es besonders kalt ist?
Christmas	Was wünschst du dir zu Weihnachten? Womit war euer Christbaum letztes Jahr geschmückt? Was hast du zu Weihnachten bekommen?
at the market	Welche Früchte magst du besonders gern? Welche Früchte magst du nicht?
summer	Was ziehst du an, wenn es sehr warm ist?
holidays	In welchem Land warst du letztes Jahr in Urlaub? Welches Land würde dich besonders interessieren? Wie war das Wetter dort? Wo habt ihr übernachtet? Mit welchem Fahrzeug seid ihr gereist? Wohin möchtest du gerne?
home	Schreibe zu jedem Zimmer einen Einrichtungsgegenstand, der dir gerade einfällt, auf. Küche: Wohnzimmer: Kinderzimmer: Bad: Schlafzimmer:
illnesses	Welche Krankheit hattest du schon?
spring/autumn	Welche Blumen blühen bei euch auf dem Balkon/im Garten? An welchen Bäumen kommst du auf deinem Schulweg vorbei?

Auf der Grundlage einer solch kurzen Befragung kann der Lehrer den deutschen Wortschatz ermitteln, den er in der Phase des Wortschatzerwerbs auf Englisch anbieten will. Das wird in der Regel nur durch eine entlastende Wortschatzeinführung so intensiv möglich sein, dass diese Wörter dem Schüler dauerhaft im Zusammenhang mit der Produktion von Redemitteln zur Verfügung stehen. Selbstverständlich orientiert sich der Wortschatz auch an den im Lehrwerk vorgeschlagenen oder an anderen Aktivitäten, aber eben auch an den individuellen, sprachlichen Bedürfnissen der Schüler.

Die wichtigsten Strukturen sollten den Schülern in der Grundschule in typischen, handlungsorientierten Situationen begegnen. Von diesen sollten dann die einfachsten wiederum ausgewählt werden, die in den produktiven Bereich übergeführt werden können, um kindgemäße und sprachlich häufige kommunikative Situationen zu bewältigen. An vorderster Stelle sind hier folgende Sprechakte zu nennen:

Sich nach dem Befinden eines anderen erkundigen – Nach der Uhrzeit fragen und antworten – Einen Vorschlag machen – Einem Vorschlag zustimmen oder ablehnen – Eine Vermutung ausdrücken – Sagen, wo etwas weh tut – Fragen, wo etwas ist – Einen Wunsch ausdrücken – Nach dem Preis fragen – Nach einem Namen fragen – Nach einem Ereignis fragen – Vorlieben ausdrücken – Sagen, dass etwas zu teuer ist – usw.

Man kann sich gar nicht oft genug vor Augen halten, dass jegliches Sprechen, vor allem jedoch ein kommunikatives Sprechen, ein hohes Maß an rezeptiven Fähigkeiten voraussetzt, dass also zunächst die Schüler einem Wortschatz und Strukturen begegnen, die sie oft erst (viel) später in kommunikativen Situationen benötigen. In einem Schaubild sehen die didaktischen Folgerungen aus dieser Erkenntnis folgendermaßen aus:

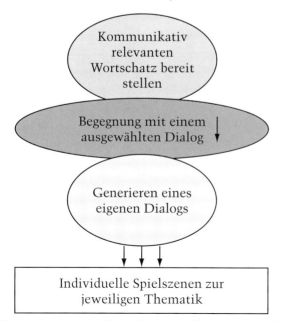

Abb. 24: Progression beim kommunikativen Sprechen

Nirgendwo sonst als beim Anstreben des kommunikativen Sprechens ist eine so sorgfältige, kindgemäße **Progression**, die vom einzelnen Wort über einfache zu komplexeren Sprachrezeptionen führt, notwendig und Voraussetzung für den Lernerfolg im produktiven Bereich in der Grundschule. Diesen Weg gehen die Schüler in der Grundschule nicht gleich schnell und schon gar nicht im Gleichschritt. Schwächeren und langsameren Schülern muss es immer wieder erlaubt sein, eine Pause auf diesem Weg einzulegen. Es sollten ihnen aber auch immer wieder Hilfen und Anreize zum Sprechen gegeben werden. Die natürliche Motivation der Kinder zur szenischen Darstellung gibt uns immer wieder Gelegenheit, solche zunächst recht eng geführte Dialoge in immer individuelleren und offeneren Spielszenen zu wiederholen und zu festigen.

1. Die Einflüstermethode

Zur Generierung von einfacheren Dialogen genügt in der Regel die Einflüstermethode. Dazu ist eine Verwendung des Schriftbildes nicht nötig.

Zieldialog: Let's meet
Marcel: Hello, Nicol. Nice to see you.
Nicol: Hello, Marcel
Marcel: What's your English name?
Nicol: (My English name is) Sue.
Marcel: That's a nice name.
Nicol: What's your English name?
Marcel: My English name is Ken.
Nicol: It's a nice name, too.

1. Zunächst spielt der Lehrer den Dialog mit einer Handpuppe vor.
2. Der Lehrer spielt den Dialog mit einem Schüler und der Handpuppe vor. Er flüstert den Satz dem Gesprächspartner vor. Dieser wiederholt seinen Satz laut.
3. Der Lehrer spricht seine eigene Rolle, die Klasse spricht die Rolle der Handpuppe nach.
4. Die Handpuppe spricht den Dialog mit einem Schüler. Der Lehrer flüstert notfalls ein.
5. Die Schüler spielen den Dialog in Partnerarbeit.

2. Visualisierungsmaßnahmen

Ken: Hello Sue.
Sue: Hello Ken. Can we ... this afternoon?

Ken: Yes, that's a ✓ oder: No, I don't like ... ✗
good idea.

1. Zunächst spielt der Lehrer mit der Handpuppe den Dialog vor.
2. Die Handpuppe und ein sprachbegabtes Kind sprechen den Dialog. Der Lehrer flüstert ein und zeigt Bild- bzw. Wortkarten.

3. Der Lehrer spricht vor – Schüler wiederholen die Sätze.
4. Der Lehrer spricht Teile der Sätze vor – die Schüler ergänzen die Sätze entsprechend den (vom Lehrer) gezeigten Karten.
5. Schüler spielen mit verschiedenen Partnern den Dialog.

Hierbei können ohne Weiteres solche Wörter als Gedächtnisstütze angeboten werden, die keine Interferenz bedingen (z. B.: *Hello Ken/Sue – Can – Yes – No)*

Wichtig ist bei dieser Art von Dialoggenerierung jedoch, dass zumindest an einer Stelle des Dialogs jeder Schüler das einsetzt, was er wirklich spielen möchte. Ansonst bleibt dieses Bemühen im Vorkommunikativen stecken.

3. Generierung komplexer Dialoge

Die Generierung komplexer Dialoge wird ohne die Zuhilfenahme des Schriftbildes bald an ihre Grenzen stoßen. Hier empfiehlt sich folgender Weg: Wir gehen von Dialogtexten aus, die auf Audio-CD bzw. Audiokassette möglichst von *native speakers* gesprochen wurden. Ein solcher Text wird möglichst oft von den Schülern gehört, damit sie sich bei der Arbeit am eigenen Dialog später leichter an die Redemittel erinnern. In der Regel stellt der Lehrer zu diesem Zweck Fragen bzw. gibt Arbeitsaufgaben (*true-false*). Dabei kommt es darauf an, und das sei hier betont, dass die Schüler den Text möglichst oft hören. Nichts ist hier also wünschenswerter, als wenn ein Schüler eine falsche Antwort gibt, die anderen Schüler nicht zustimmen – und der Lehrer einen willkommenen Anlass hat, den ganzen Text noch einmal vorzuspielen. Auch vorher schon, wenn die Schüler selbstständig die Aufgaben beantworten sollen, dürfen sie den Text so oft hören, wie sie es wünschen. Der Lehrer fragt immer wieder: *"Do you want to hear the text once more?"* Diese Phase ist besonders deshalb wertvoll, weil sich die Schüler auf den Inhalt konzentrieren und die Strukturen unbewusst immer wieder hören.

Erst wenn der Inhalt geklärt ist, erhalten die Schüler den Dialog in gedruckter Form. Ist der Text zu lang oder zu schwierig, wird er in gekürzter Form verteilt. Dabei sollte der Lehrer jedoch beachten, dass die später benötigten Redemittel nicht auch dem Rotstift zum Opfer fallen.

Man kann in der Grundschule **nicht** davon ausgehen, dass die Schüler ohne weiteres das Klangbild mit dem richtigen Schriftbild verknüpfen können. Deshalb liest der Lehrer den Text u. U. öfters vor und die Schüler lesen möglichst halblaut mit. Erst nach sorgfältigen Leseübungen und Sprechübungen lenkt der Lehrer die Aufmerksamkeit der Schüler auf die sprachlichen Mittel. Der Lehrer bittet nun die Schüler, die entsprechenden Redemittel im Text zu unterstreichen.

L.: Was sagte der Mann, als er seinen Freund ins Wohnzimmer bat?
Sch. unterstreichen im Text: *Come into our living-room, please.*
L.: Was sagte der Mann, als er fragte, wo seine Frau ist?
Sch. unterstreichen im Text: *Where is Jenny?*
usw.

Die Sprechabsichten werden an der Tafel in Kurzform fixiert und die Redemittel dazu geschrieben:

Jemanden bitten, in ein Zimmer zu kommen:	Come into …, please.
Fragen, wo sich jemand befindet:	Where is …?

Dieses Bewusstmachen des Zusammenhangs von Redemitteln und Sprechabsichten in einem Sprechakt ist die unabdingbare Voraussetzung für die Übertragbarkeit auf andere Sprechsituationen. Sicherlich gelingt dies entsprechend dem Abstraktionsvermögen eines Schülers unterschiedlich gut. Das darf uns jedoch nicht hindern, diesen Weg immer wieder einzuschlagen. Allerdings müssen sich daran Übungen anschließen, mit Hilfe derer die Schüler sehen, wie das Umsetzen von Sprechabsichten in Redemittel funktioniert. Das Kind bringt jedoch schon aus dem muttersprachlichen Bereich bereits aus der frühesten Kindheit hierfür Erfahrungen mit. Es hat Appetit auf Schokolade bzw. denkt sich ‚Ich möchte Schokolade' (Sprechabsicht), aber es sagt: „Gib mir bitte Schokolade." (Redemittel). Es möchte einen Ball haben und es sagt: „Gib mir den Ball." Bis es zu dieser Äußerung in der Lage ist, muss es das Redemittel in der Regel sehr häufig hören, oft muss ihm auch sprachlich geholfen werden. Im Unterricht imitieren wir dies durch Impulse, wodurch wir öfters den gleichen Sprechakt beschreiben und die Schüler zur sprachlichen Realisierung auffordern.

L.: Dein Freund hat einen Ball in der Hand. Du möchtest ihn haben. Was sagst du?
Sch.: *Can I have the ball, please.*
L.: Deine Mutter hat ein Gummibärchen. Du möchtest es haben. Was sagst du?
Sch.: *Can I have the jelly baby, please.*

Im Unterschied zum Verstehen, wo man verschiedene Realisierungsmöglichkeiten einer Sprechabsicht benötigt, um sich in einem Sprechakt zurechtzufinden, genügt es, wenn ein Sprecher nur **ein** Redemittel pro Sprechabsicht produktiv beherrscht. In der Grundschule begnügen wir uns deshalb auch bei Hörverstehenstexten, die als Vorbereitung auf die Dialogproduktion dienen, mit nur **einem** Redemittel pro Sprechabsicht – und zwar mit dem einfachsten und dem möglichst universell Verwendbaren.

Ausschließlich nach einer intensiven Hör- und Bewusstmachungsphase werden die Schüler dann in der Lage sein, diese Redemittel in einem Dialog selbstständig anzuwenden. Ungeeignet, ja sogar schädlich ist das Auswendiglernen eines vorgegebenen Dialogs. Nur die Redemittel, nicht der komplette Dialog in seinem Verlauf, müssen auswendig beherrscht werden. Am besten hierfür eignet sich eine *dialogue chain*, die Sprechabsichten vorgibt, die die Schüler in Redemittel umsetzen.

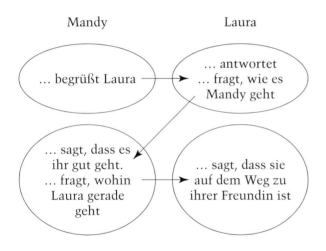

Solche Sprechabsichten können inhaltlich je nach Anforderungsniveau mehr oder minder offen gehalten werden:

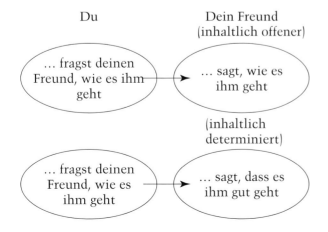

Abb. 25: Üben an *chat points*

Nach einem gemeinsamen Durchgang der *dialogue chains* auf Folie im Unterrichtsgespräch, in dem wohl hauptsächlich die begabteren Schüler zum Zuge kommen, erhält jeweils eine Partnergruppe den Dialog auf einem Blatt. Um die Sprechzeit eines jeden Schülers zu optimieren, wird in Partnergruppen geübt. Die Gruppen verteilen sich im Klassenzimmer (und evtl. auf dem Gang), damit sie sich möglichst wenig beim Einüben des Dialogs stören.

Allerdings kann man mit sog. *chat points* – aus farbigem Papier ausgeschnittene Kreise –, die gleichmäßig im Klassenzimmer verteilt werden, den Lärmpegel in Grenzen halten. Die Partnergruppen üben ihren Dialog jeweils nur an einem *chat point* ein. (Abb. 24)

Diese Phase sollte anfangs nicht länger als etwa 10 Minuten dauern. Der Lehrer steht natürlich in dieser Zeit für Fragen zur Verfügung. Anschließend sprechen einzelne Gruppen nach der *dialogue chain* ihren Dialog vor. Sie können hier schon Gestik und Mimik hinzufügen. Auf jeden Fall empfiehlt sich jeweils eine Kassettenaufnahme, die unmittelbar im Anschluss gemeinsam angehört wird. Dazu stoppt der Lehrer die Kassette an der Stelle, wo ein Fehler gemacht wurde. Zunächst dürfen die Akteure diesen richtig stellen. Dann erst werden die Mitschüler zur Korrektur zugelassen. Während des Sprechens auf die Kassette wird allenfalls eingeflüstert, jedoch nicht korrigiert. Im Laufe der Zeit, d. h. in den späteren Unterrichtseinheiten, in denen immer wieder fünf Minuten zum Vorspielen des Dialogs gegeben werden, werden die Schüler immer freier, sodass sich aus einem solchen Sprechen nach einer *dialogue chain* eine kleine szenische Darstellung entwickeln kann.

> **Unterrichtsbeispiel:** *Let's go skating*
> (vgl. Waas L. et al. 1993, S. 65)

Lernziele

Die Schüler sollen …

… einen Dialog möglichst oft mit Interesse hören
… diesen Dialog zunächst grob, dann detailliert verstehen
… den Dialog flüssig lesen können
… Redemittel ausgewählten Sprechabsichten zuordnen

... die ausgewählten Sprechabsichten in Redemittel umsetzen können
... einen Dialog zusammen mit einem Partner mit Hilfe einer *dialogue chain* einüben
... den Dialog auf Kassette sprechen
... (eigene) Fehler bei der Dialogproduktion entdecken und verbessern

Vorbemerkung

Die hier vorgestellte Unterrichtssequenz sollte keinesfalls an einem Tag durchgeführt, sondern auf mindestens drei Tage verteilt werden. Wir stellen hier ausführlich den rezeptiven und produktiven Bereich der Unterrichtssequenz dar, da beide stark voneinander abhängig sind. Eine entlastende Wortschatzeinführung zum Hörtext „*Let's go skating*" wird vorausgesetzt.

Artikulation	Stundenablauf	Medien/Unterrichtsformen
Recall of vocabulary	L. teilt englische und deutsche Wortkarten, die im Hörverstehensdialog vorkommen, in der Anzahl der Schüler in der Klasse aus und spricht dazu laut die englischen Wörter. L.: *Try to find your partner first.* *Then fix your cards on the board.* Die Sch. gehen umher, suchen ihren Partner und heften ihre Karten paarweise an die Tafel. (Kartenpaare (für 26 Schüler): *ice*-Eis; *snowman*-Schneemann; *go skating*-Schlittschuh laufen gehen; *go upstairs*-die Treppe hochgehen; *on the floor*-auf dem Boden; *too small*-zu klein; *lake*-See; *to rent*-ausleihen; *too thin*-zu dünn; *ice rink*-Eislaufbahn; *skates*-Schlittschuhe; *where*-wo; *car key*-Autoschlüssel; *kitchen*-Küche)	Spielerische Wiederholung Wortkartenpaare
Setting of the listening situation	L. klappt Tafelskizze auf. L.: *Look, here are Mark and Jenny. And here is their mother. Look outside – it's snowing. Mark and Jenny are thinking about what they can do today.*	
Presentation of the text	L.: *Listen to their dialogue.* L. spielt Kassettentext vor.	
Comprehension	L.: Wozu haben sich Mark und Jenny entschlossen? Sch.: Sie fahren zum Eislaufen zur Eisbahn. Sch. erhalten je ein Kuvert mit vier Bildern aus dem Dialog. L.: *Put the pictures in the right order. Listen to the dialogue first.* Sch. bringen die Bilder in die richtige Reihenfolge. Ein Sch. legt die Bilder auf dem OHP in die richtige Reihenfolge – Sch. vergleichen ihre Lösungen.	
Listening for detail	Sch. erhalten ein Arbeitsblatt mit *right-wrong*-Aufgaben. Dieses liest der Lehrer vor, bevor die Sch. erneut den Dialogtext hören und die passende Antwort ankreuzen. **Worksheet**: 1. *It's raining outside. (wrong – right)* 2. *Jenny says: „Let's make a snowman." (wrong – right)* 3. *Mark and Jenny are making a snowman. (wrong – right)* 4. *Mark's skates are under the bed. (wrong – right)* 5. *Jenny's skates are on the kitchen floor. (wrong – right)* 6. *Jenny and Mark are running on their skates. (wrong – right)* 7. *Jenny's skates are broken. (wrong – right)* 8. *Mark's skates are too small. (wrong – right)* 9. *The car key is in the ice rink. (wrong – right)* 10. *The car key is on the floor. (wrong – right)* 11. *They go skating to the lake. (wrong – right)*	Arbeitsblatt Schüler kreuzen die Antworten auf dem AB an

Artikulation	Stundenablauf	Medien/Unterrichtsformen
Ergebniskontrolle	L. liest die Sätze vor, Sch. entscheiden, ob sie richtig oder falsch sind: Sch.: *That's right. That's wrong.*	Unterrichtsgespräch
	L. teilt den Dialog in vereinfachter Form gedruckt an die Schüler aus. L. liest den Dialog vor, Sch. lesen halblaut mit. L.: *I'll read the dialogue to you, and you can read together with me.* Die Sch. sollen den Dialog am Ende flüssig lesen können.	KV 1
Picking the speech acts	L.: Was sagte Jenny, als sie vorschlug, einen Schneemann zu bauen? Unterstreiche den Satz auf deinem Blatt. Sch. unterstreicht: *Let's make a snowman.* etc. Während des Unterrichtsgesprächs heftet L. Wortkarten mit den Sprechabsichten an die Tafel: | Einen Vorschlag machen	Let's...
Fragen, wo etwas ist	Where is/are...
Jemanden bitten, etwas anzuprobieren	Try ... on, please.
Sagen, dass etwas kaputt ist	... is/are broken | Anschließend bietet L. die entsprechenden Redemittel durcheinander an und lässt sie von den Schülern zuordnen.	Frontalunterricht Wortkarten mit Sprechabsichten
Exercise phase	L. verteilt an jeweils zwei Schüler einen Tennisball (oder Luftballon). Sie suchen sich einen Platz im Klassenzimmer und stellen sich in ca. 2 m Entfernung voneinander auf. L. nennt eine Sprechabsicht, der Schüler mit dem Ball wandelt diese in ein Redemittel um und wirft anschließend den Ball zu seinem Partner. Bsp. für Sprechabsichten: – Frage, wo deine Schlittschuhe/Fahrrad/das rote Auto/deine Mütze usw. sind. – Schlage vor, einen Schneemann zu bauen/Fußball zu spielen/Rad zu fahren usw. – Sage, dass das Auto/die Uhr/das Fahrrad kaputt ist.	Tennisbälle
Setting for the dialogue	L.: *Here are Dora and Norman. Norman is 12 years old and Dora is six. They are brother and sister. It's a wonderful winter day. It's snowing outside. Look, here is their dialogue.*	Tafelskizze
Dialogue construction	L. präsentiert die *dialogue chain* „Dora and Norman" Zunächst wird die *dialogue chain* am OHP gemeinsam durchgearbeitet, dann teilt L. die *dialogue chain* auf einem Blatt Papier an jeweils eine Partnergruppe aus. Die Gruppen verteilen sich im Klassenzimmer und üben den Dialog entsprechend der Vorgaben ein. Der L. steht für Hilfen zur Verfügung.	*Dialogue chain*, OHP, KV 2

Artikulation	Stundenablauf	Medien/Unterrichtsformen
Dialogue production	Nach etwa 10 Minuten sprechen etwa drei Partnergruppen, möglichst begleitet von Gestik und Mimik, mithilfe der *dialogue chain* am OHP den Dialog der Klasse vor. (Achtung: **Kein** auswendiges Aufsagen des Dialoges!)	*Dialogue chain*, OHP
Correction and reflection phase	Jede der (drei) Partnergruppen wird auf Kassette mit Mikrofon aufgenommen und ihr Dialog unmittelbar nach dem Vortrag der Klasse vorgespielt. Bei einem Fehler stoppt der L. das Band und die Akteure dürfen sagen, wie der Satz richtig lautet. Nur wenn diese den Fehler nicht entdecken, dürfen die übrigen Schüler korrigieren.	Sch. spielen Dialoge vor
Work to be continued	In den folgenden Stunden sollte immer wieder Gelegenheit zur Arbeit mit und ohne *dialogue chain* und zum Vorspielen weiterer Partnergruppen gegeben werden. Zum Vorspielen sollte ermuntert (z. B. durch Lob und Beifall), jedoch nicht gezwungen werden.	Nur kurze Phasen (ca. 10 Minuten)

3.4.4 Die Hinführung zum Generieren von Sätzen

Es ist natürlich, wenn ein Kind auf eine englische Frage, die bejaht oder verneint werden kann, nur nickt oder den Kopf schüttelt bzw. mit „yes" oder „no" antwortet. Das war beim Erwerb der Muttersprache genauso und im Alltag ist dies sowohl in England als auch in Deutschland üblich. Das gleiche gilt für eine Antwort, die mit nur einem Wort beantwortet werden kann. (Welche Farbe hat dein Fahrrad? – Rot) Für ein Kind ist es zunächst auch schwer einsehbar, dass es in einem ganzen Satz und noch dazu auf Englisch antworten sollte, wenn die Lehrerin doch auch Deutsch versteht – vielleicht sogar besser als Englisch. Ein Kind lebt oft so in der Situation involviert, dass es gar nicht bemerkt, in welcher Sprache der Dialog geführt wird. Deshalb fällt es oft schwer, die Kinder bei einem Spiel dahin zu bringen, sich auf Englisch zu unterhalten – vor allem, wenn der Wortschatz und die Strukturen nicht zur Verfügung stehen. Auch aus dieser Sicht ist der Einsatz einer Handpuppe, die ausschließlich Englisch versteht und spricht, sehr hilfreich. Wenn das Setting (Einsprachigkeit der Handpuppe) durchgehalten wird, so hilft diese sicher mit, die Schüler zu Äußerungen in der Fremdsprache zu motivieren. Das ist auch in der Regel kein größeres Problem, solange wir die Fragen so auswählen, dass die Einwortsätze als Antwort genügen, ohne dass die Kommunikation gestört wird. Und sicherlich begnügen wir uns damit, da ja rezeptive Fähigkeiten, z. B. das Hörverstehen, zunächst im Mittelpunkt stehen. Das darf uns jedoch nicht hindern, den Schülern Möglichkeiten aufzuzeigen, wie sie kommunikativ relevante Sätze in lebensnahen Situationen bilden können.
Solange die Schüler das Schriftbild noch nicht beherrschen (Schulanfänger), existiert zunächst nur die Möglichkeit, sich Strukturen einzuprägen, diese so oft wie möglich in gleichen und ähnlichen Situationen zu hören und zumindest ansatzweise zu (re)produzieren. Als Hilfe kann der Lehrer die ersten Wörter von Sätzen vorsprechen, z. B. wenn ein Schüler um Erlaubnis bittet, auf die Toilette zu gehen:
Can I go to the toilet, please?
Gelegenheiten hierzu bieten *classroom phrases:*
Can I open the window, please?
Can I have my pen/book/matchbox car/playing cards, please?
Der Lehrer sollte hier jedoch die Anforderungen nicht zu hoch ansetzen und die „Vergessensquote" nicht unterschätzen.
Kann später auch das Schriftbild verwendet werden, treten zwei weitere Möglichkeiten hinzu, die dieser Altersstufe angemessen sind:

1. Die übersichtliche Strukturierung eines Satzmusters durch Reihensätze

Reihensätze können in Form von *substitution tables* angeboten werden. Hier kommt es darauf an, ob sie den Kindern die Möglichkeit einer echt kommunikativen Aussage bieten oder nicht. Wenn den Schülern z. B. im Anschluss an die Wortschatzeinführung *animals* ermöglicht wird, mithilfe einer *substitution table* etwas über ihre eigene Situation auszusagen, so kann nichts dagegen eingewendet werden.

I've got a	dog cat hamster
I haven't got a	lizard budgie
I'd like to have a	parrot gerbil

Let's go skating

Jenny:	Look outside, Mark. It's snowy. **Let's make a snowman.**
Mark:	A snowman? Oh, no, not a snowman. Let's go skating to the lake.
Jenny:	Okay, Mark – no snowman. **Where are my skates**, Mum?
Mrs. Jackson:	Under your bed, Jenny. Go upstairs and look.
Mark:	And my skates, Mum? Where are my skates, Mum?
Mrs. Jackson:	In your favourite place, Mark. In the kitchen, on the floor.
Jenny:	You're right, Mum. My skates are under my bed. Thanks.
Mrs Jackson:	**Try your skates on**, Jenny. And you, Mark, too.
Jenny:	Ooh, the left skate is too tight. and the right skate is … is … too tight. Oh dear. My skates are too small this year.
Mark:	And my skates are … are … Oh, no. **The left skate is broken.** No skating for us at the lake.
Jenny:	And the snowman? Let's make a snowman, Mark.
Mark:	No, no, no snowman! Let's go to the ice rink. We can rent skates there.

| Name: | Class: | Date: |

Dora

Norman

- … schlägt vor, zum Eislaufen zu gehen

- … ist einverstanden
- … schlägt vor zum See zu gehen

- … ist einverstanden
- … fragt, wo ihre Schlittschuhe sind

- … sagt, dass sie unter dem Bett liegen

- … findet sie und bedankt sich

- … sagt, dass sie die Schlittschuhe anprobieren soll

- … sagt, dass sie zu klein sind

- … schlägt vor einen Schneemann zu bauen

- … ist einverstanden

Dora

Unabdingbar hierbei ist, und dies sei hier mit allem Nachdruck wiederholt, eine vorausgegangene Befragung der Schüler, sodass in einer solchen Übung auch tatsächlich mit den individuell wichtigen Wörtern gearbeitet werden kann.

2. Die Veranschaulichung von sprachlichen Gesetzmäßigkeiten durch eine visuelle Regel

Die visuelle Regel (optische Regel) stellt eine Vorform der verbalen Regel dar. Sie ist sozusagen das anschauliche Bindeglied zwischen dem Erkennen der gleichen Struktur und deren Versprachlichung. Sicherlich sind manche Schüler auch in der Lage, eine sprachliche Gesetzmäßigkeit in Worte zu fassen – grundsätzlich ist dies jedoch nicht unbedingt nötig. Wenn ein Mensch verstanden hat, nach welcher Regel Sprache funktioniert, so genügt das vorläufig.

Drei Beispiele:
1. Die Unterscheidung von *he* und *she*

Ausgang für eine Bewusstmachung ist stets eine reale Situation, am besten eine Handlung.
Nehmen wir an, folgendes Ratespiel wird im Rahmen des Unterrichts gespielt:
Die Klasse wird in zwei Teams eingeteilt (the *wolves* and the *tigers*) und jeder Spieler bekommt eine Nummer.
Der Lehrer bittet den 1. Spieler der *wolves* nach vorne und gibt ihm (*wolf* 1) z. B. einen Radiergummi so, dass die Klasse nicht sieht, was es ist. *Wolf* 1 versteckt den Radiergummi unter dem Pullover. Dann fragt der Lehrer *"What has he (she) got?"* und deutet auf *wolf* 1. Nun dürfen die Spieler der Mannschaften abwechselnd fragen.

> Als erster Spieler fragt *tiger* 1: *Has he (she) got a pencil?*
> L: *No, he (she) hasn't.*
> Wolf 2: *Has he (she) got a pencil sharpener?*
> L: *No, he (she) hasn't.*
> Tiger 2: *Has he (she) got a rubber?*
> L: *Yes, he (she) has.*

Tiger 2 hat also einen Punkt für sein Team gewonnen, weil er den *rubber* erraten hat.
Nun kommt *Tiger* 1 nach vorne und *Wolf* 3 beginnt die neue Raterunde.
Beim ersten Spiel muss gewöhnlich der Lehrer helfen. Je länger das Spiel gespielt wird (nicht mehr als 10 Punkte insgesamt!), desto größer ist die Wahrscheinlichkeit, dass schon einige Schüler selbständig *he* und *she* richtig verwenden und auch die Funktion des Lehrers übernehmen können. Es darf jedoch nicht erwartet werden, dass diese Gesetzmäßigkeit von allen, ja nicht einmal von den meisten Schülern erkannt wird. Deshalb werden die Situation und die sprachliche Form im Anschluss an das Spiel bewusst gemacht.

L.: Erinnerst du dich an das Spiel? Einmal musste man *"Has <u>he</u> got a ...?"* fragen, dann wieder musste man *"Has <u>she</u> got a ...?"* fragen. Das war doch komisch!
Während die Schüler in Partnerarbeit ihre Vermutungen austauschen, zeichnet der Lehrer eine Skizze (visuelle Regel) auf die Rückseite der Tafel:

Die Schüler notieren entweder ihre Lösung auf den Block oder sie flüstern (mit Begründung) ihre Lösung ins Ohr des Lehrers.
Anschließend besprechen der Lehrer und die Klasse das Tafelbild, wobei der Lehrer das persönliche Fürwort *"she"* rot einträgt und die weibliche Figur ebenfalls rot anmalt.
Das Gleiche geschieht mit *"he"* und der männlichen Figur in blau.
Auf einem Arbeitsblatt (s. S. 113) vervollständigen die Schüler nun ebenfalls die Sätze und malen die Personalpronomen und die Figuren in der jeweiligen Farbe an. Weiterhin gibt das Arbeitsblatt Gelegenheit zu erproben, ob die Schüler das Prinzip verstanden haben. Dabei werden bereits leichte Transferaufgaben verwendet. Die ersten Aufgaben können allerdings zunächst mündlich gemeinsam gelöst werden, dann sollte aber jeder Schüler allein arbeiten.
Der Weg zur Bewusstmachung einer sprachlichen Gesetzmäßigkeit durchläuft grundsätzlich drei Phasen, die sich mit der EIS-Theorie und den drei Repräsentationsebenen von J. S. Bruner (Bruner, J. S. 1981, S. 15–29) veranschaulichen lassen. Dieses Modell fordert, dass das Kind zunächst handelnd mit der Sache umgeht, dass dann der Sachverhalt veranschaulicht wird, um schließlich angewendet zu werden.
Kommunikativ von Bedeutung ist das *simple Past* von Verben und hier wiederum die Vergangenheitsformen von *"to be"* und *"to have"*.

Peter   Mandy

1) Fill in, please:

Has Peter got a pencil?   Yes, _____ has.
Has _____ got a pencil case?   No, _____ hasn't.
Has Mandy got a pencil sharpener?   No, _____ hasn't.
Has _____ got a rubber?   Yes, _____ has.

2) Setze he (He) oder she (She) ein.

This is Mr. Pillar.
_____ has a new car.

Mary had an accident.
_____ can't play the flute.

Has Tom got a piano?
No, _____ has got a violin.

This is Mrs Blot.
_____ is Tom's mother.

Repräsentationsebene	Unterrichtliche Ausprägung
Enaktive Phase	Im Spiel handeln die Schüler (Handlung)
Ikonische Phase	Der Sachverhalt wird durch eine Skizze an der Tafel festgehalten (Bild)
Symbolische (formale) Phase	Die Schüler wenden den Sachverhalt (die Regel) in einem Satz an.

2. Die Vergangenheit von *is* und *are*

Mit den Schülern wird an einem schneereichen Wintertag das Lied gesungen *"Wintertime is calling"* und die einzelnen Strophen durch Zeichnungen veranschaulicht. Das Lied erzählt von den Tätigkeiten einzelner Kinder an einem Wintertag:

> *Mary, she is making*
> *a snowman big and fat.*
> *Snowflakes soft are falling, falling, falling down.*
> (aus: Waas 1993, S. 55)

Im Laufe der Zeit wird das Lied öfter gesungen, sodass die Schüler es auch auswendig beherrschen. An einem sonnigen Unterrichtstag wird das Lied wieder gesungen. Im Anschluss daran sagt jedoch der Lehrer, dass das Lied eigentlich gar nicht mehr passt, da ja gar kein Schnee mehr fällt und auch Mary keinen Schneemann machen kann.

L.: Aber ich verändere jetzt das Lied so, dass wir es auch heute singen können.
Der Lehrer zeigt den Text des Liedes (ohne das Bild) und singt das Lied vor:

> *Mary, she was making*
> *a snowman big and fat.*
> *Snowflakes soft were falling, falling, falling down.*

L.: Was habe ich jetzt verändert?
Sch.: *"was"* statt *"is"* – *"were"* statt *"are"*.
Der Lehrer streicht *"is"* und *"are"* aus und schreibt *"was"* und *"were"* darüber.
Nun singen und sprechen die Schüler das Lied in der Vergangenheitsform.
L.: Damals, im Winter, konnten wir *"is making"* singen, jetzt müssen wir *"was making"* singen. Kannst du dir denken, warum?
Es schließt sich ein kurzes Unterrichtsgespräch an, bei dem zumindest einige Schüler den Zeitaspekt ansprechen. Während dieses Gesprächs skizziert der Lehrer an die Tafel:

> was
> *Mary, she ~~is~~ making*
> *a snowman big and fat.*
>
> were
> *Snowflakes soft ~~are~~ falling, falling, falling down.*

Nun holen die Schüler ihre Liedtexte, die sie im Winter erhalten haben, hervor und verbessern die entsprechenden Stellen.

Auf jeden Fall sollte anschließend das ganze Lied in der „neuen Version" gesungen werden.
Ideal wäre es, wenn erneut ein Wintereinbruch stattfände, sodass man entscheiden könnte, ob nun die Winterversion oder die Frühlingsversion gesungen werden sollte.
An diesem Beispiel wird auch deutlich, wie eng Begegnungssprache (Aufgreifen von Gelegenheiten) und selektiv strukturierter Fremdsprachenunterricht zusammen wirken können.

3. Die Vergangenheit von *have/has*

Die Bewusstmachung und anschließende Verwendung des *past* ist besonders deshalb einfach, weil es im Gegensatz zum *present* in allen Personen gleich lautet (z. B. bei *have/has* also *had*). Es besteht deshalb kein Grund, an Stelle des situationsangemessenen *past* das *present* zu verwenden.
Es wird zunächst mit der Klasse ein Kim-Spiel gespielt. Fünf Schülerinnen/Schüler kommen vor die Klasse. Vor ihnen liegen 10 Gegenstände, von denen sie sich jeweils zwei nehmen. Nun sprechen sie ihre Sätze:

z. B. Alf: *I have a book and a pencil.*
Eve: *I have a car and a teddy.*
usw.

Der Lehrer schreibt die Namen der Schüler an die Tafel.

Alf	Eve	Jane	Tom	Bob

Die 5 Schüler/Schülerinnen legen dann ihre Gegenstände wieder zurück und gehen an ihren Platz zurück.
Nun teilt der Lehrer kleine Arbeitsblätter aus, auf denen jeder Schüler die Namen der 5 Schüler von der Tafel abschreibt und die Gegenstände, die der Schüler hatte, ankreuzt.

Alf　　　　　　　*Eve*　　　　　　　*Jane*
⊗ *book*　　　　　○ *book*
○ *teddy*　　　　　⊗ *teddy*
○ *doll*　　　　　　○ *doll*
○ *car*　　　　　　⊗ *car*
⊗ *pencil*　　　　　○ *pencil*　　　　　usw.

Bei der Überprüfung der Ergebnisse äußern die Schüler z. B.:

– *"Alf had a book and a pencil."*
– *"Eve had a car and a teddy."*
usw.

L.: In unserem Spiel konnte Alf sagen *"I **have** a book and a pencil."*
Ihr habt aber gerade gesagt: *"Alf **had** a book and a pencil."*
Könnt ihr euch denken, warum das so ist?

Im anschließenden Unterrichtsgespräch äußern die Schüler ihre Vermutungen über verschiedene Zeitformen. Wahrscheinlich operieren sie auch mit der Übersetzung: *"I have"* heißt „ich habe" und *"I had"* heißt „ich hatte". Das ist durchaus akzeptabel, aber die Begriffe „Gegenwart" und „Vergangenheit" sollten auf jeden Fall in diesem Zusammenhang fallen, weil dies für den Transfer auf andere Verben und Situationen im systematischen Fremdsprachenunterricht in den weiteren Jahren nützlich ist.

Diese drei Beispiele sollen genügen, um zu zeigen, wie sprachliche Bewusstmachung lebendig, dynamisch und kindgemäß geschehen kann. Es gibt bestimmte sprachliche Phänomene, die in allen Sprachen der Welt, und zwar in alten und modernen Sprachen gleichermaßen, anzutreffen waren bzw. sind. Sie sind also etwas Urmenschliches. *"All these fundamental features of spoken languages all over the world are the same. Each language has a set of distinctive sounds that are combined into meaningful words. Each language has ways to denote grammatical notions like person (I, you, he), singular or plural, present or past time, and more. Each language also has rules governing how the words are to be combined to form complete utterances."* (Janson 2002, S. 13) Zumindest diese sprachlichen Phänomene sollten auch in einem Grundschulunterricht berücksichtigt werden.

Einen Vorschlag, welche Strukturen in der Grundschule bereits ansatzweise bewusst gemacht werden können, möge folgende Übersicht darstellen. Von Fall zu Fall wird diese Liste wohl ergänzungsbedürftig sein. Es handelt sich, wie sich leicht feststellen lässt, um einfache grammatikalische Strukturen, die im Unterrichtsalltag häufig gebraucht werden.

➢ **Singular – Plural:** *-s* und *-es*
➢ **Personal pronouns**: *I, you, he …*
➢ **Possessive pronouns**: *my, your, his, …*
➢ **Past-Formen**: *have/has – had; is/are – was/were*
➢ **Negation**: *I like – I don't like; I have – I haven't; it is – it isn't*
➢ **Questions**: *Is; Have you; Has he/she; Have you got; Has he/she got …?*
➢ **Some prepositions**: *on, next to …*

Letztlich wird jeder Lehrer selbst entscheiden und auswählen müssen, welche sprachlichen Gelegenheiten er nutzen möchte, um sprachliche Bewusstmachung durchzuführen. Dazu muss er genau auf seine Schüler hören. Wichtig ist, dass das Grammatikphänomen nicht um seiner selbst willen aufgegriffen wird, sondern dass die betreffende Struktur bereits vorher in einer oder mehreren echten, möglichst einprägsamen Situationen vom Lehrer (oder von der Handpuppe) und vielleicht sogar schon von den Schülern selbst, womöglich sogar „falsch", verwendet wurde. Andererseits darf sich der Grundschullehrer nicht ausschließlich mit einer unreflektierten Benützung von Sprache begnügen. Er muss vielmehr jenen Schülern, die Einblick in Strukturen der Sprache gewinnen wollen, dies aber nicht aus eigener Kraft können, didaktische Hilfestellung geben. Es ist selbstverständlich, dass solche Unterrichtsphasen auf Deutsch ablaufen und möglichst kurz sind.

Wichtig ist, dass der Lehrer konsequent und kompromisslos sprachliche Strukturen sucht, die genau zu einer Situation passen. Der Lehrer muss sozusagen wichtige, häufige und einfache Strukturen aufspüren und Situationen zuordnen. „Sprachlich einfach" bedeutet hier, dass die Sätze zunächst möglichst kurz sind. Die Begriffe „wichtig" und „häufig" beziehen sich auf das Vorkommen im Lebensalltag der Schüler. Hierbei sind teilweise in der Didaktik herrschende Vorurteile abzubauen. So ist in der Regel die Vergangenheit überhaupt kein Problem, da das *simple past*, mit Ausnahme von *to be*, in allen Personen die gleiche Form aufweist. Anders sieht es natürlich bei der Unterscheidung von *simple past* und *present perfect* aus – aber das berührt uns in der Grundschule nicht. Sehr schwer fällt übrigens deutschen Schülern die Bildung und Anwendung der *progressive form*, die über lange Jahre die grammatischen Lehrpläne des Anfangsunterrichts dominierte. Das Bewusstsein von sprachlichen Mustern und Gesetzmäßigkeiten bildet die Voraussetzung für die Übertragung (den Transfer) einer Struktur auf die Verwendung in einer anderen Situation. Dieses Bewusstmachen gelingt natürlich einem Schüler auch alleine, aber es dauert in der Regel länger, bis das System eines Satzes durchblickt wird. Bleyhl zitiert Marchman and Bates, die herausfanden, dass „ein Lerner etwa 400 Lexeme bzw. unanalysierte ganzheitlich übernommener Wendungen bedarf, ehe er selbst syntaktische Produktionen vornimmt" (Bleyhl 2000, S. 16).

Wir geben uns nicht der Illusion hin, dass mit Hilfe von unterrichtlichen Maßnahmen alle Schüler schnell und problemlos zum Transfer gebracht werden können. Das wäre auch gar nicht wünschenswert, sondern es sollte den Schülern vielmehr die Möglichkeit erhalten bleiben, immer wieder solche Gesetzmäßigkeiten selbst zu entdecken, indem sie zunächst viel Wortschatz ansammeln können und diesen dann auch kommunikativ verwenden. Jaffke zitiert Rück, der – mit Chomsky – überzeugt ist, dass „das Kind zur Sprachäußerung nur auf kognitivem Weg, durch den endogenen Prozess des Hypothesen-Testens und Regelbildens befähigt wird. Um diesen Prozess in Gang zu bringen, kommt es nach Rück in allererster Linie auf die entsprechende Menge an ‚sprachlicher Eingabe' an, die ‚quantitativ beträchtlich, qualitativ aber sehr begrenzt (der Redundanzgrad ist hoch)' sein sollte. ‚Inputorientierung ist ... oberstes Gebot'" (Jaffke 1996, S. 122).

Vor allem weniger abstrakt veranlagte Schüler sind im Laufe der Zeit für Kognitivierungshilfen sehr dankbar.

Obwohl also vieles darauf hinweist, dass die Hinführung zum kommunikativen Sprechen ganz erheblich mit der Bewusstmachung von Strukturen zu tun hat, darf diese Art der Fremdsprachenvermittlung nicht mit dem Grammatikunterricht der weiterführenden Schulen verwechselt werden. Eine Gegenüberstellung möge dies verdeutlichen:

Bewusstmachung in der Grundschule	Grammatikunterricht in den weiterführenden Schulen
Der Lehrer sucht einfache Strukturen (Redemittel), die genau zu einer Situation passen.	Der Lehrer sucht Situationen, in denen bestimmte Strukturen möglichst häufig vorkommen.
Eine Regelmäßigkeit wird lediglich veranschaulicht.	Es wird eine verbale grammatische Regel aufgestellt, nach der weitere Sätze gebildet werden.
Ähnliche Situationen, in denen eine einmal erworbene Struktur benützt werden kann, werden im Verlauf des späteren Unterrichts vom Lehrer sorgsam ausgewählt und genützt.	Eine „gelernte" Struktur wird sofort intensiv geübt.
Die Schüler werden nicht zur Verwendung der Strukturen gezwungen, sie werden ihnen angeboten.	Alle Schüler müssen die neu gelernte Struktur möglichst schnell anwenden.
Es wird nur die Struktur, die gerade für die Situation nötig ist, bewusst gemacht. (Rigorose grammatische Reduktion)	Es wird eine gewisse Systematik angestrebt, sodass z. B. bei der Pluralbildung auch Ausnahmen mitgelernt werden: Plural mit -es, unregelmäßigem Plural, Veränderung von -fe in -ves usw.
Es wird zunächst größter Wert auf eine einprägsame (handlungsorientierte, emotional ergiebige) Situation gelegt.	Schon nach wenigen Beispielen wird die Gesetzmäßigkeit erarbeitet.
Die Schüler sind verhältnismäßig lange auf die Sache, auf den Inhalt fixiert, bevor das Augenmerk auf die Sprachstruktur gelenkt wird.	Die Sprache steht sehr bald im Vordergrund und drängt den Inhalt zurück.
Dem Schüler wird über lange Zeit unstrukturiertes Material (*stories*) angeboten. Damit kann er selbst Gesetzmäßigkeiten der Sprache entdecken und auch (fehlerhafte) Sätze produzieren.	Die Schüler werden beinah von Anfang an angehalten, die gelernten Wörter in „richtigen" Strukturen zu verwenden.

➢ **Unterrichtsbeispiel:** *Flowers in the garden*

Lernziele:

Die Schüler sollen...

... eine Vermutung ausdrücken können: *I think ...*
... eine bejahte und eine verneinte Satzstruktur für ein Ereignis in der Vergangenheit mit dem Verb *to see* kennen lernen
... diese Satzstrukturen mithilfe von strukturierten Satzmustern sachlich richtig anwenden
... sich mithilfe einer visuellen Regel auf einem Arbeitsblatt die Gesetzmäßigkeit durch den Kopf gehen lassen
... in einer späteren, anderen Situation dieser Satzstruktur mit dem Verb *to find* wieder begegnen

Vorbemerkung:

Die Unterrichtssequenz verteilt sich auf etwa drei Einheiten.
Die Sequenz ist eingebettet in eine Aktionseinheit, in der z. B. eine Tulpe gefaltet, ein Lied über Blumen gesungen (z. B. *I like the flowers, I like the daffodils*), ein Dominospiel mit Blumen gespielt und vielleicht ein Dialog über die Bestellung des Gartens im Frühling angehört wird. Im Verlauf dieser Einheiten werden den Kindern einige Frühlingsblumen begegnen, an die die Unterrichtssequenz *"The garden in springtime"* anknüpft. Gegen Ende der Stunde werden alle bekannten Blumen gesammelt und an der Tafel festgehalten.

Artikulation	Stundenablauf	Medien/Unterrichtsformen
Recall of vocabulary	L. lässt sich von den Sch. Frühlingsblumen nennen. L.: *What springtime flowers do you remember?* Sch.: *a daffodil* *a tulip* *a pansy* *a primrose* *a violet* etc. L. stellt nun in Aussicht, in der nächsten Englischstunde in den Schulgarten zu gehen und sich diese Blumen in der Natur anzusehen. L.: Welche Blumen werden wir in unserem Garten wohl sehen? *Which flowers will we see in the garden?* *I think we'll see a daffodil.* L. ergänzt an der Tafel: _ _ _ink w_'ll s_ _ | *a daffodil / a tulip / a pansy / etc.* Sch. sprechen die Reihensätze. L.: *What do **you** think, Martin?* Sch.: *I think we'll see a primrose.* usw.	L notiert an der Tafel Reihensätze
Visit of the garden	L. führt die Klasse in den Schulgarten. Von den gelernten Blumen gibt es aber „leider" nur eine (rote) Tulpe und ein paar Veilchen (genau 10 Stück). Dafür gibt es aber viele andere Blumen: Zahlreiche Löwenzahnblüten, viele Gänseblümchen, eine Schlüsselblume, eine Menge Immergrün und einen Hahnenfuß. Im Garten spricht der Lehrer die Blumennamen vor – die Schüler sprechen nach. *That's a daisy. There are lots of daisies here.* *a cowslip, a lot of periwinkles, a buttercup, ten violets, a tulip* (Praktischer Hinweis: Es ist auf jeden Fall ratsam für den Lehrer, bereits im Vorfeld eine Sachunterrichtseinheit zum Thema Blumen im Garten durchzuführen, damit möglichst viele der Schulgartenblumen benannt werden können)	Einprägen der Blumennamen
Recall of new words	Nachdem die Klasse ins Klassenzimmer zurückgekehrt ist, löscht L. den Satzteil *"I think we'll see ..."*. von der Tafel und ergänzt die neuen Blumennamen bzw. verändert sie. (*a violet → ten violets*) Entweder wiederholt der L. gemeinsam mit der Klasse die neuen Blumennamen oder er hat bereits zwei Schüler im Garten beauftragt, sich jeweils **einen** Blumennamen zu merken. We s _ _ | a tulip a daffodil a lot of periwinkles a b _ tterc _ p a p _ nsy We didn't s _ _ | a lot of d _ _ sies a primrose a c _ _ slip ten violets a lot of dand _ l _ ons	Vor- und Nachsprechen der neuen Blumennamen

Artikulation	Stundenablauf	Medien/Unterrichtsformen
Imprinting the structures	Anschließend sprechen die Sch nach Lehrervorbild kurze Sätze: L.: *We saw a tulip (in the garden).* L. notiert *"tulip"* an die Tafel. Mit großer Wahrscheinlichkeit sagt schon der nächste Schüler: *We saw a daffodil (in the garden).* L.: *No, Jenny, that's not true.* *We didn't see a daffodil in the garden.* L. notiert an der Tafel: W_ didn't s_ _ Nach dem ersten gemeinsamen Durchgang ergänzt L. die *brickwords* und fordert die Schüler auf, in Partnerarbeit noch einmal die Sätze zu sprechen.	Reihensätze
Thinking over the structures *Free reproduction of the sentences*	Vor einem 3. Durchgang erhalten die Sch. ein Arbeitsblatt, auf dem sie die Satzteile richtig markieren sollen. Sch. tragen die Ziffern ein und ergänzen die beiden Mustersätze auf dem *worksheet*. L. verteilt währenddessen Bilder mit den Blumen. L. schließt die Tafel, die fertigen Sch. nehmen ihre Bildkarte und gehen zu einem Mitschüler. S. 1: *We saw a lot of periwinkles.* S. 2: *We didn't see a primrose.* Die Sch. tauschen ihre Blumenkarten und suchen sich neue Partner.	KV 1 Blumenkarten

3.4.5 Spielerische Aktivitäten zum kommunikativen Sprechen

• **Blind man (Blind woman)**

Einem Schüler werden die Augen verbunden *(He is blindfolded)*. Der Lehrer, später dann ein zweiter Schüler, steuert ihn zu einem vorher festgelegten Punkt im Klassenzimmer oder auf dem Gang. Der Schüler mit den verbundenen Augen darf nicht berührt werden, sondern nur durch Befehle – *orders* – geleitet werden.
Zunächst wird ein Bleistift irgendwo im Klassenzimmer abgelegt.
L.: *Let's find the pencil!*
Go straight ahead – go three steps. Turn right. Go ahead – five steps. Turn left. Go ahead – two short steps. The pencil is on your left.
Oder:
Turn right. Go ten small steps. Turn left. Go three big steps. The rubber is on the floor. Give me the rubber.
usw.
Das Befolgen der Anweisungen bereitet den Schülern kaum Schwierigkeiten, wohl aber brauchen manche Schüler visuelle Hilfen für das Geben der Befehle. Dazu schreiben wir die einzelnen Befehle übersichtlich an die Tafel. Zunächst werden jedoch *brickwords* verwendet. Tafel:

Go thr_ _ steps ah_ _d. T_ _n left. T_ _n r_ _ _t.
usw.

Voraussetzung für das Gelingen des Spieles ist es natürlich, dass die Redemittel intensiv vor- und nachgesprochen wurden, sodass sich das Klangbild, sofern einige Buchstaben als Stützen gegeben werden, ins Gedächtnis gerufen werden kann. Aber das ist in erster Linie Aufgabe der Wortschatzeinführung. Im übrigen ist es denkbar, dass das Spiel ein- oder zweimal auf Deutsch gespielt wird. Auf diese Weise wird die Spielbegeisterung etwas gedämpft und es gelingt leichter, wenn es dann auf Englisch gespielt wird. Dem Anliegen des Englischunterrichts in der Grundschule wird dadurch nicht Abbruch getan.

• **What are they doing?**

Variante 1: *What is he/she eating?*
Zunächst werden zwei Teams (z.B. *"tigers"* and *"monkeys"*) gebildet und die Spieler erhalten Nummern von 1 – x.
Dann werden verschiedene Früchte/Lebensmittel/etc. an der Tafel gesammelt:
strawberry – apple – plum – apricot – nut – melon – peach usw.
toast – roll with honey – hamburger – biscuit usw.
Jeder Schüler wählt sich eine Frucht aus und schreibt sie auf einen Zettel, den er/sie zusammenfaltet. Diesen gibt er/sie einem Schüler aus dem anderen Team.

Name: _____ Class: _____ Date: _____

Welche Blumen haben wir gesehen? Notiere ✓ oder ✗. Bilde Sätze!

	We saw	We didn't see
a lot of dandelions		
a tulip		
a lot of periwinkles		
a primrose		
a daffodil		

Sage die Sätze so: We saw _____ .
We didn't see _____ .

Nun sieht sich der erste Spieler vom Team *"tiger"* seinen Zettel an. Nachdem er den Zettel mit seiner Frucht dem Spielleiter (zunächst der Lehrer, später auch Schüler) gegeben hat, stellt dieser die Frage: *What is he/she eating?*
Nun stellt der Schüler pantomimisch dar, was er/sie isst.
Ein Spieler des Teams *"tiger"* fragt nun den Spielleiter: *Is he/she eating an apple?*
Ist die Antwort richtig, bekommen die *"tiger"* einen Punkt. Ist die Antwort falsch, darf ein beliebiger Schüler der *"monkeys"* fragen. Kann seine Frage mit *"Yes"* beantwortet werden, erhalten die *"monkeys"* einen Punkt. Verfällt ein Spieler ins Deutsche, so erhält das andere Team den Punkt. Sieger ist, wer nach einem Durchgang am meisten Punkte gesammelt hat.
Wichtig bei dieser Variante ist, dass der Spieler die Pantomime **ununterbrochen** spielt, da ansonsten die *progressive form* nicht anwendbar ist.

Variante 2: *What did he/she eat?*
Der Schüler, der die Pantomime vorführt, beginnt erst zu spielen, wenn der Spielleiter sagt: *Ready – steady – go!* Er hört auf zu spielen, wenn der Spielleiter sagt: *Stop!* Nun lautet die Frage: *What did he/she eat?*
Und der fragende Schüler stellt die Frage: *Did he/she eat an apple?* usw.

Weitere Varianten:
Die Grundstruktur des Spieles kann auch bei anderen Wortfeldern verwendet werden z. B. bei *"Hobbies"* und *"Games"*.
Hobbies: football, reading, watching TV, listening to music, sleeping, riding a bike usw.
Games: football, hockey, ice hockey, handball, tennis, table tennis, volley ball, basket ball usw.
Es kommt bei diesem Spiel nicht darauf an, dass die Schüler wissen, dass sie die *simple progressive form* oder das *simple past* anwenden. Wichtig aber ist, dass die Sätze in der richtigen Situation verwendet werden. Dabei können anfangs durchaus die Sätze auf Folie oder an der Tafel als Hilfe erscheinen. Im Laufe des Spiels sollten diese Sätze aber (nach und nach) abgedeckt bzw. gelöscht werden. Besonders wertvoll ist das Spiel, wenn die verschiedenen Varianten auf das Schuljahr verteilt gespielt werden. Auf diese Weise wird die Voraussetzung geschaffen, dass begabtere Schüler sprachliche Regelmäßigkeiten selbst entdecken und sich zugleich entsprechende Satzmuster einschleifen können.

- **Lost family**

Ein Sohn (*son*) oder eine Tochter (*daughter*) haben ihre Familie verloren. Wer zur Familie gehört, wird an die Tafel geschrieben.

z. B. *mother, father, brother, sister, grandmother*
oder: *mother, grandfather, uncle, aunt, cousin*

Einige Spieler sind die *sons* oder *daughters*, die die Familienmitglieder (*family members*) suchen. Andere Schüler bekommen Kärtchen mit *mother, father, brother* usw. Sie sind also diese Familienmitglieder. Der Lehrer bzw. die übrig gebliebenen Schüler bekommen je einen Stoß mit (weiteren) Kärtchen, die sie den Spielern geben, sobald diese kein Kärtchen mehr haben. Jeder Sohn/jede Tochter sucht sich nun ein Familienmitglied und sagt: *"I'm looking for my mother. Are you my mother?"* Hat der Spieler das Kärtchen *"mother"*, so muss er es dem Frager geben, hat er es nicht, so sagt er: *"No, I'm sorry. I'm not your mother."* Wird die Antwort verneint, muss der Frager ein anderes Kind fragen. Musste ein Familienmitglied sein Kärtchen hergeben, holt es sich eine neue Identität (Kärtchen) von einem Schüler mit dem Kärtchenstoß. Das Spiel endet, sobald ein Sohn oder eine Tochter seine/ihre Familie beisammen hat.

Variante: *Untidy Children*
Zunächst wird vereinbart, was alles verloren wurde (Tafel oder Folie):

z. B. *a red pencil, a matchbox car, a T-shirt, a comic book, an umbrella, slippers, diving goggles, a golden ring* usw (entsprechend den verlorenen Gegenständen auf den Zetteln der *"Untidy Children"*).

Etwa fünf Mitspieler haben jeweils drei Gegenstände verloren, die auf ihren Zettel gezeichnet oder geschrieben sind. Die anderen Spieler haben den Gegenstand gefunden, der auf ihrem Zettel steht. Alle Kinder bewegen sich frei im Klassenzimmer. Ein *untidy child* fragt: *"I've lost my pencil. Did you find it?"* Hat der Befragte den Gegenstand auf seinem Zettel stehen, so muss er diesen hergeben und sich einen neuen „Gegenstand" bei einem Spieler mit den übrigen Kärtchen holen – solange es welche gibt. Das *untidy child* ist Sieger, das am ehesten seine drei Gegenstände (wieder) gefunden hat. Man sollte höchstens noch einen zweiten oder dritten Sieger ermitteln.

- **Whose thing is it?**

Zwei Schüler verlassen das Klassenzimmer. In dieser Zeit „sammelt" der Lehrer fünf Gegenstände von verschiedenen Kindern ein und legt sie gut sichtbar auf einen zentral stehenden Tisch. Wichtig dabei ist, dass nur solche Gegenstände ausgewählt werden, die die Schüler auf Englisch benennen können. Anschließend werden die zwei Schüler hereingebeten.

L.: *Come in, please. Look, there are five things on that table. What do you think? Whose pencil/rubber/ ... is it?*

Die beiden Schüler fragen abwechselnd.

S. 1: *I think it's Martin's pencil/Is it Martin's pencil/ Martin, is it your pencil?*
S. 3: *No, it isn't.*
S. 2: *I think it's Julia's ...*
S. 3: *Yes, it is.*

S. 2 bringt dem Besitzer den Gegenstand zurück.

S. 2: *Here you are, your ...*

Um die Sprechzeit der Schüler zu erhöhen, sollte bereits nach zwei bis drei Demonstrations-Durchgängen das Spiel in Sechsergruppen gespielt werden. Dabei sollten jeweils drei Durchgänge gespielt werden, in deren Verlauf jeder der sechs Mitspieler einmal zum Rateteam gehören kann.

- **Holiday Report**

Jeder Spieler holt sich ein Kärtchen mit einem Ländersymbol bzw. der entsprechenden Flagge, eines mit einem Wettersymbol und ein Kärtchen, das angibt, mit welcher Person er in den Ferien im Urlaub war.

Die Spieler gehen umher und fragen sich über ihre Ferien aus.

S. 1: *Where have you been?*
S. 2: *In Austria.*
S. 1: *How was the weather?*

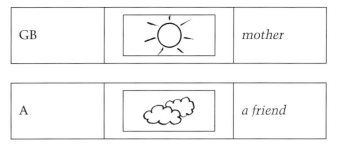

S. 2: *(It was) cloudy.*
S. 1: *Who was with you?*
S. 2: *A friend.*

Es empfiehlt sich, die Fragen auf Folie oder an der Tafel (evtl. als *brickwords*) zunächst anzubieten. Anschließend werden die Kärtchen ausgetauscht und neue Dialogpartner gesucht.

- **Weather game**

Das Spiel wird mit Partnern gespielt.
Es eignet sich vor allem nach der Sequenz: *Flags*, Kapitel 4.2.5, in der die Schüler Ländernamen kennen gelernt haben.

S. 1 hat vor sich Karten mit **8 Ländersymbolen** verdeckt liegen.

S. 2 hat vor sich Karten mit **8 Wettersymbolen** verdeckt liegen.

Der erste Spieler deckt die oberste Karte seines Länderkartenstapels auf und formuliert einen Satz über das Wetter in dem entsprechenden Land.

S. 1: *"In Germany it's rainy."*

Nun deckt der zweite Spieler die oberste Karte seines Wettersymbolstapels auf. Er bestätigt bzw. verneint die Aussage seines Mitspielers anhand seiner Karte.

S. 2: *"Yes, that's right. It's rainy in Germany./No, that's not right. It's cloudy in Germany."*

Ist die Hypothese des ersten Spielers richtig, so erhält dieser die Wetterkarte und legt sie mit seiner Länderkarte zur Seite.

Ist die von Spieler 1 geäußerte Vermutung falsch, erhält sein Mitspieler dessen Länderkarte.
Sieger ist derjenige Spieler, der alle Karten besitzt bzw. der nach einer vorher vereinbarten Zeit die meisten Karten zur Seite legen konnte.

4. Kulturelle Ziele des Englischunterrichts in der Grundschule

Kultur- und Landeskunde im Spiegel der Geschichte

Nach **Wilhelm von Humboldts** Ausführungen „Über die Verschiedenheit des menschlichen Sprachbaus und ihren Einfluss auf die geistige Entwicklung des Menschengeschlechts" ist das Gewinnen einer neuen „Weltansicht" als Ziel vom Sprachunterricht nicht zu trennen, „da jede Sprache das ganze Gewebe der Begriffe und die Vorstellungsweisen eines Teiles der Menschen enthält." (Humboldt 1835, S. 60)

Auf den frühbeginnenden Englischunterricht im 21. Jahrhundert übertragen, heißt das: Durch die erste Fremdsprache öffnet sich eine Türe im Gedankenhaus des Kindes. Es blickt hinaus, erkennt eine neue fremde Welt und wird angeregt, über die Türschwelle zu steigen, um selbst kleine Schritte zu wagen und neugierig-suchend auf erste Erkundungsreisen zu gehen.

Wurde im kulturellen Ansatz des Fremdsprachenunterrichts in den 20er und 30er Jahren des 20. Jahrhunderts noch der eigene Kulturraum als hochwertigeres Gemeinwesen oft unreflektiert gelobt, ging es Hartig „um ein besseres, vertieftes Verstehen der Völker in der Eigenart und Bedeutung ihres Kulturschaffens und ihrer Beiträge zur Kultur der Menschheit" (Hartig 1960, S. 344 ff); während Schrey in seiner Englandkunde an Hauptschulen eine „Landeskunde der Realien" beschreibt. (Schrey 1967, S. 20)

Was versteht man heute eigentlich unter dem Begriff **Kultur**?

„**Kultur meint im heutigen, umfassenden Begriffsverständnis der einer Kulturgemeinschaft eigenen Lebens- und Organisationsform sowie den Inhalt und die Ausdrucksformen der vorherrschenden Wert- und Geisteshaltung, auf die diese Sozialenordnungsmuster gründen. Zur Kultur zählen im Einzelnen weiterhin die Kultursysteme, d. h. die besonderen Sitten und Bräuche, das jeweilige Bildungs- und Erziehungssystem, Wissenschaft und Technik, Religion, Sprache und Schrift, Kunst und Kleidung usw." (Microsoft Encarta, „Kultur", S. 1)**

Der **Englischunterricht in der Grundschule** vollzieht sich vor dem *background* kultureller Ziele:

1. Erste Einblicke in die fremde Kultur und Lebensweise gewinnen und dabei die Gemeinsamkeiten, aber auch Unterschiede erkennen;
2. Eine prinzipielle Aufgeschlossenheit, Verständigungs-, Verständnis- und Kontaktbereitschaft gegenüber der fremden Sprache und deren Sprechern anbahnen (Vgl.: Erdmenger 1996, S. 70);
3. Die Fremdheit der anderen Kultur allmählich überwinden, d. h. diese als Normalität begreifen und Toleranz gegenüber Andersartigen üben; (Vgl.: Klippel 1991, S. 15–21);
4. Interesse und Neugierde für die fremde Kultur und deren Sprache wecken;
5. Durch vergleichendes, auch kritisches Gegenüberstellen fremder und heimatlicher Eigenheiten versuchen, das Erfahrene zu ordnen und Zusammenhänge zu entdecken und zu begreifen, um dadurch zu einer differenzierten Sichtweise zu gelangen;
6. Ansatzweise kulturelle Verflechtungen zwischen den Kulturräumen aufspüren;
7. Im Laufe des Spracherwerbsprozesses die Grundsteine für das allmähliche Erkennen der Brückenfunktion der Sprache zu fremden Menschen und Kulturen legen; Sprache als Schlüssel zum Weltverständnis erkennen. (Vgl.: Buttjes 1991, S. 2–9)

Grundsätzlich gilt: Sprachliches Lernen und interkulturelle Erfahrungen werden nicht getrennt voneinander verlaufen, sondern erfolgen integral. (Vgl.: Thürmann 1994, S. 316–334)

Vor diesem Hintergrund der Ziele steht der Begriff der „Kultur" des jeweiligen Sprachraums. Naturgemäß ist der Begriff weiter gefasst zu verstehen, er wird Verschiedenartiges und auch Unvereinbares umfassen, doch immer liegt er innerhalb der sozialen und geistigen Koordinaten des Sprachraums. Kultur bedeutet einerseits die Auseinandersetzung einer Gesellschaft mit ihren Traditionen und Werten, schließt aber auch die Kulturwerke dieses Sprachraums ein. Literatur, Bilder, Skulpturen, Musikstücke, Gebäude gehören dazu; Religionen ebenso wie Kleidung und Speisen; historische Fakten, geographische Gegebenheiten sind Teil von ihr. Kultur ist auch ein bestimmtes soziales Verhalten, und schließlich ist die Sprache selbst Kultur.

Im angelsächsischen Sprachraum reichen die Begriffe von *background studies, cultural studies* bis hin zu *area studies*. Beim englischen Begriff *folklore* mag der deutsche Leser zunächst an einen „Heimatabend mit Tänzen, Volksliedern und Trachten" denken. Etymologisch gesehen setzt sich der Begriff aus *folk* = Volk und *lore* = Lehre/Wissen zusammen, sodass unter dieser Sammelbezeichnung „überlieferte Formen des Volkes" zu verstehen sind, wie sie im *Dictionary of English Folklore* (Simpson/Roud 2000) definiert ist:

"What is folklore? It is notoriously difficult to define with rigour, and the term now covers a broader field than it did when invented in 1848, linking many aspects of cultural traditions past and present. It includes whatever is voluntarily and informally communicated, created or done jointly by members of a group (of any size, age, or social and educational level); it can circulate through any media (oral, written, or visual); it generally has roots in the past but is not necessarily very ancient; it has present relevance, it usually recurs in many places, in similar but not identical forms."

Die Begriffsvielfalt zeigt, dass der Kulturbegriff gerade im Englischunterricht der Grundschule offen behandelt werden sollte. Zur Klärung mag eine grafische Darstellung beitragen. Sie zeigt, wie die Inhalte einer Landeskultur und einer Landeskunde vor dem Hintergrund allgemeiner, pädagogischer und (inter-)kultureller Ziele stehen. (vgl. Abb. 25)

Landeskultur: Ihr liegen implizit alle soziokulturellen Verhaltensweisen (z.B. landestypische Grußformen, Verhaltensweisen in bestimmten Situationen, unterschiedliche Gewohnheiten, Rituale) zu Grunde. Landeskultur definiert darüber hinaus die für den jeweiligen Sprachraum vorhandenen authentischen traditionellen Materialien wie Reime, Gedichte, Gebete, Geschichten, Märchen, Legenden, Lieder als Gruppe mit einem musisch-literarischen Ansatz. Originale Kunstwerke, z.B. aus der Malerei und dem Musikschaffen gehören als explizite Vertreter zur zweiten Gruppe.

Landeskunde hingegen ist geprägt von der Vermittlung bestimmter Fakten. Nach Walter ist sie in der Grundschule „vergleichbar mit dem Heimat- und Sachunterricht" (Vgl.: Walter 1981, S. 17). Landeskunde für den Primarbereich bleibt deshalb hauptsächlich auf die für Grundschüler mit ihrer eigenen nahen Umwelt und Heimat vergleichbaren Inhalte beschränkt. Sie sind die Anknüpfungspunkte für eine kreative Weiterarbeit. Landeskunde wird also nicht zum Selbstzweck betrieben.

Leitmotivische, pädagogische und (inter-)kulturelle Background-Ziele

- Einblicke in fremde Kultur/Lebensweise;
- Erkennen von Gemeinsamkeiten, aber auch von Unterschieden;
- Anbahnung von Aufgeschlossenheit, Verständigungs-, Verständnis- und Kontaktbereitschaft;
- Überwindung der Fremdheit der anderen Kultur, d.h. diese als Normalität begreifen und Toleranz gegenüber Andersartigen üben;
- Anbahnung von Interesse und Neugierde für eine fremde Kultur und Sprache;
- vergleichendes Gegenüberstellen fremder und heimatlicher Eigenheiten sowie Entdeckung von Zusammenhängen, um dadurch zu einer differenzierten Sichtweise zu gelangen;
- Ansatzweise Übersicht der kulturellen Verflechtungen zwischen den Kulturräumen;
- Allmähliches Verständnis der Brückenfunktion der Sprache; Formel:

Sprache = Schlüssel zum Weltverständnis

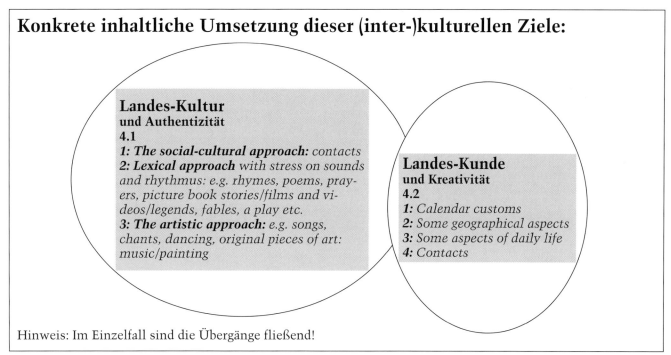

Abb. 26: Der Kulturbegrifff in der Grundschule

4.1 Landeskultur

Schüler der Primarstufe lernen die Kultur des englischen Sprachraums zunächst **implizit** durch die **Landeskultur** kennen. Deren Quellen – *resources* – werden überwiegend einen authentischen Charakter haben, da nur dieser den nicht messbaren Geist und die Aura jeder sprachlichen Äußerung zu transportieren vermag.

Es gibt, vergleichbar mit der Musik, eine **Authentizität** der Quellen – *authentic resources* (nachfolgend Nr. 1 bis 3) – und eine Authentizität der Wiedergabe – *authentic performance* (Nr. 4). Darüber hinaus spielt die Authentizität der Umgebung – *authentic environment* (Nr. 5) – im Fremdsprachenunterricht, man denke nur an Begriffe wie z. B. *situational approach, scenes, sketches*, ein wichtige Rolle.

Die Authentizität im frühbeginnenden Englischunterricht geht also über „authentische Materialien" weit hinaus und ist besser mit dem im Lehrplanentwurf des Landes Nordrhein-Westfalen genannten Begriff der **„authentischen Erfahrung"** zu beschreiben. Darunter versteht man erstens sprachliche Modelle für das eigene Lernen der Kinder. Zweitens sind damit reale oder medial vermittelte Begegnungen mit Menschen aus der englischen Wirklichkeit gemeint. In der Grundschule können das Kontakte über E-Mail, Briefe oder Materialpakete sein. Drittens schließt der Begriff „authentische Erfahrung" die Beschäftigung des Kindes mit einfachen Texten, mit der Realität verpflichteten bildlichen Darstellungen oder realen Gegenständen ein.

Authentisches Material kann man in verschiedene Bereiche aufteilen:

1. *Authentic material*: Zu dieser Gruppe gehören selbstverständlich alle Realia, z. B. Landkarten, Briefmarken, Kalender, Geburtstags- und Weihnachtskarten, Fotos, ein produzierter Film oder Videoclip usw.

2. *Genuine authentic texts*: Rein authentische Texte sind solche, die ursprünglich für das Kind im Land der jeweiligen Sprache erstellt wurden: Kinderreime, Abzählverse, kurze Gedichte, Geschichten aus Bilderbüchern, Märchen, Geschichten, die als Filme oder Videos zur Verfügung stehen, Fabeln, traditionelle Lieder.

3. *Authorized authentic texts*: Authentische Texte sind aber auch solche, die von *native speakers* verfasst wurden bzw. von ihnen als dem *common usage of English* entsprechend anerkannt werden. Dazu gehören *simplified/adapted texts* und *authorized translations*. (vgl. hierzu im weiteren Verlauf: Mark Twains Übersetzung/Nachdichtung von Heinrich Hoffmanns Struwwelpeter).

4. *Authentic spoken language*: Die Lehrersprache ist dann authentisch, wenn sie phonetisch, lexikalisch, grammatikalisch, idiomatisch dem *common usage of English* entspricht.

Dabei ist die sprachliche Interaktion zwischen Lehrer und Schülern sowie zwischen den Schülern untereinander als gelungen anzusehen, wenn trotz *misunderstandings* und *mistakes* die eigentliche Kommunikationsabsicht des Partners verstanden wird.

5. *Authentic environment*: Das Klassenzimmer und damit die *classroom phrases* sind **der** authentische Ort des Lernens und sollten, wie bereits ausführlich dargelegt, verstärkt genutzt werden. Szenen im Klassenzimmer, die einen anderen Situationsrahmen haben, sind damit nicht automatisch un-authentisch, da es sich dabei um eine bewusst eingesetzte, notwendige *simulated authenticity* handelt. Immer nur in Situationen des Klassenraums zu agieren, würde bald zu Langeweile und Desinteresse führen und langfristig die Ziele des Englischunterrichts verfehlen. (vgl. 4.2.3)

„Authentische Quellen" umfassen all das, was nicht gesprochen oder geschrieben wurde, um damit ganz bestimmte grammatische Inhalte zu vermitteln. Authentische Texte sind gerade das Gegenteil der unseligen, inhaltsleeren, „didaktisierten" Un-Texte alter Prägung, die versuchten, möglichst alle Formen einer bestimmten grammatischen Struktur ohne direkten kommunikativen Rahmen anzubieten.

Das *Dictionary of Language Teaching and Applied Linguistics* definiert den Begriff der Authentizität folgendermaßen:

"The degree to which language teaching materials have the qualities of natural speech or writing. Texts which are taken from newspapers, magazines etc., tapes of natural speech taken from ordinary radio or TV programmes etc. can be called authentic materials. When a teacher prepares texts or tapes for use in the classroom, he/she often has to use simplified examples." (Richards/Platt/Longman 1992)

Es gibt also verschiedene Stufen der Authentizität. Zu fragen ist nun, ob authentisches Material immer „nur" das von *native Speakers* produzierte Material meint und ob es einen Widerspruch zwischen *simplification* und *authenticity* gibt. Ist grundsätzlich jede *simplification of the original text* abzulehnen?

Robert O'Neill merkt dazu an: *"… why cannot a story or text in specially written but fully grammatical English be a valuable source of input, as well? Of course it is 'edited' but all language is edited and modified in some way for the people for whom it is intended. All newspaper articles are. So is parent-to-child talk."* (O'Neill, in: Zielsprache Englisch 1996)

Bruce Pye kritisiert bestimmte Umgangsweisen mit Texten: *"… texts tend to be adapted with a view to making them 'easier'. Is this really a good idea? How would you feel if you went to a zoo where animals had their camouflage patterns sprayed over to make them easier for visitors to see?"* (Pye, in: Zielsprache Englisch 1996)

Von Bedeutung ist in diesem Zusammenhang die **Natürlichkeit der Sprache**. Wie spricht der Mann im Rundfunk, wie spricht er zu Hause und was hört das Kind in einer Nachmittagstalkshow? Gibt es überhaupt so etwas wie „das typisch Englische" als Messlatte für Authentizität? „Ist es nicht eine Einladung zu simplifizierender Stereotypenbildung? Kann man auf diese Weise einer letztlich multikulturellen und stark regionalisierten Gesellschaft wie der Großbritanniens überhaupt gerecht werden?" fragt Michael Bludau (in: Zielsprache Englisch 1996). Es geht also um den *"common core"*, den man für den Unterricht braucht.

Kann im Zeichen von Englisch als **lingua franca** noch ausschließlich von **einer** authentischen Sprache die Rede sein?

Verwiesen sei an dieser Stelle auf einen Aufsatz von Juliane House (2001), *Professor of Applied Linguistics* der Universität Hamburg:

"English is particularly suitable as Europe's lingua franca because of its functional flexibility and spread across the world, and because English is already 'de-nativised' to a large extent; the number of non-native-speakers globally is now substantially larger than of native speakers (about 4:1). English is no longer 'owned' by its native speakers, because acculturation and nativisation processes have produced a remarkable diversification of the language into many non-native varieties. We can no longer say that English is one monolithic 'hegemonic' voice, it is a diversity of different voices."

An anderer Stelle schreibt sie: *"English as a lingua franca is nothing more than a useful tool: it is 'a language for communication', a medium that is given substance with the different national, regional, local and individual cultural identities its speakers bring to it."*

Auf die Frage der Authentizität im frühbeginnenden Englischunterricht übertragen hat diese Aussage folgende Konsequenzen:

English	
• pupils identify themselves with English, • they get to know some aspects of the cultural background e.g. GB and the United States	• as a lingua franca: – no identity – the language has only a "tool function"

Grundschüler benötigen zu jeder Zeit noch einen starken Bezug zum Land, zu den Menschen und allen Elementen, die mit den Begriffen der Landeskultur und der Landeskunde beschrieben werden, um sich mit der Fremdsprache zu identifizieren. Sie erfahren auch, dass sie durch die weitverbreitete englische Sprache in vielen Urlaubsländern mit Menschen Kontakt aufnehmen können, ohne deren Muttersprache zu können. Ein Sprachunterricht darf aber nicht auf die reine Funktion der Sprache reduziert werden, er muss gerade in der Frühphase über authentisches Material versuchen, Neugierde über das Andersartige zu wecken.

Doch immer dann, wenn „Authentizität" als *"real life is real fun"*-Formel herhalten muss, wird es gefährlich.

Roger Owens Anmerkung (in: Zielsprache English 3/96) ist nicht ganz von der Hand zu weisen: *"The culture that underlies a language is inevitable caricatured when the language is taught – at any rate until the learner reaches post-intermediate level and has spent some time in the company of people whose language he is learning."*

Patricia Muggletone (in: Zielsprache Englisch 3/96) schreibt dazu: *"How do native speakers judge the quality of language? Native speakers do not assume that, because a spoken or written text is authentic, the language is 'good'. They often employ one or more of the following criteria when evaluating their own language: correctness, value, comprehensibility."*

Der Begriff „Authentizität" beinhaltet also das lexikalisch-idiomatisch-syntaktische Sprachmaterial in seiner unmittelbaren, natürlichen Kombination.

Mit dem Begriff der Authentizität wird auch versucht, *real world* in das Klassenzimmer zu bringen. Gaynor Ramsor (in: Zielsprache Englisch, 3/96) bemerkt dazu:

*"This has always puzzled me as a statement. It seems to suggest that the classroom is **not** the real world, which of course is a ludicrous suggestion. The classroom is just as real as any other reality within which people exist and function. The classroom is an environment, it encourages certain behaviour, it serves a certain purpose, it has limited rules, it has content, people fulfil certain rules within it, people have expectations – what's the difference between that and the real word? ... We want to bring topics and information into the classroom that are not automatically there, we want to bring other situations and relationships into the classroom, so what we really want to do is to combine worlds in order to facilitate language learning and practice."*

Weiterhin meint Ramsor: *"Authenticity of materials means presenting language in a way or in a context in which it would be used by a person who is not using that language in a learning situation – in fact that it has been specially written or 'diluted' to make the learning process possible is, in my opinion, unimportant."*

Der Blick ins Wörterbuch verdeutlicht, dass auch die von einem *native speaker* autorisierten Texte und Übersetzungen in seiner Sprache authentisch sein können. (authenticate: bestätigen, authentifizieren, beglaubigen, für echt befinden oder erklären)

Mary Slattery (in: Zielsprache Englisch, 3/96) betont den pragmatischen Ansatz authentischen Materials:

"My thoughts on 'authenticity' support the position put forward by Hutchinson and Waters: The question should not be: 'Is this text authentic' but: 'What role do I want the text to play in the learning process?'
We should be looking not for some abstract concept of 'authenticity' but rather practical concept of 'fitness' to the learning process."

The social-cultural approach

Der Grundschüler lernt im Englischunterricht der Grundschule immanent erste landestypische Verhaltensweisen kennen, z. B. Grußformen und den situationsgerechten Umgang mit diesen. Er wird in authentischen Texten, Liedern, Dialogen und deren szenischer Umsetzung, besonders aber in Radio- und Fernsehsendungen immer wieder bestimmten unterschiedlichen Gewohnheiten und Ritualen begegnen.

Durch die bewusste, unaufdringliche Integration dieser genannten Materialien erhält der Fremdsprachenunterricht eine hohe Glaubhaftigkeit und Authentizität. Er ist auf diese Weise immer so realitätsnah wie möglich, damit das Kind auch zum Vergleich mit der eigenen, vertrauten Umwelt angeregt wird. Es geht hierbei, wie Wunsch ausführt, „auch um die fundamentalen zwischenmenschlichen Prozesse des Sich-Zuwendens und Aufeinander-Zugehens. Emotional geprägte Zuwendungshandlungen können im frühbeginnenden Fremdsprachenunterricht im Rollenspiel ‚eintrainiert' werden, z. B. durch Situationen wie *A casual meeting*." (Wunsch 1992, S. 215–219)

The lexical approach

Die **implizite** Begegnung mit Landeskultur erfolgt für Grundschüler wohl fast ausschließlich über das Wort. Es determiniert den jeweiligen kulturellen Inhalt.

Maier bezieht in seinen Gedanken den Aspekt der *language awareness*, der Bewusstmachung sprachlicher Phänomene, ein: „Das gewohnte Band zwischen Bezeichnung und Bezeichnetem zerreißt und das Kind wird zu Sprachvergleichen, zum Nachdenken über das Phänomen „Sprache" schlechthin angeregt. Dabei ist nicht das rationale Durchdringen, Analysieren, Vergleichen und Kontrastieren oder gar Übersetzen gemeint, sondern ein „den Grundschüler mit allen Sinnen ansprechendes, emotional positiv gestimmtes, durchaus auch lustbetontes und angst- bzw. druckfreies Umgehen und Handeln mit und in der Fremdsprache." (Vgl.: Maier 1991, S. 82)

Einige Beispiele, entnommen den zurzeit gängigen Lehrwerken, mögen dies näher verdeutlichen:
Bei den Nomen: *America, autumn, Britain/British, birthday cake, biscuits, breakfast, calendar, cornflakes, Christmas, cookies, fish 'n' chips, hamburger, hopscotch, queen, muffins, Naliaiuk,*

reindeer, Santa Claus, songs, spring, summer, winter etc.

Bei den Adjektiven: alle Farbadjektive; Adjektive zum Ausdruck von Gefühlen, *z. B. happy, sad, hungry, thirsty, (I feel …) cold etc.*, Adjektive als Bezeichnung von Nationalitäten, *z. B.: American, English, German, French, Italian etc.*

Bei den Verben: *to go, to travel, to ride, to rain, to play, to have etc.* sowie die in der deutschen Sprache gebrauchten Anglizismen (Vgl.: Hamm/Waas 2001, S. 5–8)

Weiteren Wörtern, die nicht unbedingt dem Grundwortschatz angehören müssen, aber wegen des authentischen Charakters der Textvorlage und damit oft aus onomatopoetischen Gründen die Lust am Nachsprechen, am Ausprobieren der fremden Laute auf eigener Zunge anregen, wird der Lernende unter anderem in folgenden Formen begegnen:

- *Finger plays, counting-out rhymes, number rhymes, action rhymes*
- *Little poems*
- *Praise and prayer*
- *Tongue twisters/limericks*
- *Picture book stories, fairy tales, legends, fables*

Es sei an dieser Stelle kritisch angemerkt, dass der Begriff **Begegnung** immer nur die erste Phase der Beschäftigung sein kann, der sich eine zweite Phase der **Wahrnehmung** und eine dritte Phase der **Anwendung** anschließen müssen, wenn es im Englischunterricht in der Grundschule nicht bei einem ephemeren Treffen ohne weitere – positive – Folgen bleiben soll. Inwieweit diese 2. und 3. Phase, in der sprachliche Ziele im Mittelpunkt stehen, in den Unterricht Eingang finden können, wird nachfolgend anhand von Unterrichtsbeispielen und Strukturgittern ausführlich erläutert.

Bludau spricht sich für ein einheitliches Gerüst aus lexikalischen Einheiten, Strukturen, Situationen und bestimmten *study skills* aus, das für Primarstufen- wie Sekundarstufenlehrer Verbindlichkeit schaffen und das Scheitern der Fremdsprachenarbeit verhindern soll. Er führt unter anderem aus: „Man kann es drehen und wenden, wie man will. Wenn das, was in den Jahren der Grundschule mit Fremdsprache passiert, nicht in eine wie auch immer geartete lehrgangsorientierte Konzeption eingebettet wird, bleibt der Umgang mit Fremdsprache im Primarbereich eine liebenswerte kindgerechte Spielerei mit Sprache – aber ohne Folgen." (Vgl.: Bludau 1998, S. 157–160)

Es wäre aber ein Missverständnis, in einer bestimmten körperlich-geistig-motorischen Entwicklungsphase eines Grundschulkindes auf das Singen, Basteln und Tanzen, also auf die Begegnung und das kreative Erlernen der Sprache mit allen Sinnen zu verzichten. Im Gegenteil: Diese methodischen Ansätze haben für den Entwicklungsabschnitt des Grundschulkindes ihre Berechtigung und sind sinnvoll. Es lassen sich, wie Mertens anführt, „… mit etwas Fantasie Verknüpfungen herstellen, bei denen sich Relevantes für eine Didaktik des Übergangs an erworbenen Einheiten zeigt, die auf den ersten Blick für die Sekundarstufe nicht von Nutzen sind." (Mertens 2000, S. 147)

The artistic approach

Überwiegend **implizit** lernt der Schüler erste *traditional songs and chants* kennen. Musik und Rhythmus verbinden sich auf ideale Weise bei der Aufführung eines Tanzes, z. B. eines *square dance*. Die **explizite** Begegnung mit Landeskultur liegt z. B. in der Betrachtung eines originalen Gemäldes/einer Skulptur oder im Anhören eines originalen Musikstückes.

Diese Konfrontation mit dem originalen Kunstwerk kann Anlass sein für emotional-spontane Äußerungen (zunächst in der Muttersprache des Kindes), aber auch für freie Assoziationen im lexikalischen Bereich (in der Fremdsprache). Sie ist impulsgebend für den Aufbau eines *wordfield*, möglicherweise eines *brainstorming*. Der Grundschüler erfährt dabei sozusagen „am eigenen Leib", wie Kunst auf ihn wirkt. Das Kunstwerk beeinflusst sein Denken, seine Emotionen, die Seele und den Verstand; seine Sinne werden bewusst angesprochen, um nachfolgend handelnd tätig zu werden (z. B. im fächerübergreifenden Unterricht in Kombination mit dem Kunst- und Musikunterricht, besonders mit Orff-Instrumenten). Neben dem reinen Kennenlernen eines Kunstwerkes werden immer auch kulturell relevante Informationen mitgeliefert. Somit stellt die 3. Stufe der Landeskultur einen organischen Übergang zur eigentlichen Landeskunde da, bei der, ähnlich wie im Sachunterricht, Fakten und Zahlen im Mittelpunkt stehen.

4.1.1 In mündlicher Form mit anderen Menschen Kontakt aufnehmen

An folgenden sieben Beispielen kann den Schülern verdeutlicht werden, dass manche in Deutschland schon bekannte Rituale im englischen Sprachraum nicht üblich sind. Exemplarisch wird anhand authentischer Standard-Redemittel aufgezeigt, wie man in einem Gespräch Kontakt zu einem Partner aufnimmt.

1. *"You"*

Während der Unterrichtsgespräche werden die Schüler sicher rasch erkennen, dass es im Englischen nur das *"you"* gibt – unabhängig davon, ob sie mit einem gleichaltrigen Freund oder mit einem Erwachsenen sprechen. Auch ist es in englischsprachigen Ländern nicht üblich, sich mit Händeschütteln zu begrüßen.

2. Some standard/ritualized forms of greetings

a) "Hello": Die Wahl der richtigen Begrüßungsformel ist wichtig, wenn man nicht unhöflich erscheinen möchte. Mit einem freundlichen *Hello* macht der Schüler nichts verkehrt, denn diese Grußformel ist neutral und nicht vergleichbar mit dem sich in Deutschland immer mehr einbürgernden „Hallo".
Amerikaner verwenden statt *Hello* auch häufig *Hi*.

b) "Good morning": Noch bis zum späten Vormittag grüßt man am besten mit *"Good morning"*, das nicht nur den Morgen, sondern auch den Vormittag umfasst.

c) "How do you do?": Mit der Aussage *How do you do?* wird ganz allgemein gegrüßt; es entspricht in etwa dem Deutschen „Guten Tag". Häufig verwechseln die Schüler die Bedeutung und meinen, sie würden sich so bei ihrem Partner nach seinem Gesundheitszustand erkundigen. *How do you do?* bedeutet **nicht**: „Wie geht es Ihnen?", denn dafür verwendet man: *How are you?*. Auf die floskelhafte Frage *How do you do?* antwortet man mit *How do **you** do?*
Auf *How are you?* sollte der Partner mit *Fine, thanks. And you?* reagieren. Dieses *And you?* ist aus dem Grund wichtig, weil das Fehlen als Unhöflichkeit empfunden werden würden.

3. Apologizing

a) "Excuse me": Der Schüler kann immer dann *"Excuse me"* verwenden, wenn er jemanden ansprechen möchte, ihn sozusagen „belästigen" muss.

b) "Sorry/I'm sorry": *Sorry/I'm sorry* wird immer wieder verwechselt mit *Excuse me*. Möchte sich der Schüler für etwas entschuldigen, das er „angerichtet" hat, so muss er *I'm sorry* benutzen.

c) "Pardon": Wenn ein Schüler einmal eine bestimmte Aussage des Partners/des Lehrers nicht richtig verstanden hat, kann er nachfragen: *Pardon?*

4. "please"

Nur wenn der Schüler etwas erbittet (ggf. fordert), kann er das *please* benutzen. Bietet er hingegen jemandem etwas an, so sollte er die Formel *Here you are* verwenden.

5. "thank you":

Auf ein *thank you* sollte der Schüler mit *you're welcome* reagieren. Auch *Not at all/that's okay* sind passende Standardantworten.

6. Asking for something

Bittet der Schüler jemanden um etwas, so kann er den Satz mit: *I want ...* beginnen.
Er sollte aber immer daran denken, das Wörtchen *please* hinzuzufügen, da das Wort *want* alleine für den englischsprechenden Menschen sehr fordernd und ungeduldig klingt.
Weitere Möglichkeiten sind die Formeln *Can I have ...?* und *I'd like ...*

7. Leave-taking

Der Schüler kann sich durch ein informelles *(Good) Bye* von seinem Gesprächspartner verabschieden. Auch *See you* ist eine angemessene Verabschiedung.

Naturgemäß kann diese Aufzählung nicht vollständig sein. Sie sollte im Unterricht auch nicht Punkt für Punkt „abgehakt" werden. Vielmehr ist daran gedacht, die einzelnen Punkte in *classroom phrases* einzubetten und dann – wenn abweichende Redemittel benutzt werden oder nicht bekannt sind – auf das ein oder andere Phänomen hinzuweisen.

4.1.2 Freude an Lauten und Rhythmen

a) Die Funktion von Bewegung und Rhythmus im frühbeginnenden Englischunterricht

In seinen Ausführungen zum Fremdsprachenunterricht der Primarstufe weist Christoph Jaffke (1996, S. 216) zu Recht auf die „unumstrittene Funktion des Motorischen im Erziehungsprozess hin." Er zitiert H.A. Curtain/C.A. Pesola (1988), die dazu ausführen:

"Successful language learning activities for children incorporate opportunities for movement and physical activities. ... The link between language and action enhances their pact of the language itself and encourages its retention in long-term memory."

Jaffke (1996, S. 219 ff) verweist an dieser Stelle auch auf Palmer/Palmer, die sich für eine starke Einbeziehung motorischer Elemente in den Englischunterricht aussprechen.
In diesem Zusammenhang erwähnt Jaffke auch J.C. Dye, die sieben verschiedene Bewegungsarten unterscheidet, von denen uns für den frühbeginnenden Fremdsprachenunterricht folgende am relevantesten erscheinen:
Unter **calisthenic movements** versteht die Verfasserin Bewegungen, die zur Entwicklung und Verstärkung von Ausdauer, Beweglichkeit, Gelenkigkeit und Gleichgewicht sowie Körperbeherrschung beitragen können. Dazu gehören nach ihrer Auffassung das Üben von *tongue twisters* genauso wie ein Volkstanz oder *a rapid pattern drill*.

Communicative movements sind nach ihrer Auffassung alle bewusst oder unbewusst ausgesandten Botschaften über Gedanken, Gefühle oder Absichten. Sie können an die Stelle von Sprache treten und bestimmte Informationen vermitteln. Ein Fremdsprachenlehrer muss also auch die oft unterschätzte Bedeutung der Gesten verstehen, die für die neue Sprache „typisch" sind.

Zu den ***descriptive movements*** führt Dye aus: *"Movements in the descriptive category will be restricted to those used to clarify and identify. A descriptive pantomime of someone digging would be a neutral example of the action, where a communicative pantomime of someone digging would also convey a message about the person and the context such as 'who is digging' (old person/young person?) What is he digging with?".* (Jaffke 1996, S. 223 ff.)

Für das Thema *fun in sound and rhymes* bedeutet dies: Laufbewegungen wie im nachfolgenden Unterrichtsbeispiel werden durch Mimik und Gestik, aber auch durch den Gebrauch der Figurine verdeutlicht.

Unter ***explanatory movements*** versteht Dye alle Bewegungen, die untersuchen, sondieren, prüfen und analysieren. *"Having to explore and examine new things can help a learner to adapt to different environments as does a skin diver or an astronaut."* (Jaffke 1996, S. 223 ff.)

Und genau dies ist der Ansatz des Begegnungssprachenkonzepts in der 1. und 2. Jahrgangsstufe: Die Schüler tauchen in die neue Sprache ein und beginnen sie langsam zu erforschen und zu erobern.

Rhythmic movements bestimmen – laut verschiedener Auffassungen – unser Leben, bewusst oder unbewusst, gewollt oder ungewollt. „Am Anfang war der Rhythmus", so überschrieb schon Cesar Bresgen (1913–1988), österreichischer Komponist zahlreicher Jugend- und Märchenopern („Der Igel als Bräutigam"), seine 1977 veröffentlichte Studie über den Rhythmus.

Beide Kulturfähigkeiten, Sprache und Musik, leben vom Rhythmus als einer Erscheinung des Fließenden, andererseits hat der Rhythmus gleichzeitig auch etwas Begrenzendes und Einengendes.

Rhythmik im frühbeginnenden Englischunterricht lässt sich jedoch nicht – wie dies manchmal fälschlicherweise geschieht – auf ein dumpfes Stampfen oder Mitklatschen reduzieren, sondern setzt dort an, wo das Kind durch die Bewegung eines Reims, eines Abzählverses, eines Zungenbrechers und eines Liedes ergriffen wird.

Rhythmus muss erlebt und empfunden werden, ob hörend, klatschend, tanzend oder singend. Damit ist der ganze Körper des Kindes einbezogen. Nachdem in vielerlei rhythmischen Übungen und Spielen der immanente Rhythmus des Textes vom Kind wahrgenommen wurde, beginnt es, sich quasi in die Sprache hineinfallen und vom Rhythmus tragen zu lassen, um ganz allmählich zu Handlungen, die durch den Reim inspiriert sind, überzugehen. Auf diese Weise entsteht eine enge Verbindung von Klang, Sprachlaut und Bewegung.

Jede Sprachhandlung, ob es sich nun um eine einzelne Silbe oder rhythmische Gruppen handelt, hat wie jede andere Körperbewegung eine Anfangsphase, die eigentliche Handlung und eine Phase des Abklingens. Dabei bewegt sich der Körper im selben Rhythmus wie die Sprache.

Dye weist auf die Möglichkeit der Verstärkung des Sprach-Rhythmus' durch begleitendes Klatschen oder Fußstampfen hin. Sie unterstreicht damit den ganzheitlichen Charakter eines Sprachvorgangs. *"Thoughts, feelings, bodily movements and biochemical exchanges within our tissue and endocrine glands are not independent phenomena but part of one complex process. No reaction is exclusively intellectual, emotional or physiological."* (Jaffke 1996, S. 223 ff.)

Wenn wir erkennen, dass Sprache durch ihre Melodie, ihren Rhythmus, die Stimmhöhe und die Artikulationen „Musik" im weitesten Sinne ist, wird es gelingen, alle Sinne des Kindes umfassend zu fördern.

Manche *rhymes* scheinen tatsächlich Tonleitern zu gleichen, an denen die Sprechwerkzeuge geschult werden können und die Lautgestalt modelliert wird. Der Klang ist das primäre, das eigentliche Anliegen, ja oft die Berechtigung für den Einsatz im Unterricht. Der Sinngehalt tritt zurück, auch wenn er nicht außer Acht gelassen werden kann, wie einige der nachfolgenden Beispiele verdeutlichen sollen. Eine fremde Sprache lernen heißt: In Begegnungsphasen die Grundrhythmen der fremden Sprache erfassen.

Gerade das ganzheitliche Arbeitsprinzip der Rhythmik muss durch den thematischen Rahmen des frühbeginnenden Fremdsprachenunterrichts verstärkt werden. Emotional berührende Themen wie *pets/animals* oder *my house/the seasons* werden im Mittelpunkt stehen. Den Kindern muss es Spaß machen, mit Sprache umzugehen; sie müssen Lust auf Sprache bekommen, dann werden sie automatisch mit erhöhter Konzentration arbeiten. Es ist dabei wichtig, dem Schüler ausreichend Zeit zu lassen, d.h. ohne Zeit- oder gar Zensurdruck, jedoch innerhalb eines bestimmten zeitlichen Rahmens, mit der fremden Sprache zu agieren.

Experimentierend und improvisierend können so neue begleitende Bewegungen, Fingerspiele und musikalische Begleitungen (mit Orff'schen Instrumenten) von den Schülern selbst entwickelt werden. Die nonverbale Kreativität eines Kindes im Begegnungssprachenkonzept darf nicht als minderwertiges „Gehampel" abgetan werden, sondern sollte Teil bzw. Vorstufe zum anschließenden, von selektiv strukturierten Phasen durchzogenen Fremdsprachenunterricht sein.

Dabei scheint es uns wichtig zu beachten, dass nicht immer fertige Konzepte, so perfekt sie auch sein mögen, den Schülern übergestülpt werden, sondern dass diese individuell und ihrem Entwicklungsstand entsprechend der Sprache begegnen und sich kreativ in den Unterrichtsprozess einbringen können.

Solange die kognitiven Fähigkeiten des Kindes noch nicht ausgereift sind, lernen die Schüler die fremde Sprache weitgehend über Nachahmung kennen. Die Wiederholung ist deshalb für Kinder von großer, niemals zu unterschätzender Bedeutung. Nur im vertrauten Rahmen des schon Gehörten, Gesehenen und Nachgeahmten entwickeln Kinder ihre Fähigkeiten ungestört. Der gut gemeinte Ansatz mancher Lehrer, immer wieder etwas Neues zu bringen, kann auf die Dauer gesehen ein Irrweg sein. Erst das Verweilen bei einem Thema gibt dem Grundschüler die nötige Sicherheit und Vertrautheit. Er verinnerlicht den Inhalt und beginnt sich sicherer, vielleicht auch wohler „in der fremden Sprache" zu fühlen.

Welche Auswahlkriterien sollen die *rhymes* erfüllen?

Die Texte sollten:

- ansprechend sein, d. h. Schüler sollen Freude am Klang und Rhythmus empfinden,
- durch ihren authentischen Charakter immanent landeskulturelle Inhalte transportieren, ohne jedoch für das Kind sprachlich zu anspruchsvoll zu sein;
- mehrdimensional sein, d. h. sich zum variantenreichen Sprechen und Singen, auch zum Untermalen mit Körper- und Rhythmusinstrumenten eignen.

b) *Resource centre*

Bei der Auswahl von *authentic rhymes* sollte bedacht werden, dass ein für englische Kinder im Kindergartenalter geeigneter Reim für einen 9–10-jährigen Grundschüler unpassend ist.

Der Inhalt der vorgestellten *finger plays* gestattet einen Einsatz ohne das Schriftbild im Rahmen der Begegnungsphasen der 1. und 2. Jahrgangsstufe. Auch *counting out rhymes* und *number rhymes*, *riddle rhymes* können bis zur 3. Jahrgangsstufe – zunächst ohne Schriftbild – gesprochen werden; *tongue twisters* und *limericks* haben wohl hauptsächlich in der 3. und 4. Jahrgangsstufe ihre Berechtigung.

- *Finger plays/finger frolics*

---

1. Five little squirrels

This little squirrel said, "Let's run and play."
This little squirrel said, "Let's run for nuts today."
This little squirrel said, "Yes, nuts are good."
This little squirrel said, "They're our best food."
This little squirrel said, "Come and climb this tree, and crack these nuts – one – two – three."

Anmerkung: Zur Umsetzung dieses Reims: Vergleiche das Unterrrichtsbeispiel auf S. 132 f.!

---

2. Ten little squirrels

Ten little squirrels sat on a tree.
The first two said: "What do you see?"
The next two said: "A man with a gun."
The next two said: "Let's run, let's run."
The next two said: "Let's hide in the shade."
The next two said: "Why? We are not afraid."
But BANG went the gun – and away they all ran.

---

1. Zuerst die zehn Finger zeigen;
2. Die Daumen deutlich hochhalten;
3. Beide Zeigefinger vorstrecken;
4. Mit Zeige- und Mittelfinger Laufbewegungen imitieren;
5. Zeige, Mittel- und Ringfinger der rechten Hand wegbiegen, so dass nur Daumen und kleiner Finger sichtbar bleiben;
6. Die kleinen Finger wegspreitzen;
7. Laut klatschen – alle Finger sind weg.

---

3. The beehive

Here is the beehive
Where are the bees?
Hiding away where nobody sees?

They're coming out now, all alive
one, two, three, four, five.

Die Hände werden zusammengepresst, die Finger sind miteinander „verzahnt".

Jetzt beginnt ein Finger nach dem anderen herauszukrabbeln und schließlich „fliegen" alle fünf weg.

4. Little brown sparrows

Little brown sparrows,
Flying around,
Up in the tree tops,
Down on the ground.

"Come to my window,
Dear sparrows, come!
See! I will give you
Many a crumb."

"Here is some water,
Sparkling and clear,
Come, little sparrows,
Drink without fear."

"If you are tired
Here is a nest.
Wouldn't you like to
Come here to rest?"

All the brown sparrows,
Flutter away,
Chirping and singing,
"WE CANNOT STAY!"

For in the tree-tops,
Among the grey boughs,
There is the sparrows'
Snug little house.

Hände „flattern";
Hände in die Höhe strecken;
Hände auf den Boden legen;

Hände wie als Dach über dem Kopf zusammenführen;
Handflächen aneinander reiben;
eine flache Hand ausstrecken;
aus der Vögel Krümel holen.

Beide Hände bilden eine Schale.

Beide Hände zusammen legen, die Fingerspitzen und Handballen berühren sich, es entsteht ein „Nest".

Hände „flattern".

Linken Arm senkrecht strecken (Baumstamm) darüber die abgeknickte
rechte Hand
(wie ein Hausdach) legen.

---

5. A pretty nest

I've made a pretty nest,
Look inside, look inside.
Hungry birdies with their beaks,
Open wide, open wide.
See my little birdies grow,
Day by day, day by day,
Till they spread their little wings,
And then fly away.

Ganzheitliches Lernen durch Sprache und Bewegung, Mimik und Gestik:
Finger beider Hände werden „verzahnt", die Handflächen schauen nach oben; Daumen und Zeigefinger öffnen sich wie die Schnäbel der Vögel.

Die ineinander liegenden Hände werden ganz langsam auseinandergezogen, um Größe anzuzeigen; Arme werden über dem Brustkorb verschränkt, die Hände machen Flatterbewegungen.

---

6. Pussy cats

Five little pussy cats playing near the door,
one ran and hid inside and then there were four.

Four little pussy cats underneath a tree
one heard a dog bark and then there were three.

Three little pussy cats thinking what to do,
one saw a little bird and then there were two.

Two little pussy cats sitting in the sun
one ran to catch his tail and then there was one.

One little pussy cat looking for some fun,
he saw a butterfly and then there was none.

Die Finger zeigen jeweils an, wie viele Kätzchen gerade etwas tun.
Weitere Gesten, z. B. für das Spielen, Hören, Nachdenken, Sitzen, Ausschau halten unterstützen diesen Reim.

Anmerkung: Dieser sprachlich anspruchsvolle Text ist geeignet für die 4. Klasse.

➢ **Unterrichtsbeispiel zur Erarbeitung eines Reims:**
Five little squirrels

*"All of us realise, of course, that the 'rhythmic' part is necessarily only one part of the three elements which make up each and every lesson. With the **contents** of what we teach we appeal to the child's faculty of thinking, with the **activities** in the class-room we call upon the will – the gateway to these polar faculties is, of course, the **will**."* (Jaffke 1982, II)

Ein kleiner Exkurs zum Einsatz der **Fingerreime** (*finger plays/finger frolics*) im früh beginnenden Englischunterricht: Schon für den Säugling sind die Hände, besonders die Finger, interessante Objekte. Das kleine Kind beginnt zu tasten und zu greifen, es patscht nach allem, was in seine Nähe kommt. Die Verbindung des gesprochenen Wortes mit einer Bewegung übt auf das Kind eine große Faszination aus. In den ersten englischen *finger-plays* spielen Tiere wie Katze, Maus und Eichhörnchen eine Rolle. Bei älteren Kindern können auch kleine Spielhandlungen durch Fingerspiele begleitet werden.

Ziele

Die Schüler sollen ...

... durch die Begegnung mit einem motivierenden Reim langfristig Freude am Englischlernen entwickeln (affektives Ziel)

... über das Medium eines authentischen Reims Interesse für die fremde Kultur entwickeln (kulturelles Ziel)

... aufgrund eines möglichst authentischen Sprachvorbilds die Reime phonetisch und intonatorisch einwandfrei nachsprechen können (sprachliches Ziel)

... den Reim in einer späteren Phase auswendig und durch Gestik begleitet vortragen können (paralinguistisches Ziel)

... über die Bedeutung von Wörtern innerhalb eines bestimmten Kontextes aufgrund von Illustrationen, Klang und Gestik nachdenken und nachfragen (kognitives Ziel)

... beim Partnersprechen bewusst auf den Partner hören und ihn rücksichtsvoll korrigieren (soziales Ziel)

Medien

1. Fünf Figurinen „Eichhörnchen" aus Pappkarton
2. Arbeitsblatt (mit Lernwörtern): *Rhyme, Five little squirrels*
3. Tafelbild 1: (Walnuss) Baum
4. Tafelbild 2: Reim mit den Sätzen der *squirrels* in Lückenwörtern
5. Realia: Walnüsse

Stundenverlauf

Artikulation	Stundenablauf	Medien/Unterrichtsformen
Setting of the situation	L. öffnet Tafel mit dem (Walnuss)baum. L.: *Look, here is a tree. It's a nut tree. There are nuts in the tree.* L. deutet auf die Nüsse. L.: *Squirrels like nut trees, because they like nuts.* *Is there a squirrel anywhere?* *Ah, there is one – next to the window.* L. holt das erste Eichhörnchen (Figurine) und heftet es ins Tafelbild. L.: *Can you see another squirrel?* S. deutet auf ein Eichhörnchen, bringt es zur Tafel und heftet es an. Dasselbe geschieht mit den anderen *squirrels*. L. begleitet die Handlung durch verschiedene Satzmuster mit dem Wort *squirrel*: – *You're right, Tim. There is another squirrel next to the door.* – *Fix your squirrel next to our squirrels.* – *That's a very nice little squirrel.* – *Yes, Mary has found another squirrel. It's at the back of our classroom.* – *Is there anybody else who can see a nice little squirrel?*	Tafelbild, echte Nüsse mit Klebestreifen am Baum befestigt Sch. hören die neuen Wörter möglichst oft, **ohne** sie nachzusprechen
Scenic presentation of the rhyme	L. spricht den Reim langsam vor und verdeutlicht mit den Figurinen die einzelnen Tätigkeiten der Eichhörnchen. Der Reim wird mehrere Male vorgesprochen und mit Gestik und Mimik begleitet. Etwa ab dem 3. Vorsprechen werden die Sch. ermuntert, die Gestik des L. zu imitieren. Hierbei werden die ersten Sch. auch schon einige Wörter mitsprechen.	Reim (S. 135) L. spricht vor, Sch. hören zu
Working with the rhyme	L. spricht den Reim zeilenweise vor, Sch. sprechen nach. Zur Abwechslung kann der Reim einmal flüsternd, einmal ganz laut, einmal in verschiedenen Gruppen nachgesprochen werden.	Achtung: *timelag* nicht vergessen! Zwischen dem Vor- und dem Nachsprechen ungefähr so viel Zeit lassen, wie zum wirklichen Sprechen benötigt wird

Artikulation	Stundenablauf	Medien/Unterrichtsformen
Erste Verbindung von Graphem und Phonem	L. zeigt Tafeltext mit den Sätzen, die die einzelnen *squirrels* sagen. *Let's r _ n and pl _ y.* *Let's r _ n for n _ ts t _ day.* *Yes, n _ ts are g _ _ d.* *They're _ _ r best f _ _ d.* *C _ me and cl _ _ this tr _ _ and crack th _ se n _ ts; _ ne ; t _ _; thr _ _.* L. nimmt die fünf Figurinen aus dem ersten Tafelbild, setzt sie jeweils vor eine Zeile und ergänzt diese durch Sprechblasen. Mit Hilfe der Wortruinen wird der Text noch einige Male vor- und nachgesprochen. Schließlich fügt L. die fehlenden Buchstaben mit Farbkreide hinzu.	Die Wortstellen, die leicht eine Interferenz mit der Aussprache verursachen könnten, sind ausgelassen und mit Strichen markiert

- **Counting-out rhymes**

Das *Dictionary of English Folklore* (Simpson/Roud 2000, S. 81) gibt einen recht interessanten Einblick in die auch in Großbritannien immer noch beliebte Form des Verses und zeigt an einem Beispiel, dass aus interkulturellen Gründen ein authentischer, von nahezu jedem Kind auf der Straße gesprochener Reim verändert werden muss.

"*Counting-out rhymes are used by children (and sometimes adults sotto voce) to make a random choice between options but particularly to choose who will be 'it' in a game.*
The children stand in a circle or line, and one child points to each in turn in the rhythm of the chanted rhyme and either the one pointed to on the last word is 'it' or, more usually, is eliminated from the count and the process is repeated until there is only one left. As such it is normally accepted as a fair method of choosing, but in the hands of a skilful practitioner the outcome can be manipulated to a certain degree. There can be few people in Britain who do not know a variant of.

> *Eena, meena, mina, mo,*
> *Catch a nigger by his toe,*
> *If he hollers let him go,*
> *Eena, meena, mina, mo*

The offensive word in the second line, under pressure from parents and teachers, is usually rendered now as 'beggar' or 'tiger' or other two syllable words, much to the annoyance of those who believe that our traditional lore should not be changed for mere political correctness." (Simpson/Roud 2000, S. 81)

1. Eena, meena, mina, mo,
Catch a monkey by his shoe,

2. Andy, Mandy, sugar, candy
one, two, three

If he hollers let him go, Eena, meena, mina, mo.

3. A poor little boy without any shoe:
One, two, three, and out goes you.

4. Fly little bird fly!
Fly into the sky
One, two, three
And you are free.

5. Red, white and blue –
all out but you.

- **Short counting-out dialogues**
S1: A, B, C, D, tell your name to me.
S2: I'm Robert.
S1: A, B, C, D, tell your age to me.
S2: I'm eight.

Der Lehrer sollte sorgfältig auswählen, welche Reime er in seinen Unterricht einbringt. Aufgrund des Inhalts oder aus sprachlichen Gründen sind z. B. diese Reime ungeeignet:

6. Monkey, monkey, bottle of beer,
How many monkeys have we here?
One, two, three, out goes he/she.

out goes he/she.

7. One-ery, two-ery, tickery tin,
Aluma crack, ten-malin,
Tin pan, musky dan,
Tweedle-um, twiddle-um
Twenty-one.
Black fish, white trout,
Eary-oary, you are out!

Five little squirrels

Let's r __ n and pl __ y.

Let's r __ n for n __ ts t __ day.

Yes, n __ ts are g __ __ d.

They're __ __ r best food.

C __ me and cl __ m __ this tr __ __

and crack th __ se n __ ts; __ ne, t __ __ , thr __ __ .

- **Number** *rhymes*

Der Inhalt dieser Reime kann durch einfache Zeichnungen erklärt werden:

1. Number one, number one,
   Let me take you round the sun.

   Number two, number two,
   The clouds are white, the sky
   is blue.

   Number three, number three,
   ride a pony by the sea.

   Number four, number four,
   This is my house and here's the
   door.

   Number five, number five,
   Here's a pond and here we dive.

2. One, two, three
   Dance with me.
   Four, five, six
   Build with bricks.
   Seven, eight, nine,
   Walk the line.

Aufgrund des kuriosen Inhalts ist der folgende, in England sehr bekannte Reim für Grundschüler weniger geeignet.

3. One, two – buckle my shoe,
   three, four – shut the door,
   five, six – pick up sticks,
   seven, eight – lay them straight,
   nine, ten – a good fat hen.

- *Riddle rhymes*
1. Higher
   Higher than a house,
   higher than a tree –
   Oh! what ever can that be?

2. Who's that?
   It has four legs,
   it has two arms
   but it can't walk.

Germanic equivalents – Entsprechungen eines *riddle rhyme* in mehreren europäischen Sprachen

Auch wenn im Bereich der authentischen landeskulturell relevanten Reime eine gelegentliche *language awareness* möglich, vielleicht an ausgesuchten Stellen auch wünschenswert erscheint, wird die *cultural awareness* eher selten vorkommen und primär im Bereich der Landeskunde liegen. Dass neben der sprachlichen Bewusstmachung auch auf kulturelle Hintergründe verwiesen werden kann, mag folgender *riddle rhyme* beispielhaft verdeutlichen. Das *Oxford Dictionary of Nursery Rhymes* bemerkt dazu:

"It was Jamieson (1814) who first pointed out, and Halliwell who publicized it, that in Scandinavia there are rhymes which are equivalent to ours. 'We find', says Halliwell (1849), 'the same trifles which erewhile lulled and amused the English infant are current in slightly varied forms throughout the North of Europe; we know that they have been sung in the northern countries for centuries, and there has been no modern outlet for their dissemination across the German Ocean. The most natural inference is to adopt the theory of a Teutonic origin, and thus give to very child rhyme found in England and Sweden an immense antiquity.' In this class may be put 'Humpty Dumpty'. Riddle rhymes like that have numerous and close parallels half across Europe. In many cases rhymes, that seem senseless taken by themselves, acquire a definite meaning when taken in conjunction with their foreign parallel. The rhyme is also known in Sweden, France, Switzerland and Finland." (Opie 1997, S. 9)

In England:	**In Sachsen**:
Humpty Dumpty sat on a wall,	Hümpelken-Pümpelken sat op de Bank,
Humpty Dumpty had a great fall.	Hümpelken-Pümpelken fel von de Bank,
All the king's horses,	Do is ken Dokter in Engleland
And all the king's men, Couldn't put Humpty together again.	De Hümpelken-Pümpelken küräre kann.

Working with the rhyme:

– *Language awareness*: Nachdem die Schüler den englischen Reim kennen gelernt haben und auch sprechen können, erhalten sie den deutschen Text.
   Der Lehrer bittet sie, ihn laut vorzulesen. Dabei werden die Schüler rasch bemerken, dass es sich dabei nicht um die deutsche Hochsprache, sondern um einen Dialekt handelt. (ggf. wird erklärt, wo so gesprochen wurde/wird.)

Erklärung für küräre – kurieren; die Kur
Leitfragen: Vergleiche die beiden Texte; was fällt dir auf? Was kommt im deutschen Text nicht vor? Erkennst du Ähnlichkeiten/Unterschiede?

– *Cultural awareness*: Die Schüler sollen erkennen, dass manche Reime in verschiedenen Sprachen ähnlich sind.
   Vgl.: 4.2.3 *An English birthday party*

- *Clapping rhymes*
1. **Porridge**
   Some like it hot,
   Some like it cold,
   Some like it in the pot
   Nine days old.

   > Zwei Kinder stehen sich direkt gegenüber, abwechselnd klatschen sie in ihre eigenen Hände oder berühren – über Kreuz – die Hände des Partners.

2. **My hands**
   My hands upon my head I place,
   On my shoulders, on my face,
   On my lips, by my side,
   Then behind me they will hide.
   Then I will hold them way up high,
   And let my fingers quickly fly.
   Hold them down in front of me,
   Then I'll clap them – one – two – three.

   > Schüler führen die einzelnen Aktionen wie im Reim beschrieben aus.

- *Tongue twisters*
1. **Fish and chips**
   Let's have fish and chips in a fish and chips shop.
   Let's have fish and chips in a fish and chips shop.
   Let's have fish and chips in a fish and chips shop.

2. **The Swan**
   Swan swam over the sea – swim, swan, swim!
   Swan swam back again – well swum, swan!

3. **Peter Piper**
   Peter Piper picked a peck of pickled peppers.
   Did Peter Piper pick a peck of pickled peppers?
   If Peter Piper picked a peck of pickled peppers,
   Where's the pick of pickled peppers Peter Piper picked?
   (Erklärung: peck – Bissen, pickled – eingelegt; pepper – Paprika)

- *Crazy poetry*
   Paola Traverso (2001) weist in ihrem Artikel *"From rhymes to limericks"* auf folgende Tatsache hin:

"**Limericks** occupy an outstanding place because they represent a traditional English genre of literature. Limericks are short, humorous, nonsense poems which follow a particular structure and have regular rhyming pattern. Because of these characteristics they easily catch children's attention and interest." Im weiteren Verlauf schlägt sie deshalb vor: "We must offer plenty of opportunities for them to play with nursery rhymes first. We must stimulate children's thinking in a variety of ways to open their minds to new paths and unexpected solutions."

Working with *crazy rhymes*

a) *Playing with rhymes:*
Begegnungsphasen: Die Schüler erhalten *rhyme words* (z. B. *mouse – house*) und experimentieren damit. Dabei sollten bewusst Nonsense-Aussagen erlaubt sein, die bildhaft umzusetzen sind.
a mouse in a house; a mouse on a house, house on mouse.

Schülerversuche einer 3. Jahrgangsstufe:

*I spy
with my little eye
a big head on my bed.
It's an elephant!!! Uggh!*

*My teddy's hands are red.
He has a blue bed
for his body and head.*

*On my head
is a bed.
The bed is new
and I love you.*

b) **Scrambled lyrics**:
In den selektiv strukturierten Phasen des Englischunterrichts der 4. Jahrgangsstufe, in denen Reime auch nach Vorübung gelesen und auswendig gelernt werden, können z. B. drei bekannte Texte als Kopiervorlage gegeben werden.
Die Schüler schneiden die Reime pro Zeile aus und versuchen anschließend, einen „neuen" Reim zusammenzufügen.
Traverso führt dazu u. a. folgendes Beispiel auf:

> *Rain, rain
> roses are red
> go away
> violets are blue
> come again
> another day.*

c) *Limericks*
Bei der Einführung eines Limericks ist darauf zu achten, nicht die sprachlich anspruchsvollsten auszuwählen. Die Themen und Figuren sollten den Interessen der Kinder entsprechen und sie tatsächlich ansprechen. Tiere sind z. B. ein wichtiges Thema für Gundschüler!
Nach mehrmaligem Anhören, Mitsprechen, Flüstern usw. versteht der Schüler den Inhalt und die lustige Pointe der Geschichte. Tritt das Schriftbild hinzu, wird er allmählich erkennen, dass sich die erste, zweite und fünfte Strophe reimen, die dritte und vierte kürzer sind und sich ebenfalls reimen.
Der Lehrer wird beim Einsatz von mehreren Limericks ggf. darauf hinweisen, dass in der 1. Zeile immer die Figur vorgestellt wird und die

2. Zeile bestimmte Eigenschaften dieser Person/ dieses Tiers beschreibt. In der 3. und 4. Zeile wird die eigentliche Handlung dargestellt, während in der letzten Zeile eine unerwartete Wendung eintritt.

1. Bear and bees
A cheerful old bear at the zoo
Could always find something to do
When it bored him to go
On a walk to and fro
He reversed it and walked fro and to.

> Während des Vorsprechens sollten die einzelnen Handlungsschritte, die gelangweilte Haltung, das ständige Hin- und Herlaufen des Bären deutlich dargestellt werden.

2. A silly, young, day-dreaming bee
  Said "I'll fly over the sea."
  But she was much too shy
  To take to the sky
  So she sat on the branch of a tree.

3. There was a young man from Peru
  Who dreamed he was eating a shoe.
  He woke up in the night
  In a terrible fright
  And found it was perfectly true.

4. There was a young lady of Riga,
  Who smiled as she rode on a tiger.
  They came back from the ride
  With the lady inside
  And the smile on the face of the tiger.

Wegen des fragwürdigen Inhalts und der lexikalischen Schwierigkeiten sollte auf Limericks folgender Art verzichtet werden, denn sie haben keinen Bezug zur Welt des Grundschülers!

5. There was an old lady of Rye,
  Who was baked by mistake in a pie.
  To the household's disgust
  She emerged through the crust
  And exclaimed with a yawn, "Where am I"?

4.1.3 Poems – rhyme stories – proverbs

Poetische Komponenten im frühbeginnenden Englischunterricht

Eine erste Antwort auf die oft gestellte Frage, ob kleine, authentische, literarische Gedichte tatsächlich im frühbeginnenden Englischunterricht Verwendung finden sollten, gibt Hans Magnus Enzensberger:

„'Man kann von den Leuten billigerweise ebenso wenig prätendieren, dass sie poetisch sind, als dass sie gesund sein sollten', das hat Eichendorff gesagt; einmal aber, als Kinder, müssen sie's gewesen sein: der **Kinderreim** bezeugt es, und bezeugt so die Allgegenwart der Poesie. Sie ist ein Lebensmittel. Der Kinderreim gehört zum poetischen Existenzminimum. Das macht sein zähes und unzerstörbares Leben aus." (Enzensberger 1961, S. 350)

Es mag auf den ersten Blick befremdend erscheinen, dass im Bereich des Fremdsprachen-Frühbeginns authentische *poems*, ursprünglich verfasst für das muttersprachliche Kind, Eingang in den Unterricht finden sollen. Dies sei eine ungeheure Überforderung der Grundschüler, die Texte müssten zunächst vereinfacht werden, so wird nicht selten behauptet. Unrealistisch nennen es andere, wichtiger sei es doch, *classroom phrases* zu verstehen oder *everyday situations* zu üben. *Poems* würde der unmittelbare Bezug zur praktischen und konkreten Anwendung fehlen, wird angeführt. Wie so oft bei zwei widerstreitenden Argumenten sind sicher auch diese Bedenken nicht einfach von der Hand zu weisen. Die Bedenkenträger vergessen aber leicht, dass **beide** Bereiche eine Berechtigung im Frühbeginn haben sollten.

Nach Leisinger (1949, S. 48) „ist die bewusste, inhaltlich durchschaubare Sprache nur ein kleiner Ausschnitt der Spracherlernung". Darüber hinaus „saugt sich das Kind mit Äußerungen voll, die es inhaltlich nicht verstehen und sprachlich noch nicht völlig bewältigen kann!"

Ein Prozess, bei dem „sich Unverstandenes und Halbverstandenes gegenseitigen stützt und klärt" (Leisinger 1949, S. 48). Dem Fremdspracherwerb muss zugestanden werden, dass es sich dabei um eine lange – lebenslange – Phase handelt, der naturgemäß immer eine gewisse Unvollkommenheit innewohnt, die für das Erlernen einer Fremdsprache charakteristisch ist. Der lange, mühsame Weg beim Erwerb einer Fremdsprache schließt bis zum möglichen Erreichen einer *near-nativeness* unzählige Zwischenstationen an Halbverstandenem, an Fehlgebrauchtem ein. Wie selbstverständlich wird es zu Rückschlägen und Frustrationen kommen, die aber als immanent beim Aufbau der fremdsprachlichen Systeme anzusehen sind. Bei vielen wird diese zweite, „künstlich" erworbene Sprache *strange* bleiben, im doppelten Sinne des Wortes: fremd, fremdartig, nicht vertraut, merkwürdig, seltsam, sonderbar.

Verwiesen sei auch auf K. Freund-Heitmüller (1968, S. 7), der sagt, dass das Musische als konstitutives Element der Sprache „nicht deutlich genug in den Vordergrund gerückt werden kann, denn es ist ein Energiestrom, der das menschliche Miteinander ja erst ermöglicht." Durch „Verdichtungen" („Dichtung") könne der Sprachstrom um ein Vielfaches intensiviert werden. Die **dynamic features** würden durch Metrum, Reim und Melodie evident und gewännen damit ihre eigene Dimension. Jaffke erwähnt, dass gerade in der ersten

Zeit die neue Sprache dem Kind in vollem Reichtum erklingen müsse. Es sei kein Zufall, dass jede Sprachgemeinschaft für ihre Kinder eine Fülle von Versen, Auszählreimen, Spielliedchen und Tanzspielen geschaffen habe. Durch Reim, Rhythmus, Wohlklang und Wiederholungen wirke sie stärkend auf den Willen des Kindes, spreche gleichzeitig aber auch sein künstlerisches Empfinden an und lasse es die Schönheit der Sprache erleben.

Des Weiteren erwähnt Jaffke O. Dunn (1989, S. 80):

"Rhymes introduce children naturally and effectively to the complete sounds of English as well as to stress and intonation. They are also a way of giving children a complete text with a complete piece of meaning from the first lesson."

Einen weiteren Beleg für den Einsatz poetischer Elemente im Englischunterricht der Grundschule findet Jaffke (1996, S. 245) bei dem französischen Hals-Nase-Ohrenarzt A. Tomatis, der zur Bedeutung von Liedern und Dichtung für die Entwicklung eines Kindes ausführt:

*"Children's **songs** and **nursery rhymes** harmonise body movements and motor function by their effect in the vestibular system and the ear.*
They also increase the child's awareness of his body and help shape his body image.
It is useful to view the body as an instrument which allows language to be expressed. Helping the child to master 'body instrument' with music and songs paves the way for successful language development."

Jaffke schließt diese Hinweise mit seiner Anmerkung, dass viele poetische Texte für die Schüler der Primarstufe erst im Laufe der Zeit erschließbar seien. „Dieses allmähliche Verstehen kann jedoch nach Überzeugung verschiedener Fremdsprachendidaktiker kein Grund sein, Kindern diese Textsorten vorzuenthalten." (Jaffke 1996, S. 246)

Zusammenfassend lässt sich also sagen:
Die Textsorten des authentischen Gedichts, der Reimgeschichte und des Sprichwortes bilden zusammen mit *classroom phrases* und *everyday dialogues* zwei gleichberechtigte Säulen.
Dabei soll, um Missverständnissen vorzubeugen, an dieser Stelle keineswegs den schlimmen didaktisierten, konstruierten Texten, welche oft von Banalitäten strotzen, heimlich und leise eine Hintertüre geöffnet werden. Bei den jungen Rezipienten werden sie auf wenig Interesse stoßen. Die von deutschen Autoren im gut gemeinten Bemühen für manches Lehrwerk fabrizierten *simplified rhymes and poems* sind abzulehnen, da sie zwar vordergründig leichter verständlich erscheinen, ihnen aber genau das abhanden gekommen ist, was ein authentischer literarischer Reim zu transportieren in der Lage ist: Den ursprünglichen Geist, die so wenig messbare Aura.

Kurz: Authentische Texte einerseits, Alltagsdialoge und *classroom phrases* anderseits ergänzen sich vorzüglich und sind Teil des Gesamtkonzepts für den Englischunterricht in der Grundschule. Zwischen beiden Textsortengruppen entsteht, da sie parallel eingesetzt werden, beim jungen Lerner im Laufe des Spracherwerbsprozesses ein unbewusster Austausch, der sich auf die Bereitschaft zur Sprachproduktion befruchtend auswirken wird.

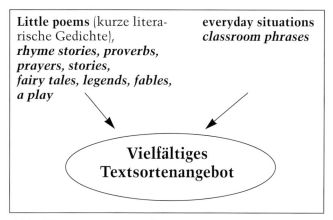

Abb. 27: Textsortenangebot

Resource centre

- ***Plants and animals:***
- ***1. The sleeping plant***
  (aus: Jaffke 1982)

In the heart of a seed,
Buried deep so deep,
A dear little plant
Lay fast asleep.

"Wake," said the sun,
And creep to the light.
"Wake," said the voice.
Of the raindrops bright.

The little plant heard,
And arose to see
What the wonderful
Outside world might be.

Visualisierungshilfen:

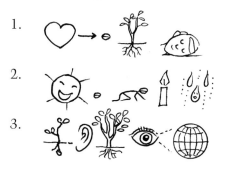

2. In my little garden
   (aus: Jaffke 1982)

In my little garden By the apple tree, Daffodils are dancing – One – two – three!	In my little garden By the kitchen door, Daisies red are smiling Two – three – four!
In my little garden By the winding drive, Roses bright are climbing – Three – four – five!	In my little garden By the pile of bricks, Hollyhocks are growing – four – five – six!
In my little garden Down in sunny Devon, Violets are hiding – five – six – seven!	In my little garden By the cottage gate, Pansies gay are shining – six – seven – eight!
Daffodils in golden gowns, Daisies all red, Hollyhocks so very tall, By the garden shed.	Roses in the sunshine, Violets dewy bright, Pansies smiling gaily – What a lively sight!

Wortschatz: *hollyhocks* – Stockrosen
Aussprache: *winding*/ai/; *climbing*/klaiming/
Gut verwendbar mit den entsprechenden Abbildungen der genannten Blumen

3. The butterfly
   (aus: Jaffke 1982)

> I know a little butterfly with tiny golden wings,
> He plays among the summer flowers
> And up and down he swings.
> He dances on their honey cups so happy all the day.
> And then he spreads his tiny wings
> and softly – – – flies – – – away.

4. Three little mice
   (aus: Jaffke 1982)

> Three little mice went to town.
> Their coats were grey, their eyes were brown.
> Three little mice went down the street
> With woollen slippers upon their feet.
> Three little mice sat down to dine
> On curranty bread and gooseberry wine.
> Three little mice ate on and on
> Till every crumb of bread was gone.
> Three little mice – when feast was done –
> Went home quietly, one by one.
> Three little mice went straight to bed,
> And dreamt of crumbly, curranty bread.

Anmerkung: Dieser Text stellt wegen des Wortschatzes und der Aussprache hohe Anforderungen an den Schüler.
Wortschatz: *curranty bread* Rosinenbrötchen

• **My house**

1. Wanted (by Rose Fileman)
   (aus: Ireson 1970)

> I'm looking for a house
> Said the little brown mouse,
> with...
> One room for breakfast,
> One room for tea,
> One room for supper
> And that makes three.
> One room to dance in,
> When I give a ball,
> A kitchen and a bedroom,
> Six rooms in all.

Anmerkung: Einsetzbar in Zusammenhang mit 4.2.3 *Going through an English house*

2. House Coming Down (by Eleanor Farjeon)
   (aus: Ireson 1970)

> They're pulling down the house
> At the corner of the Square,
> And floors and the ceilings
> Are out in the air,
> The fireplace so rusty,
> The staircases so dusty,
> The wallpapers so musty,
> Are all laid bare.
> It looks like a dollhouse,
> With the dolls put away,
> The furniture laid by
> Against another day;
> No bed to lie in,
> No pans to fry in,
> No dish to make a pie in,
> And nobody to play.
>
> That was the parlour
> With the cream and yellow scrawls,
> That was the bedroom
> With the roses on the walls,
> There's a dark red lining
> In the room they had for dining,
> Goes all up the halls.
>
> But where is the lady
> In the pretty gown?
> Where is the baby
> That used to crow and frown?
> Oh, the rooms look so little,
> The house looks so brittle,
> And no one cares a tittle
> If it all tumbles down.

Anmerkung: Dieser anspruchsvolle Text ist mit Unterstützung von Illustrationen, Gestik und Mimik gewinnbringend einsetzbar! Es sollte nicht der Fehler gemacht werden, jedes einzelne Wort ins Deutsche zu übersetzen. Das literarische Gedicht „lebt" ja vom Klang und bedarf nicht der Erhellung aller Wörter – nur der sinntragenden *keywords*!

Wortschatz:
scrawls – Krakeleien
crow and frown – krähen/jauchzen – Stirne runzeln
brittle – bröcklig, zerbrechlich
tittle – Fünkchen/*(no one cares a tittle)* niemand kümmert sich auch nur im Geringsten

Hinweis: Einsetzbar in Zusammenhang mit 4.2.3 *Going through an English house*

3. The old woman (by Beatrix Potter)
(aus: Ireson 1970)

> *You know the old woman – who lived in a shoe*
> *And had so many children – she didn't know what to do?*
> *I think if she lived in a little shoe-house*
> *That little old woman was surely a mouse*

Anregung zur Unterrichtsgestaltung:
Dieses relativ kurze Gedicht eignet sich gut, um nach der sprachlichen Erarbeitung, die auch ein Auswendiglernen beinhalten kann, eine Kreativaufgabe anzuschließen: „Zeichne/male die Aussage des Gedichts." Schüler der 4. Jgst. erhalten die Textvorlage und gestalten dazu eine Illustration, wie sie in einem *picture book* vorkommen könnte. Alle Arbeiten können gebunden und als *booklet* an einem Elternabend vorgestellt werden.

4. To a Squirrel at Kyle-na-no
(aus: Ireson 1970)

> *Come play with me;*
> *Why should you run*
> *through the shaking tree?*
> *As though I'd a gun*
> *To strike you dead?*
> *When all I would do*
> *Is to scratch your head*
> *And let you go.*

- *Seasons*
1. Days in the month

> *Thirty days have September*
> *April, June and November.*
> *All the rest have thirty-one,*
> *Except for February alone,*
> *Which has twenty-eight days clear,*
> *And twenty-nine in each leap-year.*

Working with a poem: The four seasons

Man kann dieses authentische Jahreszeitengedicht mit einem Ausschnitt aus Vivaldis: „Die vier Jahreszeiten" verbinden.

Mind-Map: Der Lehrer beginnt die Unterrichtsstunde, indem er die aktuelle Jahreszeit (günstig ist es, das Gedicht im Frühling zu bearbeiten!) in einem Mind-Map erarbeiten lässt. Die Schüler nennen zunächst auf Deutsch alles, was ihnen zu dieser Jahreszeit einfällt.

In fortgeschrittenen Lerngruppen werden die Schüler schon Einzelwörter auf Englisch nennen können/bzw. wird der Lehrer sie „dazugeben".

Impulsfragen:

– Was machst du im Frühling/*What do you do in spring/summer/autumn/winter? What flowers can you see?* Wie sieht die Natur im Frühling aus? *What does nature look like in spring?*

Language awareness:

L. zeichnet/skizziert einen Weidenbaum an die Tafel
S. äußern sich spontan dazu auf Deutsch
Individuelle Schülerantworten: z.B. Wurzel/Stamm/Rinde/Äste/Zweige/Blätter
Klärung des Begriffs *catkins on the willow tree* – Palmkätzchen
L.: *cats* – Sch.: Palmkätzchen

Meditative Phase

Der Lehrer spielt aus Vivaldi's „Die vier Jahreszeiten" den Frühling vor und spricht:
Atme zweimal tief ein und entspanne deinen Körper.
Finde eine angenehme Position.
Schließe jetzt die Augen.
Atme ruhig weiter.
Lasse alle Hektik, alle Anspannung fallen.
Atme ruhig weiter.

Vor deinem inneren Auge taucht in der Ferne ein Baum auf,
gehe langsam auf ihn zu,
du musst den Namen des Baums nicht kennen – es ist irgendein Baum.
Wie sieht er aus? – wie sieht sein Stamm aus? – seine Äste? – seine Blätter?
Wie fühlst du dich, wenn du deinen Baum betrachtest?

Stell dir nun vor, wie du selber zu diesem Baum wirst,
du wirst ganz Baum.
Was siehst du um dich herum?
Wie ist das Wetter? – Spürst du den Wind? – die Temperaturen?

Konzentriere dich nun auf deinen Baumstamm. Wie fühlt sich die Rinde an? – Wie die Äste? – die Blätter?

Gehe nun ganz langsam zu deinen Wurzeln hinunter.

Lass diesen Eindruck noch ein bisschen nachwirken.

Gehe nun ganz langsam aus dem Baum heraus und werde wieder du selbst.

The world is waking up again
And SPRING has just begun,
The catkins on the willow-tree
Turn yellow in the sun.

When AUTUMN comes, the weather's calm,
The sun is not so strong;
The days are shorter than before,
The nights are getting long.

Now every day the SUMMER sun
Climbs higher in the sky;
The farmer's fields are stacked with hay
In June and July.

WINTER is here; the days are cold;
The clouds bring rain and snow.
The roads are icy, slippery,
Our steps must be quite slow.

Öffne die Augen und du bist wieder in diesem Klassenzimmer. (Die Musik endet.)

Es genügt, wenn die Schüler Freude am Gedicht, am Klang der Worte haben und einzelne Wörter verstehen.

2. The Months of the year

In January falls the snow,
In February cold winds blow.

In March peep out the early flowers,
April comes with sunny showers.

In May the children dance and play,
In June the farmer makes his hay.

In July the sun shines bright,
August makes the apples ripe.

September takes us back to school.
October day begin to cool.

Cold and foggy is November,
Christmas comes in December.

Anregungen zur Unterrichtsgestaltung:
Die Schüler zeichnen und gestalten dazu die Jahresuhr. (vgl. Kopiervorlage S. 143)

• Time
1. Tick, Tick, Tick

(S1): *Tick, the clock says, Tick, Tick, Tick*
(S2): *What you have to do – do quick!*
(S1): *Time is gliding fast away,*
(S2): *Let us start our work today.*

Anregungen zur Unterrichtsgestaltung:
Einsetzbar am Anfang jeder Englischstunde, wobei jeweils zwei Schüler die Vorsprecherrolle übernehmen können.

2. The clock says: EIGHT

The clock says: **eight**
Quick, quick – you'll be late.
Breakfast is ready,
Master Freddie.

The clock says: **five**
Cakes will arrive,
And tea is ready,
Master Freddie.

The clock says: **one,**
Pudding is done
Dinner is ready,
Master Freddie.

The clock says: **eight,**
Put away your slate,
Supper is ready,
Master Freddie!

Anregungen zur Unterrichtsgestaltung:
Diese Textvorlage verbindet die Themenkreise „Uhrzeiten", „Essenszeiten" und „Tagesablauf". Gewinnbringend einzusetzen als Abschluss einer Einheit, in der Uhrzeiten geübt wurden.
Die Schüler können eine Spieluhr basteln.

• Weather
1. The sun says ...

The sun says, "I glow"
The wind says, "I blow"
The water says, "I flow"
The tree says, "I grow"
The man says: "I know."

Anregungen zur Unterrichtsgestaltung:
In dieser Unterrichtsstunde, die einen kinestetischen Hintergrund haben kann, sollten zunächst die entsprechenden Abbildungen der Sonne und des Baums bereitgestellt werden. (z. B. Tafelanschrift oder farbiges Kartonpapier)
„Wind" kann akustisch dargestellt werden, das fließende Wasser am Waschbecken steht in jedem Klassenraum zur Verfügung.
Die Schüler zeigen beim Mitsprechen der Zeilen durch das Ausbreiten ihrer Arme eine Sonne an, blasen wie ein Wind, lassen (imaginär) Wasser an ihrem Arm herunterfließen, „wachsen" und wer-

| Name: | Class: | Date: |

den größer wie ein Baum. Dadurch verbinden sich entspannende Bewegungen mit sprachlichen Elementen.

2. Rain, rain, go away

> Rain, rain, go away
> Come again some other day
> Little ... * wants to play.
>
> Rain, rain, go away
> Come again some other day
> Little ... * wants to play.

Anregungen zur Unterrichtsgestaltung:
Die Schüler setzen jeweils den Namen eines Mitschülers ein. Darüber hinaus können sie angeregt werden, die Zeilen sehr rhythmisch zu sprechen. Ggf. gelingt es, eine eigene Melodie dazu zu erfinden und diese mit Orff-Instrumenten zu unterlegen.

3. Pitter-Patter

> Pitter-Patter, Pitter-Patter,
> listen to the rain!
> Pitter-Patter, Pitter-Patter,
> on the window pane.

Anregungen zur Unterrichtsgestaltung:
Dieser Reim, der das Klopfen der Regentropfen sprachlich zu imitieren versucht, sollte mit der entsprechenden rhythmischen Unterlegung gesprochen werden:
- - " - - "
- - - -
- - " - - "
- - - -

4. The wind

> I'm the wind,
> Do you know what I can do?
> I rattle the doors and the windows, too.
> I whistle and shout,
> I laugh and I sing,
> And then like a bird,
> I'm off on the wing.

Anregungen zur Unterrichtsgestaltung:
Dieses Gedicht enthält fünf Verben, deren Bedeutung leicht darzustellen sind: *rattle/whistle/shout/laugh/sing*.
Die letzten zwei Zeilen lassen sich von den Schülern gut in Gestik/Bewegung umsetzen.

> **Unterrichtsbeispiel für eine *rhyme story* im Unterricht**
> ***Johnny Fife and Johnny's wife***

> Oh, Johnny Fife and Johnny's wife,
> To save their toes and heels,
> They built themselves a little house
> That ran on rolling wheels.
>
> They hung their parrot at the door
> Upon a painted ring,
> And round and round the world they went
> And never missed a thing.
>
> And when they wished to eat they ate,
> And after they had fed,
> They crawled beneath a crazy quilt
> And gaily went to bed.
>
> And what they cared to keep they kept
> and what they both did not,
> They poked beneath a picket fence
> And quietly forgot.
>
> Oh, Johnny Fife and Johnny's wife
> They took their brush and comb,
> And round and round the world they went
> and also stayed at home.

Lernziele:

Die Schüler sollen ...
- ... durch die Begegnung mit einem *"little poem"* langfristig Freude am Englischlernen entwickeln (affektives Ziel)
- ... über das Medium eines authentischen, literarischen Gedichts Interesse für die fremde Kultur entwickeln (kulturelles Ziel)
- ... aufgrund von begleitenden Illustrationen und Gegenständen die Bedeutung der Wörter und damit den Inhalt der Reimgeschichte verstehen (kognitives Ziel)
- ... darüber hinaus aufgrund eines möglichst authentischen Sprachvorbilds die Reime phonetisch und intonatorisch einwandfrei nachsprechen können (phonetisches Ziel)
- ... den eigentlichen „zwischen den Zeilen" liegenden Sinn der Reimgeschichte auf Deutsch benennen können (fächerübergreifendes Ziel)

Situative Begegnung

Artikulation	Stundenablauf	Medien/Unterrichtsformen
Setting of the poem Einführung in die Situation der dichterisch gestalteten Geschichte	L.: *Look, that's Johnny Fife and that's Johnny's wife.* L. zeigt zwei Figuren als Haftelemente. L.: *And what's that?* (L. heftet Tonpapierhäuschen an) L.: *Yes, that's a little house. Johnny and his wife built a little house themselves* (deutsch: selbst) L.: *But look at their house – it has got wheels.* (Knöpfe als Räder mit Büroklammer anheften) L. demonstriert die Bewegung und spricht dabei mehrmals die 1. Strohe langsam vor.	Hafttafel Haftelemente Häuschen aus Tonpapier Knöpfe/Büroklammer Schüler hören zu, ohne dabei mitzusprechen

Sprachlicher Umgang mit der Thematik

Scenic presentation of the poem	**2. Strophe:** L. zeigt die Figurine eines Papageis. L.: *Look, it's a parrot. Johnny and his wife hung their parrot at the door.* L. zeigt einen bunt bemalten Ring. L.: *Johnny and his wife hung their parrot at the door – upon a painted ring.* L. demonstriert anhand eines Globus, wie das Haus mit Rädern um die Welt fuhr. L.: *And round and round the world they went And never missed a thing.* L. spricht mehrmals die 1. und 2. Stophe vor, wobei die szenische Unterstützung für die erste Strophe allmählich vom L. zurückgenommen und ggf. auf einen Schüler übertragen werden kann. **3. Strophe:** L. demonstriert (am besten mit Messer und Gabel) *eat/ate* sowie (durch einen entsprechende Sattheitsausdruck) *after they had fed.* L. zeigt eine Wolldecke mit einem möglichst verrücktem Muster. L.: *They crawled beneath a crazy quilt* L. lässt die beiden Figuren *Johnny Fife and his wife* unter der Decke verschwinden. Er spricht dazu: *And gaily went to bed.* L. wiederholt die 1., 2. und 3. Strophe, wobei die szenische Unterstützung für die erste und zweite Strophe jetzt von Sch. übernommen wird. **Hinweis:** Die 4. Strophe des authentischen Gedichts kann ohne Verlust weggelassen werden, da sie zahlreiche lexikalische Schwierigkeiten enthält. **Letzte Strophe:** L. zeigt Haarbürste und Kamm. L.: *Oh, Johnny Fife and Johnny's wife They took their brush and comb,* L. zeigt abermals, wie das Haus um die ganze Welt „fährt". L.: *And round and round the world they went and also stayed at home*	Figurine Papagei Schüler hören zu, ohne dabei mitzusprechen bunt bemalter Ring Globus Sch. flüstern im Chor die 1. Strophe/einzelne Wörter mit und werden aktiviert, die Handlung darzustellen Schüler hören zu, ohne dabei mitzusprechen Sch. sprechen im Chor mit, ergänzen ggf. die leiser gesprochene „Lücken" Haarbürste und Kamm Sch. hören zu, ohne dabei mitzusprechen
Sprechhandeln	L. spricht nun alle Strophen, wobei die szenische Unterstützung von Sch. übernommen wird.	
Impuls	L.: Warum heißt es im Gedicht, dasss Johnny und seine Frau verreisen, aber doch zu Hause bleiben?	

Individuelle Anwendung

Artikulation	Stundenablauf	Medien/Unterrichtsformen
Working with the poem a) Phonetischer und intonatorischer Schwerpunkt	L. spricht das Gedicht nun zeilenweise vor, Sch. sprechen im Chor nach.	Lehrer-Schüler-Aktivität
Ausklang	Sch. gestalten die Handlung der Reimgeschichte im Kunstunterricht nach. Ein Bild zu jeder Strophe!	

Weitere Geschichten in Reimform finden sich in:
The Walker Treasury of FIRST STORIES: 30 Picture book favourites, London 1997

Proverbs

Ein englisches Sprichwort zu **Sprichwörtern** lautet:

*Proverbs are like butterflies,
some are caught, some fly away.*

Hat im frühbeginnenden Englischunterricht ein authentisches englisches Sprichwort/eine Redensart überhaupt eine Berechtigung? Wir meinen: ja.
Der Schüler vergleicht das englische Sprichwort mit seiner **Muttersprache** und stellt Parallelen dazu her. Manchmal werden in einem fremdsprachigen Sprichwort ganz andere Bilder und Begriffe benutzt, um den gleichen Inhalt auszudrücken. Es wäre deshalb interessant, wenn Schüler anderer Muttersprachen – eventuell mithilfe ihrer Eltern oder Verwandten – zu einem deutschen/englischen Sprichwort „ihr eigenes" mitbringen würden. Der Lehrer könnte es dann wörtlich übersetzen lassen, um Ähnlichkeiten oder Unterschiede für alle deutlich zu machen. Auf diese Weise würden die noch vorhandenen Sprachkompetenzen der Schüler in den Unterricht eingebracht, wie dies übrigens immer bei Wortschatzarbeit möglich ist, wenn englisch-deutsche Wortparallelen plus weitere Sprachen genannt werden.
Dieser transkulturelle Ansatz bindet fremde Sprachen mit ein und läßt die Kinder erkennen, welche hohe Bedeutung Sprechen und Sprachen ganz allgemein für sie haben, er eröffnet ihnen fremde Türen. Gerade Sprichwörter und Redensarten sind solche „Türöffner", machen sie doch auf einfache Weise deutlich, wo sich die eigene Sprachwelt mit der jeweils fremden deckt oder aber sich von ihr unterscheidet.

Beispiel:

Deutsch:	*Englisch:*	Französisch:	Italienisch:	Niederländisch:	Spanisch:
Besser ein Spatz in der Hand als eine Taube auf dem Dach	*A bird in the hand is worth two in the bush.*	Un »tiens« vaut mieux que deux »tu l'auras«.	Meglio un uovo oggi che una gallina domani.	Beter een vogel in de hand dan tien in de lucht.	Más vale pájaro en mano que ciento volando.

Anregung: Die Schüler sollen den „Sinn" dieses Sprichwortes mit eigenen Worten erklären und dazu ein passendes Beispiel geben.
Jedes neue Sprichwort, jede neue Redensart kann auch über einen längeren Zeitraum im Klassenzimmer – anhand einer lustigen Zeichnung oder eines Schriftbilds – gut sichtbar ausgestellt werden.

Resource centre

1. *The early bird catches the worm.*
2. *Make hay while the sun shines.*
3. *He who laughs last laughs best.*
4. *When the cat is away the mice will play.*
5. *Every cloud has a silver lining.*
6. *We must learn to walk before we can run.*
7. *My home is my castle.*

4.1.4 *Prayers and praise*

Bedeutung des Gebets in der Schule

In **Begegnungsphasen** werden erste kleine **Sprachkapseln** geöffnet, und da mag gerade ein kurzes **Gebet** der geeignete Einstieg in eine Unterrichtsstunde sein. Das fremdsprachliche Gebet hat neben der sprachlichen Dimension primär eine geistlich-philosophische Komponente.

Kinder erfahren während des Gebets in der Schule einen Moment der inneren Ruhe. Dabei ist es zunächst völlig in Ordnung, wenn sie in diesem Alter die Gebete zunächst einfach – im Chor – nachsprechen. Natürlich müssen einzelne Wörter zum Verständnis erklärt werden. Wichtig ist jedoch, dass sich die Verse durch die Wiederholung allmählich einprägen. Sie werden später – selbst im Erwachsenenalter – noch abrufbar sein. Aus der Alltagshektik kommend kann ein formelhaftes Gebet dem Kind helfen, sich zu beruhigen und den Geist, der abgelenkt oder mit anderen Dingen beschäftigt ist, auf einen Punkt zu bringen.

Gemeinsame Schulgebete sollten ein immer wiederkehrendes Ritual sein, bringen sie doch einen Augenblick der Besinnung, der Sammlung, der Konzentration in den Tagesablauf.

Gebete sind ein kurzes, wiederkehrendes Element des Dankes und der Fürbitte für die nächsten Minuten, Stunden, den kommenden Tag. (vgl. *prayer 7*)

Die nachfolgend angebotenen Kindergebete sind nicht für eine bestimmte Altersstufe ausgelegt, denn Kinder werden mit den Gebeten (er-)wachsen. (vgl. *prayer 5*)

Grundschüler wissen schon recht gut, dass jeder Mensch, jedes Tier, jede Pflanze ein Teil der Schöpfung Gottes ist (vgl. *prayers 2, 3, 4, 6*).

Durch das Gebet wird das Vertrauen auf Gott und auf sich selbst gestärkt (vgl. *prayer 1*). Im Gebet erfährt das Kind allmählich, dass die weltliche Geborgenheit immer nur ein Teil sein kann und Gottes Fürsorge über allen Dingen steht.

Resource centre

1. When I'm sad
(aus: Venus/Adams 1989, S. 17)

> *When I'm sad and lonely,*
> *God, when I'm feeling blue.*
> *Just help me to remember*
> *That I can count on you.*

Language awareness:
Die Schüler erfahren, dass *blue* hier in der Bedeutung von *traurig* gebraucht wird.

2. Little spider
(aus: Venus/Adams 1989, S. 21)

I am called spider,	*I am called spider,*
Look how I run;	*I am not like a man;*
Busily working	*But in God's eyes,*
To get my web spun.	*I am part of his plan.*

3. Woodland prayer
(aus: Venus/Adams 1989, S. 31)

God bless the squirrel	*God bless the spider.*
In the tall, tall tree,	*God bless the bee,*
And God bless every-	*And not forgetting …*
one near to me.	*Please, God, bless me.*

4. Bird's prayer
(aus: Venus/Adams 1989, S. 41)

God, thank you for the nightingale	*God, thank you for the tawny owl*
God, thank you for the sparrow	*And thank you for the robin*
God, thank you for the lark.	*Who flies out in the dark.*
Who snuggles in the nest	*With his bright red breast!*

Language awareness:
a) Wortschatz:
tawny – goldbraun
snuggle – kuscheln, sich anschmiegen (TV-Serie für Kinder: Dr. Snuggles)

b) Inhalt: Dieses sprachlich anspruchsvollere Gebet enthält fünf Vogelnamen. Es empfiehlt sich dabei, die Abbildungen der genannten Vögel, nämlich Nachtigall, Spatz, Lerche, Eule und Rotkehlchen den Schülern beim Vorsprechen zu zeigen.

5. Teach me, Lord
(aus: Venus/Adams 1989, S. 53)

Teach me Lord	*I ask because*	*Help me trust*
To understand	*I'm sometimes not*	*You God, to know*
The things I cannot see.	*as good as I can be.*	*Just what is best for me.*

6. God's family
(aus: Venus/Adams 1989, S. 53)

Some live here and some live there – In the water, Earth and air.	Cuckoo, robin chicken, dove Help me to treat All things with love.	With love we are One family, As Jesus taught us All to be.

7. God made me

God made the sun, And God made the tree, God made the mountains, And God made me.	I thank you, oh God, For the sun and the tree, For making the mountains, And for making me.

8. Morning prayer: Father, we thank you

Father, we thank you for the night, And for the pleasant morning light, For rest and food and loving care, And all that makes the world so fair.	Help us to do the things we should, To be to others kind and good. In all we do, in all we say, To grow more loving every day!

Anmerkung: Dieses Gebet, das an vielen englischen und amerikanischen Schulen täglich gesprochen wird, sollte jeder Grundschüler am Ende der 4. Klasse sicher beherrschen.

4.1.5 Picture book stories/fairy tales/films and videos for children/legends/fables

Nach wie vor schreckt mancher Lehrer ängstlich zurück, wenn es um das Vortragen von Geschichten im Englischunterricht geht. Dabei ist dies wahrlich keine Erfindung der Grundschuldidaktik!
Bei einem Spaziergang durch *Bunratty Folk Park* in der Republik Irland im Jahre 1999 saß ein älterer Mann vor seinem *Mountain Farmhouse*. Mit sichtlicher Begeisterung über seinen eigenen Wortschwall erzählte er Geschichten, etwa so wie seine Vorfahren Geschichten, Märchen und Anekdoten vortrugen. Er fabulierte in den höchsten Tönen, und das auf Zuruf genannte Stichwort „webte" er in seine Geschichte kunstvoll ein. Mancher mag sich bis in die jüngste Zeit hinein nicht der Tatsache bewusst gewesen sein, dass *storytelling* eine Kunstform ist, eine Tätigkeit mit starken sozialen Komponenten.
Müde vor seiner Hütte sitzend, erzählte uns einmal ein alter afrikanischer Mann mit einem gütigen Lächeln, welche vier Dinge für den Menschen aus seiner Sicht am wichtigsten seien. „Zuerst das Essen und Trinken, dann ein Dach über dem Kopf, dann die Liebe zu den Menschen und schließlich Geschichten, um etwas von und über die Welt zu erfahren."
Über Essen, das Haus, die Unterkunft wird noch im weiteren Verlauf bei den landeskundlichen Inhalten (vgl. 4.2) zu reden sein. Aber der Mann nannte überaschenderweise auch Geschichten. In Zeiten, als es noch keine Radiosendungen, Fernsehübertragungen, ständig verfügbare Kassetten und CDs gab, waren frei erzählte Geschichten Unterhaltung und Erbauung der Menschen.
Folgt man Simpson/Roud (2000), so besaß England lange keine formale Sammlung für Geschichten und Lieder, wie dies in Irland und Schottland der Fall war. Auch gab es in diesem Raum nur kleine Gruppen berufsmäßiger *storytellers*, nämlich die herumziehenden *"Cornish droll-tellers"* im frühen 19. Jahrhundert: *"Stories were told as the occasion arose, as a natural element of daily life, rather than recited to an audience."* (vgl. Philip 1992, XIV)
Meist wurden die Geschichten von *nannies and nursemaids* an die ihnen anvertrauten Kinder weitergegeben.
Charles Dickens erinnerte sich später, wie er als Kind erschrocken und fasziniert zugleich von den *grisly tales* („gräßlichen Geschichten von Räubern und Mördern") war, die ihm seine *nurse* zu erzählen pflegte. Die Brontë Sisters fürchteten die Geschichten der *"wild doings"* in alten Familien ihrer Gegend. In vielen Sammlungen werden alte Bedienstete als zuverlässige Informanten zitiert. Gelegentlich wurde auch eine Geschichte erzählt, um den Kindern eine Moral zu predigen. Es existieren einige Hinweise darauf, dass in England auch Erwachsene einander Geschichten erzählten, als *after-dinner annectodes* oder als Unterhaltung im Pub, an Weihnachten oder zu *wakes*. *"In most parishes in pre-Reformation England, the day dedicated to the patron saint of the local*

church was set aside for major celebrations, as most 'holidays' were linked to religious observance. The word wake *derives from the custom of sitting up and* watching *(or "waking") in the church overnight, and then spending the next day in revelry."* (Vgl.: Simpson/Roud 2000). Aber auch am Arbeitsplatz und in Gefängnissen war Raum für humorvolle Geschichten, Geistesgeschichte und Legenden, um die häufigsten Arten zu nennen.

Nur eine Gruppe, nämlich die Zigeuner, verfügte über ein eigenes Repertoire an *oral fairytales*, die sie aber nur einander erzählen, nicht jedoch Außenstehenden.

William Howitt (1837) berichtet von so genannten „Strickversammlungen", die damals in Yorkshire und Lancashire wohl durchaus üblich waren. Männer, Frauen und Kinder versammelten sich nach des Tages Arbeit im Hause eines Nachbarn *"... and all the old stories and traditions of the dale come up, and they often get so excited that they say, Neighbours, we'll not part tonight, that is, till after twelve o'clock."* (Vgl. Simpson/Roud 2000, S.344f.)

Eine Aussage, die sich jeder Unterrichtende, jeder *storyteller* im Englischunterricht der Grundschule nur wünschen kann.

In letzter Zeit ist in der Fachliteratur ein höheres Bewusstsein für das Erzählen von Geschichten – **awareness of storytelling** – als eine kunstvolle Leistung und als Interaktion zwischen dem Erzähler und dem Zuhörer zu beobachten.

In Zeiten, als Geschichten noch nicht so selbstverständlich in gedruckten Anthologien zur Verfügung standen, wie das heute der Fall ist, war das *storytelling* **die** wesentliche Form der Weitergabe von Geschichten. Es gab in England lediglich so genannte *broadsides*, dünne „Heftchen", die ganz billig auf der Straße, auf Jahrmärkten und an den Arbeitsplätzen verkauft wurden.

Diese enthielten gedruckte Lieder, Berichte schlimmer Verbrechen, Bilder, *tales* und Parodien. Ein typisches *Broadside*-Heftchen im 19. Jahrhundert besaß die Maße 10 inch x 8 inch. Viele traditionelle englische Lieder können in diese Zeit zurückverfolgt werden.

Verwiesen sei an dieser Stelle noch auf die so genannten *chapbooks*. Vom 17. bis 19. Jahrhundert waren sie der beliebteste Lesestoff der armen Bevölkerung Englands. Es handelte sich dabei um kleine Heftchen mit einem Papierumschlag, die normalerweise 8 bis 24 Seiten Umfang hatten. Sie waren sehr billig und wurden wie die *broadsides* von *travelling hawkers* an jeder Straßenecke feilgeboten. Sie beinhalteten ein wahres Sammelsurium an Geschichten: *Folktales, ballads, jokes, riddles, superstitions, both true and fabricated, reports of trials, grisly murders, last dying speeches of condemned criminals and catchpennies* (reißerische Nachrichten). *They were illustrated by woodcut illustrations.* Simpson/Roud (2000, S.54) weisen darauf hin, dass diese *chapbooks* als erste gedruckte Quelle von Kindergeschichten gelten:

"Chapbooks also provided the first real children's literature, and they proved an excellent means by which folklore could be disseminated across the land. Favourite items were reprinted again and again over the years. Most towns had their printers, but London was the acknowledged centre of the trade. James Boswell records in his London Journal for 10 July 1763: '... some days ago I went to the old printing office in Bow Church-yard kept by Dicey, whose family have kept the fourscore years. They are ushered into the world of literature 'Jack and the Giants', 'The Seven Wise Men of Gotham' and other storybooks which in my dawning years amused me as much as Rasselas does today. I bought two dozen of the story-books ...'"

Zusamenfassend läßt sich sagen: Es ist Zeit, sowohl im Deutschunterricht als auch im frühbeginnenden Englischunterricht die Kinder neugierig zu machen auf erzählte Geschichten, sie zum Zuhören anzuregen, zum kreativen Weiterspinnen einer Geschichte, sie emotional zu berühren – ohne den Druck auf den Knopf des CD-Playsers, auch wenn dort ein perfekter *native speaker* zuhören sein mag. Er bleibt anonym, die Kinder können ihm nicht auf den Mund, in die Augen schauen, ohne Gestik und Mimik ist er ein Fremder, so wünschenswert und wertvoll sein Einsatz im Fremdsprachenunterricht für fortgeschrittene Schüler auch ist.

Resource centre:

- *Picture book stories*

a) *Short stories*

Die folgende Kurzgeschichte ist entnommen: *The Walker Treasury of FIRST STORIES: 30 Picture Book Favourites,* London 1997

> **Unterrichtsbeispiel für eine *picture book story: Contrary Mary***
> (by Anita Jeram)

Sachanalyse:

Wird die Geschichte über *Contrary Mary* lediglich gehört, so könnte es sich bei Mary um ein kleines Mädchen oder vielleicht um deren Mutter handeln. Erst beim Betrachten der Bilder erkennt man, dass ein Mäusemädchen und dessen Mutter im Mittelpunkt der Handlung stehen. Die Bilder sind also ein unverzichtbarer Teil für das Verständnis der Geschichte. Das Mäusemädchen tut stets das Gegenteil von dem, was seine Mutter ihm befiehlt oder was eigentlich vernünftig wäre. Es fährt z. B. rückwärts auf dem Fahrrad oder läuft ohne Schirm im Regen herum – alles Situationen, die so manches Menschenkind auch schon erlebt hat. Daher können sich die Schüler gut mit *Contrary Mary* identifizieren. Die Geschichte trifft somit die Interessen der Schüler. Sprachlich finden sich an markanten Stellen der *picture book story* einfache Fragen und Aufforderungen:

What would you like, Mary?
Are you awake, Mary?
Come under the umbrella, Mary!
Do you love me?

Diese werden von den Schülerinnen und Schülern aus dem Kontext heraus leicht verstanden. Schon beim zweiten Hören können die Antworten oder Reaktionen von *Contrary Mary* von einzelnen Schülern oder im Chor gegeben werden. Diese Fragen und Aufforderungen eignen sich auch für andere Situationen und spielen im täglichen (Unterrichts-)alltag durchaus eine wichtige Rolle.

Organisatorische Maßnahmen:

Im Gegensatz zu der didaktisierten Form der *story presentation* weist die *picture book story* einige typische Elemente auf.
In der Regel stehen zu jedem größeren Gedanken – jedem Abschnitt – Bilder zur Verfügung, sodass die Erzählung visuell optimal unterstützt wird. Allerdings leben diese Bilder von der Farbigkeit. Aufgrund der großen Anzahl ist es heute kaum möglich, Farbfolien von jedem Bild anzufertigen. Deshalb erscheint es günstig, wenn die Schüler in einem Halbkreis zum Lehrer kommen. Das ist bei Gruppen bis 15 Schülern kein Problem, bei Klassen über 20 Schülern müssen die äußeren Voraussetzungen jedoch gut eingeübt sein, sodass während der Erzählung kein Gedränge und Geschiebe entsteht und dadurch die Erzählung gestört wird.

Am besten geschieht dies in einer Dreieranordnung: Die Kinder der ersten Reihe hocken am Boden, die Kinder der zweiten Reihe knien und diejenigen der dritten Reihe stehen – und das möglichst auf Lücke.

Lernziele

Die Schüler sollen…

… durch die Begegnung mit dieser *picture book story* langfristig Freude am Englischlernen entwickeln (affektives Ziel)

… über das Medium der authentischen Story Interesse für die fremde Sprache und Kultur entwickeln (kulturelles Ziel)

… aufgrund der Bilder den Inhalt der Geschichte verstehen und die Bedeutung einzelner sinntragender Wörter *(keywords)* erfassen (kognitives Ziel)

… darüber hinaus aufgrund eines authentischen Sprachvorbildes
  a) einzelne Sätze/Satzteile einwandfrei (nach-)sprechen können,
  b) auf Befehle und Anweisungen handelnd reagieren, (dies kann, entsprechend dieser *picture book story*, auch „verkehrt herum" geschehen!)
  c) einen vereinfachten Dialog (in Rollen) lesen und ggf. szenisch darstellen. (phonetische und motivatorische Ziele)

… den eigentlich „zwischen den Zeilen" liegenden Sinn der Geschichte auf Deutsch erklären können (fächerübergreifendes Ziel)

Stundenverlauf

Situative Begegnung

Artikulation	Stundenablauf	Medien/Unterrichtsformen
Introduction Vorstellung der Hauptakteure/ eventl. kurze Charakterisierung der Personen	Protagonisten (Menschen und Tiere) werden vorgestellt. L. zeigt Folie mit den Bildern aus dem Buch und sagt: *This is Mary and this is Mary's mother. Mary always says "no". Her mum asks: "Are you awake?" Mary answers: "No".*	OHP/Folie/Bilder aus dem Buch
Reading out the story: Seitenweises Vorlesen der Geschichte/Kurze Besprechung der zugehörigen Bilder	L.: *When Mary got up this morning ...*	Abb. aus dem Buch Sch. sitzen im Halbkreis
Talking about the story	L.: Sagt mal, was ist denn so komisch an der Maus Mary? S.: Sie macht alles verkehrt herum. L.: Fällt dir dazu vielleicht ein Beispiel ein? S.: ... L.: Und am Schluss überlistet ihre Mutter sie doch. Wie macht sie das? S.: ...	Unterrichtsgespräch/ anschließend gehen Schüler zu ihrem Platz zurück
Second reading/ repeating important phrases	L. liest die Geschichte in einem Durchgang vor. Er fordert die Schüler auf, wichtige Sätze laut zu wiederholen. L. fügt an sinnvollen Stellen noch ein zusätzliches: *"Mary, Mary, quite contrary."* ein. Diesen Satz werden die Schüler am Ende des Vorlesens im Chor sicher selbstständig sprechen können. Dieses Vorlesen kann wiederholt werden, wobei nun einzelne Abbildungen aus dem *picture book* (als schwarz-weiß Folien-Kopie) herausgelöst aus der Textvorlage für alle gut sichtbar die Unterstützung der Handlung übernehmen!	Buchabbildungen auf Folie Chorsprechen

Absicherung des Textverständnisses

Artikulation	Stundenablauf	Medien/Unterrichtsformen
Checking understanding Überprüfung des Textverständnisses a) non-verbal: durch Abstimmung/	**Variante 1:** L. liest Einzelsätze aus der Geschichte vor, Schüler entscheiden durch Abstimmung, ob die Aussagen *true or false* sind (*true* = hand; *false* = show me a book) Hinweis: Damit alle Schüler gleichzeitig entscheiden, sollte der L. immer einen Gong anschlagen! *"Mary rode her bicycle backwards"*: TRUE *"Mother kissed Mary's fingers"*: FALSE (leistungsstarke Schüler werden ggf. Verbesserungen anbieten)	pro Schüler ein Buch Gong
b) durch elliptische Antworten	**Variante 2:** L. liest drei Einzelsätze vor. Sch. entscheiden sich für die „richtige" Reihenfolge. Dadurch müssen sie sprachlich aktiv werden; es genügt, wenn sie zunächst nur die *keywords* benutzen	Schüleraktionen
c) durch szenische Umsetzung	**Variante 3:** L. liest den Text vor, Schüler reagieren so wie *Contrary Mary* auf Fragen und Befehle.	

Individuelle Erweiterung

Artikulation	Stundenablauf	Medien/Unterrichtsformen
Working with the story a) *Orders*	L. gibt Befehle – jeweils ein Kind führt genau das Gegenteil aus: *Tom, go to the door.* (Schüler muss in die entgegengesetze Richtung gehen – also zum Fenster.) L.: *Jenny, open the window, please.* (Jenny öffnet die Tür) L.: *Ron, give me your English book.* (L. hält sein Buch in der Hand, der Schüler schnappt es ihm weg.) usw.	Schüleraktionen
b) *Preparing dialogue reading*	Der auf das Wesentliche reduzierte Dialog zwischen ‚Mother' and ‚Mary' wird ausgeteilt. L. spricht die Rollentexte mehrmals vor; Ziel ist es, den Dialog in Rollen lesen zu können. *Mum: Are you awake, Mary?* *Mary: No!* *Mum: What would you like, Mary?* *Mary: Roast potatoes.* *Mum: Mary, Mary, quite contrary, come under the umbrella, Mary.* *Mary: No.* *Mum: Now you are wet. Mary, Mary, quite contrary. Read this book, Mary.* *Mary: No* *Mum: It's upside down. Mary, Mary, quite contrary.* *Mum: Good morning!* *Mary: Contrary mum!* *Mum: Do you love me?* *Mary: NO!*	Textvorlage
Ausspracheschulung ggf. Leseschulung	Sch. lesen still/halblaut mit. Dialogschulung: Jede Zeile wird anschließend nochmals einzeln vorgesprochen; nach einer kurzen Pause „sprech-lesen" die Schüler nach, auf diese Weise wird die Aussprache und Intonation intensiv eingeübt.	Schüler lesen mit
Übergang zum Lesen des Dialogs	Schüler lesen den Grunddialog.	Partnerlesen szenische Darstellung
Lesen mit dem *storyteller*	L. übernimmt nun die Rolle des freien Geschichtenerzählers, d.h. er trägt den Handlungsrahmen vor; zwei Schüler lesen den Dialog, weitere stellen die Handlung szenisch dar. Auf diese Weise wird allmählich der Übergang vom Anhören über das Lesen einer Geschichte zur freien Nachgestaltung geschaffen.	

Weitere empfehlenswerte Geschichten aus *The Walker Treasury of FIRST STORIES*:

– *Mouse Party, by Alan Durant (vgl. 4.3.3.6 An English birthday party)*
– *Sebastian's Trumpet, by Miko Imai (vgl. 4.3.3.5 An English birthday party)*
– *SQUEAK – A – LOT, by Martin Wadell (*Vorlage *für a role play)*

sowie:
– *The three Billy Goats Gruff, by Charlotte Voake*
– *My Mum and Dad make me laugh, by Nick Scharatt*

Contrary Mary by Anita Jeram

When Mary got up this morning she was feeling contrary. She put her cap on back to front and her shoes on the wrong feet.

"Are you awake, Mary?" her mum called.

"No!" said Contrary Mary.

For breakfast there was hot toast with peanut butter.

"What would you like, Mary?" asked Mum.

"Roast potatoes and gravy, please," said Contrary Mary.

When they went to the shops it was raining.

"Come under the umbrella, Mary," said Mum.

But Contrary Mary didn't. She just danced about, getting wet.

All day long, Contrary Mary did contrary things.

She rode her bicycle, backwards. She went for a walk, on her hands. She read a book upside down.

She flew her kite along the ground.

Mary's mum shook her head.

"Mary, Mary, quite contrary," she said.

And then she had an idea.

That evening, at bedtime, instead of tucking Mary in the right way round, Mary's mum tucked her in upside down.

Then she opened the curtains, turned on the light, kissed Mary's toes and said, "Good morning!"

Mary laughed and laughed.
"Contrary Mum!" she said.
"Do you love me, Contrary Mary?" asked Mary's mum, giving her a cuddle.
"No!" said Contrary Mary. And she gave her mum a great big kiss.

Complete picture book stories

Empfehlung für längere, abgeschlossene Geschichten in **einem** *picture book*:

1. Buchanan, Elizabeth: Mole moves House

Kurze Inhaltsangabe:
Ein Maulwurf zieht in einen schönen Garten um und „hilft" – wie er meint – dem Besitzer beim Umgraben. Entsetzt beginnt dieser Maßnahmen zu ergreifen: Er stellt eine Falle auf, leitet Wasser in die Gänge, legt Feuer, stellt Lautsprecher auf – doch immer macht der schlaue Maulwurf das Beste für sich daraus. Er bedankt sich sogar für so viele Annehmlichkeiten und gräbt weiter und weiter. Völlig verzweifelt zieht die Familie endlich um, doch der Maulwurf ist sehr anhänglich. ...
Fazit: Eine lustige Geschichte, die durch die vielen ansprechenden Illustrationen auch für Englisch lernende Kinder verständlich wird.
Fächerübergreifender Ansatz: Sachunterricht: Der Maulwurf

2. McCullagh, Sheila: Jeremy Mouse and Mr. Puddle

Anmerkung:
Diese Reihe wendet sich in England an Eltern und Lehrer und gibt ihnen Hinweise, wie mit dem Büchlein das Lesen gelernt werden kann. Auf die Situation des frühbeginnenden Englischunterrichts, hier: *presenting a story*, sind vor allem die *captions* interessant, die unter jedem Bild für den Schüler auf einfache sprachliche Weise den Handlungsverlauf zusammenfassen und so dem Englisch lernenden Kind ein Gerüst anbieten.
Kurze Inhaltsangabe:
Bei dieser Geschichte geht es um die Abenteuer der *"Widewake Mouse"* Jeremy. Es wird z. B. auf sehr lustige Weise geschildert, wie Jeremy auf der Suche nach einem Stück heruntergefallenem Käse in Mr Puddles Hose krabbelt, sodass dieser laut aufschreit.

3. Martin Wadell: The Hidden House

Kurze Inhaltsangabe:
Die künstlerisch wertvoll illustrierte Geschichte schildert in einer für Schüler verständlichen Sprache, wie der alte Mann Arno drei Puppen aus Holz herstellte und sie ins Fenster setzte. Als Arno eines Tages nicht mehr zurückkehrte, änderte sich langsam alles. Pflanzen begannen das Haus einzuwachsen. Allmählich verschwand das kleine Haus unter dem wuchernden Grün. Nur Ameisen, Käfer, Mäuse und Frösche lebten noch darin. Einige Zeit später kam ein Mann mit seiner Frau und seinem kleinen Mädchen vorbei. Sie erforschten den Garten und das Haus. Als sie wieder gingen, waren die Puppen traurig. Doch im Frühling kehrte die Familie zurück und begann mit der Renovierung. Das kleine Mädchen fand die Puppen und bemalte sie mit frischen Farben. Von diesem Zeitpunkt an saßen sie wieder am Fenster und schauten glücklich in den Garten.
Fächerverbindender Ansatz:
Diese Geschichte wird von den Schülern im Kunstunterricht nachempfunden. Sie malen ein unter Pflanzen und Efeuranken verschwindendes Haus, zeichnen, wie sie sich die drei Puppen vorstellen würden. Daraus könnte eine Art Collage entstehen, die kopierte Abbildungen des Buches einbeziehen.

- *Fairy tales*

Da viele Kinder bekannte deutsche Bücher kennen, wäre es unter Umständen interessant, einige Ausschnitte aus der englischen Version einzusetzen, z. B.:

1. **Max und Moritz,** von Wilhelm Busch; englische Nachdichtung von Percy Reynolds, Reclam jun. Stuttgart 1996
2. **Struwwelpeter,** von Heinrich Hoffmann; englische Nachdichtung von Mark Twain, Reclam jun. Stuttgart 1994

- *Original videos for children*

Empfohlenes Programm:
The Little Bear, bestehend aus 52 Folgen mit jeweils drei Einzelepisoden à acht Minuten. Die 156 Einzelepisoden wurden in den Jahren 1995 bis 1998 in Kanada nach den Büchern von Else Holmel sowie Minarikund Maurice Sendank produziert.
Bewertung: Thematisch und sprachlich gut geeignet für den Einsatz im frühbeginnenden Englischunterricht (vgl. Unterrichtsbeispiel 3.2.6).
Einige Originaltitel mit den dazugehörigen Autoren:

What will Little Bear Wear?	Neena Beber
Birthday Soup	Suzanne Collins
Gone Fishing	Peter Parnell
Little Bear's Bath	Peter Hume
To Grandmother's House	Nancy Barr
Hiccups	Alyse Rosenberg
Little Bear and the Wind	Michael Thoma
Not Tired	John Lazarus
Spring Cleaning	Betty Quan
A House for Mitzi	James Still
Marbles	Jeff Stockwell

- *Legends*

A Story to tell: The children of Lir (aus: O'Grady, S. 17–21)
Ein Vergleich: *Original text – narrated version*

Presenting a story: The children of Lir

Oft sind die **authentischen Textvorlagen** der Geschichten, Märchen, Legenden, Fabeln usw. sprachlich so anspruchsvoll, dass ein freies Erzählen einem Vorlesen vorzuziehen ist.

Der Unterrichtende mag aufgrund der individuellen Situation seiner Lerngruppe selbst entscheiden, welche der beiden nachfolgend abgedruckten Fassungen er am gewinnbringendsten in seinem Unterricht einsetzen möchte. Es sei darauf hingewiesen, dass der ursprüngliche Charakter der Legende soweit wie möglich erhalten bleiben muss. Diesem Text liegt darüber hinaus ein landeskundlicher Bezug zugrunde, der im Zusammenhang mit den *calendar customs* angesprochen werden kann.

Original text	*Narrated version*
A long, long time ago in Ireland there lived a king named Lir. Lir had a wife called Eve, and four children: Fionnuala, the eldest girl, Aed, the oldest boy, and the younger twins Conn and Fiacra. They all lived happily in a fort on the top of a hill. Sadly, soon after the birth of the twins, Eve became ill and died. Lir and his children were very lonely, and sadness and grief filled their hearts.	A long, long time ago in Ireland (Karte zeigen!) there lived a king named Lir (anschreiben). Lir had a wife called Eve (anschreiben), and four children. Fionnuala (anschreiben), the eldest girl, Aed (anschreiben), the eldest boy, and the younger twins Conn and Fiacra (anschreiben). They all lived happily in a big fort on the top of a hill. But soon after the twins were born, their mother became ill. And then she died. Now Lir and his four children were very, very lonely and unhappy.
Lir decided to re-marry, and his new wife was called Aoife. Aoife loved Lir and his children, and they all had happy times together. But after some time Aoife grew angry because she thougt that Lir was spending too much time with his children, and that he did not love her. She became bitter, and jealous of them. 'Lir loves his children more than he loves me', she would secretly groan to herself. She longed to get rid of the children and soon bitterness grew into hatred.	Some time later Lir married again. His new wife was Aoife (anschreiben). She loved Lir and his children – and they were very happy. But after some time Aoife grew angry. "You spend too much time with your children, and not with me," she said. "You love your children more than me." She began to hate him.
One day she thought of a wicked, evil plan. It was a warm summer's day and Aoife took the children to a lake near their home. The children were always playful and they loved the water. But suddenly Aoife took a druid's wand from beneath her cloak and waved it at the children while she cast an evil spell on them. The children looked at each other in horror. They were no longer children! Instead, they floated in the water in the form of four white swans.	On a warm summer day she had a very bad plan. Aoife and the four children went to a lake near their home because the children liked to play there. Suddenly Aoife took a wand (zeigen) from under her cloak and waved it at the children (demonstrieren) Abcracadabra ... The poor children looked at each other – they were no longer children – no, they were – you won't believe it – they were swans, four white swans (einen Schwan zeichnen).
'What evil have you done to us?' Fionnuala cried out in horror. 'Ha! You are swans now, and I will have the king to myself!' said Aoife with an evil grin. 'You must spend three hundred years here in Lough Derravagh, three hundred years on the Sea of Moyle, and three hundred years on Inish Glora. The sound of the Christian bell will announce the end of your exil.'	Aoife shouted: "You are swans now, swans, and I'll have the king to myself. You must spend three hundred years here in Lough Derravagh, then three hundred years on the Sea of Moyle, and then three hundred years on Inish Glora. The sound of the Christian bell (Glocke läuten) will tell you the end of this time."
'Oh please,' cried the children, 'make us children again. We have done you no harm.' When Aoife heard the children's cries she was filled with remorse. She told them that the spell was too powerful to undo – but that even though they had the appearance of swans they would be able to talk and would be blessed with the gift of singing that would comfort them over the years.	The children cried "Oh please, make us children again, please, please." When Aoiofe heard the children she felt a bit bad and said, "All right, I want you to talk and sing."
Then in a state of panic she ran back to the king to tell him that the children had drowned. The king rushed to the lakeside but he could see no sign of his children – only four white swans.	Then she ran back to the king and told him that the four children had drowned in the lake. "Drowned in the lake?" the king said. So he quickly ran to the lake, but he couldn't see his children there – there were only four white swans.

Suddenly he heard Fionnuala's voice. 'Father, it is us, your children.' Fionnuala told her father the sad story of Aoife's jealousy and of the nine-hundred-year spell she had put on them. Lir was overcome with grief. *'But we have the gift of singing', said Fionnuala. 'That will comfort you.'* *Then the children sang to their father to ease his pain. Soon Lir was lost in the sound of the sweetest music he had ever heard.* *He decided to leave his home and live by the lakeside. But first he punished Aoife – with a spell, he turned her into a demon of the air, banished forever to the skies.* *The king visited his children every day. He told them stories and they sang to him. He loved them more than ever. He stayed with the children until he died beside the lake.* *The years passed and people came from all over the world to hear the beautiful music of the swan-children.* *After three hundred years on Lough Derravagh the children flew to the Sea of Moyle. The water was very cold and there were many wild storms. The children were afraid they might not survive. They huddled up together and wept. The time came at last for their final journey.* *They flew over the waters of Inish Glora. Here it was not as cold and they knew that their time was coming to an end. This brought them hope.* *A kind holy man came to spend time with them. They answered his morning chants with their sweet music and found peace on Inish Glora. One morning he came to them to tell them that a new religion of love had swept across the country. He told them about Saint Patrick and the Christian faith.* *Then they heard the Christian bell and they knew their time in exile was over. The monk blessed them and their white feathers disappeared. They had their human shape back. But now they were old, nine hundred years old. They died peacefully, and the holy man buried them together in one grave.* *That night he looked up to the sky and prayed for them. Then he saw five stars shining brightly in the dark. He knew that the children of Lir and their father were together in a special place.*	*Suddenly he heard Fionnuala's voice, "Father, it is us, your children."* *Fionnuala told her father the sad story and said, "We have to be swans for 900 years, for 900 years…"* *They all cried again. "But we still can sing."* *The swans began to sing and after some time their father fell asleep. From then on he lived near the lake.* *And what did he do with Aoife? Well, one day he took his wand and turned her into a demon of the air. "Now you must live in the sky," he said.* *The king visited his children every day. He told them stories and they sang beautiful songs to him until – one day – he was so old that he died.* *After 300 years on Lough Derravaragh the children flew to the Sea of Moyle. The water was very cold there, so they got closer to each other and cried a lot.* *Time came for the last trip to Inish Glora. The water was not so cold there and the four children felt that their time as swans was coming to an end. A friendly holy man came by and heard their sweet music. He told them stories about St. Patrick and a new religion on the island.* *Then, one day, they could hear something – guess what it was – yes, you're right – it was the Christian bell. (Glocke läuten) The monk blessed them (demonstrieren) and their white feathers (Federn zeigen) were gone. They were humans again, but they were also very, very old, 900 years old. Soon after the four died and the holy man buried them together in one grave.* *That night he looked up to the sky and prayed for them. Then he saw five stars in the dark. The children of Lir and their father were together in a special place.*

4.1.6 *A Play for children*: Ein Beispiel für erstes Theaterspielen: *Meg and the Stegosaurus*

Von Zeit zu Zeit sollten kleine **Spielszenen** (*acting out scenes*) in den Englischunterricht der Grundschule aufgenommen werden. Will der Lehrer aber neben diesen so wichtigen *first scenes* sprachlich darüber hinausgehende, authentische Textquellen verwenden, so sei an dieser Stelle als Beispiel folgendes Stück von David Wood (1994) skizziert: *"Meg and Mog – Four Plays for Children"*

In seinem Vorwort betont Wood, dass Theaterstücke für (kleine) Kinder immer eine große Gruppe, möglichst die ganze Klasse und das ganze Schuljahr umfassen sollten, ohne dabei dem Einzelnen zu viel Verantwortung aufzubürden.

Er nennt weitere **Kriterien für ein Theaterstück**:

- For children who don't want to act there needs to be a variety of other jobs – musicians, stage-managers, puppeteers or sound-effects makers.
- It should be possible for children themselves, helped by adults – parents, teachers or older friends – to make scenery, props and costumes without need of too much technical skill or know-how.
- A storyteller (most probably an adult – teacher) needs to hold the performance together.
- There should be opportunities for the audience to join in the fun.
- The plays should not be too long.
- Music should be playable on improvised instruments.

MEG AND THE STEGOSAURUS

THE PEOPLE IN THE PLAY
STAGE MANAGERS, who carry on the cutout scenery and hold it during the scenes
MUSICIANS/SOUND-EFFECTS MAKERS, with various percussion instruments, whistles and other noises
STORYTELLER, probably an adult, or several children dividing the lines between them
MEG, the witch
MOG, Meg's cat
OWL, Meg's owl
CUCKOO CLOCK
STEGOSAURUS, a hungry prehistoric beast
PUPPETEERS, to operate shadow puppets of Meg and Mog, Owl, the witches Tess, Jess, Bess, Cress
WITCHES TESS; JESS; BESS; CRESS
INGREDIENTS FOR A SPELL: FROG; BEETLE; BAT; SPIDER
MOUSE 1, 2, 3, 4
FLOWERS AND VEGETABLES, as many children as possible dressed as, or carrying, cutout drops of flowers and vegetables

SCENERY AND PROPS
These should, in the main, be simple cutouts paintes in bright, primary colours
A stage is not necessary. In a classroom or school hall, for example, two simple screens or curtains can provide masking for STEGOSAURUS, the WITCHES and the MICE when necessary.

STORYTELLER: Once upon a time there was a witch called Meg.
[Meg enters and stands centre.]
She had a cat called Mog.
[Mog enters and stands next to Meg, who strokes him.]
And an owl called Owl.
[OWL enters and stands the other side of MEG, who strokes her.]
One night, they were in bed …
[Two STAGE MANAGERS bring on the cutout bed and hold it in front of MEG, MOG and OWL. CUCKOO CLOCK enters and stands next to the bed.]
… fast asleep.
[MEG, MOG and OWL close their eyes and drop their heads.]
MEG: [Snoring noise]
OWL: Ooooo!
MEG: [snoring noise]
OWL: Ooooo!
MEG: [snoring noise]
OWL: Ooooo!
STORYTELLER: Time ticked by.
MUSICIANS: [Tick-tocks on a xylophone]
STORYTELLER: At midnight the cuckoo popped out of the clock.
[CUCKOO's head goes back through the clock or round the side.]
CUCKOO: Cuckoo! Cuckoo! Cuckoo! …
Wake up!
[MEG, MOG and OWL wake up and stretch.]
MEG: [yawns]
MOG: Miaow!
OWL: Oooooo!
MEG: Time to get up!
[The STAGE-MANAGERS take the bed off. The CUCKOO CLOCK follows.]
STORYTELLER: Meg, Mog and Owl went downstairs.
MUSICIANS: [Rhythmic percussion]
[MEG leads MOG and OWL, in time with the music. They walk round twice in a circle as though going downstairs. Third time round MEG stops, suddenly.]
MEG: Here we are!
[MOG bumps into MEG. OWL bumps into MOG.]
MUSICIANS: [Sound effects crash]
MOG: Miaow!
OWL: Oooooo!
STORYTELLER: It was time for breakfast.
MEG: Where's my cauldron?
[MOG and OWL find it behind her.]
MOG: Miaow!
OWL: Oooooo!
[MEG, MOG and OWL stand in a line by the cauldron.]
STORYTELLER: Into the cauldron they put three eggs, a fish, some jam, a bottle of milk, a loaf of bread and a spoonful of cocoa.

[OWL collects cutout ingredients from the props table and passes them to MOG, who passes them to MEG, who throws them in the cauldron, where they are received by a STAGE-MANAGER, crouching behind, who takes them behind the screen, out of the way of the waiting STEGOSAURUS, who now prepares to enter.]
[MEG stirred it all up with her broomstick, and cast the magic spell.]
[OWL passes the broomstick to MOG, who passes it to MEG, who stirs with it.]
ALL: Abracadabra, Riddle-me-ree,
By the power of my broomstick,
Bring the breakfast for three!
MUSICIANS: [Magic notes on a triangle]
STORYTELLER: But the spell went wrong!
[From the cauldron, up pops a STEGOSAURUS.]
MUSICIANS: [Drumming sound]
STEGOSAURUS: [Growling noises]
[MEG, MOG and OWL back away.]
MEG: Aaaaaaaaah!
MOG: Miaow!
OWL: Oooooo!
MEG: You're not our breakfast!
STEGOSAURUS: No, you're *my* breakfast!
MEG: Aaaaaah!
MOG: Miaow!
OWL: Oooooo!
[STEGOSAURUS leaves the cauldron and chases MEG, MOG and OWL round and round.]
MUSICIANS: [Chase music]
STORYTELLER: It was a Stegosaurus!
[STEGOSAURUS eventually goes. MEG, MOG and OWL look after it.]
[It went into the garden and started to eat Meg's flowers and vegetables.]
MEG: Help!
MOG: Miaow!
OWL: Oooooo!
STORYTELLER: Meg, Mog and Owl flew off to find help.
[MEG and MOG climb on the broomstick. OWL gets ready to fly.]
MUSICIANS [Plus all]: [Whooshing noises]
[MEG, MOG and OWL start to take off.]
[STAGE-MANAGERS bring on a screen and hold it ready. Behind it a light is turned on.]
[PUPPETEERS work the MEG and MOG and OWL puppets, flying them over the sky.]
[Flying music]
STORYTELLER: Up in the sky they met the other witches. Tess …
[A PUPPETEER brings the TESS puppet to meet MEG. They circle.]
Jess …
[A PUPPETEER brings the JESS puppet to join them. They fly about.]
Bess …
[A PUPPETEER brings the BESS puppet to join them.]
And Cress.
[A PUPPETEER brings the CRESS puppet to join them. They all fly about.]
Meg asked them to help her with a spell to get rid of the Stegosaurus. They all flew back to Meg's house.
[After a little more flying, the MEG and MOG and OWL puppets stop; the other WITCHES bump into them and all start to fall from the sky, till they disappear from the screen.]
MUSICIANS: [Descending whistle, followed by a loud crashing sound effect]
[The PUPPETEERS leave, followed by the STAGEMANAGERS with the screen.]
[Stegosaurus enters, fat, full and sleepy, carrying a large carrot.]
STORYTELLER: Meanwhile, the Stegosaurus had eaten most of Meg's flowers and vegetables, and was feeling very full and very sleepy.
[STEGOSAURUS yawns and goes to sleep near the front.]
Meg, Mog and Owl, and Tess, Jess, Bess and Cress tiptoed in and prepared the Getting-rid-of-Stegosaurus spell.
[MEG, MOG, OWL and the WITCHES enter and stand in a semicircle around STEGOSAURUS. Then they get in a buddle, whispering about what to to. They all nod, and the WITCHES collect their ingredients.]
The witches each brought an ingredient for the spell. Tess brought a frog.
[TESS leads in the FROG. TESS and MEG put the FROG into the cauldron.]
Jess brought a beetle.
[JESS leads in the BEETLE. JESS and MEG put the BEETLE into the cauldron.]
Bess brought a bat.
[BESS leads in the BAT. BESS and MEG put the BAT into the cauldron.]
And Cress brought a spider.
[CRESS leads in the SPIDER. CRESS and MEG put the SPIDER into the cauldron.]
Then they chanted their spell.
[The four WITCHES go behind the cauldron and wave their broomsticks. MEG, MOG and OWL stay in front]
ALL: Frog in an bog,
Bat in a hat,
Snap crackle pop
And fancy that!

MUSICIANS: [Magic notes on a triangle]
STORYTELLER: But the spell went wrong!
MUSICIANS: [percussion noises]
[TESS, JESS, BESS and CRESS start to wave their arms and bodies and 'shrink' behind the cauldron.]
TESS, JESS, BESS and CRESS: Aaaaah!
[They disappear behind the screens.]
STORYTELLER: Tess, Jess, Bess and Cress turned into … mice!
[Enter four MICE from behind the screens, they run round squeaking.]
MUSICIANS: [Mouse-scuttling music]
MICE: Ee!Ee!Ee!Ee!
MEG: Oh no!
MOG: Miaow!
OWL: Ooooo!
[MEG, MOG and OWL watch as the MICE suddenly see STEGOSAURUS.]
MICE: [excited] Ee! Ee! Ee! Ee!
[They pounce on STEGOSAURUS, tickling and prodding, STEGOSAURUS wakes up.]
STEGOSAURUS: Aaaaah!
STORYTELLER: The stegosaurus was terrified of mice!
STEGOSAURUS: Aaaaah!
[The MICE chase off the terrified STEGOSAURUS.]
MUSICIANS: [Chase music]
STORYTELLER: It ran away as fast as its prehistoric legs would carry it, and never ever came back.
ALL: Hooray!
MEG: Maybe the spell didn't go wrong after all!
[MOG and OWL point towards the returning mice.]
MOG: Miaow!
OWL: Ooooo!
MEG: What? How do we change the mice back to witches?
[MOG and OWL nod.]
STORYTELLER: Meg decided to say the 'witches to mice' spell backwards.
ALL: Bog a in frog,
Hat a in bat,
Pop crackle snap,
That fancy and!
MUSICIANS: [Magic notes]
[The MICE suddenly sqeak and run round the cauldron to behind the screens.]
MICE: Ee! Ee! Ee! Ee!
[Then TESS, JESS, BESS and CRESS return from behind the screens.]
MUSICIANS: [Fanfare]
MEG: It worked!
MOG: Miaow!
OWL: Ooooo!

ALL: Hooray!
STORYTELLER: Meg thanked the other witches for their help. But then Mog and Owl noticed that in the garden there were no flowers or vegetables at all.
MOG: [Looking around, shaking his head] Miaow!
OWL: [Looking around, shaking his head] Ooooo!
MEG: Stegosaurus ate the lot.
STORYTELLER: The witches had an idea.
TESS and JESS: We'll do a magic spell!
BESS and CRESS: To make the garden grow again!
[All get in position. MEG, MOG and OWL are in the centre, with two WITCHES either side.]
STORYTELLER: Meg chanted the spell and the others said it after her.
MEG: Swallows and bluebells
ALL: Swallows and bluebells
MEG: And squawk of a crow
ALL: And squawk of a crow
MEG: Mix with a rainbow
ALL: Mix with a rainbow
MEG: To make the seeds grow!
ALL: To make the seeds grow!
[All look around, hopefully. Nothing happens.]
MEG: [To audience] Please. ALL join in!
Swallows and bluebells
ALL [and audience]: Swallows and bluebells
MEG: And squawk of a crow
ALL [and audience]: And squawk of a crow
MEG: Mix with a rainbow
ALL [and audience]: Mix with a rainbow
MEG: To make the seeds grow!
ALL [and audience]: To make the seeds grow!
MUSICIANS: [Growing sounds, percussion]
[Enter as many FLOWERS and VEGETABLES as possible.]
[When all have arrived …]
STORYTELLER: The garden was full of the flowers and vegetables again. Meg thanked the witches for their help and they flew up and away, into the sky.
MUSICIANS: [Whooshing noises]
[TESS, JESS, BESS and CRESS leave, astride their broomsticks.]
STORYTELLER: Meg, Mog and Owl were tired after their busy night. So they went back to bed.
[STAGE-MANAGERS bring on the bed cutout.]
OWL [OWL goes to sleep.]: Ooooo!
MOG [MOG goes to sleep.]: Miaow!
MEG [Yawns and goes to sleep.]

4.1.7 Traditional songs and chants

• *Song and movement*

Es scheint, als sei der Einsatz eines Liedes gelegentlich herabgesetzt zu einem „netten Einstieg" in eine Unterrichtsstunde bzw. zu einem „willkommenen Pausenfüller".

Dabei ist die Begeisterung der Didaktik für das Lied nach wie vor ungeteilt. Als **wesentliche Faktoren** seien genannt:

– Lieder haben einen hohen Motivationswert.
– Sie ermöglichen *authentic listening* von Anfang an.
– Durch sie wird Aussprache und Rhythmus „spielerisch" geübt.
– Lieder sind eine authentische Textgattung, durch die Wortschatzarbeit angebahnt werden kann.
– Sie gestatten eine handlungsorientierte, kreative Verarbeitung.
– Sie transportieren – immanent – auch landeskulturelle und landeskundliche Informationen.

Der Englischunterricht in der ersten Phase als Begegnungssprache wird neben dem Reim immer wieder kleine Kapseln mit englischen Liedern in den Unterrichtsalltag einstreuen. Dabei können z. B. *calendar day customs* ein Anlass für ein Lied sein, aber auch Geburtstage in der Klasse oder Feste.

Die Schüler werden sich noch hauptsächlich auf die Melodieführung, den Rhythmus und ggf. die Instrumentierung konzentrieren. Diese „leiten" die Hörer quasi durch das Lied, noch bevor sie die Sprache wahrzunehmen beginnen. Erst ganz allmählich werden die Kinder ein Gespür für den fremden Laut, das Wort entwickeln. Getragen von der Melodie, fassen dann viele Schüler den Mut, mitzusingen.

In den folgenden Jahren, in denen strukturiertes Lernen hinzutritt, sollte ein Lied auch Teil einer Unterrichtssequenz werden, quasi aus ihr hervorgehen oder zu ihr hinüberleiten.

Das inhaltlich und sprachlich in die Unterrichtsstunde eingebundene Lied erfüllt dann einen viel größeren Wert: Es ist der entscheidene Impuls für ein handlungsorientiertes Lernen.

Hierbei wird deutlich, dass Einzelfächer enger zusammenrücken müssen, um die verschiedenen Ideen zu verwirklichen. Gerade dieser fächerübergreifende Ansatz, bei dem die Fremdsprache schon einen Part im Grundschulunterricht übernimmt, macht Englisch zu etwas völlig Normalen, zu einem – günstigenfalls – festen Bestandteil des Fächerkanons.

An dieser Stelle sei auch die gewinnbringende Einbeziehung des Orff'schen Instrumentariums in den Englischunterricht erwähnt. Der Komponist und Musikpädagoge **Carl Orff** (1895–1982) entwickelte in den zwanziger Jahren eine elementare Musikpädagogik für Kinder.

Das Spielen der elementaren Instrumente entsteht – neben dem rein experimentellen Spiel – aus der Begleitung von Sprechrhythmen und aus dem Rhythmus des Liedes heraus.

Kurz: Die vorausgehend ausführlich beschriebenen Funktionen des Rhythmus' im frühbeginnenden Englischunterricht werden durch das Lied ausgebaut, erweitert und erfahren beim Tanz die höchste Form, nämlich die Verbindung von Klang, Sprache und Bewegung.

Das **begleitende Instrumentalspiel** hat eine Berechtigung im frühbeginnenden Englischunterricht in folgenden Bereichen:

a) Setzen die Schüler ihre spontanen und fantasievollen Ideen (z. B. im Rahmen der *story presentation* oder im Nachklang zu einem Reim usw.) in Ton, Klang und Geräusch kreativ um, wird dadurch ihre emotionale Beteiligung am präsentierten Text optimiert.
b) Um den Sprech-Rhythmus auf ein Instrument zu übertragen, ist eine genaue Hörwahrnehmung notwendig. Sie wird zusammen mit der Motorik durch die praktische Handhabung geschult.
c) Das Sozialverhalten wird durch das gemeinsame Spielen und Sprechen verbessert. Der Schüler lernt, auf den anderen zu hören, er muss sich „anpassen". Dies fördert seine Teamfähigkeit.
d) Das Erinnerungsvermögen an bestimmte auditive Abläufe wird geschult. Darüber hinaus wird das Konzentrations- und Reaktionsvermögen trainiert. Man denke nur an das berühmt-berüchtigte Schlagwort vom „richtigen Einsatz".
e) Durch den Einsatz von Instrumenten lernt der Schüler hohe und tiefe, laute und leise, kurze und lange Töne/Klänge/Geräusche zu unterscheiden. Kinder, die ein differenziertes Hörvermögen haben, werden im selektiv strukturierten Englischunterricht besser lesen und schreiben können.

➢ **Unterrichtsbeispiel für die Einbeziehung eines song: *My little white pony***
(Aus: Hunt 1947)

Sachanalyse

Das Lied handelt von einem weißen Pferd, das zunächst in seinem Stall eingesperrt ist. Dann jedoch öffnet sich die Tür, das Pferd läuft aus dem Stall, springt über einen Zaun und galoppiert davon. Eine einfache, von Kindern leicht erfassbare Situation.

Pferde und Ponys sind in England überall auf den Weiden und Wiesen anzutreffen und sehr beliebte Tiere. Die englische Sprache unterscheidet zwischen *horses* und *ponies*. Unter *ponies* versteht man Pferde, die bis 14.2 *hands* (1 *hand* = 4 *inches*) an der Schulter hoch sind. Somit sind das deutsche Wort „Pony" und das englische Wort „pony" nicht kongruent. Das Lied benützt Wörter und Strukturen aus der Gegenwartssprache. In dem Lied wird nicht das typische Wort für Pferdestall (*stable*) benützt, sondern das heute durchaus auch übliche Wort *barn*. Es wird bei Stallungen von größeren Tieren allgemein verwendet.

Bei der Wortschatzvorentlastung werden drei Bilder gezeigt. Es ist dabei darauf zu achten, dass diese als eine Handlungsfolge gesehen und nicht als Einzelbilder beschrieben werden, denn sonst müsste die *progressive form* von *to jump* und *to gallop* verwendet werden.

Lernziele

Die Schüler sollen…

… einige *keywords* für das Verständnis des Liedes mit Hilfe von 3 Folienbildern kennen lernen: *pony* (Aussprache!), *fence, locked, to jump over, to gallop*

… das Lied zusammen mit dem Lehrer singen können

… den Text des Liedes zeilenweise nachsprechen können

… den Text mit Hilfe von *brickwords* zunächst zusammen mit dem Lehrer, dann allein lesen können

… zusammen mit dem Lehrer die *brickwords* vervollständigen und phonetisch einwandfrei aussprechen können

… das Lied auswendig singen können

In einem Strukturgitter lassen sich die einzelnen Phasen einer Songerarbeitung folgendermaßen darstellen:

A Präsentation einer Situation

Vorentlastung des Liedtextes durch eine Zeichnung und *keywords*. (s. Wortschatzvermittlung)

B Präsentation des Liedes

Diese kann durch Tonträger oder durch Vorsingen erfolgen. Günstig ist der Einstieg zunächst über den Refrain.

C Einüben der Liedmelodie

Das Lied (1. Strophe und Refrain) wird etwa zweimal vorgespielt oder vorgesungen – die Schüler dürfen mitsummen oder mitklatschen.

Stundendarstellung

Artikulation	Stundenablauf	Medien/Unterrichtsformen
Präsentation der Situation	L. zeigt Folie 1 und spricht dazu. L.: *Here's a pony.* *It's white.* *The pony is in the barn.* *The door is closed.* *The door is locked.* *The pony can't gallop away.* L. zeigt Folie 2. L.: *And here the door is open.* *Look, the pony is coming out of the barn.* L. zeigt Folie 3. L.: *Then it jumps over the fence and gallops away.*	OHP, 3 Folien (s. KV 2)
Liedpräsentation	L. singt das Lied vor, Sch. hören zu.	Ggf. Gitarre als Begleitinstrument, KV 1
Einüben des Liedtextes und der Melodie	L. singt das Lied 2–3 mal vor, die Sch. summen und klatschen mit. L. deutet die Tonhöhe mit der Hand an. Anschließend spricht L. den Liedtext langsam zeilenweise vor, Sch. sprechen im Chor nach.	

Artikulation	Stundenablauf	Medien/Unterrichtsformen
Globales Textverständnis	L. teilt die KV 3 an die Schüler aus. Sch. malen die Geschichte von dem Pony auf ihr Arbeitsblatt. Während Sch. arbeiten, summt und pfeift L. das Lied noch einige Male vor. Sch. summen oder singen mit. Danach werden einige Teile des Bildes nach Angabe von L. angemalt. L.: *Please, colour the door of the barn red. Colour the barn brown, colour the fence orange ...*	KV 3
Szenische Darstellung	L. kündigt an, dass das Lied pantomimisch von Sch. dargestellt werden soll. Ein S stellt das Pferd dar, der Stall und der Zaun werden angedeutet (zwei Stühle als *barn*, ein Zeigestab als *fence*). Nach einer kurzen Besprechung des Spielverlaufs auf Deutsch spricht L. den Text langsam vor, die Sch. stellen den Inhalt dazu pantomimisch dar.	
Arbeit mit dem Text	L. zeigt den Liedtext mit *brickwords* auf Folie und liest ihn den Sch. vor. Sch. wiederholen den Text. L. füllt Buchstaben in die Lücken. Nun erhalten die Sch. den Folientext und lesen sich den Text in Partnerarbeit vor.	OHP, Folie, KV 3
Abschluss	Abschließend singen Sch. gemeinsam mit dem L. das Lied im richtigen Tempo mit begleitender szenischer Darstellung.	gemeinsames Singen, Gitarre

Fortführung: In weiteren Stunden wird das Lied noch öfter gesungen. Meint der Lehrer, dass das Klangbild der Wörter gefestigt ist, zeigt er nochmals den Folientext und lässt die Schüler ihre *brickwords* auf dem Arbeitsblatt ergänzen.

aus Hunt 1947

Name: _____ Class: _____ Date: _____

Folie 1

Folie 2

Folie 3

Name: _____ **Class:** _____ **Date:** _____

Aufgabe: Lies den Text und male die Geschichte von dem Pony!

M _ little w _ _ t _ pony

M _ little w _ _ t _ pony is lock _ d in the barn,
and w _ nts to go _ _ t to play.

_ _ st s _ _ him c _ me _ _ t,
and _ _ mp over the fence,

and gallop and gallop away,
and gallop and gallop away,
and gallop and gallop away.

_ _ st s _ _ him c _ me _ _ t and _ _ mp over the fence,
and gallop and gallop away.

D Globales Textverständnis

Hier geschieht die grobe Sinnentnahme.
Möglichkeiten:

- Schüler sagen auf Deutsch, wovon das Lied handelt
- Ein paar passende Bilder werden aus mehreren (auch unpassenden) ausgewählt
- Drei bis vier Bilder werden in die richtige Reihenfolge gebracht
- Pantomimische Darstellung durch Schüler, während das Lied dargeboten wird

E Arbeit mit dem Text

Möglichkeiten:

- Text (*brickwords*) am OHP. L. liest laut vor, Sch. lesen mit
- Text (*brickwords*) liegt den Sch. vor, L. liest laut vor
- *Jumbled text* liegt den Sch. vor, die Sch. nummerieren die einzelnen Textabschnitte oder schneiden Streifen, um sie anschließend in die richtige Reihenfolge zu legen. Der Text wird möglichst häufig in PA gesprochen oder mit dem Lehrer mitgesprochen. Evtl. bereits Abdeckmethode anwenden
- Die Satzstreifen werden von den Sch. in PA der Melodie (Noten) zugeordnet

F Singen des Liedes

Bereits während der Stunde wird das Lied immer wieder zwischen den einzelnen Phasen gesungen, sodass sich Text und Musik einprägen.

- Abschließend wird das Lied möglichst von allen Schülern gesungen. Dabei können Rhythmusinstrumente oder Körperinstrumente (vor allem von schwächeren Sängern) zur Gestaltung herangezogen werden
- Es können auch einzelne Gruppen (z. B. Vierergruppen) die Strophen singen, der Rest der Klasse singt den Refrain

Abschließend noch eine Anmerkung zu **traditional *folk songs*** und ***ballads***, die nicht selten als ideale authentische Liedvorlagen für den Grundschulunterricht empfohlen werden, ohne dass folgender Hintergrund bekannt ist: *"Until the late 19th century, it was generally agreed within the musical establishment that England, alone amongst the countries which comprises the British Isles, possessed no traditional folk song or music. The campaign to refute this misconception gathered pace as the turn of the century approached, culminating in the formation of the Folk-Song Society in 1898, and the great collecting boom of the Edwardian period led by enthusiasts such as Cecil Sharp and Ralph Vaughan Williams."* (Simpson/Roud 2000, S. 131)

An anderer Stelle heißt es zum Überbegriff *ballads*:

"Folklorists view ballads as a sub-division of folk songs, whereas literary scholars are more likely to treat them as a sub-genre of poetry. The word 'ballad' is highly ambiguous, but except in the specialist sense of broadside ballad, folklorists usually use 'ballad' to refer to the traditional ballads included in collection starting with Thomas Percy's Reliques of Early English Poetry." (Simpson/Roud 2000, S. 14)

Zusammenfassend lässt sich sagen:
Oft lässt sich bei einem authentischen Text nicht mehr feststellen, ob er zur Gattung *folk song*, *ballad* oder *poem* gehört. Dies ist für die tägliche Unterrichtspraxis in der Grundschule unerheblich, solange diese authentischen Textvorlagen die Schüler nicht überfordern.

• (Jazz) Chants

Carolyn Graham (1994) definiert *Jazz Chants* folgendermaßen:

"A jazz chant is the rhythmic expression of standard American English as it occurs in a situational context." Und weiter: *"... (they) are designed to reinforce the basic rhythm and intonation pattern of spoken American English. Just as a particular tempo and beat in jazz may convey powerful and varied emotions, the rhythm, stress, and intonation pattern of spoken AE are essential for the expression of feeling and intent. Chants set authentic language to jazz rhythms."* (in: Mother Goose Jazz Chants)

Ursprünglich wurden *chants* entwickelt, um ***listening comprehension*** zu trainieren. Die für Schüler oft schwer zu verstehenden Verbindungen zwischen einzelnen Wörtern, Verkürzungen und fallenden Klangkurven werden anhand authentischer Tonträger geschult.

Graham nennt dabei *"blending sounds"* wie in: *I'm going to (gonna)* oder: *I've got to (gotta)* oder *I have to (havta)*, wie sie auch bei *square dances* vorkommen. Als Medium zur rhythmisch gesteuerten Aussprachschulung erfüllen die *chants* in der Grundschule sowohl im Rahmen des Konzepts der Begegnungssprache als auch im selektiv strukturierten Unterricht eine herausragende Funktion.

Das wesentliche Element beim Lehrer-Vortrag eines *chants* ist der deutliche, beständige, also **nicht** wechselnde Rhythmus. Der Einsatz eines *chants* wird sehr oft in vier Phasen ablaufen und dabei dem Grundsatz folgen:

From the formal structure (of the chant) to an informal classroom improvisation!

Resource centre:

1. The pizza chant

Pizza, pizza, pizza pie.
He likes pizza.
So do I.
Pizza with tomatoes,
ham, and cheese.
I'd like a slice of pizza, please.

Pizza with meatballs, sausage, too.
I'd like a large one,
How about you?

Pineapple pizza?
That's OK.
He eats pizza every day.
Pizza, pizza, pizza pie.
He likes pizza, so do I.

2. Fresh fish

Fresh fish.
Fresh fish for breakfast.
Fresh fish.
Fresh fish for lunch.

Fresh fish for breakfast.
Fresh fish for lunch.
Fresh fish for dinner.
Munch, munch, munch, munch.

Fresh fish.
Fresh fish.
Fresh fish for breakfast.
Fresh fish.

Who'll catch it?
She will.
Who'll cook it?
He will.
Who'll eat it?
We will.
Fresh fish.
Fresh fish for breakfast.
Fresh fish for lunch.
Fresh fish for dinner.
Munch, munch, munch, munch.

– **Lexikalischer Aspekt:**
Der Inhalt wird durch entsprechende Realien wie *cheese, tomatoes, meat(balls), sausages, pineapple, pie* (Pasteten) geklärt.

– **Phonetischer Aspekt:**
Die s-Endung in der 3. Person Singular: *likes, eats*
Gedehntes /i:/ in *pizza*

– **Kommunikativer Aspekt:**
Einen Wunsch äußern: *I'd like a …*
Bestätigungsantwort: *So do I.*

Landeskundlicher Aspekt:
Pies sind die in Großbritannien so beliebten Standardgerichte; es gibt aber auch *apple pie* – der in etwa einem gedeckten Apfelkuchen entspricht.

– **Phonetischer Aspekt:**
Die Schüler hören und üben besonders:
das wiederholte anlautende f: *fresh fish*
das auslautende ch: |tʃ| *lunch, munch*

– **Strukturelle Aspekte:**
Einübung der *Wh-question* mit der Kurzform von *will: Who'll*
Hinweis darauf, dass in Antworten die Langform, also: *will*, benutzt wird. (selektiv strukturierter EU: Tafelanschrift: *will* – die ersten Buchstaben werden gelöscht)
Hinweis der Interferenz zum Deutschen:
ich will etwas zu essen – *I want to …*

– **Landeskundlicher Aspekt:**
Hinweis auf die einzelnen Hauptbezeichnungen für das Essen am Morgen, Mittag und Abend, wobei "*tea*" als *kleines Abendessen* ebenfalls erwähnt werden kann.
Fresh fish zum Frühstück? Das wird die Schüler sicher überraschen.
Hinweis darauf, dass ein typisches englisches Frühstück auch „Kipper" (Räucherhering) enthalten kann. (vgl. 4.2.3.)

> **Unterrichtsbeispiel zur Einbeziehung eines chant: The red umbrella**

Lernziele

Die Schüler sollen...

... durch die Begegnung mit einem *chant* langfristig Freude am Englischlernen entwickeln (affektives Ziel)

... über das Medium eines authentischen *chants* Interesse für die fremde Sprache und Kultur entwickeln und einfache landeskundliche Aspekte kennen lernen (kulturelle Ziele)

... aufgrund eines möglichst authentischen Sprachvorbildes die einzelnen Zeilen selbst phonetisch und intonatorisch einwandfrei nach- und selbstständig sprechen, in der 4. Jgst. auch lesen können;

... besonders die Verbindungen zwischen einem Konsonanten und Vokal (*bought a, left it, red umbrella, an old, that old*), die in der Musik durch Bindebögen ausgedrückt werden, kennen lernen und korrekt gebrauchen können; (phonetisches Ziel)

... die Bedeutung der wichtigen Wörter erfassen: *rain, train, bought, umbrella, left, found* (kognitives Ziel)

... Redewendungen wie *I'm sure/I think ...* kennen lernen und später gebrauchen (kommunikatives Ziel)

... erste, ausgewählte Aspekte zu strukturellen Problemen des Textes (*simple past forms*) kennen lernen (kognitives Ziel)

... durch eine szenische Umsetzung die Handlung anschaulich für eine andere Klasse oder für den Elternabend usw. gestalten können (phonetisches und motivatorisches Ziel)

Stundenverlauf

Artikulation	Stundenablauf	Medien/Unterrichtsformen
The situational approach	L. kommt mit einem alten Regenschirm in das Klassenzimmer. L.: *Look, this isn't my umbrella. I found it on the sidewalk.* (L. zeichnet Schirm und Gehweg an)	Tafelskizze
	L. führt gestisch und mimisch sowie mit Unterstützung einer Tafelskizze die wichtigsten *keywords* ein. L.: *I walked along the street – on the sidewalk, of course – and I saw this old umbrella. And* **I took this old umbrella** *because I thought: "It's going to rain."* *This is an old* **umbrella** *but it isn't my umbrella.* *I had* **a red umbrella**. *– I lost it on the train. I left it on the train.* Die Schüler sprechen die unterstrichenen Wörter beim zweiten Durchgang nach.	Lehrererzählung
Listening in – tuning in	Sch. hören den *chant* vom Tonträger an, um mit den Wörtern, dem Rhythmus und der Melodie des Liedes vertraut zu werden. L. spricht den *chant*, begleitet und unterstützt von einem Tamburin*, mehrmals vor. Dabei werden die Schüler ermutigt, selbst mitzuklatschen oder mit Klangstäben den Rhythmus anzuzeigen.	Schüler sprechen nach Tonträger Tamburin Sch. klatschen, Klangstäbe
Choral chanting	L. spricht eine Zeile vor, Schüler sprechen nach. L. greift Einzelwörter heraus, Schüler sprechen nach. L. stellt pantomimisch/gestisch die Bedeutungen der einzelnen Verben *bought/left/lost/found/took/* dar. Nach wiederholtem Vorsprechen können einzelne Teile (z. B. *a red umbrella, on the train, to rain* etc.) quasi ausgelassen werden; **Lip-reading**: Schüler schauen dem L. genau auf die Lippen und ergänzen so die fehlenden Wörter.	Schüler sprechen/flüstern den *chant* im Chor mit Lehrergestik
	Sch. hören nun den *chant* unterlegt mit der Melodie von *"Auld Lang Syne"* vom Tonträger oder ggf. vom Lehrer gesungen an. Sie werden sehr rasch in das Lied „einsteigen" und mitsingen wollen.	Schüler sprechen *chant* und ergänzen Lücken

Artikulation	Stundenablauf	Medien/Unterrichtsformen
Group/individual chanting	Die Klasse wird in mehrere Gruppen eingeteilt; jede spricht/singt eine Strophe; dabei werden sie mit Orff-Instrumenten unterstützt.	Schüler hören *chant* mit Melodie und singen mit Orff-Instrumenten

* Einsatz des Tamburins (baskischeTrommel): Als Rassel schütteln, mit Handflächen anschlagen, auf Ellbogen oder Knie schlagen; ist das Fell mit angefeuchtetem Daumen bestrichen, klingen die Wirbel mit Klirren dezenter.

I bought a red umbrella,
but I left it on the train.
I lost my red umbrella.
Now I think it's going to rain.

I think it's going to rain today.
I'm sure it's going to rain.
I wish I hadn't left
my red umbrella – on the train.

I found an old umbrella
on the sidewalk, near the train.
I took that old umbrella,
'cause I think it's going to rain.

I think it's going to rain today.
I'm sure it's going to rain.
I wish I hadn't left
my red umbrella – on the train.

4.1.8 *Dancing*

Ist im frühbeginnenden Englischunterricht der Grundschule vom Tanzen die Rede, müssen zwar die gängigen authentischen Formen angesprochen werden, für den Unterricht dürften sie jedoch eine untergeordnete Rolle spielen.
Die Unterscheidung zwischen *ceremonial and social dance* ist offenkundig:
Zeremonielle Tänze werden von besonderen Gruppen innerhalb einer Gesellschaft/Gemeinde vorgetragen, meist in besonderen Kostümen: Für den britischen Bereich sind dies der weitverbreitete *morris dance* sowie *sword dance*. Weitere traditionelle Tänze wie *Molly dance*, *Bacup Coconut Dance* und *the Helston Furry Dance* werden im *Dictionary of English Folklore by Jacqueline Simpson and Steve Roud* näher beschrieben.
(Inter)-cultural awareness: Diese Tänze können Schüler in Filmaufnahmen (z. B. Video: *British Festivals*) oder privaten Videoaufzeichnungen sehen und somit einen Einblicke in traditionelle Tanzformen gewinnen. Dabei lernen die Schüler traditionelle Tänze kennen, ohne sie selbst sofort ausführen zu müssen.
Hier ergibt sich bereits ein erster Übergang von der Landeskultur zur Landeskunde, wenn einzelne Tanzformen vom Lehrer – auf Deutsch – erklärt werden, bzw. Verbindungen zu Erscheinungen im Heimatland gefunden werden, wie dies bei den Moriskentänzern der Fall ist:
Morris dancing: Am Beispiel dieses Tanzes kann den Schülern durchaus aufgezeigt werden, wie ähnlich Bräuche in Großbritannien und Deutschland sind. Die Verbindung zu den *calendar day customs* (vgl. 4.2.3) ist interessant. *Morris dancing* findet schon seit vielen Jahrhunderten am *May Day* statt.
Der Lehrer kann die Schüler fragen, was in ihrer Heimatstadt oder näheren Umgebung am 1. Mai passiert.
Gegebenenfalls werden die Schüler berichten können, dass in Deutschland am 1. Mai ein Maibaum aufgestellt wird und traditionelle Tänze stattfinden.
Der Lehrer erzählt etwas von den *morris dances* in England, die hauptsächlich in den ländlichen Gebieten gepflegt werden. Sie sollen magische Kräfte verleihen, Glück bringen und Unheil fernhalten.
Der Ursprung des Namens ist nicht eindeutig geklärt. Es würde den Rahmen des Englischunterrichts sprengen, würde man den Schülern etymologische Parallelen aufzeigen. Eines aber ist sicherlich – als *language awareness* – möglich:
Der Hinweis auf "morisco", einem höfischen Tanz in Italien. Bei dieser Gelegenheit könnten Abbildungen der berühmten Moriskentänzer in München gezeigt werden, die heute noch von Tanzgruppen dargestellt werden.
Für den Unterrichtenden sei angefügt, dass eine andere Interpretation auf "Moorish" – die aus Afrika nach England deportierte Gefangene Mauren – zurückgeht. Wieder andere Quellen setzen "Moorish" in Beziehung zu Moorgebieten in Mittelengland.
Der berühmte *Cotswold Morris Dance* wird von sechs Tänzern ausgeführt, wobei drei in einer Reihe stehen. Beim manchen Darbietungen halten sie Taschentücher in der Hand, während andere kurze Stöcke gegeneinander schlagen. Manche

Kostüme haben auch Glöckchen am Kostüm unterhalb der Knie. Die Männer tragen normalerweise ein weißes Hemd, eine weiße Hose oder dunkle Kniebundhose sowie schwarze Schuhe. Über der Schulter tragen sie eine Schärpe.

Sword dance: Bei diesem Tanz halten die Tänzer den Griff ihres Schwerts mit der einen, die Spitze des Schwerts ihres Nachbarn mit der anderen Hand fest. Sie bilden dadurch einen Kreis. Die „Schwerter" sind entweder dünne Holzstücke oder elastische Metallstücke mit Holzgriffen am Ende. Vielleicht ist dies eine Anregung für die Schüler, um selbst solche Schwerter zu bauen.

An besonderen Tagen des Jahres werden **calendar custom dances** zu sehen sein (vgl. 4.3.1); zu denken ist an *Wishford Magna, Padstow Hobby Horse* oder *Shaftsbury Byzant*.

Diese *social dances* werden von beiderlei Geschlecht ausgeführt. Bei Schülern der Grundschule wurde beobachtet, dass sie beim Betrachten privat gefilmter Tanzszenen rasch selbst die Initiative ergriffen und versuchten, mit der Musik zu tanzen.

Da naturgemäß solche privaten Aufzeichnungen nur selten zur Verfügung stehen, werden überwiegend andere folkloristische Tanzformen, die zum Mitmachen anregen, in den Englischunterricht einfließen. Die Rede ist vom **square dance**.

Zwar gilt dieser heute als typisch amerikanischer Volkstanz, seine Wurzeln sind jedoch europäischer Art. Sie lassen sich bis ins 15. Jahrhundert zurückverfolgen, als Traditionen wie die höfischen Tänze der französischen Aristokratie und den mehr ländlichen Formen des englischen *country dance*. Auf amerikanischen Boden wurden die einzelnen Tanzformen regional verschiedenartig weiterentwickelt. Da die Tänze relativ leicht sind, werden sie auch heute noch an englischen Grundschulen getanzt.

Language awareness: Seinen Namen erhielt der *square dance* von der für ihn charakteristischen Tanzaufstellung: einem Quadrat, das von vier Tanzpaaren gebildet wird. Diese acht Tänzer tanzen miteinander. Je nach Teilnehmerzahl und Größe des Raums können weitere Tanzquadrate aufgestellt werden, sodass die Gesamtzahl der Tänzer auf der Tanzfläche immer ein Vielfaches von acht (fächerübergreifend: Mathematik – Multiplikation mit 8) beträgt. Eine wichtige Rolle kommt beim *square dance* dem *caller* zu, d. h. demjenigen, der während des Tanzens die Anweisungen gibt. Diese Anweisungen können entweder gesprochen *(patter call)* oder gesungen *(singing call)* werden. In der etwas einfacheren Form des traditionellen *square dance* dienen die *calls* den Tänzern – und auch den Schülern! – eher als Gedächtnisstütze zur Ausführung von Figurenfolgen, die für jeden Tanz mehr oder weniger geregelt sind.

Cultural awareness: Der Lehrer erzählt den Schülern, dass *square dancing* in den Vereinigten Staaten zu einer der beliebtesten Freizeitbeschäftigungen geworden ist. Die Zahl der Tänzer nahm in den letzten Jahren ständig zu und es wurden richtige *square dance clubs* gegründet, von denen es übrigens auch in Deutschland eine ganze Reihe gibt.

Hinweis: *Square dancing* kann in Turnhallen, auf dem Pausenhof, oder – was etwas schwieriger ist – in leer geräumten Klassenzimmern geübt und ausgeführt werden. *Square dancing* eignet sich als ein Beitrag am Schulfest und ist eine willkommene Abwechslung bei Aufenthalten im Schullandheim oder immer dann, wenn einmal Zeit ist, den oft zu kopf-orientierten Unterricht „auf die Füße" zu stellen.

Dabei ist es wichtig, auf langatmige Erklärungen zu verzichten. Eine Figur sollte zunächst von dem Lehrer vorgeführt bzw. knapp erläutert werden. Die Schüler sollten sie möglichst sofort nachvollziehen. Es empfiehlt sich, den Tanz als Ganzes erst „im Trockenen" zu üben: Die *calls* werden vom Lehrer ohne Musik zunächst langsam, dann schneller und schließlich im Originaltempo angegeben. Ein Tamburin oder das Händeklatschen – *clap your hands* –, aber auch das Mitsingen unterstützen die Schüler, um den „richtigen" Rhythmus zu finden.

Anfänger neigen oft dazu, beim ersten Versuch zu große Schritte zu machen. Das führt zu ruckartigen und hektischen Bewegungen. Mit kleineren, dem Takt angepassten Schritten werden die kleinen Tänzer rasch erkennen, wie sie sich völlig unverkrampft, ja entspannt bewegen, wobei sie immer noch genügend Zeit haben, die einzelnen Tanzfiguren in Ruhe darzustellen.

Words to the song:

1. Shoo fly, don't bother me Shoo fly, don't bother me Shoo fly, don't bother me For I belong to somebody	2. I do, I do, I do But I ain't gonna tell you who I do, I do, I do Oh yes, indeed I do
3. Shoo fly, don't bother me Shoo fly, don't bother me Shoo fly, don't bother me for I belong to somebody	4. I feel, I feel, I feel Like a morning star I feel, I feel, I feel Like a morning star
5–8 repetition of verses 1–4 9–10 repetition of verses 1–2	

Beispiel für den Einsatz eines *square dance* im Unterricht: *Shoo fly*

> **Aufstellung**: Alle Tänzer fassen sich an der Hand und bilden einen großen Kreis mit Front zur Kreismitte (Kleine Paaraufstellung)

Sch. stehen im Kreis und geben sich die Hände. Sch. gehen vier Schritte zur Mitte, dann vier Schritte nach außen.	
Sch. gehen acht Schritte nach links, dann acht Schritte nach rechts.	
Zwei nebeneinander stehende Sch. halten die Arme nach oben, die anderen Sch. gehen nacheinander durch den „Bogen".	
Es entsteht ein Kreis mit dem Gesicht nach außen. Nun werden die gleichen Schritte wie anfangs durchgeführt. 4 nach hinten, 4 nach vorne, 8 nach links, 8 nach rechts. Dann gehen die Sch. wieder durch den Bogen und der ursprüngliche Kreis ist hergestellt.	

4.1.9 Original pieces of art

• *Looking at an original English painting*

In diesem Kapitel soll aufgezeigt werden, wie dem Schüler ein außersprachliches, originales Kunstwerk aus dem englischsprachigen Raum präsentiert werden kann.

Gerade in diesem Alter sollten Schüler zum intensiven Sehen und bewussten Betrachten angeregt werden. Dabei ist es nicht das Ziel, quasi „durch die Hintertüre" noch mehr Illustrationen und Abbildungen in den Unterrichtsalltag einzuschleusen. Vielmehr soll versucht werden, den Blick und die Aufmerksamkeit des Schülers auf die Mitte, auf das Zentrum zu lenken, kurz: seine Kon-Zentration zu fördern und Anregungen für das genaue, detaillierte Suchen und Betrachten zu geben.

Grundschüler bringen beste Voraussetzungen mit, um ein Bild zu betrachten, denn sie haben weniger Vorurteile als Erwachsene und sehen Bilder mit anderen Maßstäben. Sie wollen etwas im Bild entdecken. Gerade sie sind, wenn sie angeleitet werden, in der Lage, implizite Handlungen, ja kleine Geschichten aus dem Bild heraus zu entwickeln, oder, wie Picasso einmal sagte: „Ein Bild wird nur durch die Person lebendig, die es betrachtet."

Die Bildbetrachtung schlechthin gibt es nicht. Sie ist auch kein Selbstzweck, sondern Anlass für kreative, produktive Prozesse. Die Berücksichtigung eines originalen Bildes im Englischunterricht der Grundschule hat ihre Berechtigung, wenn die Formel gilt: Das originale Bild/Musikstück/Kunstwerk ist Sprechanlass.

Es darf dabei nicht vergessen werden, dass diese kreativ-produktiven Prozesse nicht erst in einer späteren Nachgestaltung, sondern bereits während der ersten zwei Stufen erfolgen.

Drei Phasen		
Observation (Betrachtung)	*Brainstorming and discussion* (Unterrichtsgespräche)	*Production: composition, creative effort, formulation* (Produktive Eigenleistung)
Der Schüler betrachtet und prüft das Gemälde, die Skulptur, das Kunstwerk zunächst in Stille. Er versucht, etwas „Bestimmtes" in dem Kunstwerk zu entdecken. Er erkennt etwas Bestimmtes. Das Kunstwerk vermag die Emotionen und Gefühle des Schülers zu wecken.	*Brainstorming:* Sch. versuchen, etwas zum Gemälde/Kunstwerk zu sagen. Sie werden wahrscheinlich nach den passenden Worten suchen, um es zu beschreiben *(language awareness)*. *Teacher: Let's talk about the picture. What can you see (there)? How do you feel when you look at this painting?* L. und Sch. versuchen gemeinsam, den Aufbau des Bildes zu entdecken, zu erklären und zu interpretieren. L. macht Angaben zum Künstler und zur Entstehungsgeschichte des Kunstwerks *(cultural awareness)*.	Basierend auf seinen eigenen Eindrücken oder aufgrund seiner Erinnerung an das originale Kunstwerk fühlt sich der Schüler angesprochen und angeregt, ein eigenes Kunstwerk zu schaffen. Durch seine eigenen Gedanken und Ideen fühlt sich der Schüler angesprochen und angeregt, ein neues Bild zu schaffen oder eine Geschichte als Antwort auf das originale Kunstwerk zu erzählen oder zu schreiben.

➢ **Unterrichtsbeispiel zu einem Bild:**
Rain, Steam and Speed
(by William Turner)

Sachanalyse

Der Künstler

Der englische Maler Joseph Mallord William Turner (1775–1851) gilt als einer der bedeutendsten und frühesten englischen Landschaftsmaler. Er stellte im Alter von 16 Jahren zum ersten Mal in der Royal Academy aus. Seine große Fähigkeit bestand darin, aus den gewonnenen Eindrücken der Natur das „Beste" herauszufiltern. Auf seinen zahlreichen Reisen fertigte er *inspirational sketches* an, also Skizzen. Aus dem Gedächtnis setzte er diese Eindrücke zu Hause frei in Bilder um.
Turner galt als sehr sparsam, wenn nicht geizig. Trotz seines großen Erfolgs lebte er sehr zurückgezogen. Er hatte eine eigene, riesige Galerie seiner Werke.
Es wird berichtet, dass er schwierigen und belastenden Freundschaften bewusst aus dem Weg ging. Häufig verwendete er angenommene Namen. Zeitweise hielt er seinen Aufenthaltsort geheim.
Zeitlebens strebte er nach Unabhängigkeit, eine Treibkraft seines enormen Schaffens.
Er hinterließ ca. 19.000 Aquarelle, Zeichnungen und Ölbilder.

Anmerkungen zu dem Bild:
Turner, der ganz England, Schottland und halb Europa im Postwagen bereist hatte, war einer der ersten, der die schnellere und bequemere Reisemöglichkeit des Zugs ausdrücklich begrüßte. Besondere Freude bereitete ihm die große West-Eisenbahn, deren Verlängerung von Bristol nach Exeter 1844 eröffnet wurde – in dem Jahr, als er *Rain, Steam and Speed* (Öl auf Leinwand, 91 cm x 122 cm, gemalt 1844, heute: The National Gallery, London) malte.
Es mag eingewendet werden, dass dieses Bild Turners nicht deutlich genug Gegenständliches abbilde und dadurch für den Einsatz im Rahmen des Englischunterrichts ungeeignet sei. Bewusst wurde es jedoch ausgewählt, da hier das entdeckende und erkennende Sehen im Mittelpunkt steht und das Bild somit ein Auslöser zum Sprechen und kreativen Nachgestalten ist.

Die Entstehungsgeschichte des Bildes: Auf einer seiner zahlreichen Zugfahrten sah der damals 69-jährige Turner während eines heftigen Regensturms einen Zug aus der Gegenrichtung kommen. Er beugte sich vorsichtig aus seinem Abteilfenster und fotografierte im Geiste diese Szene. Doch als er dieses Bild einige Zeit später malte, nahm er sich – wie fast immer bei seinen Bildern – viele Freiheiten heraus.
Im Allgemeinen wird dieses Bild als Vereinigung von Kunst und Industrie verstanden, wobei zu jener Zeit die Künstler den Zeugnissen der Industriellen Revolution nur wenig Schönes abgewinnen konnten. Turner bildet hier eine Ausnahme. Es sei angemerkt, dass letztere Gedanken jedoch weit über die Lernziele des integrierten Kunstunterrichts hinausgehen und nur für den Unterrichtenden von Belang sind, um die Bedeutung dieses Kunstwerk besser einschätzen zu können.

Lernziele

Die Schüler sollen...

... durch die Begegnung mit dem Bild *"Rain, Steam and Speed"* von Turner langfristig Freude und Interesse sowie Aufgeschlossenheit für weitere Begegnungen mit Kunstwerken einer fremden Kultur und Sprache entwickeln (affektives Ziel)

... kurz einige Aspekte zur Vita Turners sowie zur Entstehungsgeschichte des Bildes erfahren *(cultural awareness)*

... beim Betrachten des authentischen Bildes sukzessiv versuchen, ihre Gefühle, Gedanken und Assoziationen – zunächst in ihrer Muttersprache, später in einfachster Form auf Englisch – wiederzugeben (sprachliches Ziel)

... sich mit dem Aufbau des Bildes, den Farben und Stimmungen auseinandersetzen (affektives Ziel)

... versuchen, die *keywords* des Bildes auf Englisch zu verstehen und weitere interessante Details des Bildes benennen zu können (sprachliches Ziel)

... sich einen eigenen – englischen – Titel für das Bild ausdenken (kreatives Ziel)

... versuchen, in einem englischen Bilddiktat selbst eine Zugsituation darzustellen (kreatives Ziel)

... sich vom Werk Turners inspirieren zu lassen, um eigene Gestaltungsversuche zu unternehmen (kreatives Ziel)

Stundenverlauf

Artikulation	Stundenablauf	Medien/Unterrichtsformen
I. Introduction: An authentic artistic impulse	L. beginnt diese Unterrichtssequenz mit einem Ausschnitt aus Arthur Honeggers Orchesterwerk *Pacific 231*	Musik
II. Presentation of the painting	Während dieses Musikstücks deckt L. einzelne Teile des Bildes auf, sodass die Schüler spontane Vermutungen äußern können	KV 1 entweder als Folienkopie für OHP oder einzelne Puzzle-Teile (Zug, Brücke, Menschen, Boot usw.)
III. Observation of the painting *First impulse:*	L.: Sagt mir, was ihr noch alles entdecken könnt. Sch.: Brücke, Boot usw. L.: Dieses Bild hat ein englischer Maler namens William Turner gemalt. (Anschrift des Namens an der Tafel) Von einem Kunstexperten erfährst du nun mehr über Turner. (Sch. hören eine kurze Zusammenfassung zu Turners Leben von der Kassette, die von einem anderen Lehrer aufgenommen wurde.) L. schreibt Lebensdaten an.	Tafelanschrift Kassette Tafelanschrift
Second impulse:	L.: Ich habe hier eine Lupe, sodass wir das Bild genauer betrachten können. Wer möchte „die Augen der anderen führen?" (Ein Karton in Lupenform, um das genaue, konzentrierte Betrachten am Overhead-Projektor zu schulen; eventuell kann diese Phase mit Entspannungsmusik unterlegt werden.) Sch. betrachten das Bild still.	„Papp-Lupe" für OHP (Musik) Stille Phase
Third impulse	L.: Wie würdest du dieses Bild beschreiben? Sch. äußern ihre Eindrücke/Gefühle usw.	Unterrichtsgespräch
IV.: Talking about the painting/ discussion	**1. Words:** L.: *Turner was an English painter. Now let's talk about this painting. In German we say* Zug (ggf. erklären, dass Zug von „ziehen" abgeleitet ist.) *The English word is –* Sch.: Train *What can you see (there)? Do you know the English words?* Wörter wie *bridge, river, clouds* etc. werden auf Wortkarten festgehalten und gut sichtbar aufgehängt.	Folie Unterrichtsgespräch Wortkarten

Artikulation	Stundenablauf	Medien/Unterrichtsformen
	L.: *How do you feel when you look at this painting? Happy or sad?*	
	2. Colours L.: *What main colours are there in this painting?* Sch. nennen Farbadjektive: *green, brown, dark brown, grey etc.*	Folie ggf. Tafelanschrift
	3. Questions: L.: *What's the weather like in this painting?* Sch.: *It's rainy, windy, cold etc.* L. *In which direction is the train going? Is it coming nearer or going away?* L. *(Deutsch)* Woran sieht man das? Sch.: An den drei weißen Wölkchen. (Sollte der Hase bisher noch nicht entdeckt worden sein, könnte die Frage lauten:) L. *What is running away from the train?* Sch.: *A rabbit.*	Folie
V. Production *Impulses* *Creative effort*	**The background**: L. Möchtest du wissen, warum Turner gerade einen Zug gemalt hat? Hör dir nochmals den Kunstexperten an. (Entstehungsgeschichte des Bildes oder Nennung des Titels)	Kassette
Formulation	**A title** *Let's think of a good title for this painting.* Sch. überlegen sich einen passenden englischen Titel für das Bild. L. Möchtest du wissen, wie Turner das Bild nannte? *Rain, Steam and Speed* Erklärung der Wörter – ggf. Rückgriff auf den Schülern bereits bekannte Begriffe wie: *Speedy Gonzalez; steamboat*	
Composition Kreative Arbeit an 3 Stationen	**Station 1: The painting** L. (ggf. Sch.) haben Model-Eisenbahnen (oder Poster) mitgebracht. (Dampflokomotiven) Sch. sammeln die „wichtigsten" Begriffe aus dem Turner-Bild auf Karten: *train/steam/bridge/rain/boat etc.* L.: Benutze diese Wörter, um selbst ein Bild (Wasserfarben) zu malen. Wie kannst du Geschwindigkeit darstellen? L. und Sch. überlegen gemeinsam – ohne die individuelle Kreativität zu sehr einzuschränken! – eine Anordnung des Bildes. **Varianten:** *Perhaps it doesn't rain, perhaps there is no bridge, perhaps there are some (colourful) houses, the station etc.* (In einer nächsten Stunde können die Ergebnisse präsentiert werden; L. kann Kandinskys bekanntes Bild: „Eisenbahnlinie bei Murnau" von 1909/1910 (städtische Galerie München) zeigen und Sch. raten lassen, wie alt der Maler war. Überrascht werden die Schüler sein, dass dies ein Kunstwerk des damals 43-jährigen Malers ist.)	Gruppenarbeit Karten Wasserfarben Tafelzeichnung
	Station 2: The picture dictation L.: *Let's draw a picture.* L. liest langsam englischen Text mit jeweils langen Pausen vor, Sch. zeichnen dazu	Gruppenarbeit/Stifte KV 2
	Station 3: How to imitate a train L.: *Take a pencil, turn it round and tap this rhythm on the desk. Do it like this.* (L. demonstriert ein Beispiel) *Let's start very silently, get a bit louder now, and now as loud as you can – (Psssss). Now the train goes slower and we get more silent.*	Gruppe im Halbkreis/Stifte

Artikulation	Stundenablauf	Medien/Unterrichtsformen
	Now we can add our voices: (L. demonstriert ein Beispiel) *You have noticed that we are travelling in a very, very old train which is pulled by a steam locomotive, like in Turner's painting. One thing is still missing.* Sch.: Das Pfeifen. L.: *Yes. The whistling of the steam locomotive before the train gets into a tunnel, X and Y, you two, please whistle, the others go on …* *And we need someone for the rattling noise. How can you make that?* **Station 4: Die Geschichte** L. Denkt euch eine kurze Geschichte (auf Deutsch!) aus, in der folgende Begriffe aus dem Bild vorkommen: offenes Fenster/Zug/schnell/ Brücke/Regen/nass/Dampf /Kleidung/Mutter/ Sch. tragen ihre Geschichten vor der Klasse vor.	Partnergespräche im Erzählkreis Wortkarten

Name:	Class:	Date:

Text:
- At the front of the picture you can see a big steam locomotive.
- It is pulling three coaches.
- One is yellow, one is blue, one is red.
- There are five windows in each coach.
- Look, a girl with long black hair is looking out of a window in the red coach.
- She is waving (Gestik).
- A man with a brown hat is looking out of the yellow coach.
- He is holding his arms up (Gestik).
- A monkey is looking out of a window in the blue coach.
- Can you draw a monkey? Well, let's try.
- He's holding a big banana in his hand.
- Behind the train there is a blue lake, a large blue lake, and in the background we can see the mountains.
- On top of the mountains there is some snow.
- The sun is shining.
- It's very warm. It's summer in England.

- *Listening to an original piece of music*

Der Einsatz eines authentischen Musikstücks aus der Klassik wurde bereits im Kapitel zum entspannten Lernen und zur **Suggestopädie** näher behandelt. Welche Aufgabe kann ein solches Musikstück noch haben?

Wir meinen, es sind noch drei weitere Funktionen, die schon für den frühbeginnenden Englischunterricht interessant sind:

Ein geeignetes Musikstück kann beim Zuhörer Bilder wecken; durch Klang und Rhythmus lässt es Landschaften und Handlungsabläufe vor dem geistigen Auge des Kindes entstehen. Man könnte diese Funktion die *mind's eye function* nennen. Der Hörer erfährt ansatzweise mehr zum Stück und wird angeregt, selbst tätig zu werden.

Originale Musikstücke anhören – *Listening to original pieces of music* Vier Funktionen			
Entspannen/Vokabeln lernen (Suggestopädie)	Bilder wecken: *The mind's eye/imagination*	Präsentation von Hintergrundinformationen	Anregungen zur aktiven Teilnahme
Die Schüler schließen die Augen und hören sich ein originales Musikstück an. Hinweise: – vgl. die nachfolgende Auswahl an Musikstücken – der Einsatz von klassischer Musik wird in 1.5 mit einem Unterrichtsbeispiel verdeutlicht – Anregungen zum Einsatz klassischer Musik und authentischer Reime in 4.1.3	Die Schüler schließen die Augen und hören sich ein originales Musikstück an. Die Musik vermag ihre Emotionen und Gefühle anzuregen. Die Schüler beginnen allmählich, Bilder vor ihrem „geistigen" Auge zu sehen: Landschaften, Menschen, Handlungen usw. Schon während oder nach der Hörphase versuchen sie auszudrücken, was sie gesehen haben. Nach dem Anhören versuchen sie, Assoziationen zu finden.	Die Schüler hören sich ein originales Musikstück an. Das Musikstück ist der Ausgangspunkt für weitere Informationen. Der Lehrer gibt Hintergrundinformationen zu dem Musikstück, z.B. zu der Entstehungsgeschichte des Werkes (*cultural awareness*). *Bi-lingual approach*: Weitere Informationen können in englischer oder deutscher Sprache gegeben werden. Auf diese Weise werden einzelne Unterrichtsfächer miteinander verbunden.	Die Schüler werden angeregt, mitzumachen: z.B. zu singen oder das originale Musikstück zu begleiten. z.B.: Zunächst hören sich die Schüler ein Lied an; anschließend arbeiten Lehrer und Schüler mit dem Text (*the lyrics, the rhyme*); ist das Lied nicht zu schwer, können die Schüler es im Schulchor vorsingen. Auf diese Weise wird eine ideale Verbindung zwischen Wort und Klang (*connection between word and sound*) erreicht.
Konkrete Umsetzung dieser Funktionen			

Gustav Holst (1874–1934): *The Planets. Suite for Large Orchestra,* z.B. Philips 412 361–4; 1978 Folgende Vorschläge zur unterrichtlichen Umsetzung wurden – mit freundlicher Genehmigung der Verfasser – entnommen: Wunsch/Kellermann 1996 **a) Lehrererzählung zur Hintergrundmusik „Planets: The Solar System"** L.: *Twinkling stars are very, very far away from earth. Stars are big, hot balls of gas. The sun is the nearest star. All the other stars are far away. Some stars are planets. Planets are brothers and sisters of earth.* usw.	Edward Elgar (1857–1934): *Pomp and Circumstances March No. 1* z.B. Naxos 8.55029 & 8.554161 sowie in einer vereinfachten Klavierfassung in: Fritz Emonts: Europäische Klavierschule/The European Piano Method, Mainz 1994. **a) Einstimmung:** Lehrer: *Today we are going to listen to a piece of music. I want you to listen to it for some minutes.* Sch. haben die Augen geschlossen und hören den Ausschnitt an. Bei einigen Sch. wird die Übernahme des Marsch-Rhythmus' zu beobachten sein.	Benjamin Britten (1913–1976): *Friday Afternoons; Op. 7* Wegen der sowohl sprachlich also auch musikalisch anspruchsvollen Vorlage wurde als Beispiel Nr. 3 Cuckoo ausgewählt: **a) Impuls** L. spielt z.B. auf dem Klavier/Glockenspiel eine Kuckuck-Terz vor. Sch. erraten, welches Tier gemeint ist: *English: It's a cuckoo.* **b) Erarbeitung des Textes** *Cuckoo by Jane Tylor:* *Cuckoo, Cuckoo,* *What do you do?*

Lernwortschatz wie: p*lanet, wandering star, orbit, solar system,* usw. werden angeschrieben.

b) Schulausstellung: *An exhibition*
Als Vorbereitung werden die Schüler gebeten, Bücher, Abbildungen und Artikel über Planeten mit in die Schule zu bringen.

c) Eintragen und malen
Mit Hilfe des Textes ordnen Sch. die Planeten-Bezeichnungen den entsprechenden Abbildungen (Orbits 1–9) zu, der Text wird vom L. mehrmals vorgelesen.
Sie kleben dann die Planetennamen in die entsprechenden Kästchen und malen die Seite wie beschrieben aus.
z.B. *Earth goes in orbit 3, The earth is blue and white. Mars goes in orbit 4. It is red.* usw.

d) Fächerübergreifende Aspekte: Werken/Sport:
Let's play the solar system. Ein Kind steht in der Kreismitte und spielt *"sun"*.
Kinder mit Planetenbildern an Stäben spielen die *"Planets"* und gehen um die Kreismitte. Je weiter die Planeten von der Sonne entfernt sind, desto langsamer gehen sie.
Die übrigen Kinder stehen außen herum als *"stars"* (Faltstern an Stab) und singen den Song: *Twinkle, twinkle little star ...*

Deutsch/Lesen
The Little Prince
a) Lehrererzählung zum Titelbild des Buches von Antoine de Saint-Exupery
b) Lesen eines Ausschnittes der Erzählung auf Deutsch
c) Weiterführende Gespräche zu *astronauts, E.T., spaceships, rockets, galaxies* usw.

b) Hilfsimpulse:
L.: *What did you think of when you heard this music?* (ggf. auch auf Deutsch oder mit Hilfe der Abb. von englischen *guards* vor dem *Buckingham Palace*)

c) Assoziationsketten
Sch. entwickeln – unterstützt vom L. – Assoziationsketten.
(Vergleiche die nachstehende detaillierte Darstellung)

d) *Cultural awareness*: Abbau von Klischees: *The Queen* – Was macht im Jahre 2002 eine „echte" Königin eigentlich den ganzen Tag? Sitzt sie nur auf dem Thron und lässt sich bedienen? Trägt sie jeden Tag eine Krone? Wie wohnt sie?
London als Zentrum: Wie viele Zimmer hat der Buckingham Palast? Wie heißt die Königin? Kennst du ihre Kinder/Enkelkinder
L. zieht Vergleiche mit Deutschland/anderen Heimatländern der Schüler.

Hinweis: Diese Hintergrundinformationen zum landeskundlichen Thema „Queen" sollten sich auf einige wenige Details beschränken; keinesfalls ist daran gedacht, den Stammbaum der Royal Family zu besprechen.

e) *A dialogue rhyme*
Erarbeitung eines Dialogreims:

The way to London Town
*"Is this the way to London Town,
To see the Queen in a beautiful gown?"
"Straight on, left, right up and down,
soon you'll be in London Town!"*

f) *Story presentation*
The Princess and the Pea (Quelle: Longman Group Ltd. in der Serie: *Favourite Fairy Tales*; English Language Teaching version by D. K. Swan; video cassette available)

*"In April I open my bill;
In May I sing night and day;
In June I change my tune;
In July – far far I fly;
In August away I must,
Cuckoo, Cuckoo, Cuckoo."*

c) Singen des Liedes
vgl. dazu den Auszug aus *Friday afternoons*
Schüler singen zur Klavierbegleitung die 2. Stimme: *Cuckoo, Cuckoo.*
Ein geübter Schulchor trägt die erste Stimme vor.

d) Fächerübergreifender Aspekt: Heimat- und Sachunterricht:
– Informationen zum Kuckuck, Vorführung eines Films zum Leben des Kuckucks

Deutsch:
Sprachliche Bewusstmachung: Der Waldvogel ist nach seinem eigentümlichen Ruf benannt. Das lautnachahmende Wort hat heute den alten Namen des Vogels (Gauch) völlig verdrängt. In vielen Sprachen finden sich allerdings ähnliche Bezeichnungen wie im Deutschen:
z.B. französisch: *coucou*
niederländisch: *koekoek*
russisch: *kukuska*

Interessanterweise ist seit vielen Jahrhunderten der Vogelname aber auch ein Ausdruck für den Teufel. Sch. können zum Nachdenken angeregt werden, wo in ihrer Sprache das Wort Kuckuck vorkommt: z.B. in Ausdrücken wie: „Zum Kuckuck noch einmal!"

Working with associations

Entwicklung von Assoziationsketten zu: Edward Elgar – *Pomp and Circumstances March No. 1*

Die Schüler hören als akustischen Impuls das Werk „Pomp and Circumstances". Anschließend nennen sie Begriffe, die ihnen spontan zu der Musik einfallen. Der Lehrer gibt zunächst die entsprechenden englischen Begriffe an und führt dann die Assoziationskette weiter.

Beispiel:
Schüler: Das klingt wie ein Marsch.
Lehrer: *A march.*
Wer marschiert denn wohl?
Schüler: Soldaten marschieren.
Lehrer: *Soldiers.*
Wo marschieren die Soldaten?
Schüler: Beim Militär. Sie bewachen einen Palast.
Lehrer: *A Palace.*
In England gibt es auch heute noch eine Königin. Sie wohnt in einem riesigen Palast.
Der Palast heißt Buckingham Palace.
Im Moment hat England eine/n König/in. Sie/Er heißt ...
usw.

Zur Veranschaulichung hält der Lehrer Fotos (z. B. von den *guards* mit Bärenfellmützen und vom Buckingham Palace) bereit, die er den Schülern bei passender Gelegenheit zeigen kann.

Die Aussagen der Kinder werden (zunächst als *brickwords*) an die Tafel geschrieben, sodass im Verlauf des Unterrichtsgespräches ein ausführliches *cluster* zum Thema entsteht.

Working with cultural awareness

Die **Lehrererzählung** muss je nach Jahrgangsstufe sehr vereinfacht werden bzw. durch deutsche **Signalwörter/erklärende Realia** (z. B. Briefe, Zeitungen, Medaille usw) sowie Abbildungen (z. B. ein Krankenhaus, Pferderennen, Fotos von einzelnen Personen, eventuell auch Windsor Castle) verständlich gemacht werden. Wie im nachfolgenden Kapitel zur Landeskunde deutlich wird, geht es bei diesen Informationen um die reine Sinnentnahme, nicht um Detailverstehen der Lehrererzählung. Diese orientiert sich immer an den Fragen und Interessen der Schüler und erhebt keinerlei Anspruch auf Vollständigkeit.

Cultural awareness:

Great Britain is a monarchy. **The Queen/the King** *(at the moment: ....) is head of the United Kingdom. Look at the map. This is England, Wales, Scotland and Northern Ireland. And this is London. The Queen/the King lives in* **Buckingham Palace** *in London.*
*"Does the Queen/the King sit on her/his throne the whole day?" some people ask. Well, the Queen/the King gets up very early in the morning. Before breakfast she/he reads four or five British newspapers. Every day the Queen/the King gets hundreds of letters from all around the world. She/he reads some of the most important letters herself/himself, but her/his office (*Büro*) must answer all letters. She/he also gives medals to all those men and women who have done something special, e.g. saved a person's life (*jemanden das Leben gerettet haben*). Then the Queen/the King has lunch.*
*In the afternoons she/he often visits hospitals and homes for old or handicapped people. She/he goes to schools or factories (*Fabriken*) and opens new buildings. The Queen/the King often travels on the Royal train or by plane.*
*In the evenings the Queen/the King goes to concerts or dinners for a good cause (*für einen guten Zweck, Wohltätigkeitsveranstaltungen*).*
Then she/he must read more letters or documents. Sometimes she/he watches TV. Then she/he goes to bed – and is very, very tired – like you and me.

The Queen/the King has got a large family – the **Royal Family**. *Each year they make over 2,500 visits to many parts of Britain and a lot of journeys all around the world.*

*When you want to see the Crown and the Jewels (*Abb.*) you must go to* **The Tower of London**. *That's a very old castle in London. (*Abb.*) The crown and the jewels are worth millions of pounds.*
Sometimes the Queen/the King is in another beautiful castle. It's some miles west of London: it's **Windsor Castle**.

Mit dem Unterrichtsbeispiel zu *Pomp and Circumstances March* wird der organische Übergang von der Kulturkunde zur Landeskunde erreicht, weil neben dem authentischen Hintergrund des Musikstückes bewusst erste Informationen zu einem landeskundlich relevanten Thema (*Queen/King/Palace/crown/jewels* etc.) gegeben werden.

4.2 Landeskunde

4.2.1 Landeskunde: ein Widerspruch zum Heimat- und Sachunterricht?

Kinder sind geprägt von ihrer Umgebung und ihrer Gesellschaft, in der sie aufwachsen: Familie, Wohnung, Straße, Schule, Geschäfte, Stadt, Land und natürlich von der Sprache, welche die Kultur einer Sprechergemeinschaft widerspiegelt.

Über Medien lernen sie eine Unzahl fremdsprachiger Elemente und Begriffe kennen, oft ohne sie richtig zu verstehen. Diese kulturkundlichen, landeskundlichen und sprachlichen Elemente sind, wie in einem Koordinatensystem, ihre Identifikationspole. Kommt nun die Fremdsprache explizit hinzu, darf sie diese Grundpole nicht überlagern oder gar ersetzen, sondern muss sie erweitern. Landeskunde steht demnach nie in Konkurrenz zum Heimat- und Sachunterricht, sondern ergänzt diesen mit ausgewählten Beispielen.

Aufgrund der ihnen bekannten, vertrauten Pole werden die Schüler im Laufe eines Jahres – individuell in sehr unterschiedlichem Maße – beginnen, Bezüge zu den „neuen Inhalten" herzustellen, Fäden von diesen und zu diesen zu spinnen, ggf. auch zu vergleichen. Sie erkennen dabei, dass Vieles gar nicht so anders ist. Das zunächst so Fremde relativiert sich rasch, das Eigene ist aber auch nicht mehr „der Maßstab aller Dinge". Durch die Begegnung und Wahrnehmung alltäglicher Erscheinungen werden Grundschüler behutsam sensibilisiert, ohne dass sie ihre lokale Zugehörigkeit aufgeben müssen.

4.2.2 Gründe für den Einsatz landeskundlicher Elemente in der Grundschule

Landeskunde gewinnt ihre Berechtigung für den Primarbereich dadurch, dass sie **erste** Informationen und Fakten, z. B. zu den *calendar customs and traditions*, liefert.

Ziel der Landeskunde ist die Kenntnisvermittlung. Im Grundschulbereich werden neben einigen traditionellen Festen und Bräuchen erste geographische Aspekte aufgezeigt sowie Einblicke in das Alltagsleben in Großbritannien und den Vereinigten Staaten gegeben.

Nach Erdmenger bedient sich „Landeskunde geographischer, geschichtlicher, soziologischer und anderer Informationen, soweit sie der Kommunikationsfähigkeit dienlich sind. Sie vermittelt Wissen für die Bewältigung des Verständigungsprozesses (...) Diese kognitive Landeskunde kann einen wesentlichen Beitrag zum gegenseitigen Verstehen leisten. Verstehen bedeutet dabei sowohl sprachliches Kommunizieren wie auch Verständnis für den Anderen und das Andere." (Erdmenger 1996, S. 26) Sie ist also im Sinne des propädeutischen Lernens gerade in der Phase des frühbeginnenden Fremdsprachenunterrichts unverzichtbar.

Die implizite und explizite Beschäftigung mit landeskundlichen Aspekten hat demnach zwei Funktionen: Landeskunde wirkt sowohl spracherzieherisch als auch sozialerzieherisch. Letzteres wird dann evident, wenn erste Kontakte zu einem Partner des fremden Sprachraums angeknüpft werden sollen.

Für den Grundschüler kommt dabei noch weitgehend unbewusst *the bridging function of the language* zum Tragen.

Auch beim Schreiben eines Geburtstagsglückwunsches oder eines eigenen Albums macht der Lernende erste Schritte hin zu einem Gebrauch der Sprache, bei dem im Hinterkopf die – unbewusst – gesammelten Informationen landeskundlicher Art mit berücksichtigt werden.

Köhring/Beilhartz betonen ausdrücklich den frühen Einsatz landeskundlicher Fakten im Fremdsprachenunterricht:

„Voraussetzung für die Mitwirkung der Landeskunde ist die Notwendigkeit, das landeskundliche Material von Anfang an in den Sprachlehrgang zu integrieren, sodass Spracherwerb gleichzeitig das unaufdringliche Kennenlernen elementarer landeskundlicher Fakten ist." (Köhring/Beilhartz 1973, S. 147 f)

Mit Recht weist Schmid-Schönbein darauf hin, „es sei eine naive Vorstellung, eine deutsche Grundschulklasse sei monokulturell und habe einen deutsch-kulturellen Hintergrund. Eine aufgeklärte Lehrkraft jedoch wird nicht die Chancen und Möglichkeiten kultureller Bildungs- und Unterrichtsbereicherung vergeben, die eine multikulturelle Klassenzusammensetzung mit sich bringt." (Schmid-Schönbein, Berlin 2001, S. 8)

In diesem Zusammenhang sei auch auf die Begriffe *cultural awareness* und *language awareness* eingegangen.

So wie Doyé in *"The intercultural dimension"* feststellt, sind *cultural awareness* und *language awareness* eine sich gegenseitig bedingende reziproke Einheit. So anspruchsvoll die Bewusstmachung einzelner sprachlicher Elemente, einzelner kultureller Erscheinungen auf den ersten Blick sein mag, so interessant kann sie für den jungen Lerner sein.

Die Bewusstmachung sprachlicher Phänomene, das haben unsere Erfahrungen immer wieder gezeigt, sind für Schüler dann von Interesse, wenn sie auf ganz einfache, kind- und altersgemäße Weise lexikalische Zusammenhänge zwischen der Muttersprache und der Fremdsprache beleuchten:

Beispiel: Das deutsche Wort „Hobby" hat etwas mit *"hobby horse"* zu tun, ein Spielzeug, das Kinder vor mehr als 50 Jahren zum Geburtstag oder zu Weihnachten geschenkt bekamen. *"Hobby horse"* heißt wörtlich übersetzt: „Hüpfpferd". Dieses bestand aus einem Stecken mit einem Pferdekopf (ggf. Abbildung zeigen) und wurde daher „Steckenpferd" genannt. Auf diese Weise entstand unser deutsches Wort „Hobby".

Kulturelles Bewusstsein entwickelt sich über die Landeskultur, aber auch durch das Kennenlernen einer **personifizierten Landeskunde**, die exemplarisch einige erste Aspekte des englischen Sprachraums vorstellt. Ein gemeinsames Schulprojekt, das speziell Großbritannien, die Vereinigten Staaten und die einzelnen Herkunftsländer der multikulturellen Klasse vorstellt, könnte unter dem Motto „Verstehen – Verständnis – Verständigung" einen Rahmen für angewandte Landeskultur und Landeskunde geben.

4.2.3 Kennenlernen von Bräuchen im Jahreslauf

Landeskundliche Inhalte wie die *calendar customs* lernen Grundschüler überwiegend im Rahmen von sog. **Aktionseinheiten** kennen:

1. Aktionseinheiten stehen in einem engen Bezug zu einem bestimmten (oft landeskundlichen) Themenbereich
2. Grundlage sind immer authentische Materialien aus dem jeweiligen Land
3. Aktionseinheiten umfassen all jene (kreativen) Tätigkeiten, die Schüler vor oder nach dem Einsatz des authentischen Materials ausführen
4. Es ist denkbar, dass es zu **einem** authentischen Material auch **mehrere** Aktionseinheiten geben kann.

• *Valentine's Day*
Historischer Hintergrund

Valentine war ein römischer Priester, der unter Kaiser Claudius ins Gefängnis kam. Er hatte nämlich junge Paare getraut. Es gab aber zu dieser Zeit ein Gesetz, das sagte, dass Soldaten nicht verheiratet sein durften. Der Priester Valentine musste also ins Gefängnis.

Als er in seiner Zelle saß, lernte er die blinde Tochter des Gefängnisaufsehers kennen und verliebte sich in sie. Es heißt, dass sie durch ihn ihr Augenlicht wieder bekam.

Kurz vor seiner Hinrichtung hinterließ er ihr diese Nachricht:

In love from your Valentine.

Brauchtum heute

Der Valentinstag wird in Amerika und England am 14. Februar, dem Todestag von St. Valentine, gefeiert. Der Brauch, jemandem Postkarten zu senden, den man gerne hat, geht auf den Beginn des 19. Jahrhunderts zurück. Auch heute senden sich die Menschen noch *Valentine's Cards*, oft ohne ihren Namen zu vermerken. Auch in Schulen geben die Kinder heute Freunden oder ihren Lehrern *Valentine Cards* mit roten Rosen, Herzen oder Kuscheltieren.

Multikulturelle Aspekte

Der Valentinstag ist heute international. In Japan werden z.B. zwei Valentinstage gefeiert. Am 14. Februar schenken die Mädchen den Jungen Schokolade und am 14. März, dem „weißen Tag", gestehen die Jungen den Mädchen ihre Liebe. In Dänemark werden Blumen, kleine Gedichte und Liebesbriefe verschickt. Allerdings schreibt der Absender nicht seinen Namen auf die Valentinskarte, sondern setzt pro Buchstaben seines Namens einen kleinen Punkt. Errät das Mädchen den Namen, muss sie dem Jungen zu Ostern ein Ei schenken. Errät sie den Absender nicht, so muss sie eine „Strafe" zahlen. Insgesamt werden allein in den USA jedes Jahr über eine Milliarde Valentinskarten verschickt, manchmal sogar von Kindern an ihre Haustiere.

Aktionseinheit: *Valentine cards*

a) *"flower card"*
Mögliches Vorgehen:
Die Schüler erhalten diese Textvorlage; der Lehrer spricht zeilenweise vor, die Schüler wiederholen lesend bis die Aussprache phonetisch einwandfrei ist; anschließend werden die Schüler ermutigt, die Zeilen auf farbiges Tonpapier zu übertragen.

Dear ...
Roses are red,
violets are blue,
I can no more live
without you.

Gestaltungsauftrag:
Zeichne „*roses & violets*" dazu.

b) *"red heart card"*
Mögliches Vorgehen:
Erarbeitung des Textes wie a). Anschließend schneiden die Schüler aus rotem Tonpapier ein aufklappbares Herz aus und beschriften es mit diesem Zweizeiler.

To ...
My love is here
to stay –
Please be my Valentine today.

c) *"photos of our favourite pets"*
Mögliches Vorgehen:
Erarbeitung des Textes wie a). Anschließend kann, wenn der Spruch auf das geliebte Haustier

Dear ...
When we are together,
It's always sunny weather.

angewendet werden soll, ein Foto des Tieres auf eine Karte geklebt werden und der Spruch dazugeschrieben werden. Anregung: Das Haustier erhält an diesem Tag besonderes Futter.

Aktionseinheit: *Friends' Day*

In Argentinien und anderen Ländern Südamerikas wird der so genannte *Friends' Day* gefeiert. Er könnte, um gerade junge Grundschüler nicht unnötig in Verlegenheit zu bringen, anstelle des *Valentine's Day* eingesetzt werden.

L.: *Bring a photo of your best friend to school. Can you describe your best friend to us?*

Mögliches Vorgehen:

Die Schüler erhalten das Satzgerüst und füllen es mit den passenden Daten aus. Anschließend stellen sie ihren Freund/ihre Freundin der Gruppe vor.

| It's … |
| He/she's … years old. |
| He/she lives in … |
| We often play … |
| We go rollerskating/swimming etc. |
| We watch TV. |
| I really like him/her. |

Alternative: *Guess my friend*

Schüler A. stellt eine Person vor, ohne den Namen anzugeben oder ein Bild zu zeigen: Die anderen müssen erraten, um wen es sich handeln könnte.

Hinweis: Die gesuchte Person sollte mindestens drei Mitschülern bekannt sein.

• *St. Patrick's Day*
Historischer Hintergrund

Der St. Patrick's Day ist am 17. März. St. Patrick ist der Nationalheilige von Irland. Im Alter von 16 Jahren wurde er von Piraten entführt, die ihn nach Irland brachten. Nach einigen Jahren konnte er flüchten und zurück zu seinen Eltern nach England segeln. Eines Nachts hatte er einen Traum, in dem eine Stimme ihm sagte, zurück nach Irland zu gehen, um den Menschen dort das Christentum zu vermitteln. „Kennzeichen" des St. Patrick's Day ist das Kleeblatt. Der Überlieferung zufolge erklärte St. Patrick die heilige Dreifaltigkeit mit einem dreiblättrigen Kleeblatt. „Ein Blättchen stellt Gott Vater dar, eines Gottes Sohn und eines den heiligen Geist." *St. Patrick's Day is on 17th of March.*

Who was that saint? He is the patron saint of Ireland (der Nationalheilige von Irland). *Look at the map. Here's Germany, that's England and that's Ireland. I'm going to tell you a short story about St. Patrick. He was born a long, long time ago in Roman Britain* (als die Römer noch in Britannien waren).

Brauchtum heute

Am St. Patrick's Day, dem 17. März, finden überall in Irland und in den USA, wo viele Menschen irischer Abstammung wohnen, Gottesdienste und Paraden statt. Es ist ein irischer Nationalfeiertag. Vor allem die Farbe Grün und das dreiblättlige Kleeblatt (*shamrock*) spielen an diesem Tag eine große Rolle.

Aktionseinheit: *Shamrock badges*

This is what you need to make shamrock badges for your friends and parents:

- *100 g flour*
- *50 g salt*
- *80 ml water;*
- *1 teaspoon cooking oil*
- *glue*
- *badge/pins or packs of backs for badges or magnets (you can get these in craft shops)*
- *quick-dry varnish (get in craft shop)*

1. *Mix salt, flour and cooking oil in a bowl. Add the water a little at a time until you have a smooth paste.*
2. *Shake a little flour onto a worktop and roll the dough out on it. Don't make it too thin.*
3. *Trace the shape of the shamrock onto paper, cut out, then mark around the shape on your dough with a stick. Cut out with a stick.*

Lehrererzählung	*brickwords* als Tafelanschrift
When Patrick was sixteen years old he was kidnapped by pirates. They brought him to Ireland.	p_r_tes
But one day, after many years, he ran away and sailed back to his parents in Britain.	p_rents
One night he had a dream. A voice said, "Go back to Ireland. Bring Christianity to the people."	dr_ _m
One day he saw a shamrock and picked it up. He said, "One is God Father, one is God Son and this is the Holy Spirit."	shamr_ck

4. When the shapes are ready put them in the oven and leave at the lowest setting overnight.
5. Allow to cool, then paint the shapes in different colours.
You must varnish (lackieren) them for a good finish and to make them last longer.

- *Hallowe'en*

Historischer Hintergrund

In vorchristlicher Zeit feierten die Bewohner Britanniens ihr Neujahrsfest am 1. November. Früher war die kalte Jahreszeit, die im November beginnt, für die Menschen eine harte und unheimliche Zeit. Die Menschen hatten ja lediglich Kerzenlicht und die Nächte wurden immer länger. Sie glaubten an böse Geister, die im Winter kämen und versuchten diese durch Feuer im Freien zu vertreiben. Sie höhlten oft auch große Früchte aus, schnitten Gesichter in die Schale und stellten eine Kerze hinein, um die bösen Geister zu erschrecken. Sie verkleideten sich manchmal auch als Hexen.

Brauchtum heute

Hallowe'en findet am 31. Oktober statt. An diesem Tag ziehen viele Kinder in Großbritannien, Irland und den Vereinigten Staaten von Haus zu Haus und bitten um Süßigkeiten („Trick or treat?"). Die Kinder sind als Hexen oder kleine Gespenster verkleidet und tragen Laternen. Erhalten sie von den Hausbewohnern keine Süßigkeiten, spielen sie ihnen kleine Streiche: z.B. umwickeln sie Bäume im Garten mit Toilettenpapier.

Auf ihrem Weg von Haus zu Haus singen die Kinder alte traditionelle Lieder wie das auch bei uns bekannte *"Halloween is coming soon"*.

1. Aktionseinheit: *The song "Hallowe'en is coming soon"*

2. Aktionseinheit: *A Jack-o'-lantern*

Diese Aktionseinheit basiert auf der *authentic story*: The Witch's House

Story: The Witch's House	Pupils' activities:	Hinweise und Anregungen:
Once upon a time there was a tiny little witch only three inches high.	Listening	L. beginnt die Erzählung, indem er die Abb. einer kleinen Hexe (Verbindung zum Deutschunterricht: vgl. Ottfried Preußler) oder eine Hexenpuppe aus einer Tasche nimmt. Er zeigt mit Daumen und Zeigefinger *"three inches"*, das sind knapp 8 cm.)
The witch was very sad because it was Hallowe'en and she had no home to weave her spells in.	Listening/speaking	L. zeichnet ein trauriges Gesicht an die Tafel. L. zeichnet ein Haus an und streicht es durch! L. erklärt: – "spell": Abracadabra is a spell – Let's all say: Abracadabra. – weave her spells – ihre Zaubersprüche zu „weben"
As she walked down the street she was hit in the face by a sheet of paper. "Paper," she exclaimed. "I can make a paper house." She took out her scissors and began to cut.		Blatt Papier „segelt" durch das Klassenzimmer L. zeigt eine Schere und faltet das Blatt einmal. Lehrer verteilt das Bastelpapier und demonstriert vor der Klasse beim Weitererzählen der Geschichte die einzelnen Handlungsschritte.
1. *She cut out an igloo shape*	Pupils cut out the witch's house	1.
2. *and then a door for herself*		2.
3. *Her cat mewed. "And me!" "Oh, of course – You need a door, too." So the witch cut out a little cat door.*		3.
4. *And then a window to look out of.*		4.
5. *And it was the perfect house for a witch on Hallowe'en: a Jack-o-lantern!*		5.

3. Aktionseinheit: *Making a Hallowe'en lantern*

This is what you need to make a Hallowe'en lantern for your window:

– one pumpkin (Kürbis) or one turnip (Steckrübe)
– a pencil/a knife/a spoon
– a small candle

1. First you must take out the inside of the pumpkin with a knife or a spoon.
2. Now draw a face on the pumpkin with a pencil – it can be a happy or sad face, an angry face or a horrible face.
3. Now cut out the eyes, the nose and the mouth.
4. Put a little candle inside your pumpkin. Then light it.

Wait until it gets dark. Now you can put your pumpkin in the window.

4. Aktionseinheit: *Telling the fortune – Ducking for apples in water*

Lehrer: *Hallowe'en is also the time of fortune telling. In many English speaking countries ducking for apples in water is played on 31st October.*

1. Throw three apples in a bowl filled with water.
2. The first pupil who can bite in an apple is the winner (fortune teller say: He/She is the first to marry).

3. Then by peeling an apple he/she can see how long his/her life will be; for example, if he/she can make a very long peel he/she will have a very long life.
4. Throw the peel over your left shoulder. The letter that it forms is the first letter of the person you will marry.

- ***Christmas in Great Britain***
Brauchtum heute

Christmas in England.
Every year in November towns and shops put up lights and Christmas decorations. Then Christmas shopping can begin.
In December people put Christmas decorations in their homes, offices and classrooms. They put up a Christmas tree then, too. You can often see a Christmas tree in the window of a house.
People begin to buy presents for Christmas. They send Christmas cards to their family, friends, and neighbours, too. Families always get lots of cards. They put them all in the living-room and they are a decoration, too. (D: Die 1. gedruckte Weihnachtskarte der Welt soll 1843 – vor mehr als 150 Jahren also – in London verkauft worden sein; darauf stand: *"A Merry Christmas and a Happy New Year."* L. schreibt dies an.)
Christmas Day is on December 25th. Children get their presents on Christmas Day. In some families the presents are under the Christmas tree. But normally Father Christmas brings the presents for young children.
December 24th is called Christmas Eve. (D: "eve" ist die Abkürzung für "evening".) *It is the night for having a lot of fun. Parents and children often go to an afternoon pantomime. Young children have parties. People hang up balloons, sing, dance, and pull crackers.* D: Bei Kindern sind die Crackers wegen der kleinen Geschenke und Scherzartikel bzw. Rätsel immer noch sehr beliebt. Es gibt sie nicht nur zu Weihnachten, sondern oft an Kindergeburtstagen. Die Kinder sind besonders von den *funny hats* begeistert (vgl. 2. Einheit!), die sich darin befinden. Gekaufte Crackers haben einen Knallstreifen in der Mitte. Wird der Cracker geschickt auseinandergerissen, knallt es laut: BANG!
Children do not get presents on Christmas Eve. Before they go to bed they hang up their stockings (D: *long socks* – Strümpfe) *in their rooms and hope that Father Christmas (US: Santa Claus) fills them with nice presents. Some children put a big pillowcase near their bed on December 24th. The story is like this: at night Father Christmas flies through the sky* (D: er fliegt durch den Himmel). *He sits in a sleigh. Reindeer pull that sleigh.* (Der Inhalt wird durch Visualisierung verdeutlicht!) *He comes down the chimney and brings the presents while the children sleep.*

Next morning they find their presents in the pillowcase or in the stockings. Lunch is a big family meal. Many families eat turkey (D: Truthahn) *and Christmas pudding.* (D: Der Name Pudding ist allerdings nicht zutreffend. Es handelt sich dabei um einen sehr reichhaltigen Kuchen, der schon im August oder September vorgekocht wird, damit er richtig nachreifen kann. Die meisten Engländer kaufen heute den Christmas Pudding fertig im Supermarkt.) *Younger children play funny games. Before and after Christmas many families go to the theatre and watch a traditional play or a pantomime. In many big British towns there are plays for children. They know the story from fairytales and nursery rhymes. Children like these plays very much. They laugh and cry. Holidays finish in the new year. Then children go back to school again.*

Cultural awareness:
Das Singen hat in England eine lange Tradition. In der Woche vor Weihnachten treffen kleine Gruppen von Sängern zusammen, die von Haus zu Haus ziehen und den Menschen Weihnachtslieder singen. Meist begleiten sie sich dabei selbst auf Instrumenten. Die Kinder erhalten eine kleine Belohnung. Durch dieses *carol singing* wird Geld für Alte, Arme und Kranke gesammelt.

1. Aktionseinheit: *The English Christmas game "Funny paper hats"*

Dieses Spiel soll den Schülern zeigen, dass *Christmas in Great Britain* nicht den feierlichen Charakter hat wie in Deutschland, sondern auf eine sehr fröhliche, ungezwungene Art und Weise begangen wird. Es ähnelt oft einer Party:

Teacher: Can you all sit in a big circle. All but one has a paper hat from Christmas crackers. (If there are no hats the boys and girls fold hats before this game)
Teacher: Now I'm going to start the music. Please pass your hats round. (Suddenly the music stops, and all pupils have to put on the hats – the one who hasn't got a hat on, is out.)

Attention: *One hat has to be taken out after each round.*
The teacher can play on until only two pupils are left. The winner gets a little prize.

2. Aktionseinheit: *Christmas stockings in the classroom*

Eine Besonderheit des englischen Weihnachtsfestes sind die *christmas stockings*. Diese werden von den Kindern am Tag vor Weihnachten über dem Kamin aufgehängt. Am nächsten Tag – dem Weihnachtstag – sind sie mit kleinen Geschenken gefüllt. Die Kinder freuen sich und denken, dass ihnen Santa Claus die Geschenke gebracht hat.

3. Aktionseinheit: *The song "We wish you a merry Christmas"*

Diese Tradition lässt sich gut in der Schule umsetzen. Zwei Wochen vor Weihnachten sollen die Kinder Socken mit in die Schule bringen, die in einem Korb gesammelt werden. Nun zieht jeder Schüler unbeobachtet von den anderen eine Socke, die er zu Hause mit einem Geschenk füllt: Schokolade, kleine Spielzeuge, Stifte etc. Kurz vor den Weihnachtsferien werden die Socken dann in der Klasse aufgehängt und gemeinsam ausgepackt. Folgender Dialog wäre dabei möglich:

L.: *Whose stocking is this?*
Sch.: *It's mine.*
L.: *What have you got in your stocking?*
Sch.: *I've got a ...*

4. Aktionseinheit: *The frozen lake*

This is what you need to make a frozen lake for your friends/ parents:

- *a small mirror*
- *a piece of thick cardboard or wood about 25 cm x 25 cm*
- *glue*
- *gold and silver paint*
- *pinecones* (Tannenzapfen) *and mixed nuts in their shells*
- *cotton wool and silver glitter*

1. *Paint some of the nuts gold and silver. Let them dry.*
2. *Now glue the mirror onto the wood or cardboard. Then glue the painted nuts and pine cones round it.*
   Glue on little wisps of cotton wool.
3. *First make dots with glue. Then sprinkle the whole decoration with silver glitter.*
4. *You can also put little figures on the "lake".*

5. Aktionseinheit: *The Christmas rhyme "Christmas is Coming"*

Mögliches Vorgehen:
Zur Begleitung des Textes können mehrere Gänse auf Karton ausgeschnitten werden; mit Haftelementen werden sie an einer Filztafel angehängt; der L. spricht die erste und zweite Zeile vor, die Sch. wiederholen im Chor dazu; dann zeigt L. einen echten englischen Penny und wirft ihn in einen alten Hut.
Das Vor- und Nachsprechen wird so oft wiederholt, auch in 2 Gruppen, bis jeder Sch. die 4 Zeilen auswendig sprechen kann.
Handlungsdarstellung an der Tafel: Ein Sch. zeigt die Handlung, vier sprechen jeweils eine Zeile.

Christmas is coming,
The geese are getting fat,
Please put a penny,
In the old man's hat.

4.2.4 Strukturgitter für Unterrichtseinheiten mit vorwiegend landeskundlichen Zielen

Bei der Planung von Unterrichtseinheiten mit landeskundlichen Zielen müssen Englischlehrer einen Spagat in mehrfacher Hinsicht vollführen. Zunächst müsste der jeweilige historische und religiöse Hintergrund des Unterrichtsinhaltes möglichst zutreffend und umfassend geschildert werden. Dies stößt jedoch sehr bald auf intellektuelle Grenzen von Grundschülern. Wir müssen also als Lehrer vereinfachen, indem wir auswählen und personifizieren. Wünschenswert wäre natürlich auch die Darstellung landeskundlicher Phänomene auf Englisch. Aber auch hier geraten wir bei unserer Zielgruppe sehr bald an Grenzen. Auch authentisches Material sollte so weit und intensiv wie möglich in den Unterrichtsprozess mit einbezogen werden – was nicht immer organisatorisch bzw. von der sprachlichen Eignung her ohne weiteres möglich ist. Andererseits sind Traditionen für interkulturelles Verständnis von großer Bedeutung. Auch ist das Interesse der Schüler an kulturellen und landeskundlichen Phänomenen, die sie vielleicht in Magazinen und aus dem Fernsehen kennen, sehr groß. Es heißt also, nicht vor den sicherlich gerechtfertigten Zielen der Landeskunde zu kapitulieren, sondern durchführbare didaktische Wege aufzuspüren, die den Anliegen der Landeskunde gerecht werden.

Wir schlagen im Wesentlichen **fünf Phasen** vor, die eine landeskundlich orientierte Unterrichtseinheit durchlaufen sollte.

1. Recall of words

Für diese erste Phase sollte sich der Lehrer überlegen, welchen Wortschatz die Kinder bereits aus vorhergehenden Stunden kennen müssten. Diese Phase sollte auf Englisch ablaufen und möglichst an einem konkreten Gegenstand (oder Bild), der zur Thematik hinführt, festgemacht werden. Auch einzelne, besonders wichtige Wörter können hier in Bedeutung und Aussprache gesichert werden. Je nach Begabung und Sprachstand können sich die Schüler hier hörend (verstehen) und non-verbal, aber auch sprechend in das Unterrichtsgeschehen einbringen. Mögliche Inhalte wären z.B. Farben, Kleidungsstücke, Monatsnamen oder Wochentage, Pflanzen- und Tiernamen, Wetteraussagen usw. Wünschenswert ist hier eine möglichst große motivationale Aktivierung aller Schüler. Deshalb sollte der Gegenstand möglichst schon vor dem eigentlichen Stundenbeginn für die Schüler deutlich sichtbar sein, um die Fragehaltung vieler Schüler anzuregen und Neugier zu wecken.

2. Presentation of the historic background

Eingeleitet wird diese Phase mit der Stundenthematik bzw. mit dem Lernziel der Stunde. Dieses sollte schriftlich (an der Tafel) festgehalten werden.
Es folgt die Vermittlung des meist historischen Hintergrundes des Brauches. In der Regel ist dieser sehr komplex und kann oft religiöse, geografische, wirtschaftliche und soziale Aspekte beinhalten. All diese Schichten auch nur einigermaßen zu berücksichtigen, würde die meisten Grundschüler hoffnungslos überfordern. Deshalb geschieht die Übergabe solcher Informationen eklektisch und auf Deutsch. Das kann auf verschiedene Weise geschehen: mit einem kurzen Lesetext, einer Lehrererzählung oder aber mit einem Tonträger oder Video. Jeder Schüler sollte unmittelbar danach in der Lage sein, eine kleine Aufgabe zu bearbeiten: einen Lückentext ausfüllen, Satzanfänge vervollständigen usw. Am OHP werden dann die Ergebnisse der Schüler überprüft und gegebenenfalls verbessert.

3. Presentation of the customs

Auch in dieser Phase müssen wir realistisch bleiben und meist den Unterricht auf Deutsch ablaufen lassen oder die Muttersprache massiv zu Hilfe zu nehmen. Manchmal ist es nötig, das Geschehen zu personalisieren und zu lokalisieren, um der Gefahr von vorschnellen Verallgemeinerungen entgegenzuwirken. Am einfachsten geschieht dies, wenn hier der Lehrer erzählt, womöglich durch Bilder und Gegenstände unterstützt. Aber natürlich sind alle anderen Präsentationsformen grundsätzlich möglich. Eine kleine Lernzielkontrolle sollte auch hier wiederum nicht fehlen, um die Aufmerksamkeit der Schüler zu belohnen.

4. Creative work

Im Mittelpunkt dieser Phase steht das möglichst kreative Handeln der Schüler. Das kann sein:

> *drawing a picture – cooking – learning a rhyme – writing a card – sending an e-mail – singing a song – playing a game*

Wichtig ist hierbei, dass möglichst jeder Schüler aktiv wird. In dieser Phase ist es möglich, die Arbeitsanweisungen vorwiegend auf Englisch zu erteilen, da es sich weitgehend um Sprachhandlungen dreht. Hier haben die Schüler Gelegenheit, über das Gehörte nachzudenken und gegebenenfalls mit dem individuell vorhandenen Wissen zu verbinden.

Vor allem bei handwerklichen Tätigkeiten sollte der Lehrer bei individuellen Kommentaren und Hilfestellungen auf Englisch darauf achten, dass die übrigen Schüler nicht gestört werden. Hier sehen wir auch Möglichkeiten, möglichst individuell auf weitere Fragen zum Brauch einzugehen bzw. Anregungen für die Ausräumung von Missverständnissen zu erlangen.

5. Language centred activity

Häufig entsteht in der vorangehenden Phase ein kleines Produkt (Zeichnung, Bastelarbeit usw.), das die Schüler zu weiteren sprachlichen Aktivitäten anleiten kann, sodass sie z.B. die in der ersten Phase wiederholten Wörter und Strukturen erneut einsetzen können. Eine Möglichkeit besteht darin, dass der Lehrer die Zeichnungen bzw. gebastelten Gegenstände einsammelt und an die Tafel heftet (auf das Fensterbrett stellt) und die Schüler diese betrachten lässt.
Anschließend formulieren sie, welche Arbeit ihnen am besten gefällt:
"I like this ... best." (Mit Zeigestab darauf deuten!)
Oder: Um den Gegenstand zurück zu erhalten, muss jeder Schüler sein Werk beschreiben:
"My ... is green. It has a big ..."
Ein anderer Schüler sucht dann entsprechend der Beschreibung den Gegenstand (das Bild) heraus und fragt:
"Is this your ...?"
Natürlich können die Schüler auch ihre Gegenstände einander vorstellen:
S. 1: *"Can I see your ..., please?"*
S. 2: *"Yes, look, my ... has a very big nose. It's red. usw."*
Auch wenn es hierbei oft etwas laut wird, ist ein zeitgleiches Arbeiten sicherlich effektiver als ein gemeinsames Unterrichtsgespräch. Die sprachliche Korrektheit ist dabei eher nebensächlich, im Vordergrund steht die zu optimierende Sprechzeit eines jeden Schülers.
Natürlich sollte der Lehrer nicht zögern, Sprachstrukturen und Wörter, nach denen Schüler fragen, möglichst in schriftlicher Form (evtl. *brick words*) an der Tafel zur Verfügung zu stellen. Authentische Songs und Reime, die in einer solchen Stunde den Schülern angeboten werden, sollten selbstverständlich in folgenden Stunden gesungen bzw. immer wieder vorgetragen werden.

➢ **Unterrichtsbeispiel:** *A penny for the guy*

Sachanalyse

Das Brauchtum um Guy Fawkes geht auf die Zeit Jakobs I. (James I.) von England (1566–1625) zurück. Er war der Sohn Maria Stuarts. Kurz bevor seine Cousine Elisabeth I., Königin von England, im Jahr 1603 ohne Erben starb, bestimmte sie den König von Schottland zu ihrem Nachfolger. Durch seine Heirat mit Prinzessin Anne von Dänemark näherte er sich zeitweise den Protestanten an, obwohl er eigentlich von Geburt an katholisch war. Seine Härte gegenüber den Katholiken führte 1605 zur Pulververschwörung *(Gunpowder Plot)*. Seither wird in vielen Gegenden Englands der alte Brauch um Guy Fawkes gepflegt.

Das in der Stunde vorgeschlagene Bekleiden eines Holzgestells zu einem *guy* ist nicht authentisch, da die englischen *guys* in der Regel mit Stroh oder Heu gefüllt sind. Wegen des höheren Zeitaufwands und des Schmutzes wird jedoch das vorgeschlagene Vorgehen in der Schule empfohlen. Natürlich könnte der Lehrer einen selbst gefertigten *guy* mit in die Schule bringen. Es spricht aber auch etwas für das Entstehen der Puppe vor den Augen der Kinder. Wird den Schülern ein entsprechendes Bild auf dem Overheadprojektor gezeigt, ist dem Anspruch der Authentizität unseres Erachtens Genüge getan.

Es ist fraglich, ob zu Beginn des 4. Schuljahrs die meisten Schüler in der Lage sind, die landeskundlichen Informationen auf Englisch zu verstehen. Deshalb haben wir uns entschlossen, diese auf Deutsch zu vermitteln. In der Stunde sollte jedoch die englische Sprache, wo immer möglich, verwendet werden. Gelegenheiten dazu bieten sich bei der Bekleidung des *guys* zu Beginn der Stunde und durch die Einübung des authentischen Reims *"Remember, remember ..."* sowie des Spruchs *"A penny for the guy"*. Interkulturelles Lernen wird durch das Nachempfinden des englischen Brauches angebahnt, indem die Kinder – von Klasse zu Klasse gehend – ihren Reim aufsagen, so wie es die englischen Kinder tun, wenn sie von Haus zu Haus ziehen.

Lernziele

Die Schüler sollen einen englischen Brauch und seine historischen Wurzeln kennen lernen.
Sie sollen

– das Wortfeld „Kleidung" und „Farben" sowie die Struktur *"The ... of the guy is ..."* wiederholen
– im Anschluss an eine kurze deutsche Lehrererzählung einen Lückentext zum historischen *Gunpowder Plot* ergänzen
– im Anschluss an eine kurze deutsche Lehrererzählung einen Lückentext über das Brauchtum zum *Guy Fawkes Day* ergänzen
– den Reim *"Remember, remember"* (weitgehend) auswendig aufsagen können
– interkulturell aufgeschlossen werden, indem sie durch das Aufsagen eines authentischen Reimes vor anderen Klassen fremdem Brauchtum nachempfinden

Medien

- Lattenkreuz aus Holz
- alte Kleidungsstücke: Jacke, Hemd, Hose, Hut; Luftballon mit Gesicht, (Plastik)behälter
- Arbeitsblatt
- Jeweils vier gleiche Bildkarten (entsprechend der Anzahl der Schüler)
- Folienbilder
- Englische Münzen (für die Kollegen)

Stundenverlauf

Artikulation	Stundenablauf	Medien/Unterrichtsformen
Recall of words	L. zeigt auf ein Lattenkreuz mit Luftballon als Kopf und auf einige alte Kleidungsstücke: Jacke, Hose, Hemd, Hut, Schal etc. L.: *Do you remember the names of these things?* L. hält die Kleidungsstücke hoch, Sch. nennen die englischen Bezeichnungen. L.: *Let's make a guy today. What does our guy need? First he needs a shirt.* L. zieht ihm das Hemd an. L.: *Then he needs a jacket. Bob, please put the scarf round his neck.* usw. Wenn alle vorhandenen Kleidungsstücke angezogen sind, sprechen die Sch. Reihensätze: The hat of the guy is grey. The jacket is blue. The scarf is red. The jeans are blue and dirty. L. notiert die Sätze, die er selbst oder einzelne Sch. sprechen, in Form einer *substitution table* an die Tafel. Sch. sprechen die Sätze zusammen mit ihrem Nachbarn.	Lattenkreuz Alte Kleidungsstücke Unterrichtsgespräch Tafelbild Partnerarbeit
Zielangabe *Presentation of the historic background*	L.: *Today I would like to tell you something about this guy. His name is Guy Fawkes.* L. schreibt den Namen an die Tafel. L. erzählt auf Deutsch den Inhalt aus KV 1 und zeigt die Bilder. Die Schüler äußern sich dazu auf Deutsch.	Tafel Vor- und Nachsprechen Unterrichtsgespräch KV 1 (Teil 1), OHP
Lernzielkontrolle Teil 1	L.: Im oberen Teil des Arbeitsblattes findest du einen Lückentext, in den du die fehlenden Wörter, die du darunter findest, einsetzen kannst. Sch. bearbeiten das AB und setzen die fehlenden Wörter ein. Anschließend gemeinsame Überprüfung am OHP.	KV 2, Teil 1 Partnerarbeit
Presentation of the custom	L. trägt Text von KV 1 (Teil 2) über den heutigen Brauchtum vor.	KV 1 Lehrererzählung
Lernzielkontrolle Teil 2	Sch. bearbeiten Teil 2 des Arbeitsblattes und setzen die fehlenden Wörter ein. Anschließend wird der Text vorgelesen. Sch. nehmen evtl. Korrekturen auf ihren Arbeitsblättern vor.	Partnerarbeit KV 2, Teil 2
Creative work	L.: *And here you can find the children's rhyme.* L. liest den Text 2–3 mal vor – Sch. lesen still mit. Beim 2. Vorlesen ergänzt L. die *brickwords*. Anschließend ergänzen die Sch. die *brickwords* auf ihrem Arbeitsblatt. Wer fertig ist, sucht sich eine Stelle im Klassenzimmer und spricht den Reim halblaut vor sich hin, indem er den Text immer weiter von rechts nach links mit einem Blatt abdeckt. (Evtl. vorherige Demonstration anhand der Folie) L. geht umher und gibt Hilfestellung.	KV 2/OHP KV 2, Teil 3

Artikulation	Stundenablauf	Medien/Unterrichtsformen
Vorbereitung auf *activity*	Anschließend dürfen etwa 5–6 Sch. (je nach Klassenstärke) den Reim möglichst auswendig vortragen. Nach dem Vortrag wird die Klasse in Vierergruppen aufgeteilt. L.: Wir bilden nun Vierergruppen und sagen unseren Reim in einigen anderen Klassen. *Let's go and say the rhyme in other classes.*	Gruppenarbeit
Language centred activity	Nach einer kurzen Generalprobe macht sich die Klasse auf den Weg zu einigen anderen Klassen. Wichtig ist, dass der „Auftritt" in den fremden Klassen zügig vonstatten geht, ansonsten tritt Unruhe ein! Die erste Vierergruppe hat ihren Auftritt in der ersten Klasse. Der erste Schüler hält die Guy Fawkes-Puppe. Der zweite Schüler sagt den Reim. Der dritte hat das Arbeitsblatt und flüstert notfalls ein. Der vierte Schüler hält den (Papp)becher für die Münzen. Alle vier Schüler rufen am Schluss: *A penny for the guy, please!* Achtung: Die entsprechenden Lehrkräfte sollten vorher möglichst mit englischen Geldmünzen versorgt werden! In den nächsten Klassen treten anschließend die anderen Gruppen auf.	Besuch einiger Klassen der Schule

4.2.5 Kennenlernen einiger grundlegender geografischer Aspekte

Grundgedanke und Ziel dieses Kapitels ist es,

1. das eigene Zuhause, die eigene Umgebung der Kinder in eine elementare Relation zum anderen Land zu bringen,
2. den Schülerinnen und Schülern eine erste Orientierungshilfe zu geben,
3. und sie mit einigen bekannten Sehenswürdigkeiten des englischsprachigen Raums bekannt zu machen.

Dabei wäre es ein grobes Missverständnis, im Rahmen der Begegnung mit der fremden Sprache abgeschlossene Einheiten mit geographischen Inhalten anzubieten. Vielmehr ist daran gedacht, je nach Thema der Unterrichtsstunde auf den einen oder anderen geografischen Aspekt hinzuweisen und ihn in die laufende Sequenz zu integrieren.

Working with a dialogue chain –
My home town/home village

Basic dialogue practice: *Asking the way/Giving information*

Situation

Ein nicht Deutsch sprechender Besucher verlangt eine kurze Auskunft von einem Schüler. Die Verständigung läuft über die Brücke der englischen Sprache, die hier bewusst ihre *lingua franca*-Funktion erfüllt.

Ziel:

Die Schüler sollen einige markante Gebäude, Plätze usw. in ihrer Stadt auf Englisch benennen und erste kurze Wegbeschreibungen geben können. Um diese Alltagssituationen zu üben, erhält der Schüler eine *dialogue chain*:

Foreigner:	*You:*
Excuse me, please. Can you tell me the way to the station?	*The station? Ok.* *Turn left/turn right*,* *go straight on*,* *cross the ... street* *then turn into ... street** *Then go straight on*... etc.* *The station is on the left/right.* *Bye.*
Thank you. Bye.	

*Als Tafelanschrift mit entsprechenden Abbildungen/Pfeilen

Jedes Jahr Anfang November bauen viele englische Kinder in eurem Alter eine Strohpuppe zur Erinnerung an Guy Fawkes zusammen. Dieser Guy Fawkes lebte vor etwa 400 Jahren wirklich einmal in London. Er war Katholik. Zusammen mit einigen Freunden wollte er den protestantischen König Jakob I. töten. Sie wussten, dass er am 5. November 1605 das Parlament eröffnen sollte. Sie gruben einen Tunnel und brachten 36 Fässer voll Schießpulver in einen Kellerraum des Parlamentsgebäudes. Am 5. November wollten sie die Pulverfässer anzünden und den König zusammen mit seiner Regierung in die Luft sprengen. Aber einer der Freunde verriet den Plan, sodass Guy Fawkes und später auch seine Freunde gefangen wurden, noch bevor sie ihren Plan in die Tat umsetzen konnten. Sie wurden in den Kerker geworfen und zwei Jahre später hingerichtet. Viele Leute, die von der Hinrichtung hörten, feierten dies auf den Straßen und zündeten Feuer an.

Englische Kinder machen aus alten Kleidern, die sie mit Stroh oder Heu ausstopfen, einen Guy. In Städten stellen sie ihn vor Geschäften oder Bahnhöfen, auf jeden Fall aber an Orten, wo viele Leute vorbeikommen, zur Schau. Auf der Puppe ist oft ein Schild mit der Aufschrift "A penny for the guy" zu sehen. (Ein Penny für den Burschen). Oft ziehen die Kinder mit ihrem Guy von Haus zu Haus und sagen folgenden Spruch:

Remember, remember,
the fifth of November,
gunpowder treason and plot!
I see no reason
why gunpowder treason
should ever be forgot.

Erinnert euch, erinnert euch
an den 5. November,
an den Schießpulver-Verrat und an die Verschwörung!
Ich sehe keinen Grund
weshalb der Schießpulver-Verrat
jemals vergessen werden sollte.

Auf diese Weise sammeln die Kinder oft ganz schön viel Geld, für das sie sich Feuerwerkskörper kaufen.
Am Abend des 5. November tragen dann die Kinder altes Holz, Laub und dürre Äste zusammen, setzen ihren Guy darauf und zünden alles an. Am Schluss gibt es eine Party, bei der sie die Kracher und Raketen zünden.

A penny for the guy

JAMES I

Das geschah damals

1. Setze ein: Jakob I – verriet – Schießpulver – hingerichtet – katholischen – sprengen

Am 5. November wollten Guy Fawkes und noch sieben andere Männer den _____ _____ König _____ in London töten. Sie brachten deshalb 36 Fässer mit _____ in den Keller des Parlamentsgebäudes. Sie beabsichtigten, diese während der Parlamentseröffnung anzuzünden und den König zusammen mit seiner Regierung in die Luft zu _____ . Einer der Terroristen _____ jedoch den Plan. So wurden Guy Fawkes und später auch seine Freunde gefangen genommen und zwei Jahre später _____ _____ . Viele Menschen zündeten auf der Straße ein Feuer an.

Das tun die Kinder heute

2. Setze ein: 5. November – Party – Stroh – Feuerwerkskörper – Geschäft

Sie sammeln Holz und Reisig für einen Holzstoß. Aus _____ machen sie eine große Puppe. Sie setzen sie vor ein _____ oder ziehen damit von Haus zu Haus. Sie sammeln Geld für _____ . Am Abend des _____ wird die Strohpuppe auf einen Holzstoß gesetzt und angezündet. Dann kann das Feuerwerk losgehen. Am Schluss gibt es eine _____ .

3. Setze das richtige englische Wort ein. Fülle dann den Lückentext aus.

Schießpulver: _____   Verrat: _____
Verschwörung: _____   erinnern: _____

R _ member, r _ member
The fifth of November,
g _ np _ _ der tr _ _ son and plot!
I s _ _ no r _ _ son
wh _ g _ np _ _ der tr _ _ son
sh _ u _ d ever b _ forgot!

Mögliche Vorgehensweise

1. Presentation of the new language material
Die Schüler lernen die Bedeutung von *turn right/left* usw. anhand von mitgebrachten Verkehrszeichen kennen. Sie wiederholen die Wörter so oft, bis sie sie phonetisch einwandfrei sprechen können.

2. Listening and understanding instructions
Die Schüler erhalten einen vereinfachten Stadtplan als Kopie. Sie legen diesen Straßenplan vor sich und sollen nun die Wege eintragen, die der L. beschreibt:

Dictation of ways

Hinweis: Für jeden Weg wird eine neue Farbe verwendet.
Beispiel: *We're at the bank. Take a red pencil. Cross the X Street, go straight on Y Street, turn left into Z Street. The park is on the right. Now you can take the green pencil.*
(Zur Kontrolle wird vom Lehrer eine Overlay-Folie verwendet.)

3. Preparing the situation
Die Schüler sollen versuchen, selbst Wege von einem Ort zum anderen zu beschreiben. Sie verlassen dazu das Klassenzimmer und zeichnen auf dem Pausenhof mit Straßenkreide (*street chalk*) einen Stadtplan ein. Dieses kann spontan entwickelt werden.

L.: *Let's go out today. Don't forget the street chalks. We try to draw streets and houses. Let's give the streets names. And that house at the corner? Which house is that? OK, it's the supermarket, that's the school, the bank, the station etc. Where is the river? Don't forget the park. Yes, you can draw some trees in it.*

Hinweis: Englische Übersetzung von heimatlichen Gebäuden, Sehenswürdigkeiten usw.
In fortgeschrittenen Lerngruppen wird gelernt, wie markante Sehenswürdigkeiten einer Stadt in der englischen Sprache heißen. Die Begriffe sollten sehr fantasievoll und völlig frei in den Kreise-Plan einbezogen werden. Dabei übt der Schüler die Frage nach der englischen Bezeichnung: *What's "Donau" in English?* Lehrer: *That's Danube – I can write it.* etc. Auf diese natürliche Weise wird der Heimatbezug der Grundschüler mit der ersten Anwendung der Fremdsprache gekoppelt.

4. Acting the scene out
Die Schüler spielen diese Wegbeschreibungen vor. Sie halten dabei – als Gedächtnisstütze – die Abbildungen der Verkehrszeichen und deren Beschreibungen (*turn left, right, cross* usw.) in der Hand.

Cultural awareness: *In England the cars drive on the left side, not on the right side. So you must first look to the left, and then to the right before you cross the road. In England pupils learn this rhyme:*

A Rhyme: Safety first

Look to the left,   If you can see
look to the right,   a bus or a car,
is there a car   then you had better
or a bus in sight?   stay where you are.

Extra: Freie Lehrererzählung: Linksverkehr
Vielleicht möchtest du wissen, warum die Engländer auf der linken und nicht auf der rechten Seite fahren? Sie selbst behaupten nämlich, dass nur der Linksverkehr das einzig Richtige ist. Es gibt verschiedene Erklärungen für den Linksverkehr, eine möchte ich euch erzählen:
Als es vor vielen hundert Jahren noch Ritter in England gab, trugen diese auch Wettkämpfe aus. Man sagte „Turniere" dazu. Ein Ritter saß mit seiner schweren Rüstung auf seinem Pferd. In der rechten Hand hielt er eine lange Stange, mit der er versuchen musste, seinen Gegner aus dem Sattel zu stoßen. Auch die Pferde waren gegen Verletzung geschützt. Auf ein Kommando hin ritten zwei Ritter aufeinander zu. Da sie die Stangen in der rechten Hand hielten, ritten sie links aneinander vorbei. Das ist der Grund, sagen die Engländer, warum noch heute links gefahren wird.

Working with a puzzle – The map of the British Isles

Mögliche Vorgehensweise:

Die Landkarte steht den Schülern als Puzzle sowie als Folien-Abbildung zur Verfügung. Sie setzen sie zusammen – *England, Wales, Scotland* –; einige wichtige Städte und Besonderheiten sollten deutlich zu erkennen sein. Das Puzzle kann aus einer guten Landkartenvorlage vom Lehrer selbst erstellt werden; in einer Klasse werden die Teile ausgeschnitten, in der anderen wird damit gearbeitet. Bei der USA-Karte kann umgekehrt verfahren werden.

Working with a photo quiz – some famous sights

Mögliche Vorgehensweise

Der Lehrer hat Abbildungen einiger Sehenswürdigkeiten aus Großbritannien und Deutschland ausgewählt. Die Schüler sollen jeweils durch Handzeichen abstimmen, in welchem Land sie die Sehenswürdigkeit vermuten. Auf diese Weise wird eine Verbindung zur Assoziationskette *Edward Elgar's Pomp and Circumstance* hergestellt. Der Lehrer gibt zunächst stumme Impulse, damit

das Raten nicht durch den Gebrauch der jeweiligen Sprache überflüssig wird! Die auf Folien gedruckten Abbildungen liegen verstreut auf dem OHP. Die Schüler ordnen sie in das Kästchen für England/London oder Deutschland ein. Soweit von den Schülern nicht gekannt, spricht die Lehrkraft die einzelnen Bezeichnungen vor; ggf. können noch kurze, englische Erklärungen dazu gegeben werden.
Bilder für London: z. B. Big Ben, Tower Bridge, Horse Guards, Tower of London, Buckingham Palace
Bilder für Deutschland: u. a. wäre es empfehlenswert, auch Sehenswürdigkeiten der näheren Umgebung zu verwenden.

Kurze Erklärungen:

Big Ben: *Listen to the sound of this bell* (die Melodie von Big Ben auf dem Glockenspiel vorspielen).
Tower Bridge: *This bridge opens when a big ship wants to go through.*
Horse Guards: *They are soldiers and stand in front of Buckingham Palace.*
The **Tower of London** *is a very old castle. Some people say there are ghosts at night. But tourists go there to see the* **Crown Jewels.**
Buckingham Palace/Windsor Castle *is the Queen's home.*

Working with time zones – the world clock

Mögliche Vorgehensweise

1. Einführung der Weltuhr
Der Lehrer zeigt der Klasse die Weltuhr. Da viele Kinder schon mit dem Flugzeug verreist sind, werden wahrscheinlich einige Schüler von ihren Erfahrungen mit Zeitzonen berichten.
L.: *Let's look at this clock.*
There are names of towns and places on it.
Do you know why?

2. Betrachten der Weltkarte
Anschließend betrachten die Schüler die Weltkarte und versuchen, die genannten Städte und Plätze zu finden. Sie markieren diese mit bunten Fähnchen.
L.: *Let's look at the world map.*
Do you see these towns and places?
Come to the map and put a little flag at the right place.

3. Einführung der Uhrzeit
Die Schüler benennen die jeweiligen Uhrzeiten auf der Weltuhr. Sie lernen dabei die Uhrzeitbezeichnungen sowohl für volle Stunden (*It's seven o'clock*) als auch für Minutenangaben (*It's seven ten/thirty/fourty*).
L.: *What time is it in Munich?*
Sch.: *It is seven o'clock.*

L.: *Now look at the clock again.*
What time is it in Moscow?
Sch.: *It's eight o'clock.*

4. Weiterführende Übungen
Als weiterführende Übung dürfen die Schüler selbst die Uhrzeiten einstellen und ihre Mitschüler aufrufen. Diese Aufgabe kann auch in Partnerarbeit mit kleinen Uhrscheiben bearbeitet werden.

Working with cultural products – stamps

cultural awareness:

Die Briefmarke gibt es seit dem 6. Mai 1840. Als Erfinder gilt R. Hill, der vorschlug, Papier zum Aufkleben zu verwenden und somit eine Gebühr für den Brieftransport von Haus zu Haus zu bezahlen.
Die ersten Briefmarken waren auf großen Briefbögen gedruckt und mussten von den Postbeamten einzeln ausgeschnitten werden. Die Briefmarken zum Abreißen entstanden erst 14 Jahre später. Die erste Briefmarke in Deutschland wurde am 1. November 1849 in Bayern eingeführt.
England ist das einzige Land der Welt, das nicht den Ländernamen auf die Briefmarke druckt. Dies ist darauf zurückzuführen, dass die Briefmarke in England erfunden wurde.

Mögliche Vorgehensweise

1. Kennenlernen verschiedener Briefmarken
Der Lehrer bittet die Schüler, Briefmarken mit in die Schule zu bringen. Die Schüler betrachten die verschiedenen Marken und äußern sich spontan zu deren Aufbau/Inhalt/Gestaltung.

2. Besonderheiten erkennen
Anschließend werden die Briefmarken in folgende Kategorien einer Tafeltabelle eingeordnet:

Motiv	Aufschrift	Land

Hierbei werden die Schüler feststellen, dass bei den englischen Briefmarken die Aufschrift des Landes fehlt. (Der Lehrer muss natürlich darauf vorbereitet sein, dass evtl. keiner der Schüler englische Marken mit in die Schule bringt und einen gewissen Vorrat dieser Marken parat halten)

3. Bezug zu Deutschland herstellen
Die Lehrkraft präsentiert den Kindern eine Abbildung der ersten Briefmarke Deutschlands. An dieser Stelle bietet es sich an, kurz auf die verschiedenen Währungsaufdrucke sowie auf den heutigen Wert der antiken Marken einzugehen.

4. Praktische Umsetzung der Erkenntnisse
Die Schüler erstellen in individueller Arbeit ihre „Lieblings-Briefmarke", wobei sie die zuvor er-

worbenen Kenntnisse über den Aufbau und die Besonderheiten der Marken berücksichtigen.

L.: *Please draw your own stamp. How much is it? 20 cents/50 cents etc.*
Write the country on the stamp, e.g. Germany, Russia, Turkey etc.

5. Erweiterung

Nach einer entsprechenden Würdigung und Besprechung der gemalten Briefmarken leitet der Lehrer das Unterrichtsgespräch zum Thema „Sammeln" über.

L.: *Many children collect stamps, just like you. But do you collect something else?*
Sch.: *Yes. I collect ...*

Der Lehrer notiert die Begriffe, die von den Schülern wahrscheinlich überwiegend auf Deutsch genannt werden, in Form eines *clusters* an der Tafel:

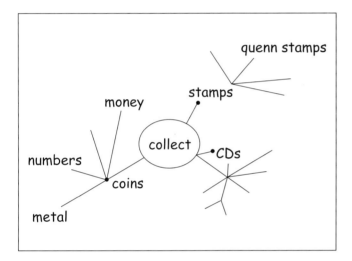

Anmerkung zur Anfertigung eines clusters:

Bei dem Mindmapping entwickeln die Schüler zusammen mit dem Lehrer eine Gedächtnis-Karte *(mind-map)*. Diese ist eine Darstellungsart und Methode, Gedanken strukturiert zu notieren.

Dabei wird zunächst das Thema (hier: *I collect/ collection*) in das Zentrum des Blickes und damit der Tafelanschrift gelenkt. Dieses „Mittig-Sehen" kennt man, wenn man ein Bild betrachtet. Vom Zentrum aus geht der Blick dann in alle Richtungen zum Bild- bzw. Tafelrand. Zuerst steht also ein Thema im Raum, danach beginnen die Schüler, ihr bereits vorhandenes Wissen zu assoziieren. Immer weitere Assoziationen können gefunden werden.

Für die Schüler hat es sich als anschaulich erwiesen, wenn wir die Vogelperspektive – *bird's view* – einnehmen und sagen: Wir sind ein Vogel und schauen von oben auf einen Baum. Das Zentrum – das Thema – ist ein Baumstamm. Die Hauptäste bilden die Schlüsselwörter – *keywords* – die sich in vielen kleinen Ästen bis zu den Blattspitzen hin verzweigen. Wie bei einem Baum können auch beim Mindmapping alte Zweige an Bedeutung verlieren, neue aus dem Stamm herauswachsen.

Auf diese Weise kann eine Einführung des Wortschatzes, eine Entlastung einer Geschichte, ein Einstieg für und in ein Thema, aber auch die Sicherung des gerade Gelernten, die Wiederholung als Form der Lernzielkontrolle vollzogen werden. Erfinder des *mind-map* ist der englische Kommunikationsforscher Tony Buzan, der versucht, das Gedankenchaos nicht in eine lineare Struktur zu pressen, sonders es als „Chaos auf dem Papier abzubilden". Seine Mitarbeiterin, die Amerikanerin Gabriele L. Rico, entwickelte in den 80er-Jahren die Methode der *mind-map*.

Im Frühenglischunterricht der Grundschule ist es natürlich auch möglich, entsprechende Abbildungen der englischen Begriffe in das *cluster* zu hängen und die Vokabeln auf Wortkarten zu einem späteren Zeitpunkt hinzuzufügen.

➢ **Unterrichtsbeispiel:** *Flags*

Lernziele

Die Schüler sollen ...

... spielerisch angeregt werden, Kindern verschiedener Nationen „die Hände zu reichen" (übergeordnetes, kulturelles Ziel)

... durch den Umgang mit den Flaggen langfristig Freude am Englischlernen entwickeln (affektives Ziel)

... zunächst die Flaggen Großbritanniens und der Vereinigten Staaten durch kurze Hintergrundinformationen über den Aufbau der Flaggen *(cultural awareness)* kennen lernen, sie korrekt ausmalen und zusammen mit der deutschen Flagge für das persönliche Englischheft *"My album"* oder für das Klassenzimmer als Poster bearbeiten; (landeskundliches Ziel)

... einige europäische Länder und Sprachen dem Namen nach kennen lernen und diese phonetisch einwandfrei aussprechen und lesen können (kognitives und phonetisches Ziel)

Stundenverlauf

Artikulation	Stundenablauf	Medien/Unterrichtsformen
Introduction *Guess the music*	Sch. hören markante, ggf. bekannte Ausschnitte von Musikstücken aus verschiedenen Ländern und sollen erkennen, woher das jeweilige Stück ist: z. B. *Pomp and Circumstance* (GB); *Shoo'fly (Square Dance* – USA); *Ma come balli bene bimba* (Italien); *Sur le Pont d'Avignon* (Frankreich); deutsches Volkslied. **Hinweis:** ggf. können Sch. in multikulturellen Klassen weitere Stücke ihres Landes einbringen.	Doppelhalbkreis/ Musik
Presenting flags	L. zeigt mehrere Flaggen und fragt: *Which is the flag of Germany, Great Britain and the United States of America?* Sch. ordnen zu.	Flaggen
Cultural awareness: *GB*	L: Die Flagge des Vereinigten Königreiches von GB *("the Union Jack")* setzt sich aus drei Flaggen zusammen: Die erste zeigt das Kreuz des Schutzheiligen Englands: **St. George** – ein rotes Kreuz, die zweite zeigt das **St. Andrew**-Kreuz für Schottland, weißes, diagonales Kreuz auf blauem Grund, und die dritte das **St. Patrick**-Kreuz für Irland, rotes, diagonales Kreuz auf weißem Grund. Wenn man jetzt alle drei übereinander legt, ergibt sich die britische Flagge. **My English album:** Sch. erhalten Abb. der Flagge, die sie entsprechend der Angaben farbig ausmalen können.	Overlay-Folien (KV 1a) auf der Landkarte werden England, Schottland und Irland gezeigt. KV 1 Einzelarbeit
Cultural awareness: *USA*	L.: *How many stars can you count?* Sch.: 50. L.: 50 Sterne, weil die Vereinigten Staaten aus 50 einzelnen Staaten bestehen. *And there are 13 red and white stripes on it. Those were the first 13 states more than 200 years ago.* **My English album:** Sch. erhalten Abb. der Flagge, die sie entsprechend der Angaben farbig ausmalen können.	KV 2 Gruppenarbeit
Extension:	In multikulturellen Klassen fertigen Sch. ihre Landesflagge (bzw. die in der nächsten Stunde benötigen Landesflaggen)	

Sprachliche Weiterarbeit

Impulse: children from different countries	L.: *Look, a lot of children come to our classroom today. They are from different countries. Look at their flags.* Multikultureller Ansatz: Kinder mit verschiedenen Nationalitäten stellen sich vor. Sollten nicht alle Nationalitäten verfügbar sein, können die fehlenden Nationen in der nachfolgenden Vorstellrunde auch von Sch. einer anderen Klasse übernommen werden. Zur Verdeutlichung zeigen sie ihre Flaggen (vgl. 1. Std.) **Hinweis:** Sie alle benutzen die englische Sprache:	
Introduction	*Girl: Hello, I'm Carmen, I'm from Madrid. Madrid is in Spain. And you?*	Flaggen der Länder

Artikulation	Stundenablauf	Medien/Unterrichtsformen
	Boy: Hello, I'm Pierre. I'm from Paris. Paris is in France. And you? *Girl: Hello, I'm Nasife. I'm from Ankara. Ankara is in Turkey. And you?* *Boy: Hello, I'm Roberto. I'm from Rome. Rome is in Italy. And you?* *Girl: I'm Melissa. I'm from Augsburg. Augsburg is in Germany.* *All boys and girls: And we are all friends.* (Mit dem letzten Satz sollten die bisher allein stehenden Personen enger zusammenrücken.)	
Getting to know some countries	L.: *Look, this is Nasife. She's from Turkey.* L. zeigt auf der Karte die Türkei und heftet einen Pfeil mit der Aufschrift: Nasife → Turkey an usw. Zwei fortgeschrittene Sch. einer höheren Klasse tragen folgendes Gespräch vor:	zwei Schüler sprechen/lesen Dialog vor
Dialogue practice:	A: *Hello. I'm ... What's your name?* B: *I'm Roberto.* A: *Where are you from?* B: *From Rome. Rome in Italy. And you?* A: *I'm from ... in Germany. Nice to meet you.* B: *How old are you?* A: *I'm ... years old.*	
Working with the frame dialogue	Sch. ergänzen den ihnen ausgeteilten Dialog, indem sie die Rolle einer Person übernehmen. Anschließend können immer zwei Sch. das kurze Gespräch vortragen: L.: *Look, now you can talk with your partner.* *You can write your own name or a name from the list.*	KV 2 Sch. lesen und ergänzen den Dialog

4.2.6 Kennenlernen einiger Aspekte des Alltagslebens in Großbritannien und den USA

Bei den folgenden sieben Beispielen zu landeskundlichen Inhalten berichtet jeweils ein englischer/amerikanischer Junge/Mädchen. Durch diese personifizierte Form der Darstellung erster Elemente entsteht bei dem Schüler eine höhere **Identifikation**, als wenn reine Fakten angeboten werden würden. Es wurde die Erfahrung gemacht, dass auch leistungsstarke Schüler höherer Klassen gerne bereit sind, Grundschülern einen dieser kurzen Texte vorzulesen. Falls möglich, und das wäre natürlich die ideale Form der Präsentation, sollten Kinder befreundeter *native speakers* die Texte vortragen.

- ***Going through an English house – an English girl reports***
Nicola Clark from Camberly, Surrey, England reports
a) My name is Nicola and I'm 15. In my spare time I write stories, usually a little every day on my computer. I also draw pictures, using all sorts of pens, pencils and paint. On Saturday morning at 9.30 I have a piano lesson and I practise nearly everyday as I have an exam soon. I spend a lot of my spare time with my friends.

KV 1

Name: _____ Class: _____ Date: _____

Flags

1. Die Flagge von Great Britain besteht aus drei Flaggen.

   Colour the flags! (Male die Flaggen in den richtigen Farben aus.)

   England   Scotland   Ireland

2. Suche dir einen Partner. Einer von euch ist Schüler A, der andere Schüler B.

   Jeder von euch überlegt sich einen ausländischen Namen und die Hauptstadt des entsprechenden Landes. (Bsp.: *Francesco* kommt aus *Rome* in *Italy*.)

   Füllt die Lücken aus. Lest den Dialog laut vor.

   A: Hello. I'm .... What's your name?

   B: I'm .... Where are you from?

   A: From .... in .... And you?

   B: I'm from .... in .... Nice to meet you.

   A: How old are you?

   B:. I'm .... years old. And you?

   A: .... Let's play ....

   B: Great.

200 Ludwig Waas/Wolfgang Hamm: Englischunterricht in der Grundschule konkret
© Auer Verlag GmbH, Donauwörth · Als Kopiervorlage freigegeben

Name: _____ Class: _____ Date: _____

b) My house is quite old, and it has three floors. There is a **porch** outside the **front door**, which keeps the wood for the fire dry. As you go in, there's a **door** immediately to your left. This is a small **bathroom**, which has a **toilet** and a **sink** – as well as a few spiders!	Mein Haus ist ziemlich alt und es hat drei Stockwerke. Vor der Haustüre gibt es eine Überdachung, damit das Holz für das Feuer trocken bleibt. Wenn man hineingeht, ist links direkt eine Türe. Dies ist ein kleines Bad mit einer Toilette und einem Waschbecken – und ein paar Spinnen!
As you keep going down the **hall**, to your right there is a **door** leading into the **dining room**. This has a big wooden **table** and four **chairs**. It has a large **window** facing the drive, a **TV**, a **radio** and several **cupboards**.	Wenn man den Flur entlang geht, ist auf der rechten Seite eine Tür ins Esszimmer. Dort stehen ein großer Holztisch und Stühle. Es hat ein großes Fenster zur Einfahrt, einen Fernseher, ein Radio und mehrere Schränke.
At the far end of the dining room there is an archway leading to the **kitchen**. This is a small, narrower room and it also has a window like the dining room. In the kitchen there is another table with three **chairs**, a **fridge**, a **cooker**, a **sink**, a **dishwasher**, a **microwave** and lots of **cupboards** to store food in. At the opposite end there's a small arched window.	Am Ende des Esszimmers geht man durch einen Bogen zur Küche. Dies ist ein kleiner, schmälerer Raum und er hat auch so ein Fenster wie das Esszimmer. In der Küche gibt es einen weiteren Tisch mit drei Stühlen, einen Kühlschrank, einen Herd, eine Spüle, einen Geschirrspüler, eine Mikrowelle und viele Schränke, um darin Essen aufzubewahren. Am gegenüberliegenden Ende ist ein kleines Fenster mit Bogen.
If you come back out into the hall you will see another door on your right. Through it is the **sitting room**. There is an open **fire place**, and a mantelpiece above it. Against the right wall is the **piano** with the **stereo** next to it. Next to the fire is the **TV**, along with three **armchairs** and a **sofa**.	Wenn man auf den Flur zurückkommt, sieht man eine weitere Türe auf der rechten Seite. Durch sie kommt man in das Wohnzimmer. Dort ist der offene Kamin und ein Kaminsims darüber. An der rechten Wand steht das Klavier und die Stereoanlage ist gleich daneben. Neben dem Kamin ist der Fernseher zusammen mit drei Sesseln und einem Sofa.
Upstairs there is a spare **bedroom**. The next room is a **bathroom**, the same as downstairs except it has a **bath** and **shower**.	Oben befindet sich das Gästezimmer. Das nächste Zimmer ist ein Bad, genauso wie unten, nur dass noch eine Badewanne und Dusche darin sind.
The last room is Mum and Dad's bedroom. There is a window looking onto the garden; a fireplace, **book shelves**, a **double bed**, a **TV**, **cupboards** and a **dressing table** where Mum does her hair. Coming out there is a **desk** with Dad's computer on.	Das letzte Zimmer ist das Schlafzimmer von Mama und Papa. Dort geht ein Fenster zum Garten hinaus; ein Kamin, Bücherregale, ein Doppelbett, ein Fernseher, Schränke und ein Frisiertisch, wo sich Mama ihre Haare macht. Wenn man wieder herauskommt, steht dort ein Schreibtisch mit Papas Computer darauf.
Then you go up the stairs again and the first room is my bedroom. There is a window, **bunk beds**, **shelves** with soft toys on, my **stereo**, my **computer** and my **desk**.	Dann geht man wieder die Treppe hinauf und das erste Zimmer ist mein Schlafzimmer. Darin sind ein Fenster, ein Hochbett, Regale mit Plüschtieren darauf, meine Stereoanlage, mein Computer und mein Schreibtisch.
The next room is a small **bathroom** with **toilet**, a **sink** and **shower**. The last room is my sister's bedroom. There is a **wardrobe**, a **dormer window**, her **computer**, a **cabin bed** and **bookshelves**. Those are the rooms in my house.	Das nächste Zimmer ist links. Es ist ein kleines Bad mit Toilette, Waschbecken und Dusche. Das letzte Zimmer ist wieder rechts, es ist das Schlafzimmer meiner Schwester. Darin ist ein Kleiderschrank, ein Mansardenfenster, ihr Computer, ein Klappbett und Bücherregale. Das sind die Zimmer in meinem Haus.

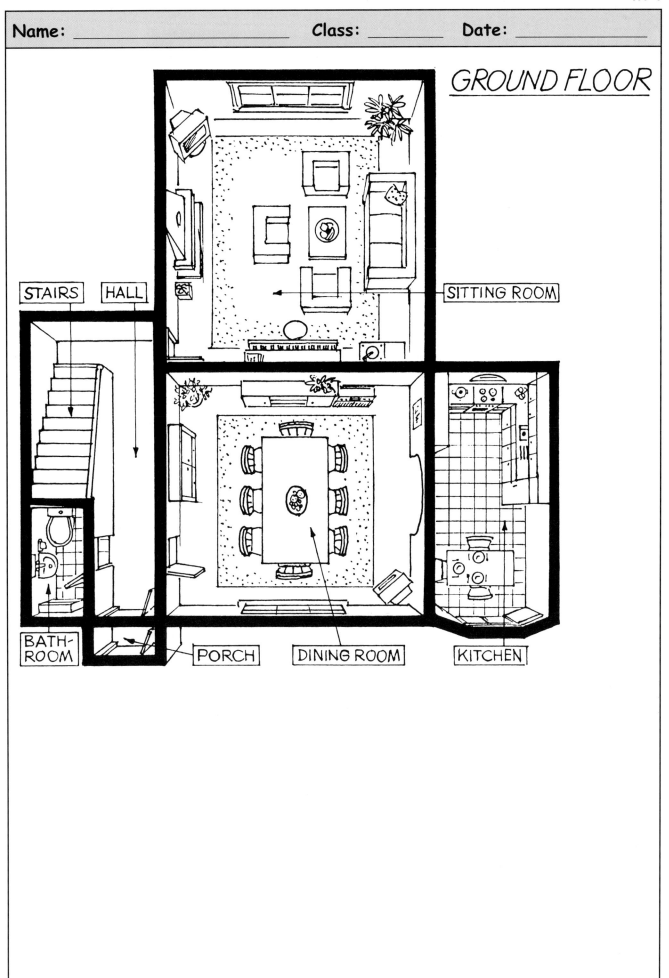

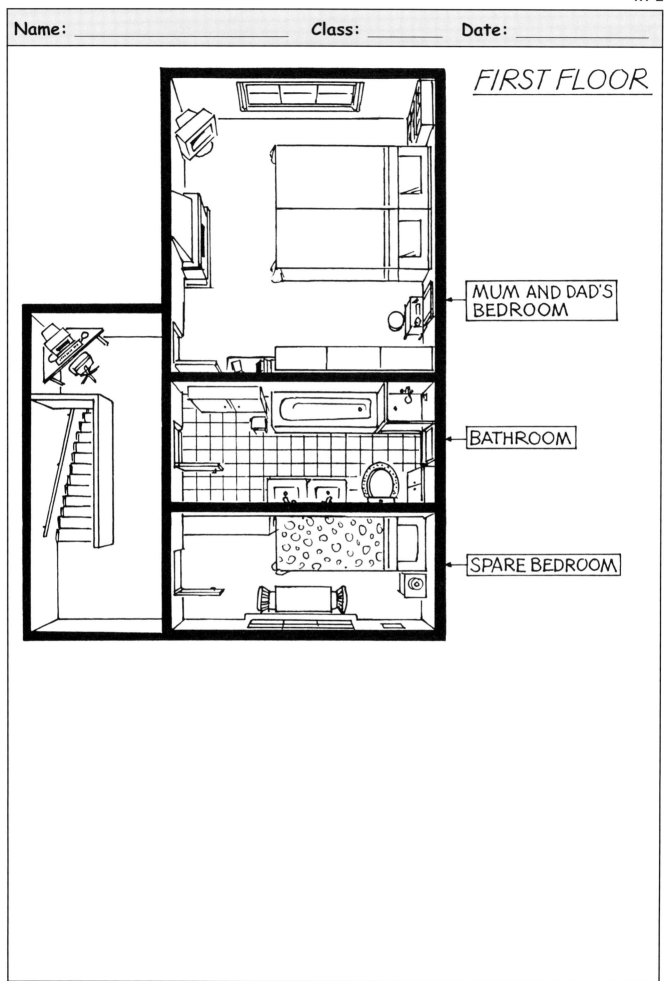

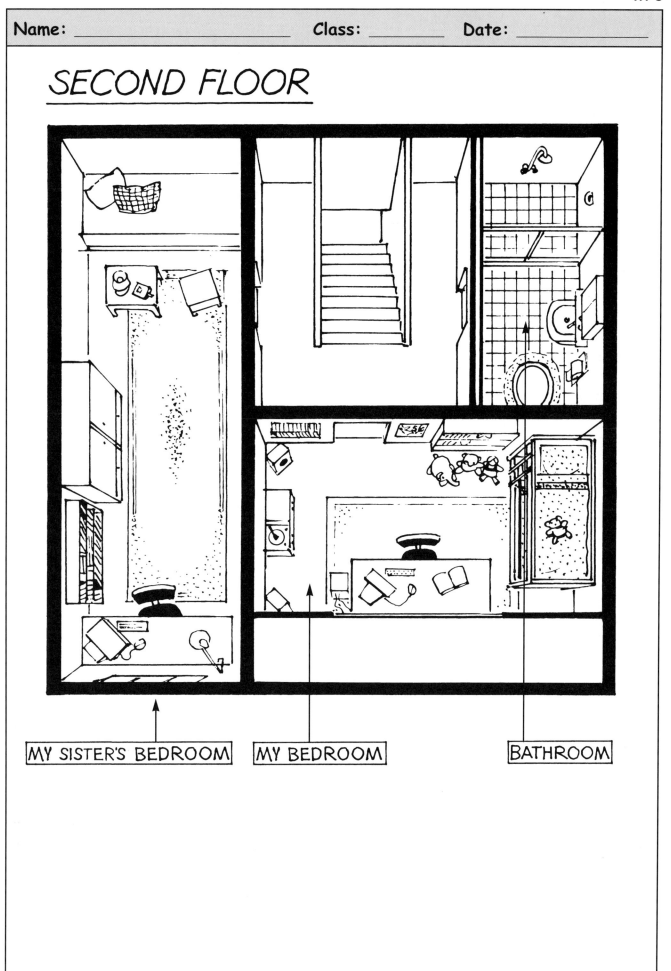

Mögliche Vorgehensweise

1. Textpräsentation:

Der Lehrer zeigt zunächst die Außenansicht des Hauses von Nicola. Die Schüler äußern spontan, was ihnen alles auffällt: vor dem Haus steht eine deutsche Automarke, das Haus hat einen englischen Kamin …

Anschließend wird Nicolas Beschreibung langsam vorgelesen; die Schüler verfolgen die Wege durch das Haus auf der Folie.

2. Erste Verständnisüberprüfung auf Deutsch:

Vor der Textpräsentation sollten den Schülern einige Begriffe zu den Themenkreisen *house and furniture* bekannt sein. Bestimmte Ausdrücke sind sicherlich bereits durch *classroom phrases* bekannt, z. B. *window, door*. Darüber hinaus können Begriffe wie *desk, chair, table* im Vorfeld der Textbesprechung im Klassenzimmer mit Wortkarten als Daueraushang versehen werden. Bei einem Spaziergang durch das Schulhaus (ggf. Wegbeschreibung) lernen die Schüler Begriffe wie *upstairs, downstairs, floor, toilet, hall* kennen.

Im Anschluss an die Textpräsentation stellt der Lehrer Fragen zum Inhalt, z. B. „In welchem Stock ist Nicolas Zimmer?" Die Schüler werden feststellen, dass vieles von Nicola's Haus ihrer eigenen Wohnsituation ähnlich ist. Zusätzlich werden ihnen aber sicherlich auch Besonderheiten aufgefallen sein, wie z. B. den *fire place with mantelpiece*. Der Lehrer kann an dieser Stelle auf die Bedeutung des Kaminsimses zur Weihnachtszeit hinweisen, wenn die Glückwunschkarten darüber aufgehängt werden. Weiterführende Erklärungen zu den Begriffen *chimney* und *chimney pots*, die die Anzahl der Heizmöglichkeiten in einem Haus anzeigen, sowie zu den bunten Haustüren und typischen Erkerfenstern eines englischen Hauses können sich anschließen.

3. Die Textvorlage:

Die Schüler erhalten die Texte in englischer und deutscher Sprache. Der deutsche Teil wird zunächst weggeknickt. Der Lehrer liest den englischen Teil nochmals vor – die Schüler lesen still mit. Nun kann auch der deutsche Teil aufgeklappt werden. Einige englische Wörter sind fett gedruckt. Die Lehrkraft liest diese englischen Wörter vor. Die Kinder vermuten die deutsche Bedeutung durch Lesen des rechten Teils.

4. Sprachvergleich:

L.: „Unterstreiche die englischen Wörter mit ‚grün', die du dir bereits auf Grund des deutsches Wortes erklären kannst, z. B. *corridor* = Korridor, Gang."

5. Selbstarbeit

Der Lehrer zeichnet die Umrisse der Wohnung an die Tafel an, die Schüler dürfen das Zimmer/die Wohnung mit den entsprechenden Gegenständen, die auf haftenden, entsprechend bemalten Farbkartons zur Verfügung stehen, ausgestalten. Dabei sprechen sie: *I put the computer/TV etc ... here, the sofa/table/desk etc. is on the right/left.*

- **Having an English breakfast – an English girl reports**

Vorüberlegungen

Cultural awareness: Ausgehend von ihren eigenen Frühstücksgewohnheiten stellen Sch. Vergleiche zu den zwei englischen Berichten an.

Mögliche Vorgehensweise

1. Textpräsentation:

Vor der Textpräsentation sollten den Schülern einige erste Begriffe zum Themenkreis *breakfast* bekannt gemacht werden. Diese können z. B. durch ein kleines Frühstück im Klassenzimmer (*cups, plates, tea etc.*) eingeführt werden. Der Lehrer zeigt den Kindern das Foto und liest den Bericht langsam vor; die Schüler verfolgen den vorgetragenen Text, wobei das Textverständnis durch die einzelnen, begleitenden Abbildungen unterstützt wird.

2. Vergleich englisches – deutsches Frühstück

Die Lehrkraft stellt Fragen zum Textinhalt und zu den einzelnen Frühstückszutaten, die Schüler wiederholen den Inhalt und setzen diesen in Beziehung zu ihren eigenen Frühstücksgewohnheiten.

L.: *What does an English girl or boy have for breakfast?*
Sch.: *Eggs.*
L.: *Do you have eggs for breakfast?*
Sch.: *Yes, I have/No, I have bread for breakfast.*

3. Die vereinfachte Textvorlage – ein Beispiel für *picture reading*

a) Mitlesen eines vorgetragenen Textes (s. S. 202)

Der Lehrer liest den verkürzten Bericht langsam vor, die Kinder lesen still mit. Die auf der Kopiervorlage gezeigten Abbildungen sind für alle Schüler gut sichtbar im Klassenraum vergrößert aufgehängt.

b) Zuordnung Begriff – Abbildung

Der Lehrer (später auch ein Schüler) nennt in willkürlicher Reihenfolge einen Begriff aus dem Text (z. B. *cereals*), die Schüler zeigen die entsprechende Abbildung anhand der im Klassenraum verteilten Wortkarten.

c) Ausspracheschulung und Präsentation des Schriftbildes

Nachdem die Schüler die neuen Begriffe mehrmals (in Gruppen und einzeln) nachgesprochen

English breakfast – that is:

 and

Then you get an ,  and a

and then  and

Today it's more normal to have just one of these things, with

a cup of or

A lot of pupils start the day with  or haben und sich die korrekte Sprechweise verfestigt hat, präsentiert die Lehrkraft die englischen Begriffe zu den einzelnen Abbildungen. Die Schüler sollen diese zunächst still und anschließend laut lesen.

4. Selbstarbeit

Die Schüler lesen den Text auf der Kopiervorlage vor und setzen für die Abbildungen die jeweiligen Begriffe ein. Weiterführende Idee: Die Kinder gestalten selbst ein englisches/amerikanisches Frühstück. Mit Unterstützung der Eltern kann dies bei einem **Projekttag**: „Englisch in der Grundschule" ein guter Auftakt sein!

5. Erweiterung: *American breakfast*

Das Thema *breakfast* kann um den Aspekt des *American breakfast* erweitert werden. Dabei orientiert sich das Vorgehen an dem bereits dargestellten Ablauf.

An American boy reports:
Every morning, before I go to school, I have breakfast with muesli*.
Sometimes my mum makes pancakes*. I like them with maple syrup*. That's great.

• A day at an English school

Lyndsey Clark from Camberly, Surrey, England reports:

a) *My name is Lyndsey and I am 11 years old. In my spare time I go to Guides which meet once a week in term time. We do lots of fun things like rock climbing, making peppermint creams and playing games. On Sundays in the winter season I play hockey for the Camberley team. I also play the flute in a concert band on Saturday mornings.*

b) *At Lakeside Primary School school starts at 8.55 a.m. The teacher calls the register and then we have our first lesson. At 10.10 a.m. we have assembly. On Mondays and Fridays it is for the whole school, on Tuesdays we have hymn practice and on Wednesdays and Thursdays it is just for years 3–6. After assembly years 5 and 6 go outside into the playground for 15 minutes. Most of the year 6 girls stand and talk, but some of us run around and play "IT" or "40-40 in".*

c) *Description of the game "IT":*
The aim of the game is to hide from the person who is "IT", and then get back to the base without being seen. The person who is "IT" has to catch the others and then the person who was caught becomes "IT". At the start the person who is "IT" counts to 40 whilst the others hide.

d) *Whilst we are outside years 3 and 4 are starting a lesson. When we come in and have lessons, they go out to play. After morning lessons everyone goes outside for an hour. During that hour everyone has lunch. Some pupils have school lunches which cost L 1.25. Some pupils bring lunches from home. After lunch we go into the school field for the rest of the hour. At 1.15 one of the teachers rings a bell and everyone lines up in their classes on the playground and goes in. In the afternoon sometimes we have one lesson. This is normally when we are doing Science Experiments. Sometimes we have two lessons. At 3.20 the bell rings. We pack up and go home.*

Vorüberlegungen

Vor der Textpräsentation sollten – als Entlastung des Textes – in einem **brainstorming** Begriffe zum Themenkreis *school* gesammelt werden. Diese können in einem **word web** an der Tafel festgehalten werden.

Hinweis: Da es sich bei diesem Bericht um eine authentische Textvorlage handelt, wäre es falsch, den Schülern jedes Detail verständlich machen zu wollen. Vielmehr sollte versucht werden, einige interessante Fakten herauszuarbeiten, die sich vom Schulalltag in Deutschland unterscheiden. Die Schüler werden voraussichtlich, von ihren eigenen Schulerfahrungen ausgehend, Vergleiche zu dem beschriebenen Schultag in England ziehen, sodass der Aspekt *cultural awareness* eng mit dem Unterrichtsgeschehen verknüpft wird.

Mögliche Vorgehensweise

1. Textpräsentation (Teil a)

L. zeigt das Foto von Lindsey und trägt den ersten Teil des authentischen Berichts, in dem sie über sich selbst spricht, langsam vor.

2. Begleitende Verständnisüberprüfung

Dabei zeigt er auf einer Folienkopie neben dem Foto des Mädchens auch folgende Abbildungen, die die Hobbys darstellen. Die Schüler sollen erkennen, welche Hobbys Lyndsey tatsächlich ausübt.

3. Textpräsentation (Teil b)

Der Lehrer trägt Lyndseys Bericht langsam vor. Er kann dabei erste Fragen zum Inhalt einfließen lassen.

L.: *When does school start in England?*
Sch.: *At 8.55.*
L.: *Lyndsey says "The teacher calls the register every morning"*: Das bedeutet, dass jeden Morgen festgestellt wird, ob jemand fehlt. „Register" ist ein Klassenbuch.
L.: *What do they do after assembly?* (*"assembly"* ist eine Versammlung)
Sch.: *They go out.*

4. Kennenlernen eines englischen Pausenhofspiels: „IT" „40–40 in" (Teil c)

Der Lehrer schreibt „IT" und „40–40 in" an und liest dann die Beschreibung vor. Einige Schüler werden sicher erkennen, dass es sich dabei um ein Versteckspiel handelt. Es bietet sich an, an dieser Stelle die Zahlen 1–40 zu wiederholen und zu festigen.
Anregung: *Let's play "IT" in the next break.*

5. Fortsetzung der Textpräsentation: (Teil d) – Unterrichtsgespräch

Der Lehrer liest den letzten Teil des authentischen Berichts vor und stellt verschiedene Fragen zur Verständnisüberprüfung.
L.: *In England pupils have lunch at school. It costs 1.25* (L. schreibt den Betrag an die Tafel und rechnet ihn in Euro um.)
Some pupils bring lunches from home. Listen to Lindsey's report again.
(L. liest den letzten Teil des Berichts erneut vor.)
What does one of the teachers do at 1.15?
Sch.: *He rings the bell.*
L.: *And when do the pupils go home again?*
Sch.: *At 3.20*

• *Clothes: boyswear/girlswear – school uniforms*
Vorüberlegungen

Zu Beginn können Begiffe zum Thema *clothes* gesammelt werden. Die Schüler erkennen dabei, dass im Deutschen viele Begriffe für Kleidungsstücke englisch sind: z. B. *jeans, T-shirt, shorts, sweatshirt (language awareness)* In multikulturellen Klassen kann gut der *intercultural aspect* in den Unterricht einbezogen werden, indem die Schüler anderer Herkunftsländer berichten, ob es in ihrem Heimatland auch Schuluniformen gibt.

Mögliche Vorgehensweise

1. Vorstellung der Abbildungen

Der Lehrer stellt die kopierten Ausschnitte aus einem originalen englischen Katalog für *school uniforms* vor und erklärt diese (KV, S. 210).
L.: *At most English schools boys and girls have to wear school uniforms. Every year in August the pupils' parents go to shops and buy new clothes. Others order the clothes from a catalogue. Let's look at what they have got.*

2. Kennenlernen einiger weiterer Begriffe

L. teilt Arbeitsblatt (KV) aus. Die Schüler füllen die *brickwords* aus.
Sie sprechen die neuen Wörter nach und verwenden diese in ganzen Sätzen: *This boy is wearing …/this girl is wearing …*

3. Transfer

Die Schüler benennen ihre eigenen Kleidungsstücke und die ihrer Mitschüler mit Angabe der Farben:
Today I'm wearing a blue/red/yellow T-shirt/ sweater/shoes …
Today Susan is wearing/today Thomas is wearing … etc.

4. Selbstarbeit: Gestaltung einer Collage

Die Schüler suchen in Katalogen Kleidungsstücke, schneiden sie aus und fügen sie zu einer Collage zusammen. Anschließend können die als Wortkarten kopierten Kleidungsbegriffe dazu geklebt werden. So bleiben die englischen Begriffe über einen längeren Zeitraum präsent.

• *American money: Scenes in a toy/sports shop*
Vorüberlegungen

Der bewusste Umgang mit Geld und die sprachliche Bewältigung in Alltagssituationen stehen im Mittelpunkt dieser Unterrichtseinheit. „Shopping", das für viele heute oftmals seinen ursprünglichen Charakter des zweckgebundenen Einkaufens verloren hat, ist quasi zu einer Freizeitbeschäftigung geworden.
Cultural awareness: Der Dollar ist seit 1792 die amtliche Währungseinheit in den USA. Auch eine Reihe weiterer Staaten haben eine Dollarwährung, z. B. Kanada und Australien. Der Name leitet sich ab von dem deutschen „Taler". „Taler" ist eine Verkürzung von „Joachimsthaler", einer seit 1515 in St. Joachimsthal geprägten Silbermünze.

Mögliche Vorgehensweise

1. Kennenlernen der amerikanischen Währung

Der Lehrer hat Kopiervorlagen von amerikanischen Dollars und Cents vorbereitet und teilt diese begleitet von kurzen Erläuterungen an die Kinder aus:
L.: *In the United States they have got dollars and cents. Look, that's one dollar. That's ten dollars/ ten cents etc …* Die Schüler sollen erkennen, dass es wie in der Euro-Währung auch in der amerikanischen Währung Cents gibt.
Das Dollar-Zeichen wird groß und deutlich an die Tafel geschrieben, das manche Schüler bereits aus Comics über Dagobert Duck kennen.

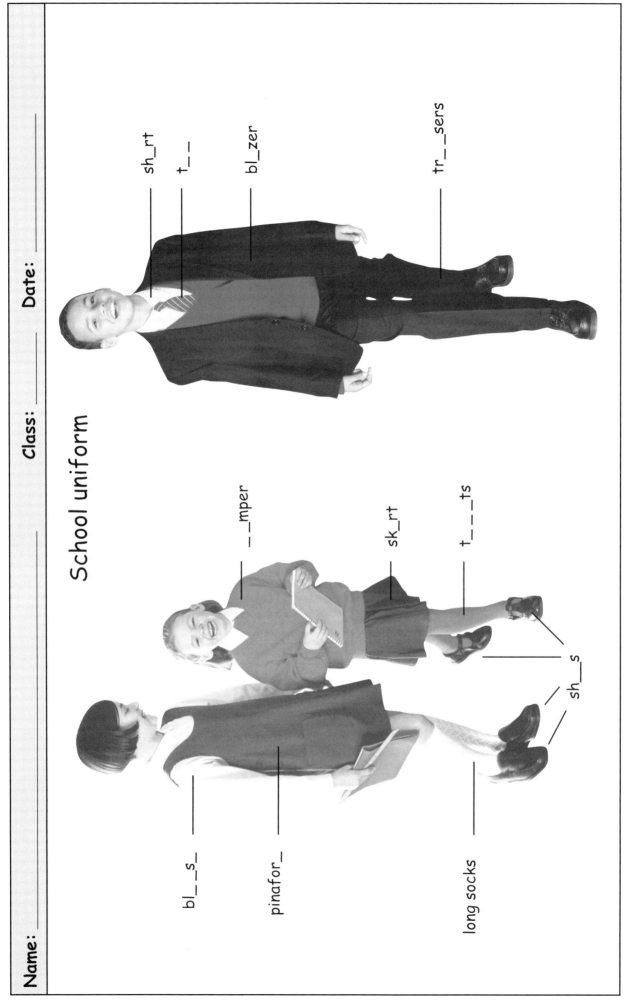

L.: *We say dollar – we write: …$…*
Die Schüler schneiden sich die Münzen/Geldscheine aus dem Kopierblatt aus und kleben sie auf einem festen Karton auf.
Anschließend werden alle Münzen und Geldscheine in einer *cashbox* (Spielgelddose) gesammelt.
Anregung: Manche Schüler möchten wahrscheinlich wissen, wieviel ein Dollar in Euro wert ist. Hier kann der Lehrer den entsprechenden Wert angeben und in der Klasse eine Währungstabelle auslegen.

2. Vorbereitung einer kleinen Spielszene "In a toy/sports shop"

a) Eigenes Material mitbringen
Voraussetzung für diese Spielszene ist es, dass die Schüler ihre Spielsachen (*"favourite toys"*) oder Sportgeräte bzw. Abbildung dieser Spielsachen und Geräte zum Unterricht mitbringen.

b) Begriffe klären
Oft kennen die Kinder bereits den englischen Begriff für ihre Spielsachen/Sportgeräte, da dieser häufig gebräuchlicher ist als die entsprechende deutsche Bezeichnung. Anhand einer Tafelanschrift wird jeder Begriff festgehalten: z. B. *puzzle, skateboard, game boy* usw.
Neue Begriffe können hinzugefügt werden: z. B. *building/construction kit* (Modellbaukasten) usw.

c) Preise festlegen:
Die Schüler zeichnen und schreiben die Preisschilder für ihre mitgebrachten Spielsachen und verwenden dabei das Dollar- und Centzeichen. Je nach Vorbildung der Kinder müssten die englischen Zahlen im Vorfeld der Einheit wiederholt werden.

d) Einen *toy/sports shop* bauen:
Ein *toy/sports shop* ist schnell gebaut: eine Schulbank mit einfachen Regalen darauf genügt bereits. Nun müssen nur noch die Spielwaren/Sportgeräte und die entsprechenden Preisschilder gut sichtbar aufgestellt werden.

3. Der Verkaufsdialog:

a) Textpräsentation
Ideal wäre es, ein Einkaufsgespräch von Schülern höherer Klassen vorspielen zu lassen. Aber auch ein auf Tonträger aufgezeichnetes Gespräch eignet sich. Die Schüler hören das Gespräch mehrmals an:

Shop assistant: *Good morning.*
Child: *Hello.*
Shop assistant: *Can I help you?*
Child: *Yes, I'd like this ………, please. How much is it?*
Shop assistant: *It's …*
Child: *Oh, that's too expensive.*
How much is this?
Shop assistant: *It's …*
Child: *That's okay: I'll take it.*
Shop assistant: *Here you are. Thank you.*
Child: *Goodbye.*
Shop assistant: *Bye.*

b) Stilles Mitlesen
Die Schüler hören während des ersten Durchgangs der vorgetragenen Szene aufmerksam zu. In folgenden Durchgängen lesen sie das Gespräch auf einer Kopiervorlage still mit.

c) Schulung der Aussprache und Intonation
Lehrer und Schüler sprechen die Wörter der vorgetragenen Szene mehrmals vor und nach. Eine für Kinder interessante Variante ist das „Lückenlesen". Hier hören die Schüler z. B. nur die Rollenbeiträge des *shop assistant* und übernehmen, d. h. sprechen/lesen selbst die Rolle des einkaufenden Kindes. Auf diese Weise kann allmählich zum lauten Vorlesen mit verteilten Rollen übergegangen werden.

d) Szenische Darstellung
In der nächsten Englischstunde versuchen die Schüler, ein Verkaufsgespräch über die realen Gegenstände (*toys, sports things* etc.) zu führen. Dabei kann als *memory aid* im Hintergrund der Ausgangsdialog mithilfe einer Folie auf dem OHP eingeblendet werden.

4. Transfer auf analoge Situationen
Word webs: In fortgeschrittenen Lerngruppen können Schüler angeregt werden, den Wortschatz zu einem bestimmten Geschäft zu sammeln.
L.: *What can you buy in/at a flowershop/newspaper and book shop/snackbar etc.?* Dabei werden gemeinsam an der Tafel *word webs* entwickelt.

a) *Acting the scenes*
Die Schüler übertragen den bekannten Dialog aus dem *toy shop* auf neue Situationen:

– *Let's buy some new clothes*
– *Let's buy some new things for school (boyswear/girlswear; exercise books, pencils, pens, rubbers etc.)*
– *Let's go shopping for the birthday party*
– *Let's go to the music and TV shop*

• *An English birthday party*
Anders als bei den vorausgehenden Anregungen zum Thema *"Getting to know some aspects of daily life in Great Britain and the United States"* möchten wir abschließend Beispiele vorstellen, wie in einzelnen, von einander unabhängigen **Aktionseinheiten** landeskundliche Inhalte implizit, an manchen Stellen auch explizit bearbeitet werden können.

1. Aktionseinheit: *An invitation*

L.: *It's always a good idea to have a motto for your birthday party. For example a dino party, a pirate's party, a circus party etc.* Gemeinsam wird an der Tafel ein *cluster* über mögliche Themen einer Geburtstagsfeier gesammelt. Anschließend erhalten die Schüler der ersten Lernjahre die nahezu komplette Einladung als Vorgabe. Sie können diese mit den entsprechenden, zum gefundenen Thema passenden Zeichnungen/Schmuckrahmen versehen. (Vorgehen für fortgeschrittene Lerngruppen s. 4.2.7)

> *Dear ....,*
> *Please come to my birthday party*
> *on ....*
> *from .... to .... o'clock.*
> *Can you come? Please phone ....*
> *See you on ....*

2. Aktionseinheit: *Singing the song "Do you know the Muffin Man?"*

Der Lehrer bringt Muffins (ggf. eine Abbildung verschiedener Muffins) mit in den Unterricht und erzählt den Schülern von dem „muffin man", der bis ca. 1930 mit einem Bauchladen in England Muffins verkaufte mit dem Spruch: *"Muffins, muffins, do you want some muffins? Come here – fresh muffins for everyone."* Die Schüler können ihre Erfahrungen mit dem Backen von Muffins/ Bauchladenverkäufern in den Unterricht einbringen.

Anschließend schreibt die Lehrkraft den Namen eines berühmten Muffins-Verkäufers an die Tafel und singt mit den Kindern das Lied *"Do you know the muffin man!"*.

3. Aktionseinheit: *Preparing birthday muffins*

This is what you need to make twelve ice-cream muffins for your friends and parents:

- *450 g flour*
- *1 teaspoon salt*
- *25 g fresh yeast*
- *275 ml tepid milk*
- *1 egg, beaten*
- *25 g butter, melted*

Sift flour and salt into a bowl.
Cream the yeast with a little of the milk, add the rest of the milk and the beaten egg.
Make a well in the dry ingredients, add the yeast liquid and melted butter and mix to a soft dough.
Turn out on a floured board and knead for 10 minutes, until smooth.
Cover and leave until double the size.
Knead once more lightly.
Roll out on a floured board to 1 cm thickness and cut into rounds.
Leave in a warm place until double the size.
Cook, a few at a time, in a greased thick frying pan, over moderate heat, for about 8 minutes on each side.
Serve warm, split and spread with butter

- **Schoolyard games**
1. Hop-Round

Das letztes Beispiel zum Thema *"Getting to know some aspects of daily life in Great Britain and the United States"* mit einer freien Umsetzung innerhalb und außerhalb des Unterrichts stellt ein typisches englisches Hüpfspiel vor.

1. Do you know the muffin man,
   The muffin man, the muffin man?
   Do you know the muffin man
   Who lives down Drury Lane?

2. Yes I know the muffin man,
   The muffin man, the muffin man.
   Yes I know the muffin man
   Who lives down Drury Lane.

3. We all know the muffin man,
   The muffin man, the muffin man.
   We all know the muffin man
   Who lives down Drury Lane.

Vorüberlegungen:

Der Lehrer erzählt zunächst etwas über das Spiel „Hop-Round" und erklärt die Spielregeln. Anschließend kann das Spiel in 4er-Gruppen auf dem Schulhof gespielt werden.

Nach jedem Durchgang teilen die Mitglieder einer Gruppe dem Lehrer ihre erreichte Punktzahl sowie den Sieger mit:

– I've got 42 points.
– My score is 42. I'm the winner.
– I've got 40 points. I'm second.

Spielregel:

Each player has got 5 little pebbles.

o *First you write in the numbers 1 to 16.*
o *Then we agree on the score* (Punktezahl). *Let's say: 43.*
o *Throw one little pebble after the other into the fields. It's your aim to get as close as you can to the score you have agreed on. A pebble on a line doesn't count.*
o *Hop on one leg from field to field until you reach a field with a pebble. Pick it up and hop to the next field with a pebble. Don't touch a line or step on a field with two feet.*
o *After you have picked up all five pebbles from one of the fields of the outer circle, the tyre* („Rad") *or the inner circle, the spokes* („Speichen") *is yours.*
o *The next player must hop over your field.*
o *The person who has got the score first is the winner.*

2. Weitere Spiele: *Scotch-Hoppers (Hop-the-beds/Hopscotch)*

Eine Ausweitung auf andere Wortfelder erlaubt folgendes authentische Hüpfspiel aus Schottland, das für den täglichen Gebrauch in der Grundschule entsprechend kreativ abgewandelt werden kann:

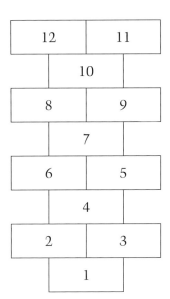

Mögliche Vorgehensweise:

Der Lehrer hüpft vor und beschreibt dabei die Regeln:

o *First we draw this pattern on the street. We need ten "beds"*
o *Then throw a piece of slate* (Schieferstückchen) *into "bed" one.*
o *Now hop along the pattern and collect the piece of slate on your way back.*
o *Hop into the single "bed" on one leg, into the double "beds" on your two legs.*
o *After all boys/girls have done that, throw the piece of slate into "bed" two. If you leave out a "bed" you must start again.*
o *The person who has hopped into all "beds" is the winner.*

Varianten: Statt der Zahlen könnten die Schüler 12 *"beds"* zeichnen und dann die Monatsnamen eintragen oder sieben *"beds"* für die Wochentage. Je nach aktuellem Thema können auf diese Weise Wörter quasi „abgehüpft" und dabei spielerisch gelernt werden.

- **Anregungen zum Lernen vor Ort –** *learning on the spot*

Unter dem Schlagwort Lernen vor Ort verstehen wir, dass der (Englisch)-Unterricht auch einmal das Klassenzimmer verlassen sollte, um mit den Schülern in einer realen Umgebung zu lernen.

In the supermarket

Ziel: Sammlung englischer Begriffe zu dem Oberthema „Lebensmittel"

In Kleingruppen suchen die Kinder eine vorher festgelegte Abteilung auf und notieren sich die Namen der Produkte, die ihnen „englisch" erscheinen. Am Ende ergibt sich eine riesige Anzahl von Begriffen, die im Klassenzimmer nach Themen geordnet werden können. Vielleicht sind freundliche Verkäufer auch bereit, originale, gebrauchte Verpackungen für die Spielszenen zur Verfügung zu stellen.

In the park

Ziel: Kennenlernen der sozialen Funktionen eines Parks – Der Park als Ort der Begegnung

Die Schüler erkunden, welchen Beschäftigungen die Leute in einem Park nachgehen. Sie stellen eine Liste auf, bei der sie wahrscheinlich schon einige Aussagen auf Englisch äußern können.

– *You can meet friends.*
– *Sometimes there's a special play area.*
– *You can play games there. Some boys play frisbee or badminton.*
– *You can buy something to eat and drink: lemonade/chocolate/ice-cream.*
– *You can relax in a park. You can have a picnic.*
– *Some people read a book or their newspaper, some listen to the music of a military band.*

In der Schule kann der Lehrer diese Liste durch weiterführende Informationen über das Leben in einem englischen Park ergänzen:

L.: *Many English people have a picnic on Sunday. They sit on the grass or rent a deck chair (Liegestuhl). There is often a lake in British parks with ducks or swans.*

At the zoo

Ziel: Kennenlernen der Tiere aus englischsprachigen Ländern, z.B. *kangaroo, koala bear, grizzly, lion, giraffe, zebra, wolves, eagle.*

Hierfür muss der L. einige Abbildungen der Tiere, die besucht werden, als Arbeitsblatt kopieren. Zunächst besuchen die Kinder diese Tiere im Zoo aufgrund der deutschen Bezeichnungen. Bei einem Treffpunkt teilt der L. Wortkarten mit den Aufschriften der entsprechenden englischen Tiernamen aus, die die Kinder auf das Blatt kleben sollen. Schüler mit nichtdeutscher Muttersprache können darüber hinaus auch ihre muttersprachlichen Bezeichnungen für die gesehenen Tiere eintragen (multikultureller Aspekt). Zurück im Klassenzimmer kann auf der Weltkarte gezeigt werden, in welchen englischsprachigen Ländern bestimmte Tierarten leben. Dabei werden die einzelnen Abbildungen mit dem jeweiligen deutschen und englischen Begriff an der Karte befestigt.

In der nächsten Unterrichtsstunde berichten die Schüler über ihren Zoobesuch. Dabei können sie folgende Satzmuster verwenden.

> *First we saw the ...*
> *Then we went to the ...*
> *Then we had a look at the ... –*
> *The ... are nice/sweet/ugly/big/small/dangerous etc.*

4.2.7 In schriftlicher Form mit anderen Menschen Kontakt aufnehmen

Anmerkung zum (vor-) kommunikativen Schreiben:

Für einen Fremdsprachenunterricht, der zunächst Begegnungsphasen anbietet, im weiteren Verlauf auch selektiv strukturierte Elemente enthält und schließlich in einen systematischen Unterricht (ab der 5. Jgst.) mündet, muss der Übergang vom **Klangbild zum Schriftbild** und damit der Übergang vom Hören/Sprechen zum ersten Lesen/Schreiben nicht mehr der bekannt schwierige Prozess sein, weil das Schriftbild/das Schreiben nicht abrupt und in wenigen, oft verspäteten Lernphasen an die Schüler herangetragen wird. Entsprechend eines entwicklungsgemäßen Fremdspachenunterrichts werden in den beiden Phasen der Sprachaneignung – also schon im unbewussten Spracherwerb, viel stärker aber im weitgehend bewussten Sprachenlernen – Gelegenheiten geschaffen, um einen harmonischen, organischen Aufbau einfachster Formen eines kommunikativen Schreibens anzubahnen.

Um Missverständnissen vorzubeugen, sei nochmals festgestellt:

Da bei der englischen Sprache das Schriftbild häufig stark vom Klangbild abweicht, wird der Unterricht in der Grundschule immer nur in einzelnen, didaktisch begründeten Fällen das Schreiben verlangen.

Erste Schreibversuche sind nach unserer Auffassung durchaus dann denkbar, wenn sie einen starken interkulturellen kommunikativen Anlass haben, d.h. wie in den nachfolgenden Beispielen gezeigt wird, einfache schriftliche Kontaktaufnahmen in der Fremdsprache Englisch sind und die *intercultural communicative competence* behutsam aufbauen. Schreiben beruht auf den bereits genauer beschriebenen mündlichen Formen der Kontaktaufnahme anhand standardisierter Redewendungen.

5. selbstständigen Schreiben

4. Reagieren auf Anfragen bis zum

3. selbstständigen (Lücken-)Ergänzen zum

2. Abschieben zum

1. Ausgehend vom Nachspuren zum

Abb. 28: Progression des kommunikativen Schreibens

Grundsätzlich sollten niemals folgende Gesichtspunkte aus den Augen verloren werden:

- Das Schriftbild darf nicht vor dem Klangbild angeben werden, da es die Aussprache der Schüler für lange Zeit negativ beeinflussen würde.
- Das Klangbild muss phonetisch gesichert sein, bevor die Schüler das Wort lesen und später schreiben.
- Der Anbahnung des kommunikativen Schreibens liegt eine Progression zugrunde, die im Laufe des Sprachaneignungsprozesses nicht willkürlich einzelne Elemente überspringen sollte.

Während des Nachspurens und Abschreibens – also noch während der vorkommunikativen Lernphasen – trainiert der Schüler die fremden Buchstabenkombinationen. Dabei ist es empfehlenswert, die Schüler zum halblauten Mitsprechen anzuleiten. Die eigentliche kommunikative Leistung wird dann gefordert, wenn der Schüler die Lücken eines vorgegebenen Textes ergänzt oder selbstständig standardisierte Sprachelemente (wie bei der kurzen Beantwortung eines Briefes) verwendet. Als höchste Form des kommunikativen Schreibens ist die Abfassung einer Postkarte oder einer kurzen E-mail-Nachricht anzusehen. All diese Schreibphasen sind dabei immer in einen größeren situativen Rahmen, z.B. *birthday/ Christmas/holidays* usw. eingebettet.

- ***Writing a short invitation for a party***
Beispiel für das Nachspuren und (Lücken-)Ergänzen:
Die Schüler erhalten eine Textvorlage und spuren die Schrift farbig nach. Anschließend ergänzen sie die einzelnen Lücken entsprechend ihrer persönlichen Vorstellungen.

> *Dear ....,*
> *Please come to my birthday party*
> *on ....*
> *from .... to .... o'clock.*
> *Please bring ....**
> *Can you come?*
> *Please phone ....*
> *See you on ....*

* z.B. some of your CDs/computer games/a ball/a rope/your bike/your roller blades/skates etc.

- ***Writing a Christmas card***
Beispiel für das Abschreiben:
Nachdem die Schüler die Weihnachtskarte gefaltet und entsprechende weihnachtliche Motive gezeichnet/gemalt oder aufgeklebt haben, spricht der Lehrer zunächst den englischen Weihnachtsgruß mehrmals vor. Die Schüler wiederholen ihn mehrmals, bis ihn jeder phonetisch einwandfrei und ggf. auch auswendig aufsagen kann. Dann präsentiert der Lehrer das Schriftbild, das die Schüler mehrmals vorlesen. Anschließend schreiben sie den Gruß zunächst auf ein separates Blatt ab. Wenn sie dies ohne Fehler können, tragen sie den Gruß auf ihre Karte ein.

- ***Writing an e-mail/letter***
Beispiel für schriftliches Reagieren auf eine Anfrage:
Um bi-kulturelle Partnerschaften aufzubauen, können Grundschulklassen versuchen, im Internet Kontakte zu englischen Schulen aufzunehmen. Die Briefe der englischen Kinder werden ausgedruckt und von den deutschen Kindern aufmerksam gelesen. Der Lehrer kann bei schwierigen Formulierungen Hilfestellung geben.
Mögliches Beispiel eines englischen Briefs:

> *Hi*
> *I'm Susan from York in England. I'm in class 4. We found your school in the Internet.*
> *Well, I'm 11 years old. I've one brother. His name is Brad. He is four years old and still goes to nursery school. He's very, very nasty.*
> *I've got two rabbits. One is black, the other is white. Their names are George and Patrick. We live in a house with a small garden. My mum likes flowers very much. She works in the garden all the time. My father is a bus-driver here in York.*
> *My hobbies are watching TV (my favourite programme is the money quiz show/Tom and Jerry) and playing table-tennis.*
> *Please write back.*
> *Yours*
> *Susan*

Die Schüler erhalten einen englischen Fragebogen, den sie – natürlich mit Hilfe des Lehrers – ausfüllen sollen. Danach können die Schüler die Antworten zu einer eigenen E-mail-Antwort „verdichten". Rasch werden sie erekennn, welche Briefpartner am besten zueinander passen.

We wish you a Merry Christmas and a Happy New Year

Questions:
What's your name? ......
How old are you? ......
In which class are you? (first/second/third/fourth/fifth) ......
Have you got any brothers and sisters? ......
Where do you live? (town/street/house/garden?) ......
Have you got a garden/a pet? ......
What are your hobbies? ......
What is your favourite TV programme? ......

Im Anschluss an den Fragebogen erhält jeder Schüler einen Lückentext, in den er seine eigenen Angaben einfügt und die anschließend gemeinsam abgeschickt werden können:

Hi ......
I'm ...... from ...... in Germany.
I'm in class ...... I got your e-mail.
I'm ...... years old.
(usw. entsprechend den Angaben im Fragebogen)

- **Writing a postcard from your home town/ holiday resort**

Beispiel für das selbstständige Schreiben

Der Lehrer liest folgende Postkarte vor, die auch standardisierte Sprachelemente enthält.

Hello class 3c,
We are on holiday in Newquay this year. My sister and I are doing a lot of swimming. This place is quite interesting. The weather is fine – most of the time.
Give our regards to your teacher.
Best wishes. Roy and Susan Miller

Anschließend findet ein Unterrichtsgespräch über den Inhalt der Karte statt. Die Schüler sagen, was sie bereits verstanden haben. Gemeinsam wird überlegt, was in einer Urlaubskarte vorkommen sollte. Dazu erhält der Schüler eine Ankreuzkarte mit Lücken.

Dear ......
Many greetings from ......
I'm in ......
The weather is
❑ *fine*
❑ *cloudy*
❑ *terrible*
My holidays are
❑ *great*
❑ *okay*
❑ *boring*

I am doing a lot of
❑ *swimming*
❑ *biking*
❑ *skating*
❑ *sleeping*

Give my regards to ......
Best wishes,

4.2.8 Ein Schulprojekt organisieren: *Building bridges*

Vorschläge und Anregungen zur Gestaltung und Durchführung eines Großbritannien- oder USA-Tages

Grundschüler möchten – oft mehr noch als Schüler in weiterführenden Schulen – zeigen, was „sie schon alles im Englischunterricht gelernt haben".

Dafür bietet es sich an, in unregelmäßigen Abständen kleine Elternnachmittage oder -abende zu organisieren. Sie sind ein willkommener Ort, um den Kindern die Möglichkeit zu geben, zwanglos ihre ersten Schritte in der Fremdsprache „vor Publikum" vollführen zu lassen. Und im Übrigen ist mancher scheue, ängstliche Schüler eher bereit, in der Fremdsprache einen Satz zu sprechen als in seiner Muttersprache. Vielleicht ein Grund mehr, Hemmungen und Verlegenheitshaltungen – auch über die Fremdsprache – abzubauen.

Dabei steht – trotz eines leider oftmals zu beobachten Eltern-Drucks – nicht die perfekte Leistung im Mittelpunkt, sondern der spielerische, leichte Umgang in und mit der Sprache. Die Kinder sprechen Reime mit Fingerbegleitung und *counting out rhymes*, sagen Zahlenrätsel oder *clapping rhymes* auf. Lieder, gekoppelt mit Bewegung und rhythmischer Unterstützung, sind ein fester Bestandteil solcher Veranstaltungen. Dabei sollte immer darauf geachtet werden, die Schüler nicht vorzuführen als dressierte, papageienhaft die englische Sprache plappernde Sprechmaschinen, sondern als Kinder, die sich sprachlich ungezwungen bewegen dürfen.

Auch Tänze und weitere Elemente der englischen Landeskultur können den Interessierten dargeboten werden. Darüber hinaus können in fortgeschrittenen Lerngruppen auch kleine Projekttage veranstaltet werden. Unter der Überschrift: *Building bridges* kann Interessantes über Großbritannien oder die USA (oder natürlich ein anderes, englischsprachiges Land, wenn der Englischlehrer dazu einen eigenen persönlichen Bezug hat) vorgestellt werden. Neben einem bestimmten Brauchtum an einem Feiertag zeigen die Schüler vielleicht auch, wie sie mit den Kindern im anderen Land erste Kontakte knüpfen, z. B. durch *e-mails* oder Austausch von Materialien. Sie werden ggf. Landkarten, Prospekte usw. präsentieren und kleine Szenen oder lustige Sketche darstellen. Ein Fotoquiz oder ein Länderpuzzle kann für die interessierten Besucher durch ein paar „typische englische Preise" wie: *shortbread, a cup of tea, a stamp etc.* ein besonderer Anreiz sein. Ausklang einer solchen Veranstaltung kann ein Hüpfspiel (auch für Erwachsene!) auf dem Pausenhof sein: *hopround scotch* – in den verschiedensten Variationen gespielt – ist für Jung und Alt ein großer Spaß. Viele andere Möglichkeiten werden sich aus der täglichen Arbeit mit den Kindern ergeben, sodass diese Gedanken nur als kleine Anregung zu verstehen sind, der hoffentlich viele gute Einfälle und Ideen hinzugefügt werden.

Abbildungsverzeichnis

Abb.	Titel	Seite
1	Wortschatzeinführung und -anwendung	8
2	Vermittlung kulturspezifischer Situationen	9
3	Die beiden Gehirnhälften und ihre Aufgaben	9
4	Aufzeichnung von Gehirnwellen (EEG)	11
5	Zwei günstige Sitzpositionen	12
6	Fünf Prinzipien der Suggestopädie nach Georgi Lozanov	14
7	Phasenfolge bei einem suggestopädischen Lernzyklus	14
8	Fünf Säulen der mündlichen Kommunikativität	28
9	Entwicklungsgemäßer Fremsprachenunterricht	30
10	Imitative und kognitive Lernprozesse	32
11	Spracherwerb und Sprachenlernen	33
12	Kriterien für optimalen *Input* (nach Stephen Krashen)	36
13	Sprachaneignung	36
14	Bereiche der englischen Sprache	37
15	Die drei Komponenten eines Wortes	39
16	Wortschatzeinführung	40
17	Vor- und Nachsprechen mit *time lag*	41
18	Die zwei Bedeutungen des Begriffes „Lesen"	74
19	Beispiel für eine Aussprachehilfe	93
20	Gründe für „schweigende" Schüler	94
21	Hilfen zum Sprechen	95
22	Handzeichen als Aussprachehilfe für [θ]	97
23	Die Abdeckmethode	98
24	Progression beim kommunikativen Sprechen	104
25	Üben an *chat points*	106
26	Der Kulturbegriff in der Grundschule	125
27	Textsortenangebot	139
28	Progression des kommunikativen Schreibens	214

Stichwortverzeichnis

A
Abdeckmethode 98
Abschreiben 215
Aktionseinheiten 183, 211
Aktives Konzert 13, 15
Aktivierungsphase 13, 15
Alpha-Zustand 11, 12
Anwendung 128
approach, social cultural 127
artistic approach 128
associations 181
Aufnahmen 99
Aussprache 96
Auswendiglernen 98
Authentizität 54, 125

B
ballads 167
Begegnung 128
Begegnung mit anderen Sprachen 25
Begegnungskonzept 25
Begegnungsphasen 31, 146
Bewegung und Rhythmus 129
Bewusstmachung 112, 115
Braunschweiger Forschungsprojekt FEU 24
brickwords 39, 44, 50, 75, 118

C
calendar customs 183
chants 169
chat points 106
clapping rhymes 137
classroom phrases 51, 109, 138, 139
cluster 197
comprehension 74
complete picture book stories 155
Computerprogramme 73
connection of print and sound 74
counting-out ryhmes 134
cultural awareness 136, 171, 182

D
Darstellung, szenische 98
dialogue chain 106, 192

E
Einflüstermethode 104
Entspannungsübungen 12
Entwicklungsgemäßer Fremdsprachenunterricht 31
Erinnerungsvermögen 161
Erzählen, freies 56
everyday situations 138, 139

F
Fachgrenzen 7
Fähigkeiten, rezeptive 104
fairy tales 155
Fantasiereisen 12
Fehlerkorrektur 38
Figurinenmethode 97
finger plays 23
folk-songs 167
Französisch 24
Fremdsprachen-Frühbeginn 26

G
Gebet 146
Gehirn- und Gedächtnisforschung 8
Gehirnhälfte, rechte und linke 9
Generierung komplexer Dialoge 105
Gesamtunterricht 30
Geschichten erzählen 54
Geschichten, Kriterien 55
Geschichten vorlesen 54
Gesetzmäßigkeiten 34
grammatikalische Strukturen 115
Grammatikunterricht 116

H
Handpuppen 53
Handzeichen 97
Heimat- und Sachunterricht 182
Hilfen, nichtlinguale 35
Hörvermögen 161
Hörverstehen 51
Hörverstehensaufgaben 71
Hörwahrnehmung 161

I
Identifikation 199
Identifikationspole 182
Imaginationstexte 12
Imitation 32
Immersion 25
Individualphase 42, 44
input 13, 29, 35
Input-Hypothese 35
intercultural awareness 32, 170
intercultural communicative competence 214

K
keywords 38, 197
Kindergartenbereich 31
Klangbild 74, 214
Komponenten eines Wortes 39
Konzentrationsvermögen 161
Konzert, aktives 13, 15
Konzert, passives 13, 15
Kultur 123
Kultur- und Landeskunde 32

L
Landeskultur 124
Landeskunde 124

landeskundlich orientierte Unterrichtseinheiten 189
language awareness 31, 136, 171
language, bridging function 182
legends 155
Lehrerecho 38, 96
Lehrererzählung 181
Lernen mit allen Sinnen 1
Lernen vor Ort 213
Lernen, autonomes 78
Lernen, ganzheitliches 7
Lernhilfen 93
Lernsequenz 7
Lernsoftware 73
Lernspiele 21
letterstick 41
lexical approach 127
Lieder 95, 161
limericks 137
lingua franca 126
listening comprehension 167
listening in 51

M
Märchen 29, 99
Material, authentisches 35
Merkhilfe 98
mind-map 141
Mitlesen 175
Mitsprechen 96
Motorik 161
Musik 12, 179
Muttersprache 32

N
Nachspuren 214
Natürlichkeit der Sprache 126
near-nativeness 138
New Age Music 12
new games 22

O
Orff'sches Instrumentarium 161

P
painting, original English 172
passives Konzert 13, 15
picture book stories 149
picture reading 206
Plastische Phase 32
poems 138
Präludium 13
Progression 30, 104
Progression, grammatische 31
Prozesse, bewusste und unbewusste 32

R
Rally Card 79
Randstimuli 13
reading 74
Reaktionsvermögen 161

Realia, erklärende 181
Rechtschreibfehler 75
Redemittel 105
Regel, optische 112
Regel, verbale 112
Regel, visuelle 112
Reihensätze 109
Reime 95
Repräsentationsebenen 112, 114
rhymes 96, 130, 136, 137, 139
Rollenspiel 98

S
Sachlich orientierte Phase 40
Schreibaufgaben 32
Schreiben, selbstständiges 216
Schreiben, vorkommunikativ 214
Schriftbild 32, 74, 105, 214
Schüleraussprache, Korrektur 96
Schülerbefragung 103
Schulbeginn 31
Schulprojekt 216
Selbstarbeit 206
Selektiv strukturierter Fremdsprachenunterricht 31
Sequenzielles Spracherwerbsmodell 34
short stories 149
Signalwörter 181
Sinnentnahme 74
Situation, kommunikative 104
Sitzhaltung 12
Sketche 99
songs 96, 139
Sozialverhalten 161
Spiel, Einführung 21
Spielen 21
Spielszenen 157, 211
Sprachaneignung 33
Sprachenlernen 33
Spracherwerb 33
Spracherwerbsmodell, kognitives 33
Sprachkapseln 146
Sprachliche Systematik 30
Sprachlich orientierte Phase 40
Sprachproduktion 99
Sprachvergleich 206
Sprechabsichten 105
Sprechakte 104
Sprechen, auswendiges 97
Sprechen, kommunikatives 94
Sprechen, Voraussetzungen 94
Sprechen, vorkommunikatives 94
Sprichwörter 146
Stationenarbeit 78
Stationentheke 79
story 55
story presentation 54
storyteller, storytelling 99, 148
street and school yard games 23
substitution table 109
Suggestologie 10

Suggestopädie 10, 179
Suggestopädischer Lernzyklus 13
Superlearning 10
Systematischer Fremdsprachenunterricht 32
szenes 55
Szenische Darstellung 23

T
Tanz 170
Teamfähigkeit 161
Text, authentischer 35
Textpräsentation 206
Textsorten 54, 55
Textvorlage 206
time lag 41
tongue twister 137
Total Physical Response (TPR) 36, 172
Transfer 115, 209
tuning in 51

U
Übergänge 30
Übersetzung 51
Übung, häusliche 72
Übungsreihe 99
Unterrichtssequenz 107, 116

V
Verfolgungssprechen 96
Verinnerlichtes Handeln 7
Verständnisüberprüfung, auf Deutsch 206
Vertrauen 13
Video 56, 72, 155
Vor- und Nachsprechen 41
Vorlesen 56
Vornamen, englische 52

W
Wahrnehmung 128
Waldorfschulen 24
wordwebs 211
Wortschatzeinführung, integrierte 37
Wortschatzerwerb 40
Wortschatzvermittlung 37
Wortschatzvermittlung, entlastende 38, 104
writing an e-mail/letter 215

Z
Zeitformen 115

Literaturverzeichnis

- Andreas, R.: Fremdsprachen in der Grundschule – Ziele, Unterricht und Lernerfolge, Donauwörth 1998.
- Bartl, A.: Viele klitzekleine Spielideen zur Auflockerung des Schulalltags, Donauwörth 2000.
- Bauer, R.: Lernen an Stationen in der Grundschule, Berlin 1997.
- Bleyhl, W.: Wie funktioniert das Lernen einer fremden Sprache; in: Bleyhl, W. (Hrsg.): Fremdsprachen in der Grundschule, Hannover 2000.
- Bludau, M.; in: Zielsprache Englisch 2/1996.
- Bludau, M.: Vom Abholen und vom Weiterführen; in: Neusprachliche Mitteilungen 51/1998.
- Bloom, J./Blaich, E./Löffler, R.: Spielen und Lernen im Englischunterricht, Berlin 1986.
- Börner, O.; in: Bleyhl, W. (Hrsg.): Fremdsprachen in der Grundschule, Hannover 2000.
- Brinck, C.: Vokabeln, die es gar nicht gibt; in: Süddeutsche Zeitung 24.01.2001.
- Bruner, J.S.: Der Akt des Entdeckens; in: Neber, H. (Hrsg.): Entdeckendes Lernen, Weinheim und Basel 1981.
- Buttjes, D.: Interkulturelles Lernen im Englischunterricht; in: Der Fremdsprachliche Unterricht 1/1991.
- Butzkamm, W.: Psycholinguistik des Fremdsprachenunterrichts, Tübingen 1993.
- Dhority, L.: Moderne Suggestopädie, Bremen 1986.
- Doyé, P.: The Intercultural dimension, Foreign language Education in the Primary School, Berlin 1999.
- Doyé, P./Lüttge, D.: Untersuchungen zum Englischunterricht in der Grundschule, Bericht über das Forschungsprojekt FEU, Braunschweig 1977.
- Dye, J.C.: The Use of Body Movement to Facilitate Second Language Learning for Secondary School Students.
- Enzensberger, H.M.: Allerleirauh. Viele schöne Kinderreime, Frankfurt/Main 1961.
- Erdmenger, M.: Landeskunde im Fremdsprachenunterricht, Stuttgart 1996.
- Freund-Heitmüller, K.: Reim und Lied im Englischunterricht, Hannover 1968.
- Geiselhart, R./Zerbst, M.: Das perfekte Gedächtnis, Zürich 1989.
- Geisler, H.: The Witch's House; in: Story Bag – A National Storytelling Newsletter, San Diego.
- Graham, C.: Jazz Chants; in: Mother Goose Jazz Chants, Berlin 1994.
- Hamm, W.: A flight to Mars – Kreativer Umgang mit Englisch in der Grundschule, in: Grundschulmagazin 10/10, 1995.
- Hamm, W.: Englisch in der Grundschule – Blick auf Lehrwerke (Rezensionen); in: English 31/1 sowie in: English 31/2, 1996.
- Hamm, W.: Englisch früh beginnen – Ansatz Waldorfschule; in: Englisch 4/1993.
- Hamm, W.: Flags – I offer you my hand; in: Grundschulmagazin 10/3.
- Hamm, W./Waas, L.: Paul, the English Champion 3 + 4, München 2001/03.
- Hartig, P. (Hrsg.): Englandkunde, Frankfurt 1960.
- House, J.; in: The Guardian Weekly, 4/2001.
- Howitt, W.; in: The rural life of England, London 1837.
- Humboldt, W. von: Über die Verschiedenheit des menschlichen Sprachbaus und ihren Einfluss auf die geistige Entwicklung des Menschengeschlechts, Berlin 1835.
- Hunt, E.: Music Time, New York 1947.
- Hutchinson/Waters: English for special purposes: a learning-centred approach, Cambridge 1989.
- Ireson, B.: The Young Puffin Book of Verse, Harmondsworth 1970.
- Janson, T.: Speak – A short history of languages, Oxford University Press, Oxford 2002.
- Jaffke, C. (Hrsg.): Rhythms, Rhymes, Games and Songs for the Lower School – Materials for Language Teaching at Rudolf Steiner (Waldorf) Schools; Pädagogische Forschungsstelle beim Bund der Freien Waldorfschulen, Stuttgart 1992.
- Jaffke, C.: Fremdsprachenunterricht auf der Primarstufe, Stuttgart 1996.
- Kahl, P.W.: Englisch in der Grundschule – und wie geht es weiter?; in: Englisch 4/96.
- Klippel, F.: Englisch in der Grundschule, Berlin 2000.
- Klippel, F.: Zielbereiche und Verwirklichung interkulturellen Lernens im Englischunterricht; in: Der Fremdsprachliche Unterricht 1/1991.
- Köhring, K./Beilhartz, R.: Begriffswörterbuch Fremdsprachendidaktik und -methodik, München 1973.
- Krashen, S.: Principles and Practice in Second Language Acquisition, Englewood Cliffs N.J. 1987.
- Ladybird Books: The Gingerbread Man, Leicestershire 1978.
- Landesinstitut für Schule und Weiterbildung: Begegnung mit Fremdsprachen in der Grundschule, Beispiel Englisch, Soest 1985.
- LeFevre, D.: das kleine buch der neuen spiele, Oberbrunn 1985.
- Leisinger, F.: Der elementare Fremdsprachenunterricht in Volksschule und Anschlussklas-

- sen weiterführender Schulen. Grundfragen seiner Methodik, Stuttgart 1949.
- Löffler, R./Schweitzer, K.: Brainlinks, Weinheim 1988.
- Maier, W.: Zur Didaktik und Methodik der primären Fremdsprachenvermittlung; in: Pädagogische Welt 2/1991.
- Matterson, E. (Hrsg.): The little Puffin, Puffin Books, London 1991.
- Meigs, M.: Johnny Five and Johnny's Wife; in: Ireson, B.: The Young Puffin Book of Verse, Harmondsworth 1970.
- Menck, P.: Geschichte der Erziehung, Donauwörth 1993.
- Mertens, J.: Anknüpfung statt Weiterführung oder Grundschulfremdsprachen als Grundsteine vielfältiger Fremdsprachenkompetenz; in: Neusprachliche Mitteilungen 53/2000.
- Muggletone, P.; in: Zielsprache Englisch 3/1996.
- Neil, P.: The Penguin Book of English Folktales, London 1992.
- Oerter, R.: Moderne Entwicklungspsychologie, Donauwörth 1968.
- O'Grady, A.: Everything Irish, Dublin 1988.
- O'Neill, R.; in: Zielsprache Englisch 2/1996.
- Opie/Opie: The Oxford Dictionary of Nursery Rhymes, Oxford University Press 1954.
- Owen, R.; in: Zielsprache Englisch 2/1996.
- Palmer/Palmer: English through Actions, London 1970.
- Pye, B.; in: Zielsprache Englisch 2/1996.
- Richards/Platt/Longman: Dictionary of Language Teaching and applied Linguistics, London 1992.
- Rück, H.: Fremdsprachenbegegnung in der Grundschule: Modellversuch und seine pragmatischen Inhalte; in: Fremdsprachenunterricht 35/44/8.
- Schiffler, L.: Fremdsprachen effektiver lernen, Donauwörth 2002.
- Schiffler, L.: Suggestopädie und Superlearning – empirisch geprüft, Frankfurt/Main 1989.
- Schmidt-Schönbein; in: Grundschulenglisch Anglistik und Amerikanistik, Berlin 2001.
- Schrey, H.: Didaktik der Englandkunde an Hauptschulen, Ratingen 1967.
- Schulz, I.H.: Übungsheft für das autogene Training, Konzentrative Selbstentspannung, Stuttgart 1983.
- Simpson/Roud: Dictionary of English Folklore, Oxford 2000.
- Slattery, M.; in: Hutchinson/Waters: English for specific purposes: a learning centred approach, Cambridge 1989.
- The Walker Treasury of First Stories: 30 Picture Book Favourites, London 1997.
- Thürmann, E.: Fremdsprachenunterricht, Landeskunde und interkulturelle Erziehung; in: Die neueren Sprachen 4/1994.
- Traverso, P.: From rhymes to limericks; in: English Teaching professional 2001.
- Venus, P./Adams, S.: Stories and Prayers, Bath 1989.
- Waas, L.: Storytime – Geschichtenzeit im englischen Anfangsunterricht; in: Pädagogische Welt 7/96.
- Waas, L.: Storytime – Geschichtenzeit, Horneburg 1995.
- Waas, L.: Die Rolle des Schriftbildes im Englischunterricht mit Grundschulkindern; in: Englisch 1/94.
- Waas, L.: Suggestopädie – ein neuer Ansatz für den Fremdsprachenunterricht?; in: Pädagogische Welt 2, Donauwörth 1989.
- Waas, L. et.al.: Kooky 2 Handbuch, Berlin 1993.
- Waas, L./Hagmann-Beimes: An English Breakfast – Unterrichtsstunde mit dem Schwerpunkt „Wortschatzerwerb"; in: Englisch 3/2000.
- Waas, L./Worm: Easy English Sketches, Horneburg 1999.
- Walter, G.: Kompendium Didaktik Englisch, München 1981.
- Werlen, E.: Kohäsive Sprachendidaktik – Rahmen für die didaktischen Grundlagen des Lehrplans Fremdsprache in der Grundschule; in: Lehren und Lernen/Zeitschrift des Landesinstituts für Erziehung und Unterricht 7, Tübingen 2001.
- Wright, A./Betteridge, D./Buckby, M.: Kommunikative Lernspiele für den Englischunterricht, München 1986.
- Wunsch, C.: Fremdsprachenunterricht in der Grundschule?; in: Bayerische Schule 7, München 1992.
- Wunsch, C./Kellermann (Hrsg.): Fun and Action 1, Lehrerheft, Leipzig 1996.
- Zielsprache Englisch 3/96, München 1996.

Spielerisch Fremdsprachen lernen!

Praxiserprobt und kreativ: Materialien von Auer!

Ulrich Reyher

Learning English with Tiny and Topsy
3. Schuljahr

Workbook 1
72 S., DIN A4, kart.
Best.-Nr. **3656**

Workbook 2
80 S., DIN A4, kart.
Best.-Nr. **3657**

Handbuch für Lehrerinnen und Lehrer
148 S., DIN A4, kart.
Best.-Nr. **3658**

Parlons français avec Minnie et Minou
3. Schuljahr

Cahier d'exercices 1
72 S., DIN A4, kart.
Best.-Nr. **3659**

Cahier d'exercices 2
80 S., DIN A4, kart.
Best.-Nr. **3660**

Handbuch für Lehrerinnen und Lehrer
150 S., DIN A4, kart.
Best.-Nr. **3661**

Jessica Székessy/Stefanie Schneider

Treasure Box
Materialien für den Englischunterricht in der Grundschule

112 S., DIN A4, kart.
Best.-Nr. **3723**

Diese „Schatztruhe" enthält eine umfassende Sammlung von Materialien für den Englischunterricht in der Grundschule. Anhand von Liedern, Reimen, Spielen und Bastelanleitungen befassen sich die Kinder ganz ungezwungen mit der neuen Sprache. Sie prägen sich Aussprache und Intonation ein sowie eine Vielzahl von gängigen Redewendungen und Vokabeln. Dadurch schaffen sie sich eine solide Grundlage für den Englischunterricht in der Sekundarstufe.
Mit zahlreichen Kopiervorlagen für vielfältige Schüleraktivitäten sowie didaktisch-methodischen Hinweisen.

Die Arbeitshefte

Die Hefte der Reihe „Fremdsprachenlernen in der Grundschule" bieten Ihnen übersichtlich strukturiertes und leicht einsetzbares Material sowohl für den Englisch- als auch den Französischunterricht in der Grundschule. Im Mittelpunkt steht die Konversation: Jedes Kapitel orientiert sich an einer Leitfrage oder einem Leitsatz; die Kinder lernen einfache kleine Dialoge. Zwei Freunde, eine Katze und eine kleine Maus, begleiten durch das ganze Werk.

Die Handbücher für Lehrerinnen und Lehrer

Die Lehrkraft findet hier zum einen didaktische Hinweise zur Arbeit mit dem Unterrichtswerk, zum anderen Vorlagen für Dialog-, Aktivitäts- und Piktogrammkarten für den Einsatz im Unterricht sowie viele Lieder mit Noten und Text.

Almuth Bartl

LernSpielQuiz

Englisch
3./4. Jahrgangsstufe
32 Karten, DIN A6, vierfarbig
Best.-Nr. **3693**

Ein Englisch-Ass werden mit Charly Frosch und seinen Freunden! Mit diesen witzig gestalteten Spielkarten wird das für Ihre Schüler/-innen nun kinderleicht. Sie verbessern ihren Wortschatz und ihre Grammatikkenntnisse und entwickeln Freude am Sprechen der neuen Fremdsprache.

Auer BESTELLCOUPON Auer

Ja, bitte senden Sie mir/uns

___ Expl. _____ Best.-Nr. _____

___ Expl. _____ Best.-Nr. _____

___ Expl. _____ Best.-Nr. _____

___ Expl. _____ Best.-Nr. _____

___ Expl. _____ Best.-Nr. _____

___ Expl. _____ Best.-Nr. _____

mit Rechnung zu.

Bitte kopieren und einsenden an:

**Auer Versandbuchhandlung
Postfach 11 52
86601 Donauwörth**

Meine Anschrift lautet:

Name/Vorname

Straße

PLZ/Ort

Datum/Unterschrift

E-Mail

Rund um die Uhr bequem bestellen!
Telefon: 01 80/5 34 36 17
Fax: 09 06/7 31 78
E-Mail: info@auer-verlag.de